Gisa Pauly
Küstennebel

PIPER

Zu diesem Buch

Mamma Carlotta ist begeistert: Ihr italienischer Neffe ist auf Sylt zu Besuch und hat sogar seine Freundin mitgebracht. So gibt es im Hause Wolf viele Leute zu bekochen. Als ein Italiener auf der Insel als vermisst gemeldet wird, ist jedoch Schluss mit der Idylle. Für Carlottas Schwiegersohn, Hauptkommissar Erik Wolf, kommt der Fall wie gerufen – die perfekte Ausrede, um seine Schwiegermutter nicht nach Italien auf eine Silberhochzeit begleiten zu müssen. Bald wird aus dem Vermisstenfall ein Mordfall – der römische Privatdetektiv Franco Neuhaus wird tot aufgefunden. Und dann meldet sich ein Mann aus Mamma Carlottas Dorf, der weiß, wie Francos letzter Auftrag lautete. Als dieser Informant bald darauf an einem Allergieschock stirbt, ist Erik alarmiert. Gibt es einen Zusammenhang zwischen den beiden Todesfällen? Nun bleibt ihm nichts anderes übrig, als von der nebligen Nordseeküste ins sonnige Umbrien zu reisen…

Gisa Pauly, geboren 1947 in Gronau, stieg nach zwanzig Jahren aus dem Lehrerberuf aus und veröffentlichte 1994 das Buch »Mir langt's – eine Lehrerin steigt aus«. Seitdem lebt sie als freie Schriftstellerin, Journalistin und Drehbuchautorin in Münster und auf Sylt. In ihren turbulenten Sylt-Krimis prallt das Temperament von Mamma Carlotta auf die Mentalität der Inselbewohner, vor allem aber mischt sich die Italienerin immer wieder in die polizeilichen Ermittlungen ihres friesisch-wortkargen Schwiegersohns ein.
Weiteres zur Autorin: www.gisa-pauly.de

Gisa Pauly

KÜSTENNEBEL

Ein Sylt-Krimi

Piper München Zürich

Mehr über unsere Autoren und Bücher:
www.piper.de

Von Gisa Pauly liegen bei Piper vor:
Die Tote am Watt
Gestrandet
Tod im Dünengras
Flammen im Sand
Inselzirkus
Küstennebel

FSC
www.fsc.org
MIX
Papier aus verantwortungsvollen Quellen
FSC® C083411

Originalausgabe
Juni 2012

Umschlaggestaltung: Eisele Grafik-Design, München,
unter Verwendung der Fotos von Life On White/Getty Images,
Julien Capmeil/Photonica/Getty Images und MTrebbin/shutterstock
Satz: Kösel, Krugzell
Gesetzt aus der Sabon
Papier: Pamo Super von Arctic Paper Mochenwangen GmbH, Deutschland
Druck und Bindung: CPI – Clausen & Bosse, Leck
Printed in Germany ISBN 978-3-492-26473-0

Als er das erste Mal erwachte, war es noch dunkel. Wie lange hatte er geschlafen? Anscheinend nur ein oder zwei Stunden. Dann musste ihn der Schuss aufgeschreckt haben. In seiner Nähe hatte jemand gefragt: »Was war das?«

Erik Wolf hatte es sofort gewusst. Für ein oder zwei Sekunden hatte die Welt stillgestanden, hatte das Entsetzen jedes Geräusch verschluckt, dann hatte jemand laut aufgeschrien, ein weiterer Schrei gellte, kurz darauf drang Tumult die Treppe von der Bahnhofshalle zu den Gleisen herauf.

Erik zog seinen Dienstausweis aus der Tasche und hielt ihn den Mitreisenden hin. »Polizei! Sie bleiben hier auf dem Bahnsteig!« Dann rannte er die Treppe hinab und folgte dem Gang Richtung Bahnhofshalle.

Dort drängten sich ein paar Menschen um eine Person, die am Boden lag. Einer hatte ein Handy am Ohr. »Polizei? Kommen Sie sofort! In der Bahnhofshalle ist jemand erschossen worden!«

Erik schob sich an ein paar Leuten vorbei, die sich nur widerwillig zur Seite drängen ließen. Dann sah er den Toten vor sich liegen, auf dem Rücken, Arme und Beine von sich gestreckt, den Blick zur Decke gerichtet, starr, ausdruckslos. Auf seinem Gesicht lag kein Entsetzen, nur ein leichtes Staunen. Steffen Ellebrecht war von seinem Mörder überrascht worden.

Erik sank neben seinem toten Kollegen auf die Knie. Von ferne ertönte ein Martinshorn, das schnell näher kam. Schon bald hörte er Bremsen quietschen und das Schlagen von Autotüren, dann eilige Schritte und energische Stimmen.

Jemand griff nach seinen Schultern und sagte: »Stehen Sie bitte auf.«

Erik erhob sich, ohne den Blick von dem Toten zu lassen, auf dessen Brust sich ein dunkler Fleck ausbreitete.

»Kennen Sie den Mann?«

Erik nickte. »Wir haben zusammen die Polizeischule besucht. Gelegentlich haben wir uns hier in Flensburg getroffen. Er wollte mich vom Zug abholen.«

Als er das nächste Mal erwachte, war der Tag angebrochen. Die Finsternis hatte einem grauen Morgen Platz gemacht. Auf Sylt herrschte dichter Nebel. Er musste vom Festland herübergekommen sein. Schon als Erik am Vorabend über den Hindenburgdamm gefahren war, hatte der Küstennebel den Wind zum Schweigen gebracht. Und nun hatte er sich noch immer nicht gelichtet.

Nach wie vor hatte Erik das Gesicht von Steffen Ellebrecht vor Augen, den gebrochenen Blick, das Blut auf seiner Jacke. Kommissar Annegarn, dem jungen Ermittler, hatte es nicht gefallen, dass ein älterer Kollege ihn unterstützen wollte. Nachdem Erik seine Aussage gemacht hatte, wurde er nach Hause geschickt. »Ich melde mich bei Ihnen, wenn ich Sie brauche.«

Zum Tathergang hatte Erik ohnehin nichts sagen können. Aber er hatte Annegarn die Adresse von Steffen Ellebrecht gegeben und ihm erklärt, dass dieser zwei Jahre zuvor aus dem Dienst ausgeschieden war, zermürbt von anonymen Drohungen. Kommissar Annegarn hatte Ellebrechts Namen nie gehört. »Das war vor meiner Zeit. Hat er Familie? Kennen Sie seine Telefonnummer?«

Erik hatte alles erzählt, was er wusste. »Ich kann mir nicht vorstellen, dass Sie den Täter in seinem persönlichen Umfeld finden«, hatte er gesagt. »Steffen hatte keine Feinde. Vielleicht war es ein Racheakt? Ein Ganove, den er in den Knast gebracht hat?«

Doch Kommissar Annegarn hatte ihn gebeten, sich mit solchen Vermutungen zurückzuhalten. Nachdem Erik seine Personalien hinterlassen hatte, wurde er wie alle anderen aus der Bahnhofshalle geschoben und konnte von draußen noch eine Weile zuschauen, wie die Flensburger Kollegen mit ihrer Arbeit begannen. Aber nicht lange, denn bald schon spürte er wieder eine Hand auf seinem Arm.

»Hier gibt es nichts mehr zu sehen«, sagte ein Kollege in grüner Uniform. »Gehen Sie bitte weiter. Der Bahnhof wird kurzfristig geschlossen.«

Ohne diesen Hinweis hätte Erik sich in den nächsten Zug gesetzt und wäre nach Sylt zurückgefahren. So aber tastete er sich durch den Nebel zu dem Restaurant am Hafen, wo er einen Tisch für zwei Personen reserviert hatte. Er bestellte Matjesfilets mit Bratkartoffeln, wie er es sich vorgenommen hatte. Während der Fahrt über den Hindenburgdamm hatte er sich darauf gefreut.

Während er aß und sein Bier trank, starrte er den leeren Stuhl und das unbenutzte Gedeck an. Steffen Ellebrecht! Sein Kollege hatte oft davon gesprochen, dass er sich vor der Rache einiger Schwerverbrecher fürchtete. Aber seit er nicht mehr im Dienst war, hatte er sich sicherer gefühlt. Die anonymen Drohungen hatte er Stück für Stück vergessen können …

Kaum hatte Erik das Besteck zur Seite gelegt, erschien die Bedienung an seinem Tisch. »Wie wär's mit einem Küstennebel zur Verdauung?«, fragte sie mit resoluter Freundlichkeit.

Und Erik hatte sich zu schwach gefühlt, um ausgerechnet ein Getränk mit diesem Namen abzulehnen. Er hatte die milchig-weiße Flasche mit dem blauen Etikett betrachtet, die ihm die Kellnerin hinhielt, und genickt. Als er das Glas geleert hatte, spürte er die Wärme, die der Schnaps in seinem Körper erzeugte, und fühlte sich tatsächlich besser.

Als Erik zum dritten Mal erwachte, hatte sich der Nebel aufgelöst. Er würde sich dem Tag stellen müssen, die Erinnerung an Steffen Ellebrechts Tod in sich einschließen. Bloß nicht darüber reden! Lucia hätte er natürlich davon erzählt, gleich nach seiner Heimkehr hätte er sich seine Erschütterung von der Seele geredet, hätte sich von ihr trösten lassen. Aber die lautstarke Ergriffenheit seiner Schwiegermutter, ihre vielen Worte, ihre großen Gesten hätte er nicht ertragen. Insbesondere jetzt nicht, da es zwei Gäste in seinem Haus gab, mit denen er kein tieferes Gefühl teilen wollte. Sie waren ihm zu fremd.

Erik zog sich die Decke über die Ohren. Dabei wusste er genau, dass es keinen Sinn hatte, sich zu verstecken. Man würde ihn über kurz oder lang die Treppe hinunterlocken, in die Küche bugsieren, ihm etwas zu essen aufnötigen, ihn immer wieder fragen, ob das Treffen mit seinem früheren Kollegen lustig gewesen sei, ob er sehr viel getrunken habe und deswegen erst mit dem letzten Zug nach Sylt zurückgekehrt sei und ob er etwa bis in den hellen Tag hinein schlafen musste, weil er einen Kater hatte.

Italiener brachten kein Verständnis für Einsilbigkeit auf. Also würde er das berichten, was am nächsten Tag sowieso in der Zeitung zu lesen war. Dann würden alle, die da unten in der Küche auf ihn warteten, ein paarmal pflichtbewusst »Madonna!« und »Terribile!« rufen, aber anschließend über seinen Kopf hinweg über diesen Mord diskutieren. Und Erik würde schweigend danebensitzen, sich am liebsten die Ohren zuhalten, während alle auf einmal drauflosredeten, sich entweder gegenseitig zustimmten oder lauthals widersprachen und ihre Meinung mit Händen und Füßen untermauerten.

Auch jetzt wurde in der Küche heftig debattiert. Wenn Erik die Worte, die zu ihm hochdrangen, richtig verstand, ging es um die Frage, ob Silvia von Schweden ihrem königlichen Gemahl irgendeinen Seitensprung verzeihen solle.

Eriks Schwiegermutter wusste anscheinend einiges über den Zustand der royalen Ehe, wozu es offenbar mindestens zwei gegensätzliche Ansichten gab, die lautstark vertreten wurden. Dazu prustete die Espressomaschine, Tassen klirrten, Stühle wurden gerückt, und nun erklang auch noch laute Klaviermusik aus seiner Stereoanlage. Es war nicht auszuhalten!

Stöhnend erhob Erik sich. An Schlaf war ohnehin nicht mehr zu denken. Auf dem Weg ins Bad warf er einen Blick nach unten und stellte fest, dass seine Tochter am Treppengeländer stand. Sie trug die Trainingskleidung, in die sie in den Ferien jeden Morgen schlüpfte und die sie erst wieder auszog, wenn sie zu Bett ging und es an diesem Tag kein Plié und keine Arabesque mehr zu üben gab. Kerzengerade stand sie da, mit einem Ernst, als stünde ihr ein Solo als sterbender Schwan bevor. Vor ihr hatte Luana sich aufgebaut, die Carolins Haltung korrigierte und sie mit Kommandos quälte, vor denen Erik eilig ins Bad flüchtete.

Deprimiert starrte er sein breites, kantiges Gesicht im Spiegel an, die blasse Haut, die müden Augen. Mit einer schwachen Geste strich er sich über seinen Schnauzer, das einzige Ziel seiner Eitelkeit. Der Schnauzer war ihm wichtig, ihn hatte er gern akkurat geschnitten, dagegen waren ihm seine Frisur und seine Kleidung eher gleichgültig. Was er anzog, musste bequem sein, das war die Hauptsache. Lucia hatte ihn oft gebeten, sich mal etwas Modisches zuzulegen, aber Erik hatte sich stets geweigert, in eine enge Jeans zu steigen, wenn er den Bauch einziehen musste, um sie zu schließen.

Mamma Carlottas Stimme war sogar bis in diesen stillen Raum zu hören. Zwar wurde das Leben für ihn leichter, wenn seine Schwiegermutter zu Besuch war und ihm die Sorge um den Haushalt und die Kinder abnahm, dass aber jeder ihrer Handgriffe von Lärm begleitet wurde, von Gesang, Verwünschungen, Selbstgesprächen oder Geschirrgeklapper, bereitete ihm Kopfschmerzen. Wenn dann noch italienische Verwandtschaft zu Gast war, kam es ihm an manchen Tagen sogar unerträglich vor. So wie heute! Schon zu Lucias Lebzeiten hatte er drei Mordfälle auf einmal herbeigesehnt, wenn Besuch aus Italien erwartet wurde.

Er versuchte, mit dem Geräusch des Wasserhahns die Pizzicato-Polka zu übertönen, die von unten heraufdrang, aber es gelang ihm nicht. Auch Luanas Stimme konnte er nur aussperren, wenn er die Dusche andrehte. »Erste Position! Schau auf deine Füße, Carolina! Und jetzt …!«

Erik stellte sich unter den heißen Wasserstrahl und genoss es, dass nur noch Rauschen und Prasseln zu hören war. Heißer Dampf legte sich auf die Fliesen und auf die Fensterscheiben, und für ein paar wunderbare Augenblicke fühlte er sich allein in seinem Haus. Aber nur, bis er die Dusche abgestellt hatte und anfing, sich abzutrocknen.

Nun war auch Tizios Stimme zu hören. »Carolina! Wo ist die Torta al limone?«

Der Sohn von Carlottas verstorbener Schwester war das letzte Mal zu Gast auf Sylt gewesen, als Lucia noch lebte. Den verwitweten Erik zu besuchen, war ihm nie in den Sinn gekommen. Kein Wunder! Erik wusste, dass die Verwandtschaft seiner Frau mit einem einsilbigen Friesen wie ihm nichts anfangen konnte und dass Lucia oft gefragt worden war, was sie nur an diesem Mann fand, der stundenlang über einem Buch hocken oder in eine Landschaft starren konnte, ohne ein Wort von sich zu geben.

Dass in Umbrien, wo er doch ab und an einen Besuch machen musste, über seinen Kopf hinweg geredet wurde, dass niemand auf eine Antwort wartete, wenn er aus Höflichkeit etwas gefragt worden war, dass er, wenn er mal etwas zum Gespräch beisteuerte, so erstaunt angesehen wurde, als hätte man seine Anwesenheit zwischenzeitlich vergessen – das wusste er natürlich auch.

Aber es machte ihm nichts aus. Im Gegenteil! Seit seine

italienische Verwandtschaft über ihn hinwegsah, gestalteten sich seine Besuche ein wenig angenehmer. Das war der Kompromiss, den sie gefunden hatten – Erik, der Sylter, und die Mitglieder der weitverzweigten Familie Capella. Erik war anwesend, wie man das von einem angeheirateten Familienmitglied erwarten durfte, aber er störte nicht weiter. Und er musste sich selbst nicht mehr ständig stören lassen.

Seit Lucias Tod war er nur zweimal in Umbrien gewesen, und das auch nur seinen Kindern zuliebe, denen er den Kontakt zu den Verwandten ihrer Mutter erhalten wollte. Die müde Höflichkeit, mit der man ihm früher entgegengekommen war, hatte bei diesen letzten beiden Besuchen noch weiter abgenommen und war zu einer Gleichgültigkeit geworden, die Erik sehr angenehm fand. Lediglich seine Schwiegermutter hatte ihn ständig mit Essen bedrängt, ihn zum Espresso genötigt, auf Antworten bestanden, wenn sie ihm überflüssige Fragen stellte, und ständig von ihm wissen wollen, ob er sich im Elternhaus seiner verstorbenen Frau wohlfühle.

Trotzdem dachte Erik nicht gern an die Silberhochzeit, die ihm bevorstand. Er wusste nicht einmal, in welchem Verwandtschaftsverhältnis er und seine Kinder zu dem Jubelpaar standen. Aber dass er zu diesem Anlass nach Italien reisen musste, wusste er genau. Mamma Carlotta hatte es ihm unmissverständlich klargemacht.

Seufzend stutzte er seinen Schnauzer zurecht und rasierte sich das Kinn. Blieb nur zu hoffen, dass sich auf Sylt in den nächsten Tagen ein Kapitalverbrechen ereignete und die Staatsanwältin sein Urlaubsgesuch ablehnte. Er strich über seine Haare, stellte fest, dass ein paar graue hinzugekommen waren, und fand sich reizlos und unattraktiv.

Die Stereoanlage gab noch immer keine Ruhe, während Erik in seine weiten, bequemen Bermudas stieg und sich ein altes T-Shirt über den Kopf zog. Mamma Carlotta redete ununterbrochen auf den Kuchen ein, der sich anscheinend nicht schneiden lassen wollte, Luanas Stimme wiederholte unermüdlich: »Und hoch und ab, dann die zweite Position! Und hoch und ab ...«

Tizio übertönte das Ganze mit der mehrfach vorgetragenen Frage, wo sich die Auflagen für die Sonnenliegen befänden, und Mamma Carlotta antwortete mit einer so komplizierten Beschreibung des Aufbewahrungsortes, dass Tizio vermutlich noch dreimal nachfragen würde. Währenddessen raste Felix als Formel-1-Pilot die Treppe hinab, Mamma Carlotta kam urplötzlich auf die Idee, die Pizzicato-Polka mit ihrem Gesang zu begleiten, und Tizio hatte anscheinend für Durchzug gesorgt, weshalb die Wohnzimmertür ins Schloss knallte und alle anderen derart laut mit ihm schimpften, dass die Klaviermusik kaum noch zu hören war.

Erik dachte darüber nach, den Tag außer Haus zu verbringen, obwohl er an diesem dienstfreien Sonnabend eigentlich den Gartenzaun streichen wollte. Aber jeder Ort, an dem es ruhig war, kam ihm besser vor als sein eigenes Haus.

Mamma Carlotta fühlte sich großartig, als sie die Haustür hinter sich ins Schloss zog und kurz darauf das Fahrrad aus dem Schuppen holte. Endlich war mal Leben im Hause Wolf am Süder Wung! Bei jedem ihrer Besuche hatte sie darüber geklagt, dass es dort viel zu ruhig zuging. Erik und Carolin waren so verschlossen wie alle anderen Friesen und antworteten auf ihre Fragen oft derart einsilbig, dass es einfacher war, sich mit der Fliege an der Wand zu unterhalten. Ein schrecklicher Zustand für Carlotta Capella! Zum Glück redete und lachte Felix genauso gern wie seine italienischen Vorfahren und freute sich über jedes Wort, das seine Nonna an ihn richtete.

Sie schob das Fahrrad auf die Straße und atmete tief ein. Herrlich, diese würzige Luft! Viel zu kalt natürlich für einen Sommertag, aber Mamma Carlotta hatte sie mittlerweile lieben gelernt, die klare Luft auf Sylt, die immer ein wenig nach

Salz roch, die leichter war als die warme Luft in Umbrien, blumiger und aromatischer.

Inzwischen liebte sie auch das Meer, das ihr anfänglich Angst gemacht hatte, den Himmel, der über Sylt weiter zu sein schien als über ihrem Dorf in Umbrien, und sogar den Wind, der hier allgegenwärtig war. Schade nur, dass die Menschen, die auf Sylt lebten, genauso rau waren wie das Nordseeklima. Wenn sie ihnen »Buon giorno!« entgegenrief, antworteten sie mit einer gequälten Silbe, die erst zerquetscht und dann gestreckt wurde: »Moin!«

Auch die junge Frau, die ihr gerade entgegenkam, nuschelte ihr diesen Gruß zu. Sie half manchmal beim Bäcker aus und redete so leise, undeutlich und sichtlich ungern, dass Mamma Carlotta ihr noch nichts von ihrer Lebensgeschichte hatte entlocken können.

Eriks Assistent Sören Kretschmer gehörte ebenfalls zu denen, die langsam und leise redeten, dem Gerichtsmediziner war südländisches Temperament ebenfalls fremd, und der Chef der Spurensicherung, der gelegentlich ins Haus kam, erschrak sogar, wenn in seiner Gegenwart laut gelacht wurde. Auch Fietje und Tove, ihre heimlichen Freunde in Wenningstedt, waren so träge und gemütsarm wie alle anderen Sylter.

Umso mehr freute Mamma Carlotta sich über den Besuch ihres Neffen. Und dass er seine Freundin mitgebracht hatte, hatte die Freude noch größer gemacht. Jedenfalls anfänglich …

Sie war entzückt gewesen, als sie hörte, dass Tizio die Frau fürs Leben gefunden hatte – bis sie Luana kennengelernt hatte. Hübsch war sie, kein Zweifel, sehr hübsch sogar. Sie hatte ein schmales Gesicht, große Augen, eine kleine Nase und ausdrucksvolle Lippen. Ihre langen, dunklen Haare hatte sie wohl dem Erbteil ihrer Mutter zu verdanken, die Italienerin gewesen war, die helle Haut stammte vermutlich von ihrem deutschen Vater. Und ihre Figur war atemberaubend. Schlank, aber mit den richtigen Rundungen an den rechten Stellen.

Allerdings hatte Mamma Carlotta vom ersten Augenblick an den Verdacht gehabt, dass Luana ihre wahren Gefühle versteckte: Langeweile, Überdruss, Unlust. All das sprach nicht nur aus ihrem Blick, sondern auch aus der Körperhaltung. Und was Mamma Carlotta am wenigsten leiden konnte: Luana verschloss sich sofort, wenn es um ihr Leben, ihre Vergangenheit und ihre Familie ging. Sie hörte sich an, was Mamma Carlotta zu erzählen hatte, aber selbst antwortete sie nur ausweichend, am liebsten überhaupt nicht. Sobald Fragen auf sie zukamen, machte sie Carolin den Vorschlag, gemeinsam ein paar Pirouetten zu drehen, und entzog sich so dem Interesse an ihrer Person. Dass sie ständig ihr Handy am Ohr hatte, machte sie auch nicht sympathischer, vor allem, dass sie sämtliche Gespräche im Flüsterton führte und niemals erwähnte, von wem sie angerufen worden war und worum es in dem Gespräch gegangen war, gefiel Mamma Carlotta gar nicht.

Und seit sie einsehen musste, dass Luana vom Kochen nichts verstand und immer gerade ihre Nägel lackierte, wenn Gemüse geputzt werden musste, war es mit der Sympathie für Luana stetig bergab gegangen. Wie konnte Tizio sich in eine solche Frau verlieben? Wie konnte er ernsthaft in Erwägung ziehen, Luana zu heiraten? Er brauchte eine Frau, die mit seinem kleinen Gehalt die Familie durchbringen konnte, und nicht eine, die den größten Teil davon für Kosmetik, Modeschmuck und Miniröcke ausgab!

Nachdenklich schob Mamma Carlotta das Fahrrad auf die Straße. Wenn sie wenigstens wüsste, ob Luana aus so geordneten Verhältnissen stammte, dass man sie als Mitglied der Familie Capella akzeptieren konnte! Aber Luana redete, wenn überhaupt, über ihre verstorbene Mutter und wich allen Fragen nach ihrem Vater aus. Nur dass Luana keine Geschwister hatte und ihre Mutter an einer Herzkrankheit gestorben war, hatte Mamma Carlotta bisher in Erfahrung gebracht. Alles andere hüllte Luana in Schweigen.

Mamma Carlotta bog vom Süder Wung in die Westerlandstraße ein, um zu Feinkost Meyer zu fahren. Wenn Gäste im Hause waren, konnte das Essen gar nicht opulent genug sein! Sie freute sich darauf, statt nur für vier Familienmitglieder nun für sechs Leute zu kochen. Eine Personenzahl, bei der das Gemüseputzen, Schnippeln, Rühren, Braten und Abschmecken erst anfing, Spaß zu machen! Wenn sie sich nach dem Einkaufen einen Aperitif in Käptens Kajüte genehmigte, würde ihr die Arbeit in der Küche noch flotter von der Hand gehen.

Ihre kurzen dunklen Locken flogen, der Rock des roten Sommerkleides, das sie sich in der Friedrichstraße von Westerland gekauft hatte, flatterte. Sie hob die linke Hand vom Lenker, um den Rock in der Nähe ihrer Knie festzuhalten, aber als das Rad zu schwanken begann, nahm sie das kleinere Risiko in Kauf und gestattete ihrer Mitwelt einen Blick auf ihre Oberschenkel, die seit fast vierzig Jahren niemand mehr zu Gesicht bekommen hatte, der nicht zu ihrer Familie gehörte. Vorsichtshalber legte sie den Kopf in den Nacken, damit sie selbst nicht mit ansehen musste, wie ihre Beine sich zeigten, als gehörten sie zu einem jungen Mädchen.

In ihrem Dorf hätte sie sich damit alle gleichaltrigen Frauen zu Feindinnen gemacht. Dort hatte sie sich schon rechtfertigen müssen, als sie nach dem Tod ihres Mannes von einer dicken Mamma zu einer molligen Mittfünfzigerin geworden war, die ohne Haarknoten von Sylt zurückgekehrt war und seit ihrem ersten Besuch sogar mit Lockenstab und Lippenstift umgehen konnte. Eine Sensation für die schwarz gekleideten Witwen von Panidomino!

Sie war gerade auf der Höhe der Touristinformation angekommen, als sie auf der gegenüberliegenden Straßenseite einen Mann bemerkte. Er war von undefinierbarem Alter, nicht besonders groß und hatte einen zierlichen Körperbau.

Leicht gebeugt ging er und bewegte sich mit schleppenden Schritten voran. Von seinem Gesicht war nicht viel zu erkennen, denn der ungepflegte Bart überwucherte nicht nur sein Kinn, sondern wuchs ihm sogar die Wangen hoch. Auf dem Kopf trug er eine Strickmütze mit einem dicken Bommel, die er so tief ins Gesicht gezogen hatte, dass sie sogar seine Brauen verdeckte. Fietje Tiensch, der Strandwärter von Wenningstedt, der am Ende der Seestraße Dienst tat! Jedenfalls dann, wenn er seine Pflichten nicht vergaß und einem Glas Jever in Käptens Kajüte den Vorzug gab.

Mamma Carlotta stieg vom Rad und versuchte, ihn auf sich aufmerksam zu machen. »Fietje! Huhu!«

Aber Fietje Tiensch sah weder nach rechts noch nach links. Wer nicht genau hinschaute, konnte glauben, dass er mit seinen Gedanken woanders war und schon das kühle Jever vor sich sah, das er auf dem Weg zu seinem Strandwärterhäuschen in Käptens Kajüte trinken würde. Aber Mamma Carlotta merkte schnell, dass Fietjes Gleichmut nur gespielt war. Urplötzlich machte er einen Schritt zur Seite, duckte sich blitzschnell und gab vor, an dem Modeangebot von Annanitas Modestübchen interessiert zu sein, vor dessen Schaufenstern auf zwei Ständern die Sonderangebote präsentiert wurden. Fietje und Mode? Das passte so wenig zusammen wie Fietje und Karriere oder Fietje und gesunde Ernährung.

Was aber zu Fietje Tiensch gehörte und was ihm schon eine Menge Ärger eingebracht hatte, war das Spannen. Schon mehr als einen Konflikt hatte er deswegen mit Erik Wolf gehabt, bei dem sich wütende Kurgäste beschwerten, weil Fietje ihnen ins Schlafzimmer geguckt hatte. Die Kurverwaltung hatte Fietje abgemahnt und ihm mit Kündigung gedroht, wenn er nicht aufhörte, heimlich das Leben fremder Menschen zu beobachten.

Noch immer beschäftigte er sich mit dem Angebot pastellfarbener Hosen und strassbesetzter T-Shirts, ohne einen Mann aus den Augen zu lassen, den Mamma Carlotta nur kurz von hinten sehen konnte. Kaum hatte sie den Hals gereckt, war er schon um die Hausecke verschwunden. Prompt schlich Fietje ihm hinterher.

Kopfschüttelnd blickte Mamma Carlotta ihm nach, wie er genauso flink hinter der Hausecke verschwand wie sein Opfer. Was mochte Fietje an diesem Mann interessieren? Sonst war er nachts unterwegs, um sich in das Intimleben anderer zu schleichen, die vergessen hatten, die Vorhänge zuzuziehen. Sie würde ein ernstes Wort mit ihm reden müssen. Fietje durfte nicht noch einmal auffällig werden, wenn er seinen Job als Strandwärter behalten wollte.

Sie bog nach rechts in die Hauptstraße ein und fuhr auf Feinkost Meyer zu. Besser war es, erst die Einkäufe fürs Abendessen zu erledigen, bevor sie Fietje ins Gewissen reden würde. Natürlich musste sie darauf achten, es mit den Vorhaltungen nicht so weit zu treiben, dass die Freundschaft, die sie zu Fietje Tiensch und dem Wirt der Imbissstube unterhielt, in Gefahr geriet. Die beiden hatten sich in ihrem Leben schon zu oft anhören müssen, dass etwas aus ihnen geworden wäre, wenn sie auf die Ermahnungen von Menschen gehört hätten, die es gut mit ihnen meinten.

Trotzdem würde Mamma Carlotta ihren erzieherischen Auftrag als Schwiegermutter eines Kriminalhauptkommissars ernstnehmen und erst dann unauffällig dazu übergehen, sich mit einem kleinen Glas für die Arbeit in der Küche in Schwung zu bringen. Vielleicht hatte Tove Griess wieder Rotwein aus Montepulciano bestellt, wie er es immer tat, wenn die Schwiegermutter von Hauptkommissar Wolf auf Sylt erwartet wurde. Und da Fietje Tiensch seine gesamte Freizeit in Toves Imbissstube verbrachte, war die Chance, ihn dort anzutreffen, sehr groß. Fietje Tiensch hatte keine Familie, keine Freunde, niemanden, der auf ihn achtgab, er brauchte jemanden, der ihn zurückhielt, wenn er auf direktem Wege in irgendeinen Schlamassel war. Er brauchte jemanden wie Mamma Carlotta! Jedenfalls gelegentlich.

Sie fühlte sich wohl. Der Besuch der heruntergekommenen Imbissstube würde also einem wohltätigen Zweck folgen, das machte es ihr leichter, Eriks Wünschen zuwiderzuhandeln, der sie eindringlich vor Käptens Kajüte gewarnt hatte. Die war schon mehrmals vom Gewerbeaufsichtsamt geschlossen worden, der Wirt galt als gewalttätig und cholerisch und kannte die Gefängniszelle im Polizeirevier Westerland besser als jeder andere Sylter.

Und was von Fietje Tiensch, dem inselbekannten Spanner, zu halten war, hatte Erik ihr auch gründlich erklärt. Seitdem war er der Meinung, dass seine Schwiegermutter bei ihrem ersten Besuch nur ein einziges Mal versehentlich in diese Spelunke geraten war, weil Tove Griess einen guten Rotwein aus Montepulciano ausschenkte und sie keine Ahnung gehabt hatte, welch anrüchiges Etablissement sie betrat. Erik ging davon aus, dass sie seitdem einen großen Bogen um Käptens Kajüte machte. Und diese Überzeugung wollte sie auf keinen Fall erschüttern.

Leider dauerten ihre Einkäufe länger, als sie gedacht hatte. Die Zucchini für die Vorspeise hatte sie lange befühlen und sich dann mit einer anderen Kundin beraten müssen, ob sie schon zu weich waren und ob der Auskunft des Verkäufers zu trauen war, dass sie erst an diesem Morgen bei Feinkost Meyer angeliefert worden waren.

Zu einem eindeutigen Ergebnis war sie nicht gekommen, aber als sie die Obst- und Gemüseabteilung verließ, wusste sie, dass die andere Kundin aus Köln stammte und zum ersten Mal allein Urlaub machte, weil es ihr im letzten Herbst endlich gelungen war, ihren untreuen Ehemann vor die Tür zu setzen. Während Mamma Carlotta die schönsten Artischocken für die Spaghetti ai carciofi aussuchte, hatte sie sogar noch erfahren, dass die betrogene Kölnerin sich an ihrem Ehemann gerächt hatte, indem sie, bevor sie die Scheidung verlangte, alles heimlich kopierte, was sie in seinem Schreibtisch fand. Auch die Auszüge von dem Liechtensteiner Konto! Und da der Mann neben seiner Ehefrau nicht auch noch seinen Ruf verlieren und die schicke Eigentumswohnung auf keinen Fall gegen eine Gefängniszelle eintauschen wollte, hatte er ihr zähneknirschend alles überlassen, was sie haben wollte. Für eine so spannende Geschichte konnte man sich schon mal etwas länger in der Gemüseabteilung aufhalten.

Sie war ein wenig außer Atem, als sie ihr Fahrrad vor Käptens Kajüte abstellte. Die beiden Einkaufstaschen, die am Lenker baumelten, hätte sie gern dort hängen lassen, aber die Kassiererin von Feinkost Meyer hatte ihr von den Diebstählen erzählt, die immer dreister wurden. Wenn man auf Sylt seiner Einkäufe nicht sicher sein konnte, war es wohl besser, beide Taschen mit in die Imbissstube zu nehmen.

Schimpfend über die Last und über die Tatsache, dass heutzutage niemandem zu trauen sei, drückte sie mit dem rechten Ellbogen die Türklinke herunter, stieß mit dem linken Knie die Tür auf, schob sich durch den Spalt, der gerade groß genug war, und sorgte mit herausgereckter Kehrseite dafür, dass die Tür nicht vorzeitig ins Schloss zurückfiel. Prustend lehnte sie ihre Einkäufe an die Theke, dann sah sie den Wirt, der ihre Bemühungen interessiert verfolgt hatte, empört an. »Sie hätten mir ruhig helfen können!«

Tove Griess' bärbeißiges Gesicht wurde noch missmutiger. »Was kaufen Sie auch so viel ein?«

Grimmig runzelte er die Stirn, aber als er unter die Theke griff und die Flasche mit dem Rotwein aus Montepulciano hervorholte, wusste Mamma Carlotta, dass er sich trotzdem über ihren Besuch freute.

Genau wie der Strandwärter Fietje Tiensch, der bei Mamma Carlottas Eintreten den Blick aus seinem Jever genommen hatte und nun freundlich lächelte. »Moin, Signora! Sie haben ja eingekauft, als stünde eine Hungersnot bevor!«

»Sì, sì!« Mamma Carlotta vergaß vorübergehend, dass sie Fietje die Leviten lesen wollte, und berichtete erst einmal ausführlich von den beiden Gästen, die das Haus ihres Schwiegersohns zurzeit beherbergte, von den vier Gängen, die sie zum Abendessen servieren wollte, wobei sie auch alle Gerichte erwähnte, die sie zunächst in Erwägung gezogen hatte, und sämtliche Gründe schilderte, die sie bewogen hatten, sich anders zu entscheiden. Danach sah Fietje schon so verwirrt aus, dass sie darauf verzichtete, auch noch die Rezepte zu erläutern.

Und dann fiel ihr ein, warum sie hergekommen war. »Allora, Fietje ... Was habe ich gesehen? Vor einer Stunde? He? Was war so ... molto interessante an diesem Mann? Warum mussten Sie ihm hinterherschleichen?«

Fietje schien zu glauben, dass er mit der Bestellung eines weiteren Jever von Mamma Carlottas Frage ablenken könne. Aber natürlich gelang es ihm nicht.

»Lo ammetta! Geben Sie es zu!«

Tove Griess betrachtete seinen einzigen Stammgast, als wollte er ihm nie wieder ein Bier vorsetzen. »Jetzt schon am helllichten Tag? Und auf offener Straße?«

Aber Fietje winkte ab. »Die Signora hat sich getäuscht.«

Mamma Carlotta wurde hitzig, wie immer, wenn man ihr ein X für ein U vormachen wollte. Und wenn sie hitzig wurde, achtete sie nicht mehr auf ihre Worte und ihre Bewegungen. Tove Griess rückte daher das Rotweinglas von ihr weg und musste auf den nächsten Gast seiner Imbissstube verzichten, der den Kopf zur Tür hereinsteckte und ihn erschrocken zurückzog, als er Mamma Carlotta gestikulieren sah und schimpfen hörte.

»Wollen Sie mir weismachen, Sie interessieren sich für la moda? Ich weiß genau, dass Sie sich hinter dem Ständer mit den Sonderangeboten versteckt haben, damit der Signore Sie nicht sehen konnte.«

Fietje sah ein, dass er überführt war. »Ich dachte, ich kenne den Kerl«, räumte er widerwillig ein. »Von früher. Ein entfernter Verwandter ...«

Damit wollte sich Tove Griess zwar zufriedengeben, nicht aber Mamma Carlotta. »Wenn man jemanden sieht, den man von früher kennt, dann geht man zu ihm und spricht ihn an. Erst recht, wenn es sich um einen Verwandten handeln könnte.« Sie sah Fietje kopfschüttelnd an. »Ein Cousin? Ein Neffe? Oder ein angeheirateter Verwandter?«

»Weiß ich nicht so genau«, druckste Fietje herum. »Außerdem habe ich mich wohl geirrt. Ich habe ihn lange nicht gesehen. Wahrscheinlich hatte der Mann nichts zu tun mit meinem ... meinem Verwandten. Und eigentlich will ich den auch gar nicht wiedersehen. Also, ich meine ... wenn er es gewesen ist, bin ich froh, dass ich kein Wort mit ihm geredet habe. Ich glaube, ich konnte ihn nie leiden.«

Fietje hielt erschöpft inne. So viele Sätze auf einmal überanstrengten ihn dermaßen, dass er nun erst mal das Bierglas ansetzen musste.

»Sie hätten ihn nach seinem Namen fragen können«, beharrte Mamma Carlotta. »Und wenn er tatsächlich Ihr Verwandter gewesen wäre, hätten Sie sich mit ihm ausgesprochen und versöhnt.«

Aber davon wollte Fietje nichts hören. »Mir liegt das nicht so wie Ihnen, Signora. Das Leute-Ansprechen, meine ich.«

»Auch nicht, wenn es um einen Verwandten geht?«

»Vielleicht war's nur ein alter Bekannter.« Fietje versuchte es mit einem schiefen Grinsen. »Der Butler meiner Eltern.«

Mit diesem Scherz hoffte er offenbar, das Gespräch in eine andere Richtung lenken zu können, aber Mamma Carlotta war nicht so leicht von einem Thema wegzulocken, das ihr gefiel. Und alte Familiengeschichten gefielen ihr immer. Für sie gab es nichts Schöneres, als einem Fremden Einblick in die eigene Familiengeschichte zu geben und sich anzuhören, welche Freuden und Schicksalsschläge es in anderen gegeben hatte. Selbst jemand, der sich seiner Familie schämte, musste doch besser damit fertigwerden, wenn er so oft wie möglich darüber sprechen konnte! Von der Heilkraft der Worte, mit denen sich jeder Kummer aus der Seele löste und ein schweres Herz leichter wurde, war Mamma Carlotta von jeher überzeugt gewesen. Auf diese Weise hatte sie bisher ihr Leben gemeistert, ihre Sorgen klein und ihre Freuden groß geredet.

»Sie sind wie Signor Remondo«, sagte sie vorwurfsvoll zu Fietje. »Der hatte auch über seine Eltern kein Wort verlauten lassen. Viel zu lange, wenn Sie mich fragen. Besser, er hätte vorher schon mal verlauten lassen, dass er der Sohn eines Mafiakillers war. Ma no! Seine Kinder haben es erst nach seinem Tod erfahren!« Mit vielen rollenden Rs schilderte sie in einer Ausführlichkeit, die sowohl Fietje als auch Tove überforderte, den Schreck, der durch die Trauergemeinde gefahren war, als ein Mafiaboss aus Neapel zur Beerdigung kam, der überall bekannt war. Und er hatte keinen Hehl daraus gemacht, dass mit Signor Remondo der Sohn seines besten Killers verschieden war. Daraufhin hatten sich die Nachbarn nach der Beisetzung sofort zerstreut. Keiner hatte mit den Kindern bei Vino rosso und Grappa über den toten Signor Remondo sprechen wollen, wie es nach jeder Beerdigung nötig war, damit alle schlechten Erinnerungen weggeredet wurden, bis nur noch die guten übrig blieben. Nein, in diesem Fall wollten alle ohne die Familie des Toten darüber debattieren, ob Signor Remondo deshalb immer so schlecht gelaunt gewesen war, weil er als Kind nichts zu lachen gehabt hatte. »So ein Mafiakiller kann ja unmöglich ein fröhlicher, zärtlicher Vater gewesen sein! Alle sind direkt nach dem letzten Ave Maria zu Signora Bernardini gegangen, die immer einen selbst gemachten Sambuca im Hause hat. Und die Kinder weigern sich seitdem, das Grab des Vaters zu pflegen. Die Tochter, die noch geiziger ist als ihre Brüder, kann ihrem Vater bis heute nicht verzeihen, dass sie für vierzig Personen Torta al cioccolato bestellt hatte, von der nur der Mafiaboss zwei Stücke gegessen hat.«

Mamma Carlotta betrachtete Fietje genau, um zu sehen,

ob die Familientragödie der Remondos ihn von der Notwendigkeit überzeugt hatte, zu seinen Vorfahren zu stehen, was immer sie auch auf sich geladen haben mochten. Man sah ihr an, dass sie durchaus noch weitere Beispiele auf Lager hatte, wenn das Schicksal der Remondos Fietjes Zunge noch nicht lösen wollte.

»Mein Vater ist kein Mafiakiller«, sagte Fietje, ohne den Kopf zu heben.

»Ecco! Er lebt also noch!« Mamma Carlotta rutschte so aufgeregt auf ihrem Barhocker hin und her, dass sie mit den Füßen an eine ihrer Einkaufstaschen stieß, die sich langsam zur Seite neigte und erst die zuoberst liegenden Artischocken und nach und nach auch die Zucchini und das Salbeisträußchen auf den schmutzigen Boden von Käptens Kajüte entließ.

Tove Griess glotzte Mamma Carlotta an. »Wie kommen Sie darauf, Signora?«

Aber Carlotta gönnte ihm keine Antwort, denn sie sah, dass Fietje wusste, womit er sich verraten hatte. Sie fragte sich gerade, wie alt Fietje war und wie alt demnach sein Vater sein mochte ... da geschah etwas Merkwürdiges. Der Strandwärter Fietje Tiensch, den nichts aus der Ruhe brachte, den ein Erdbeben genauso unberührt ließ wie eine Bierpreiserhöhung, der es immer vermied aufzufallen, indem er sich hinter seinem Jever versteckte und so wenig wie möglich redete, der seine Bommelmütze niemals abnahm und sie tief in die Stirn zog, sobald er in Gesellschaft Fremder war ... dieser Fietje reagierte zum ersten Mal, seit Mamma Carlotta ihn kannte, gereizt und so emotional, wie es niemand für möglich gehalten hätte.

Zornig knallte er sein Bierglas auf die Theke. »Was schnacken Sie für ein dummes Zeug, Signora? Meine Familie geht niemanden was an!« Und dann schrie er sogar: »Lasst mich doch alle in Ruhe!«

Fietje rutschte von seinem Hocker und stapfte auf das

Schild «Toilette« zu, dem er sich sonst nur schlurfend näherte, wenn überhaupt. Meist zog er es vor, den Heimweg damit zu beginnen, dass er sich an eine Hausecke von Käptens Kajüte stellte und sich dort erleichterte. Tove hatte ihm zwar schon hundertmal damit gedroht, ihm kein Bier mehr anzubieten, solange er es anschließend dort entsorgte, aber Fietje hatte sich nie daran gehalten. »Erst, wenn du endlich einen WC-Reiniger gekauft hast!«

Das war mit Sicherheit in der Zwischenzeit nicht geschehen, trotzdem riss Fietje die Toilettentür auf, warf sie hinter sich ins Schloss, verriegelte sie geräuschvoll und klapperte dann so laut mit dem Toilettendeckel, dass Tove Griess und Mamma Carlotta sich ratlos ansahen.

Erik hatte beschlossen, den Kindern, seiner Schwiegermutter und seinen Gästen eine Chance zu geben. Wenn sie ihn, während er den Zaun des Vorgartens anstrich, unbehelligt ließen, würde er bereit sein, den Rest des Sonnabends zu Hause zu verbringen, den Kuchen zu probieren, über die Klaviermusik, die Carolins Balletttraining begleitete, hinwegzuhören und sich nicht darüber zu ärgern, dass den Gästen in diesem Hause öfter Espresso und Biscotti angeboten wurde als dem Hausherrn. Und er würde so wenig wie möglich an Steffen Ellebrecht denken.

Er sah auf, als Tizio sich zu ihm gesellte, und hatte einen Moment lang die Hoffnung, Lucias Cousin wolle ihm seine Hilfe anbieten. Aber eigentlich hätte er sich denken können, dass Tizio, der sich nur anstrengte, wenn es darum ging, seinen attraktiven Körper zu stählen, lediglich Unterhaltung suchte.

Tizio sah blendend aus, hatte einen Waschbrettbauch, einen muskulösen Oberkörper, dichte schwarze Locken und dunkle Augen, denen keine Frau widerstehen konnte. In der Familie Capella galt er als Herzensbrecher, und Erik erinnerte sich, dass sogar Lucia jegliche Objektivität hatte vermissen lassen, wenn es um Tizio ging. Er wickelte alle Frauen um den Finger, bekam Espresso gekocht, Kuchen vorgesetzt, Wäsche gewaschen, Hemden gebügelt und Geld geliehen, und seine einzigen Gegenleistungen waren Komplimente und ein Lächeln, dem niemand widerstehen konnte.

Die Schule hatte er ohne jeglichen Fleiß, aber immerhin mit einer bestandenen Prüfung abgeschlossen und sich für den folgenden Sprachunterricht sogar angestrengt und ein Zeugnis erhalten, das ihm bescheinigte, die deutsche Sprache in Wort und Schrift zu beherrschen. Wenn Tizio etwas wirklich wollte, erreichte er es. Und Deutsch hatte er lernen wollen, um eine gute Ausbildung im Fremdenverkehr zu bekommen.

Tatsächlich hatte er es in verschiedenen Hotels versucht, in einer Autovermietung und einem Touristikbüro, aber seine Freude an der Arbeit hatte nie lange angedauert. Und die Freude seiner Arbeitgeber an ihrem neuesten Mitarbeiter ebenso wenig. Einmal hatte Tizio sich mit der Tochter des Chefs im Bett erwischen lassen, ein anderes Mal war er während der Arbeitszeit schlafend in der Schmutzwäsche des Hotels gefunden worden, dann wieder war er mit einem schicken Firmenwagen durch den Nachbarort gefahren und hatte sich von jungen Mädchen bestaunen lassen. Am Ende musste er froh sein, einen Job als Kellner zu bekommen.

Niemand in der Familie Capella fand es passend, dass Tizio gezwungen war, vor anspruchsvollen Gästen zu buckeln, aber er hatte anscheinend endlich einen Job gefunden, in dem er sich wohlfühlte. Jedenfalls war bisher alles gut gegangen. Tizio war nun schon seit zwei Jahren in dem Restaurant in Perugia tätig, ohne dass er sich auch nur eine einzige Abmahnung eingehandelt hatte. Das Sorgenkind der Familie, dessen Vater unbekannt und dessen Mutter früh gestorben war, lag niemandem mehr auf der Tasche und hatte sich damit besser entwickelt, als zu erwarten gewesen war. Sämtliche Tanten und Cousinen der Familie Capella, die sich um Tizio bemüht hatten, waren stolz auf dieses Ergebnis, und jede bestand darauf, dass gerade der eigene Anteil zu diesem erstaunlichen pädagogischen Erfolg geführt hatte.

»Ist Tante Carlotta noch nicht vom Einkaufen zurück?«

»Hast du Hunger?«, fragte Erik anzüglich zurück. »Brauchst du jemanden, der dir etwas zu essen macht?«

Tizio sah ihn beleidigt an. »Warst du zu meiner Cousine eigentlich auch immer so unfreundlich?«

»Ich bin nicht unfreundlich«, gab Erik zurück. »Oder hat sich Lucia jemals bei dir beklagt?«

Tizio gab zu, dass Lucia bei jedem Besuch in Umbrien betont habe, wie glücklich ihr Leben auf Sylt sei. Und Erik war ein wenig versöhnt, als Tizio hinzufügte: »Es ist mir selten etwas so an die Nieren gegangen wie Lucias Tod. Ich kann mir vorstellen, wie schrecklich das für dich ist. Und für Carolin und Felix. So plötzlich, durch so einen blöden Verkehrsunfall ...«

Erik tauchte den Pinsel in die Farbe, merkte, dass er milder gestimmt war, und beschloss, sich auf ein Gespräch mit Tizio einzulassen, obwohl er noch nie ein Thema gefunden hatte, das ihn genauso interessierte wie Tizio. »Wo ist Luana?«

Tizio hockte sich aufs Gartentor, das unter seinem Gewicht aufstöhnte. »Shoppen.«

Erik schluckte die Bemerkung herunter, dass Luana sehr häufig shoppen ging, und verkniff sich auch die Frage, warum jemand, der sechs Bikinis besaß, unbedingt einen siebten brauchte. »Seid ihr schon lange zusammen?«, fragte er stattdessen.

Tizio wies Erik darauf hin, dass eine Zaunlatte unsauber gestrichen war, dann erst antwortete er: »Ein paar Monate. Ich habe sie in dem Restaurant kennengelernt, in dem ich arbeite. Sie hat bei uns gegessen. Mit irgendwelchen Bekannten ...«

»Es scheint ihr finanziell sehr gut zu gehen. Was macht sie beruflich?«

Tizio zögerte. »Sie hat eine Ballettausbildung gemacht.«

Erik sah überrascht auf. »Das Tanzen ist ihr Beruf? Ich dachte, Ballett wäre ihr Hobby.«

Tizio schien das Gespräch nicht mehr zu gefallen. »Es ist nicht leicht, ein Engagement als Tänzerin zu bekommen.«

Erik erhob sich, weil ihm der Rücken wehtat. »Hoffentlich sieht Carolin bald ein, dass es nicht so einfach ist, Primaballerina zu werden, wie sie denkt. Sie übt, als hinge ihr Leben davon ab. Seit Luana ihr hilft, noch mehr als sonst.«

»Ballett ist gut für die Körperhaltung«, gab Tizio zu bedenken.

»Ich habe ja gar nichts gegen Ballett. Aber als berufliche Perspektive?«

Erik wollte sich gerade wieder auf die Knie begeben, um mit dem Streichen des Zauns weiterzumachen, da wurde er von einer Fahrradklingel aufgeschreckt. Seine Schwiegermutter kam den Süder Wung entlanggeradelt, als wäre sie auf der Flucht. Kopfschüttelnd sah er ihr entgegen. Warum nur musste sie alles, was sie tat, in diesem mörderischen Tempo erledigen?

Mamma Carlotta sprang vom Rad, kaum dass es zum Stehen gekommen war. »Nun werde ich mit dem Kochen beginnen. Als Vorspeise gibt es Insalata di zucchine, dann Spaghetti mit Artischocken und als Secondo Risotto alla milanese. Was möchtet ihr zum Nachtisch?« Während sie redete, stellte sie das Fahrrad vor der Haustür ab und stieg die Stufen zum Eingang hinauf. Oben blieb sie stehen und sah fragend zurück. »Zuppa inglese? Oder lieber eine Cassata?«

Erik wollte sie eigentlich darauf hinweisen, dass man auf Sylt ein Fahrrad abzuschließen hatte, erst recht, wenn es sich um Lucias Fahrrad handelte, das für ihn unersetzlich war. Aber natürlich gelang es ihm nicht, den Redestrom seiner Schwiegermutter zu durchbrechen. Und noch ehe er etwas sagen konnte, erkundigte sich Tizio: »Wo sind eigentlich deine Einkäufe, Tante Carlotta?«

»O dio!« Mamma Carlotta lief die Treppe wieder herab und sah sich um, als hielte sie es für möglich, dass die Taschen sich irgendwo versteckt haben könnten. Dann rannte sie zum Fahrrad, überlegte es sich aber anders, machte kehrt und lief wieder die Stufen hoch. Sie schrie ins Haus, es könne womöglich etwas länger dauern, bis das Abendessen fertig sei, und lief dann ums Haus herum, weil ihr gerade eingefallen war, dass ihre Enkel im Garten waren und ihren Alarmruf somit nicht hatten hören können.

Erik zog seinen Autoschlüssel aus der Hosentasche und reichte ihn Tizio. »Am besten, du fährst zu Feinkost Meyer und holst die Taschen. Vermutlich sind sie für den Fahrradlenker sowieso viel zu schwer.«

Tizio nahm den Schlüssel entgegen. »Du meinst, sie hat die Taschen im Supermercato vergessen?«

»Wo sonst? Vermutlich hat sie jemanden getroffen, der ihr seine Krankengeschichte erzählt hat.« Erik zwinkerte leicht und hob die Ecken seines Schnauzers, um zu zeigen, dass seine Schwiegermutter ihm nicht nur auf die Nerven ging, sondern ihn durchaus auch amüsierte. »Da kann man schon mal die Taschen an der Kasse vergessen.«

Tizio startete wie die meisten italienischen jungen Männer: mit aufheulendem Motor und quietschenden Reifen. Mamma Carlotta, die gerade im Vorgarten auftauchte, sah ihm verwundert hinterher. »Was hat Tizio vor?«

»Er holt deine Einkaufstaschen von Feinkost Meyer, damit du nicht noch einmal losfahren musst.«

Eigentlich hatte Erik mit überschwänglichem Dank gerechnet, aber in diesem Fall hatte er sich getäuscht. Mamma Carlotta funkelte ihn zornig an. »Ich könnte die Taschen auch woanders vergessen haben!«

»Dann ruf Tizio an und sag ihm, wo die Taschen stehen. Er hat sicherlich sein Handy dabei.«

»Warum lasst ihr mich meine Taschen nicht selber holen?«

»Weil wir dir helfen wollen!« Erik fing an, sich zu ärgern. »Also denk nach! Wo bist du sonst noch gewesen? Im Drogeriemarkt? Beim Bäcker?« Dann glaubte er zu durchschauen, warum seine Schwiegermutter für keinen Ratschlag dankbar war. »Aha! Du hast die Taschen am Lenker hängen lassen, als du zum Bäcker gegangen bist! Wie oft habe ich dir gesagt, dass auf Sylt genauso viel geklaut wird wie in Italien?«

Ausnahmsweise schwieg Mamma Carlotta und starrte den Süder Wung hinab, mit offenem Mund und großen, staunenden Augen. Erik folgte ihrem Blick und staunte ebenfalls. Fietje Tiensch, der Strandwärter, der schon manche Stunde im Polizeigewahrsam verbracht hatte und den Erik nie und nimmer für einen ehrlichen Finder gehalten hätte, kam direkt auf sein Haus zu, in jeder Hand eine gut gefüllte Einkaufstasche. Aus einer schauten mehrere Zucchini und aus der anderen zwei Artischocken heraus. Erik wusste nicht, worüber er sich mehr wundern sollte: über die Freundlichkeit des Strandwärters oder über die Sprachlosigkeit seiner Schwiegermutter.

»Ich dachte, ich bringe die Taschen her«, begann Fietje Tiensch umständlich, als er am Gartenzaun angekommen war. »Die Signora hat sie vergessen. Und da ist ja eine ganze Menge fürs Abendbrot drin.«

»Sie kennen meine Schwiegermutter?«

»Die kennt hier doch jeder!«

Jetzt erst kam Bewegung in Mamma Carlotta. Sie, die sonst immer schon alles erledigte, während Erik noch darüber nachdachte, wo er beginnen sollte, hatte diesmal gezögert, als wüsste sie nicht, wie einem Mann wie Fietje Tiensch zu begegnen sei. Eigentlich hatte Erik damit gerechnet, dass sie sich auf den ehrlichen Finder stürzen, ihn mit einem Schwall von Dankesworten überschütten und ins Haus zerren würde, um ihn mit Espresso und Biscotti zu belohnen oder womöglich zum Abendessen einzuladen. Erik war sehr erleichtert, dass sie darauf verzichtete. Fietje Tiensch als Gast in seiner Küche – das wäre ihm ausgesprochen unangenehm gewesen.

Tatsächlich ging Mamma Carlotta gemessenen Schrittes auf Fietje Tiensch zu, statt ihn mit überspannter Freundlichkeit zu bestürmen, und sagte liebenswürdig: »Wie nett von Ihnen! Sicherlich haben Sie die Taschen bei Feinkost Meyer gefunden?«

Fietje Tiensch warf Erik einen Blick zu, dann nickte er. »Jawoll! Da standen sie mutterseelenallein herum.«

»Die Kassiererin hat Ihnen gesagt, wer sie vergessen hat?«

»Genau so war es, jawoll!«

Erik hatte sich nun genug gewundert und griff zufrieden nach dem Pinsel. Anscheinend besaß seine Schwiegermutter eine bessere Menschenkenntnis, als er bisher angenommen hatte. Dass sie es bei diesem unverbindlichen Entgegenkommen beließ, war der Beweis.

Während sie ihre Geldbörse aus der Jackentasche zog, um sich mit einem angemessenen Finderlohn zu bedanken, sah Erik eine auffallend hübsche Frau den Süder Wung entlangkommen. Tizios Freundin Luana, groß, schlank, mit langen schwarzen Haaren. Sie wirkte trotz ihrer schmalen Figur sportlich, muskulös und drahtig. Die unzähligen Plastiktüten an beiden Händen schienen sie nicht zu belasten.

Erik wollte gerade mit dem Streichen weitermachen, da sah er den Mann auf der anderen Straßenseite. Er war nicht mehr jung, aber so leger gekleidet wie ein junger Mann, trug helle, durchlöcherte Jeans, dazu ein graues T-Shirt und weiße Turnschuhe. Dass Erik sein merkwürdiges Verhalten auffiel, lag vermutlich daran, dass er Polizist war und dass am Vorabend Steffen Ellebrecht ermordet worden war. Auf den ersten Blick wirkte der Mann wie ein Tourist. Aber obwohl er gelegentlich in den Himmel blickte, hatte Erik das dumpfe Gefühl, als mache der Mann den Spaziergang nicht einfach nur wegen des schönen Wetters, sondern aus irgendeinem anderen Grund.

»Grazie tante!«, rief Mamma Carlotta dem Strandwärter nach, der sich wieder Richtung Westerlandstraße trollte. Dann wandte sie sich an Erik. »Ein netter Mann! Findest du nicht auch?«

Erik enthielt sich einer Antwort. Erstens, weil er Fietje Tiensch keinen netten Mann nennen wollte, und zweitens, weil er sich auf den Mann konzentrierte, der sich plötzlich hinter ein parkendes Auto duckte, als Luana in seine Richtung blickte. Augenscheinlich wollte er nicht gesehen werden. Ein dunkelhaariger, südländisch wirkender Typ, das hatte Erik noch erkannt, bevor er hinter dem Auto verschwunden war. Erik war entschlossen, sich nicht ablenken zu lassen, bis der Kerl wieder zum Vorschein kam.

Zum Glück beendete seine Schwiegermutter ihr Lob über den ehrlichen Strandwärter schnell und erwartete auch keine Antwort von ihm, weil sie Luana bemerkte. Sie rief der jungen Frau entgegen, dass sie gleich in die Küche gehen und sich ums Abendessen kümmern werde. Dass sie sich wünschte, Luana würde ihr Gesellschaft oder Hilfe anbieten, war ihr anzusehen, aber wie immer blieb ein solches Angebot aus.

Der Mann war noch nicht wieder hinter dem parkenden Auto aufgetaucht, da machte Erik eine weitere seltsame Beobachtung. Fietje Tiensch sprang mit einer Behändigkeit, die er ihm nicht zugetraut hatte, in den Vorgarten eines Grundstücks und duckte sich dort hinter einen Friesenwall, der gerade hoch genug war, um ihn zu verdecken. Was war da los? Vor wem versteckte der Strandwärter sich? Etwa vor dem eleganten Herrn, der nun den Süder Wung entlangkam? Der Mann im dunklen Anzug schob kurz seine verspiegelte Sonnenbrille auf die Stirn und sah sich suchend um, als fragte er sich, ob er in der richtigen Straße gelandet war. Dann blieb er stehen, ließ die Sonnenbrille wieder auf die Nase fallen und schien zu überlegen, ob er weitergehen sollte. Langsam bewegte er sich an dem Friesenwall entlang, hinter dem Fietje hockte.

»Ciao«, sagte Luana und ging an Erik vorbei, ohne sich darüber zu wundern, dass er ihren Gruß nicht erwiderte.

Als der elegante Mann die nächste Grundstücksgrenze erreicht hatte, erschien der Kopf von Fietje Tiensch über den Heckenrosen. Er machte einen langen Hals, dann richtete er sich vorsichtig auf.

Erik konnte sich keinen Reim auf seine Beobachtungen machen. Ein Mann, der sich hinter einem Auto versteckte, und ein anderer, vor dem sich ein Strandwärter verbarg, als hätte er Angst vor ihm! Erik spürte, wie sich die Haare an seinen Unterarmen aufstellten. Was ging im Süder Wung vor?

Mamma Carlotta erklärte Luana gerade, warum Tizio nicht zu Hause war, und erzählte, dass Carolin im Garten gerade diese schwierigen Échappés übte, Sprünge, die ihr sehr gefährlich vorkamen. »Muss das wirklich sein, Luana? Wenn Carolina sich nun verletzt?«

In diesem Augenblick richtete sich der Mann hinter dem parkenden Auto auf und warf einen langen Blick über die Straße. War das etwa ein Ganove, den er einmal dingfest gemacht hatte und der sich nun rächen wollte? Eriks Hände zitterten. Die Angst war wie ein körperlicher Schmerz. Am liebsten wäre er geflohen, wenn er nur gewusst hätte, wohin.

Er beendete seine Arbeit und behielt den Mann in den Augenwinkeln, während er den Pinsel in den Eimer steckte und sich erhob. Der Kerl starrte nun unverhohlen herüber. Er schien zu glauben, dass niemand ihn bemerkt hatte. Mit raschen Schritten ging Erik in den Gartenschuppen, stellte den Eimer ab und sah durch das winzige Fenster zur Straße. Der Mann war ihm nicht mit den Blicken gefolgt, sondern starrte weiterhin das Haus an. Er schien auch nicht zu bemerken, dass sich der Herr im dunklen Anzug vorsichtig näherte.

Erik hörte Mamma Carlotta mit Luana in den Garten gehen, ihre Stimmen entfernten sich und vermischten sich kurz darauf mit denen von Felix und Carolin. Der Mann auf der anderen Straßenseite schien nun das Interesse an Eriks Haus zu verlieren. Er drehte sich langsam um und machte Anstalten, zur Westerlandstraße zurückzugehen.

In diesem Augenblick geschah etwas, was Erik eine Gänsehaut über den Rücken jagte: Der elegante Mann im dunklen Anzug verschwand genauso flink hinter dem Lieferwagen wie der andere sich kurz zuvor hinter das parkenden Auto geduckt hatte. Er gab seine Deckung erst auf, als der andere in die Westerlandstraße eingebogen war. Dann folgte er ihm mit großen Schritten. Und schon tauchte auch Fietje Tiensch wieder auf und lief hinter den beiden Männern her.

Erik griff sich an den Hals, weil er das Gefühl hatte, dass die Angst ihn würgte. Vorsichtig trat er aus dem Schuppen und ging zum Gartenzaun, wo er die Straße überblicken konnte. Aber weder von den beiden Männern noch von Fietje Tiensch war etwas zu sehen.

Carolin erschien in der Küche, immer noch in ihrem rosa Trikot und der blassrosa Strumpfhose. An den Füßen trug sie nun nicht mehr ihre weichen Trainingsschuhe, sondern Spitzenschuhe. Die Haare waren streng zurückgekämmt und am Hinterkopf festgesteckt. Carolin stand auf Zehenspitzen, hielt die Füße gekreuzt, den linken Arm erhoben, den rechten vor der Brust angewinkelt und schwebte in winzigen Vorwärtsbewegungen auf ihre Großmutter zu. Ihr Gesicht war ernst, und ihre Augen hatten einen derart dramatischen Ausdruck, dass Mamma Carlotta sich erneut fragte, ob Ballett ein Vergnügen oder eine Folter war.

»Schau doch, Nonna«, sagte Carolin, ohne ihre Großmutter anzusehen, den Blick fest auf einen Punkt oberhalb der Küchenschränke geheftet.

Mamma Carlotta starrte auf Carolins Füße. »Auf Zehenspitzen laufen! Das kann doch nicht gesund sein, Carolina!«

»Das soll nicht gesund sein, sondern schön.«

»Sì, sì, veramente, schön ist es«, bestätigte Mamma Carlotta hastig, die niemals die Bemühungen eines Enkelkindes herabgewürdigt hätte.

Sie wusste nicht viel von klassischem Ballett, vom Schwanensee und Primaballerinen, nichts vom Pas de deux oder einer Pirouette. Aber dass ihrer Enkelin ein harter Weg bevorstand, wenn sie wirklich Balletttänzerin werden wollte, das war ihr klar. Und dass Carolins Chancen, jemals als Solistin auf einer Bühne zu stehen, sehr gering waren, das wusste sie auch. Erik würde alles tun, um eine solche Karriere zu verhindern, und da würde Mamma Carlotta ihm sogar recht geben. Schließlich durfte sie nicht einfach zusehen, wie Carolins arme Füße geschunden und gequält wurden, oder diese Tortur sogar gutheißen!

Mamma Carlotta verzog das Gesicht, als wären es ihre eigenen Zehen, die derart misshandelt wurden. »Lass das, Carolina! Das muss doch wehtun.«

Aber Carolin ließ sich nicht beirren. Während Mamma Carlotta die Zucchini in Scheiben schnitt, stellte sie sich an die Kühlschranktür, deren Griff die passende Höhe hatte, richtete ihren Oberkörper kerzengerade auf, wechselte die Miene von ernst zu hingebungsvoll, nahm den rechten Arm nach vorn, bewegte den rechten Fuß zur Seite, führte ihn langsam in die Ausgangsposition zurück und beugte dann die Knie.

»Battement tendu«, erklärte sie, »und dann Plié.«

Sie führte die Übung nach vorn, seitwärts und nach hinten durch und gab sich selbst die Kommandos: »Derrière, à la seconde, devant.«

Mamma Carlotta gab die Zucchini ins kochende Wasser. »Muss das sein, dass du in einer anderen Sprache sprichst?«

»Französisch ist die Ballettsprache«, gab Carolin zurück,

und nun erschien in ihrer ernsten, hingebungsvollen Miene sogar eine Spur Eitelkeit.

Das war der Moment, in dem ihre Nonna beschloss, dass Schluss sein musste mit klassischem Ballett. Das war ja nicht nur ungesund für den Körper, sondern auch für den Charakter. So sehr sie Carolin mehr Selbstbewusstsein wünschte, dieser steife Hochmut gefiel ihr überhaupt nicht. Sie schob ihre Enkelin zur Seite, um den Parmesan für den Risotto aus dem Kühlschrank zu holen.

Aber kaum hatte sie die Tür wieder geschlossen, setzte Carolin ihr Balletttraining fort. »Luana sagt, sie hätte früher acht Stunden täglich geübt.«

»Luana!«, wiederholte Mamma Carlotta so verächtlich wie möglich.

Mit der Befürchtung, dass man sich beim Ballett gefährliche Verletzungen zuziehen konnte, stützte Mamma Carlotta sich sogar auf die Meinung einer Expertin. Noch am Tag zuvor hatte sie Frau Jacobsen beim Einkaufen getroffen, die dafür gesorgt hatte, dass im Sportverein Wenningstedt neuerdings auch Ballettunterricht angeboten wurde. Sie war als junges Mädchen in eine Ballettschule gegangen und konnte sich daran erinnern, worauf es ankam. Damit galt sie als befähigt, Ballettunterricht zu erteilen, der vorsichtshalber Workshop genannt wurde, damit niemand auf die Idee kam, die Ballettlehrerin nach Zeugnissen und Referenzen zu fragen.

Als Mamma Carlotta beim Bäcker versucht hatte, ihr die Sprünge vorzuführen, deren Namen sie leider vergessen hatte, war Frau Jacobsen zutiefst erschrocken gewesen. »Échappés? Die wird Carolin bei mir nicht lernen. Schon aus Gründen der Haftung! Wenn da was passiert ...!«

Sie hatte Mamma Carlotta aus der Seele gesprochen. Das leise Lachen des Bäckers war daraufhin gar nicht mehr so schlimm gewesen. Dass sie sich mit der Vorführung der Échappés zu viel zugemutet hatte, wusste sie selbst. Aber immerhin waren ihr die Sprünge so gut gelungen, dass Frau Jacobsen sie sofort erkannt hatte. Dass Mamma Carlotta dabei beinahe ins Kuchenbüfett gestürzt wäre, war eine andere Sache.

Danach war sie zusammen mit Frau Jacobsen zu der Ansicht gekommen, dass Balletttraining im Sportverein Wenningstedt nicht schaden konnte, Spitzentanz jedoch, Échappés und dieses entsetzliche Spagat, bei dem Mamma Carlotta gar nicht hinsehen mochte, waren etwas für professionelle Tänzer. Und von einer solchen Berufswahl riet Frau Jacobsen eindringlich ab.

Mamma Carlotta hatte Carolin dieses Gespräch in vielen Varianten wiedergegeben und nur wenige Übertreibungen eingefügt. Tatsächlich waren ihrer Enkelin daraufhin Bedenken gekommen ... aber dann war Luana eingetroffen, die gleich am ersten Tag dafür gesorgt hatte, dass Carolin ihr ganzes Taschengeld auf den Tresen eines Tanzsportausstatters in Kampen blätterte, um sich Spitzenschuhe zuzulegen. Und seitdem träumte sie von einer glanzvollen Zukunft als Primaballerina.

Nein, Luana war nicht gut für ihre Enkeltochter und sicherlich auch nicht gut für Tizio. Mamma Carlotta würde ihm bei Gelegenheit einen entsprechenden Hinweis geben müssen. Luana passte nicht zu ihm.

Ärgerlich sagte sie: »Wer acht Stunden täglich übt, sollte weiter gekommen sein als Luana. Oder steht sie auf der Bühne? Hat sie jemals un impegno gehabt? Wie sagt man ...?«

»Ein Engagement?«

»Sì! Was macht sie überhaupt? Womit verdient sie ihr Geld?«

Fragen dieser Art gefielen Carolin nicht. »Luana will nicht Tänzerin werden. Die Ballettausbildung hat sie absolviert, weil sie ihr Spaß macht. Sie will lieber heiraten und Kinder kriegen.«

»Damit sie jemanden hat, der das Geld für sie verdient? Der arme Mann! Und die armen Bambini! Weiß Luana eigentlich, was eine Mutter zu tun hat? Das ist keine Aufgabe für eine Frau, die es bequem haben will.«

Verärgert ging Mamma Carlotta in den Vorratsraum, um eine Knoblauchknolle zu holen, die sie für die Artischocken brauchte. Das Fenster des Vorratsraums führte in den Garten. Auf einer Sonnenliege räkelte sich Luana in einem Bikini, der so winzig war, dass Mamma Carlotta missbilligend den Kopf schüttelte. Tizio saß auf der Kante der Sonnenliege und redete leise mit Luana. Er sah sehr angespannt aus, und Luanas Miene war ausgesprochen missgelaunt. Redeten die beiden über ihre Zukunft? Machte Tizio seiner Freundin Vorhaltungen über ihre Verschwendungssucht, und fragte sie sich, ob sie Tizio überhaupt heiraten wollte, wenn er sie zur Sparsamkeit aufforderte?

Vorsichtig öffnete Mamma Carlotta das Fenster der Vorratskammer, aber leider konnte sie trotzdem kein Wort verstehen. Die beiden sprachen so leise miteinander, dass auch bei größter Anstrengung nichts zu hören war. Und Luana sah sich sogar gelegentlich um, als fürchtete sie, belauscht zu werden. Nun beugte Tizio sich über sie, strich ihr mit einer zärtlichen Geste die Haare nach hinten und überhauchte ihr Gesicht mit Küssen.

Prompt war Mamma Carlotta gerührt. Wie gefühlvoll ihr Neffe war! Er schien Luana sehr zu lieben, daran hatte sie keinen Zweifel. Wenn er Luana ansah, veränderte sich sein Blick, verlor das Freche, Unverschämte, wurde weich und hingebungsvoll. Luana schien die Erste zu sein, die ihm etwas bedeutete, nach den vielen Affären, die er sich in seinem jungen Leben schon geleistet hatte. Es würde schwierig werden, ihm diese Frau auszureden. Doch wenn er Luana heiratete, würde er demnächst Tag und Nacht arbeiten müssen, um ihr das luxuriöse Leben zu ermöglichen, das sie anscheinend gewöhnt war.

Sie ging mit der Knoblauchknolle in die Küche zurück. Carolin hatte sich entschieden, ihr Balletttraining im eigenen Zimmer fortzuführen, die Pizzicato-Polka drang von oben herab. So laut, dass Mamma Carlotta Eriks Worte beinahe nicht verstanden hätte. Er ging im Flur auf und ab und telefonierte mit seinem Assistenten. Sie wollte eigentlich damit beginnen, den Knoblauch zu pressen und die Petersilie zu hacken, die den Artischocken beigefügt werden sollten, aber nun ließ sie das Messer sinken und lauschte.

»Gut, dass Sie Wochenenddienst haben, Sören«, hörte sie Erik sagen. »Versuchen Sie herauszufinden, ob in letzter Zeit jemand aus dem Knast entlassen wurde, der uns seine Gefängnisstrafe zu verdanken hat. Ein südländisch aussehender Typ Anfang fünfzig. Vielleicht derselbe, der den Kollegen in Flensburg umgebracht hat. Schauen Sie nach, ob es Fälle gegeben hat, in denen wir mit den Flensburgern zusammengearbeitet haben.« Es folgte eine Personenbeschreibung, mit der Mamma Carlotta nichts anfangen konnte. Sie horchte jedoch auf, als Erik ergänzte: »Der Kerl hat mein Haus beobachtet. Ich mache mir Sorgen um meine Familie und meine Gäste.«

Mamma Carlotta erstarrte. Ein Mann, der sich an Erik rächen wollte? Madonna!

»Und dann noch was«, sprach Erik weiter. »Da war ein zweiter Mann. Der wiederum schien den ersten zu beobachten. Jedenfalls hat er dafür gesorgt, dass der andere ihn nicht bemerkt, hat ihn aber nicht aus den Augen gelassen.«

Über Mamma Carlottas Rücken rieselte eine Gänsehaut. Sie wagte kaum, sich zu rühren.

»Und komischerweise«, ergänzte Erik im Flur, »hat Fietje Tiensch, der Strandwärter, sich vor ihm versteckt und ist ihm später nachgeschlichen.«

Prompt wurde aus ihrer Angst und Sorge tiefe Nachdenklichkeit. Während Mamma Carlotta die Zehen aus der Knoblauchknolle löste, wurde sie immer sicherer: Mit Fietje stimmte etwas nicht. Sie hatte keinen Zweifel daran, dass Erik von dem Mann in dem dunklen Anzug sprach, der von Fietje verfolgt worden war.

»Ich weiß nur, dass der zweite Mann einen dunklen Anzug trug«, erklärte Erik, »dass er schwarze Haare hatte und auf der Nase eine dieser schrecklichen verspiegelten Sonnenbrillen. Mittelgroß und schlank war er, mehr kann ich nicht sagen.«

Eriks Stimme entfernte sich, anscheinend ging er mit dem schnurlosen Telefon ins Wohnzimmer. Mamma Carlotta hörte noch, wie er sagte: »Nein, ich bin sicher, ich würde ihn nicht wiedererkennen.« Dann schlug die Wohnzimmertür ins Schloss, Eriks Stimme verstummte.

Mamma Carlotta goss die Zucchini über einem Sieb ab, salzte und pfefferte sie und beträufelte sie mit Öl und Zitronensaft. Nun musste der Zucchinisalat nur noch eine Weile ziehen, bekam dann gehacktes Basilikum übergestreut und war fertig. Zum Glück gingen ihr diese Arbeiten leicht von der Hand, sie machte auch dann alles richtig, wenn sie mit den Gedanken woanders war. Und mit Zählen und Wiegen hatte sie sich nie abgegeben.

Ob sie mal ein ernstes Wort mit Tove Griess reden sollte? Vielleicht konnte er verhindern, dass Fietje sich in Schwierigkeiten brachte! Die Beziehung der beiden war zwar eher eine Notgemeinschaft als wahre Freundschaft, aber Tove würde seinem Stammgast bestimmt helfen, wenn es nötig war.

Während sie im Risotto rührte, drehten sich ihre Gedanken weiter um Fietje. Und plötzlich wusste sie auch, warum er so freundlich gewesen war, ihr die Einkäufe ins Haus zu bringen, die sie an der Theke von Käptens Kajüte vergessen hatte. Fietje war von seinem schlechten Gewissen geplagt worden! Dass er Mamma Carlotta zornig angefahren hatte, als sie ihn nach seiner Familie fragte, tat ihm leid, und er wollte sich dafür entschuldigen, indem er ihr die Einkaufstaschen brachte. Ein großes Opfer für Fietje, der normalerweise um das Haus eines Polizeibeamten einen großen Bogen machte. Und das konnte nur eins bedeuten: Carlotta Capella war der Abstammung von Fietje Tiensch auf die Spur gekommen.

Der Sonntag begann nicht viel besser als der Tag zuvor. Erik hatte am Abend spät ins Bett gefunden, nachdem er bis in den hellen Sonnabend hinein geschlafen hatte, und erwachte erst, als die Sylter Kirchen schon zum Gottesdienst riefen. Die Sonne schien in sein Schlafzimmer, ein sanfter Wind bauschte die Gardinen.

Ein friedlicher Morgen. Jedenfalls so lange, bis in der Küche etwas zu Bruch ging und eine heftige Diskussion darüber einsetzte, wer schuld war. Anscheinend stand Felix auf der Liste der Verdächtigen ganz oben, denn er stapfte kurz darauf laut schimpfend die Treppe hoch. Carolin folgte ihm mit leisen Schritten, und kurz darauf erklang in ihrem Zimmer die Pizzicato-Polka, die in Erik, den selten etwas aus der Ruhe brachte, mehr und mehr Aggressionen weckte.

Dass aus einem gemütlichen Sonntag im Garten mit viel Sonne, viel Ruhe und einem guten Buch nichts werden konnte, stand schon jetzt fest. Er würde erst den Zaun zu Ende streichen und dann ins Büro gehen. Dort war er wenigstens ungestört.

Eine Stunde später hockte er am Gartenzaun, mit dem Pinsel in der Hand, den Farbeimer neben sich – und hinter sich seine Schwiegermutter, die ihn davon abhalten wollte, den Sonntag mit Arbeit zu entweihen, statt ihn zu heiligen, wie es sich gehörte. »Noch dazu in aller Öffentlichkeit! Was sollen die Nachbarn denken, Enrico?«

»In der Hochsaison wird auf der ganzen Insel gearbeitet. Auch sonntags. Ja, sonntags erst recht! Also kann ich am Sonntag auch den Zaun streichen.«

»In unserem Dorf müsstest du das beichten.«

Erik wollte sich auf keinen Fall auf eine Diskussion über

den Sinn kirchlicher Vorschriften einlassen. Er wusste, dass er den Kürzeren ziehen würde, und setzte schweigend seine Arbeit fort. Als ein Wagen vor dem Gartenzaun hielt, war er froh, obwohl es so aussah, als würde er seine Arbeit unterbrechen müssen. Aber diesmal tat er es gern, weil seine Schwiegermutter ins Haus ging, nachdem sie ihm zugeflüstert hatte: »Da kommt schon der Erste, um sich zu beschweren. Ich will damit nichts zu tun haben.«

Erik wusste, dass Heiko Ahrensen etwas anderes im Sinn haben musste, als sich darüber zu beklagen, dass der Hauptkommissar am Sonntagmorgen den Pinsel schwang, deswegen sah er ihm gelassen entgegen. Der Besitzer des kleinen Hotels Meeresruh kletterte schwerfällig aus seinem Wagen, steckte die Hände in die Hosentaschen und lächelte Erik verlegen an. »Moin, Herr Hauptkommissar.«

Erik steckte den Pinsel in den Eimer. »Moin! Lange nicht gesehen.«

Ahrensen trat von einem Bein aufs andere. »Ich komme zufällig vorbei, da dachte ich, ich könnte ja mal fragen ...«

»Worum geht's?«

Heiko Ahrensen war ein Mann von Ende fünfzig, immer glatt rasiert, immer im korrekten Anzug: der Hotelier, der seinen Gästen stets zu Diensten ist. »Ich weiß ja, dass Sie nichts machen können, wenn ein Gast über Nacht wegbleibt. Kann ja ganz harmlos sein ...« Ahrensen korrigierte den Sitz seiner Krawatte und kontrollierte mit fahrigen Fingern, ob sämtliche Knöpfe seines Hemdes geschlossen waren. »Mein Gast ist ein erwachsener Mann, der kann seine Nächte verbringen, wo er will.«

»Richtig! Wenn er das Hotelzimmer bezahlt, ist alles in Ordnung. Er ist nicht verpflichtet, dort zu übernachten.«

»Ich weiß, Herr Hauptkommissar. Aber wenn er nun die nächste Nacht auch ausbleibt ... was dann?«

Erik fühlte sich nun plötzlich nicht wohl in seinen uralten Shorts, die mit weißer Farbe bekleckert waren, und hätte das

Gespräch mit dem korrekt gekleideten Hotelbesitzer gerne abgekürzt. »Gibt es einen Grund zur Sorge?«

»Er hat sich einen Lamborghini geliehen und ist damit über die Insel gefahren. Gestern Abend hätte er ihn an die Verleihfirma zurückgeben müssen, aber er hat es nicht getan. Der Besitzer der Firma macht mir die Hölle heiß. Der hat den Lamborghini einem Kunden in Kampen versprochen. Irgendein Promi, der jetzt stinksauer ist.«

»Sie meinen, Ihr Gast ist mit dem teuren Auto auf und davon?«

»Womöglich hat er einen Unfall gehabt. Vielleicht ist er bewusstlos, kann nicht sagen, wer er ist, in welchem Hotel er wohnt, woher er das Auto hat …« Ahrensen sah Erik bittend an. »Können Sie sich nicht mal umhören, ob es irgendwo einen Unfall mit einem Lamborghini gegeben hat?«

Erik nickte. »Ich will heute sowieso noch ins Büro. Aber ich nehme an, Ihr Gast hat eine schöne Nacht verbracht und darüber den Lamborghini vergessen. Vermutlich hat er genug Geld und blättert der Verleihfirma so viele Scheine auf den Tisch, bis man dort zufrieden ist.«

Heiko Ahrensen sah nicht so aus, als hielte er diese Möglichkeit für wahrscheinlich. Und Erik glaubte selbst auch nicht daran. Das Hotel Meeresruh war ein einfaches Haus, dort stiegen keine reichen Leute ab.

»Der sah nicht so aus, als hätte er Geld«, gab Ahrensen zurück. »Man hat irgendwann einen Blick für so was. Ich brauche mir nur die Koffer eines Gastes anzusehen, dann weiß ich Bescheid. Durchlöcherte Jeans können heutzutage ja teurer sein als die, die ich mir kaufen würde.«

»Durchlöcherte Jeans?« Erik sah Ahrensen so nachdenklich an, dass der gleich wieder anfing, seine tadellose Kleidung abzuklopfen, glattzustreichen und zurechtzuzupfen.

»Er konnte sich keinen Lamborghini leisten. Wissen Sie, was es kostet, so einen Wagen nur einen einzigen Tag zu fahren? Ich habe zufällig gehört, wie er im Frühstücksraum telefoniert hat. Mit seinem Auftraggeber, glaube ich, oder seinem Chef.«

»Was macht er beruflich?«

»Keine Ahnung! Aber er hat am Telefon gesagt, er will eine Prämie dafür, dass er bis nach Sylt fahren musste. Einen Tag im Lamborghini, das wäre das Mindeste. Schließlich hätte sein Job in Venedig erledigt sein sollen.«

»Venedig?« Erik spürte, wie eine Ahnung in ihm hochkroch. »Können Sie mir Ihren Gast beschreiben? Und wie heißt er?«

»Franco Neuhaus.«

»Ein südländisch aussehender Typ?« Erik musste aufpassen, dass seine Stimme ruhig blieb.

»Ja, ein Italiener, aber deutscher Abstammung, daher der deutsche Nachname. Das hat er mir erzählt. Er spricht gut Deutsch, aber mit leichtem italienischem Akzent.«

»Anfang fünfzig?«

Ahrensen sah ihn überrascht an. »Sie kennen ihn?« Als Erik den Kopf schüttelte, meinte er deprimiert: »Er ist etwa so alt wie ich, sieht aber jünger aus. Vielleicht sollte ich es auch mal mit durchlöcherten Jeans probieren. Das macht anscheinend jünger.«

Nun hatte Erik einen Entschluss gefasst. »Ich sage meinem Assistenten Bescheid. Wir kommen gleich bei Ihnen vorbei.«

Felix liebte es, seiner Nonna beim Kochen zuzusehen, vorausgesetzt, sie bat ihn nicht um Hilfe. Sobald er aufgefordert wurde, eine Zwiebel zu hacken oder darauf zu achten, dass eine Soße nicht anbrannte, fielen ihm plötzlich unerledigte Hausaufgaben ein oder der Anruf bei einem Freund, der als einziger eine Matheaufgabe verstanden hatte. Diesmal jedoch blieb er unbehelligt, als er in die Küche kam, denn Mamma Carlotta sehnte sich nach Gesellschaft und wollte nichts sagen, fordern oder tun, was Felix wieder aus der Küche vertrieb.

Dass er seine Nonna diesmal ohne Käppi begrüßt hatte und in einer Jeans, deren Bund ungefähr in der Taille saß, hatte Mamma Carlotta sehr erfreut. Bisher hatte ihr Enkel übergroße Jeans bevorzugt, die den oberen Rand seiner Unterhosen frei ließ und deren Schrittnaht in der Nähe der Kniekehlen baumelte. Dass seine Kleidung unauffälliger geworden war, gefiel ihr, wenn auch der Ohrring, den er sich zugelegt hatte, gar nicht nach ihrem Geschmack war. Seit ihrer Ankunft auf Sylt versuchte sie Felix zu überzeugen, dass er den Ohrring wenigstens am Tag der Silberhochzeit ablegte, wenn die ganze Familie zur Kirche ging. »Ohrringe sind was für Frauen! Tante Benedetta und Onkel Davide mögen so was nicht.«

»Ich mag Tante Benedettas Dauerwelle und Onkel Davides Hosenträger auch nicht«, hatte Felix gekontert. »Der Ohrring bleibt!«

Mamma Carlotta hatte sich fürs Erste damit abgefunden, auch deshalb, weil Tizios Freundin ein noch größeres Diskussionspotenzial bot. »Luana könnte gelegentlich in der Küche helfen«, murrte sie, während sie den Parmesan rieb. »Wenn sie Tizio heiraten will, wird es Zeit, dass sie kochen lernt! Aber was tut sie? Entweder liegt sie in der Sonne, geht shoppen oder telefoniert.«

Felix schlug eine Motorsportzeitschrift auf und vertiefte sich in den Lebenslauf von Michael Schumacher. »Mit ihrer Freundin telefoniert sie täglich.«

»Woher weißt du das?«

»Weil ich sie gefragt habe, wer diese Inga ist, die ständig aus Italien anruft. Dann wird Luana nämlich jedes Mal ganz hektisch und versteckt sich mit ihrem Handy irgendwo, wo niemand sie hört.«

»Davvero? Du meinst ... sie hat etwas zu verbergen?«

Felix sah erstaunt auf. So hätte er es anscheinend nicht

ausgedrückt. »Ich dachte eher an irgendeinen Mädchenkram. Frisuren, Schminke, Jungs ...«

»Deswegen ein Ferngespräch zwischen Italia e Germania? Außerdem ist Luana keine sechzehn mehr, sondern Mitte zwanzig.«

»Du meinst, Luana ist eine Spionin? Oder eine Kriminelle, die sich als Tizios Freundin tarnt?«

»No, no«, gab Mamma Carlotta hastig zurück, obwohl die unrealistischen Vermutungen ihres Enkels ihre eigene Phantasie beflügelten. »Ich frage mich, warum sie so viel Geld hat, obwohl sie nicht arbeitet.«

Felix grinste. »Vermutlich hat sie einen reichen Vater.«

»Und warum redet sie dann nie von ihm?«

Felix zuckte die Achseln. »Wenn ich irgendwo zu Besuch bin, ist Papa auch nicht gerade mein Lieblingsthema.« Und mit einem anzüglichen Seitenblick fügte er hinzu: »Erst recht nicht, wenn mich jemand nach ihm ausfragt.«

»Es geht mir doch nur um Tizio. Ich muss verhindern, dass der arme Junge die falsche Frau heiratet. Das bin ich meiner verstorbenen Schwester schuldig.«

Felix begann das Gespräch zu langweilen. »Du kannst ja in den Garten gehen und zuhören, was sie mit ihrer Freundin zu bereden hat. Die hat gerade angerufen. Luana steht neben den Mülltonnen und telefoniert.«

Die Mülltonnen standen direkt unter dem Fenster des Vorratsraums. Und Mamma Carlotta hatte es nicht wieder geschlossen, nachdem sie das letzte Mal hinausgesehen hatte. Eilig erhob sie sich. »Ich hole eben die Biskuits für die Cassata.«

Felix nickte und blätterte weiter in seiner Zeitschrift. Er würde, während er davon träumte, einmal so reich und berühmt zu werden wie Michael Schumacher, nicht darauf achten, wie lange seine Großmutter sich im Vorratsraum aufhielt.

Mamma Carlotta stellte sich unter das relativ hoch angebrachte Fenster. Sie brauchte sich nur ein klein wenig zu ducken, um nicht gesehen zu werden, und konnte Luanas Stimme gut verstehen.

»Das werde ich ihm heimzahlen«, sagte Luana gerade. »Der wird mich kennenlernen.« Sie lauschte kurz in ihr Handy, dann flüsterte sie: »Nein, der findet uns nicht. Wir bleiben vorerst auf Sylt. Hier sind wir sicher.« Wieder entstand eine kurze Pause, ehe Luana fortfuhr: »Sobald ich merke, dass ich beobachtet werde, passiert was, das verspreche ich dir. Nicht mit mir!«

Aus der Küche ertönte Felix' Stimme: »Nonna!«

Mamma Carlotta hätte ihm gerne geantwortet, damit er Ruhe gab, aber dann wäre Luana auf sie aufmerksam geworden und würde am Ende durchschauen, dass sie belauscht worden war. Also ging sie in die Küche zurück. »Che c'è?«

»Glaubst du, dass ich Papa rumkriege, mich mal mit seinem Wagen fahren zu lassen?«

»Du bist erst vierzehn, Felice!«

»Irgendwo am Strand! Wo keiner ist!«

»Impossibile! Dein Vater ist un commissario. Er muss sich an Recht und Gesetz halten.«

»Vielleicht Onkel Guido? Der sieht das nicht so eng.«

Mamma Carlotta wollte ihrem Enkel nicht zustimmen, obwohl sie fürchtete, dass er recht hatte. Ihr Ältester besaß ein Fuhrgeschäft mit zwei großen Lkw und mehreren Kleinlastern. Er würde sich vermutlich nicht lange bitten lassen, das Tor seines Firmengeländes verschließen und Felix einen Autoschlüssel in die Hand drücken. Sie seufzte. »Schlag dir das aus dem Kopf, Felice! Du musst warten, bis du achtzehn bist.«

Mamma Carlotta öffnete die Biskuitpackung und belegte den Boden einer flachen Schüssel mit dem Gebäck, während die Fragen in ihrem Kopf rotierten: Vor wem versteckte Luana sich auf Sylt? Vor wem hatte sie Angst? Und was würde passieren, wenn sie sich bedroht fühlte?

Erik hatte sich gerade umgezogen, als Sören mit seinem Rennrad aufs Haus zugefahren kam. Er war ein sportlicher junger Mann von Mitte zwanzig, athletisch, gut trainiert. Nur sein Gesicht war kugelrund, mit roten Wangen und kleinen hellen Augen, und erinnerte an einen polierten Apfel.

Schützend stellte Erik sich vor den Teil seines Zauns, der bereits einen neuen Anstrich erhalten hatte, da es Sörens Gewohnheit war, sein teures Rad am Gartenzaun anzuketten. »Sie können es in den Schuppen stellen. Wir nehmen dann meinen Wagen.«

»Moin«, brummte Sören schlecht gelaunt. »In einer Stunde wäre mein Wochenenddienst zu Ende.«

»Dieser Franco Neuhaus kommt mir verdächtig vor. Wir sollten einen Blick in sein Zimmer werfen. Es ist Gefahr im Verzug.«

Sören sah sich um, als suche er diese Gefahr, von der Erik sprach. »Sie meinen, er hat wirklich den Lamborghini geklaut?«

»Der Kerl ist Italiener, sagt Heiko Ahrensen. Wenn er den Lamborghini über die Grenze bringt, ist er weg.«

»Das kann längst passiert sein, wenn er gestern mit dem Autozug nach Niebüll übergesetzt hat. Wenn er dann die ganze Nacht durchgefahren ist ...«

»Wir verfolgen jede Straftat, Sören«, gab Erik streng zurück, »auch wenn nur geringe Chancen bestehen, dass wir sie aufklären.«

Sören duckte sich, als er derart gemaßregelt wurde. Ihm war klar, dass seine Versuche, den Rest des Sonntags zu retten, zu nichts führen würden. Das Interesse seines Chefs an diesem Franco Neuhaus ging weit über den Verdacht hinaus, der Kerl könnte ein Autodieb sein, das wusste er auch. Und da Erik außerdem froh war, die nächsten Stunden nicht in Gegenwart seiner anstrengenden Verwandten zu verbringen, war jede Auflehnung überflüssig. Sören fügte sich in sein Schicksal.

Erik sah ihm zu, wie er sein Rennrad in den Schuppen schob, neben Lucias Fahrrad abstellte, es sorgfältig abschloss und außerdem noch die Tür des Schuppens verriegelte. »Wissen Sie, was so ein Lamborghini wert ist?«

»Ich schätze, so um die zweihunderttausend.«

»Na, also!« Erik griff nach dem Arm seines Assistenten, um ihn zum Auto zu ziehen. »Ich bin froh, dass ich einen Grund habe, das Hotelzimmer von diesem Neuhaus zu durchsuchen. Nach der Personenbeschreibung, die Ahrensen gegeben hat, könnte er der Kerl sein, der mein Haus beobachtet hat.«

Sören sah nachdenklich auf seine Füße. »Und ein anderer Mann hat sich vor ihm versteckt? Und vor diesem anderen hat sich Fietje Tiensch versteckt?«

Erik wurde ärgerlich, weil er den Eindruck hatte, dass sein Assistent ihm nicht glaubte. »Genau so war es! Und das muss schließlich einen Grund haben!«

Mamma Carlotta hatte Stimmen gehört und erschien in der Haustür. »Sören! Sie kommen zum Essen? Che bello!«

Sören warf Erik einen fragenden Blick zu, dann antwortete er bedauernd: »Wir müssen zu einer Hausdurchsuchung, Signora.«

»Ein ganzes Haus? Wird das lange dauern?«

»Eigentlich nur ein Hotelzimmer«, gab Sören zögernd zur Antwort und sah Erik noch einmal an, damit der endlich auf den wunderbaren Einfall kam, ihn nach dem Besuch im Hotel Meeresruh zum Abendessen in den Süder Wung einzuladen.

Aber natürlich war Eriks Schwiegermutter schneller. »Ich stelle in der Zwischenzeit ein weiteres Gedeck auf den Tisch. Es ist noch Insalata di zucchine von gestern Abend da …«

»Wir werden uns beeilen«, unterbrach Erik sie. »Wenn das Wetter sich hält, können wir im Garten essen.«

»Bei dieser Kälte?«

Während die beiden Männer ins Auto stiegen, schickte

Mamma Carlotta ihre Augen gen Himmel, damit dort jemand dafür sorgte, dass ihnen ein windstiller Abend beschert wurde.

Erik ließ die Autotür ins Schloss fallen und startete den Motor. Während er anfuhr, zog Sören ein Blatt aus seiner Jackentasche. »Der richterliche Durchsuchungsbeschluss. Das Amtsgericht hat ihn gefaxt. Ich konnte dort den sonntäglichen Notdienst erreichen.«

Erik war zufrieden. »Dann ist ja alles klar.«

Sören stöhnte tief auf und lehnte sich ergeben zurück. »Dieser Typ scheint Ihnen ja mächtig Angst zu machen.«

»Es geht um den Diebstahl eines hochpreisigen Luxuswagens«, korrigierte Erik.

»Und außerdem geht es darum, dass Sie sich bedroht fühlen.«

»Sie haben gehört, was meinem früheren Kollegen in Flensburg passiert ist!«

»Ich bin unsere letzten Fälle durchgegangen. Ein südländisch aussehender Typ war nicht dabei.«

Aber Erik winkte ab. »Sie hatten höchstens eine Stunde Zeit. Da können Sie unmöglich alle Fälle gründlich recherchiert haben.«

»Richtig, ich habe mir nur die spektakulären Raubüberfälle und Diebstähle angesehen, die schweren Körperverletzungen und sämtliche Morde. Für all die Laden- und Autodiebstähle bräuchte ich vier Wochen.«

»Sehen Sie?« Inzwischen waren sie am Hotel Meeresruh angekommen, Erik schnallte sich umständlich ab.

»Sie meinen, jemand will Sie erschießen, weil Sie ihn beim Autoklau erwischt haben?«

»Es sind schon Leute wegen weniger umgebracht worden.«

Das kleine Hotel war mit einem neuen Anstrich, einer modernen Eingangstür und einem gepflegten Vorgarten einigermaßen in Schuss. Spätestens in der Lobby jedoch musste jedem Gast klar werden, dass dieses Haus nicht zu den besten am Platz gehörte. Dem Teppichboden waren seine grellen Farben längst abgelaufen worden, lediglich am Fuß der Wände leuchteten die Farben noch. Bei der Neuanschaffung der Rezeptionstheke hatte Ahrensen sein Geld nur für das Nötigste ausgegeben, die Lampen und Accessoires waren die alten geblieben.

Der Hotelier konnte kaum glauben, dass Erik seinen Hinweis derart ernst genommen hatte. Eilfertig kam er hinter der Empfangstheke hervor und bedankte sich überschwänglich. »Ich weiß ja, dass Sie in der Hauptsaison viel zu tun haben.«

Er führte Erik und Sören ins Frühstückszimmer, einen Raum, der ebenso wie die Lobby das Bemühen verriet, einen Standard zu halten, für den das Geld schon lange nicht mehr reichte. Heiko Ahrensen hatte das Hotel vor Jahren von seinen Eltern geerbt, aber seine Geschwister auszahlen müssen und erst danach erkannt, dass der Ertrag nicht für die notwendigen Renovierungen reichte. Hastig schob er Teller und Tassen zusammen, die bereits für das Frühstück am nächsten Tag gedeckt worden waren. »Ich hätte nicht gedacht, dass Sie sich um diese Sache kümmern. Und dann noch so schnell!«

Erik holte sein Notizbuch hervor. »Bei dem Lamborghini geht es immerhin um ein Fahrzeug von beträchtlichem Wert. Spätestens am Montag wird die Verleihfirma den Diebstahl des Wagens melden, und dann hätten wir die Sache sowieso auf dem Tisch.«

»Was wissen Sie von Franco Neuhaus?«, fragte Sören.

»Er ist vor ein paar Tagen hier erschienen und hat um ein Zimmer gebeten.« Ahrensen griff in seine Haare, als wollte er sie sich raufen. »In der Hochsaison! Er hatte schon alle möglichen Häuser abgeklappert, aber nichts gefunden. Er hat erzählt, dass er es auch in der Windrose und im Hotel Stadt Hamburg versucht habe.«

Erik zog erstaunt die Augenbrauen hoch. »Er wäre in der Lage gewesen, solche Hotels zu bezahlen?«

Ahrensen zögerte. »Er wohl nicht. Aber derjenige, in dessen Auftrag er auf Sylt ist.«

»Sein Chef?«

»Oder sein Auftraggeber, ich weiß es nicht genau. Aber da Herr Neuhaus ständig sein Handy am Ohr hatte – im Frühstücksraum, in der Lobby –, bekam man so einiges mit. Sein Job muss ihn nach Sylt geführt haben. Und das war anscheinend nicht beabsichtigt gewesen.«

»Richtig, Sie sagten es schon. Sein Job sollte eigentlich in Venedig erledigt sein.«

Sören mischte sich ein. »Haben Sie eine Ahnung, was das für ein Job war?«

Ahrensen schüttelte den Kopf. »Er ist regelmäßig aus dem Haus gegangen, aber was er dann gemacht hat, entzieht sich meiner Kenntnis.«

»Also gut!« Erik steckte seinen Bleistift hinters Ohr und klappte sein Notizbuch zu, ohne etwas notiert zu haben. »Sehen wir uns also sein Zimmer an!«

Sören holte den richterlichen Durchsuchungsbeschluss hervor, und Ahrensen ging den Beamten voran in die erste Etage.

Als Erik das Zimmer Nr. 103 betrat, wusste er wieder, warum er glaubte, den richtigen Beruf ergriffen zu haben. Seine Spürnase meldete sich. Ihm war schlagartig klar, dass in diesem Zimmer etwas nicht stimmte.

Carolin stand am Treppengeländer und übte Arabesquen, Felix erklärte einem Klassenkameraden am Telefon, warum er nicht mehr Profifußballer, sondern Formel-1-Fahrer werden wolle, und Luana hatte sich ins Bad zurückgezogen, um sich einem Peeling zu widmen. Die Gelegenheit war also günstig. Erst recht, da Mamma Carlotta auf diese merkwürdige kosmetische Anwendung Bezug nehmen konnte, die Luana ihr erklärt hatte: »Das ist eine Creme mit Meersalz. Damit rubbel ich mein Gesicht ab, danach ist die Haut zart und rosig.«

Mit einer Frage, die sie für sehr diplomatisch hielt, begann Mamma Carlotta das Gespräch mit Tizio, der eigentlich nur in die Küche gekommen war, um sich nach dem Fortschritt der Essensvorbereitungen zu erkundigen. Dass er an dem Insalata di zucchine naschen durfte, hätte ihn eigentlich stutzig machen müssen, denn seine Tante mochte es sonst nicht, wenn jemand in angerichteten Speisen ein Loch hinterließ oder die wohlüberlegte Anordnung der Antipasti durcheinanderbrachte. Doch Tizio war ohne jeden Argwohn, als Mamma Carlotta ihm die Salatschüssel hinschob.

Sie wartete, bis er genießerisch die Augen verdrehte, dann überfiel sie ihn mit der Frage: »Was kostet so ein Peeling?«

Tizio begriff nicht, dass diese Frage die Vorhut eines Angriffs war, und antwortete gleichmütig: »Keine Ahnung! Wen interessiert das?«

Mamma Carlotta sah ihren Neffen so eindringlich an, dass der die Gabel weglegte, weil ihm nun schwante, dass er sich mit dem Zucchinisalat etwas eingehandelt hatte, was er noch nicht übersehen konnte.

»Das sollte dich aber interessieren«, sagte Mamma Carlotta mit Grabesstimme, als hätte sie Luana nicht beim Peeling, sondern bei einem Kapitalverbrechen erwischt. »Wenn du Luana heiratest, dann wirst du bald ein armer Mann sein. Hast du nie darüber nachgedacht, wie du ihr diesen Luxus finanzieren willst, wenn sie deine Frau ist?« Sie wechselte in ihre gemeinsame Muttersprache, weil ihr italienische Ermahnungen leichter von der Zunge rollten als deutsche, und schilderte Tizios wirtschaftliche Zukunft so lange, bis er sich abgerissen auf einer Parkbank sehen musste, auf Almosen von Touristen angewiesen und auf die Reste, die man ihm in einer Hotelküche zustecken würde …

Da rief Carolin durch die geöffnete Küchentür: »Warum redet ihr italienisch? Habt ihr Geheimnisse?«

»No, no, cara mia«, antwortete Mamma Carlotta schnell und setzte ihre Beschwörungen in deutscher Sprache fort: »Überleg dir das, ehe du Luana der Familie vorstellst. Zur Silberhochzeit von Tante Benedetta und Onkel Davide kommen alle Verwandten, auch die aus Sicilia und Milano. Wenn sie Luana bei einer Familienfeier kennenlernen, gilt sie als deine Verlobte. Dann kommst du aus der Sache nicht mehr raus.«

Tizio starrte auf Carolins Fuß, der mit jeder Arabesque im Türrahmen erschien und wieder verschwand. Dann sagte er voller Ernst und Würde: »Ich liebe sie. Alles andere ist mir egal.«

Mamma Carlotta vergaß fürs Erste ihre Vorwürfe und hätte ihn am liebsten schluchzend ans Herz gedrückt und sich lauthals darüber gefreut, wie glücklich seine Mutter gewesen wäre, wenn diese gefühlvollen Worte noch an ihr Ohr hätten dringen können. Tizio war tatsächlich zu tiefer Liebe fähig, nicht nur zu unverbindlichen Affären. Aber musste er seine Fähigkeit zu lieben ausgerechnet an Luana verschwenden?

Eindringlich hielt Mamma Carlotta ihrem Neffen vor Augen, wie es einem Mann erging, der eine anspruchsvolle Frau am Hals hatte. »Denk an Onkel Arsiero! Der hat sogar sein Elternhaus unter Wert verkauft, um seine Frau mit Schmuck und teurer Kleidung zu behängen. Er hatte ja immer Angst, dass sie ihn verlassen könnte, wenn er ihre Wünsche nicht erfüllte. Und wie ist es ihm gedankt worden? Als Chiara feststellte, dass das Haus auf einem Grundstück stand, für das zehn Jahre später eine große Fabrik das Zehnfache zahlte, hat sie Arsiero täglich Vorwürfe gemacht, weil er zu früh verkauft hatte. Schließlich hat er vor lauter Verzweiflung zwei Liter Rotwein getrunken und anschließend versucht, sie zu erwürgen. Madonna! Zum Glück ist es ihm nicht gelungen. Aber er hat lange wegen versuchten Mordes gesessen. Und Chiara hat sich scheiden lassen und macht sich jetzt auf Kosten eines anderen Mannes ein schönes Leben.« Mamma Carlotta warf einen Blick zur Küchentür, wo immer noch Carolins rechtes Bein erschien, ohne dass der Rhythmus sich änderte. »Frauen wie Luana bringen Unglück!«

In Tizios Gesicht hatte zunächst Betroffenheit gestanden, dann erschien Gereiztheit in seinen Augen und schließlich die Herablassung, die auch Onkel Arsiero an den Tag gelegt hatte, wenn er gewarnt worden war. »Du weißt nichts von Luana.«

»Davvero«, gab Mamma Carlotta hitzig zurück. »Das ist es ja! Niemand weiß etwas von ihr. Nur ihren Nachnamen kenne ich. Sie erzählt nichts von ihrem Leben, nichts von ihrer Familie. Also hat sie etwas zu verbergen. Und du unterstützt sie in dieser Heimlichtuerei. Vermutlich aus gutem Grund!« Plötzlich fiel ihr etwas ein, und es platzte aus ihr heraus, bevor sie sich gefragt hatte, ob eine solche Verdächtigung nicht alles noch schlimmer machte: »Stammt sie aus einer Mafiafamilie? Hat sie deshalb so viel Geld? Ist das der Grund, warum sie nicht über ihren Vater spricht?«

In Mamma Carlottas Kopf kreisten bereits Geschichten von einem Mafiaboss, der jeden ermorden ließ, der sich ihm in den Weg stellte, aber sein einziges Kind verhätschelte und damit lebensuntüchtig machte. Da erst fiel ihr ein, dass Luanas Vater Deutscher war, eine denkbar schlechte Voraussetzung für eine Karriere als Mafiaboss.

»Hör zu, Tante Carlotta«, sagte Tizio leise, damit Carolin nichts mitbekam. »Die Silberhochzeit von Tante Benedetta und Onkel Davide interessiert mich nicht. Ich werde da nicht erscheinen, schon gar nicht mit Luana.«

Mamma Carlotta wollte empört auffahren. Ein Familienfest! Ein Ehejubiläum! Ein Tag, an dem alle Verwandten zusammenkamen! Einem solchen Fest fieberten doch alle entgegen. Und da sagte Tizio, es interessiere ihn nicht? Aber Carlotta sah in seine Augen und wusste, dass es besser war zu schweigen, so schwer es ihr auch fiel. Tizio schien einen guten Grund für diese Entscheidung zu haben.

»Hör auf zu fragen!«, fuhr er fort. »Lass uns einfach in Ruhe! Va bene? Und frag am besten auch nie wieder, warum wir hier sind, woher wir kommen und wohin wir fahren wollen. D'accordo?«

Mamma Carlotta war derart eingeschüchtert von der Eindringlichkeit, mit der Tizio sprach, dass sie nur nickte.

»Und hör auf, dir Gedanken über Luana zu machen.«

Wieder nickte Mamma Carlotta, obwohl sie diese Bitte natürlich unmöglich erfüllen konnte. Aber Gedanken waren schließlich frei, die konnte ihr niemand vorwerfen und schon gar nicht verbieten. Und dass sie sich jetzt noch mehr Gedanken als vorher machen würde, war sicher. Dio mio! Auf was für eine Frau hatte ihr armer Neffe sich da eingelassen?

Ein Aufschrei und lautes Geklirr rissen Mamma Carlotta aus ihren Gedanken. Carolin waren die Arabesquen so gut gelungen, dass ihr Spitzenschuh einen Bilderrahmen gestreift und das Bild von der Wand geholt hatte. Die Fotografie von Lucias Elternhaus in Umbrien lag auf dem Boden, übersät und umkränzt von unzähligen Glassplittern.

Während Mamma Carlotta Handfeger und Kehrschaufel holte, Carolin wegschickte, damit ihre teuren Spitzenschuhe keinen Schaden nahmen, und feststellte, dass Tizio sich mal wieder verdrückte, sagte sie sich, dass sie zwar keine Fragen mehr stellen würde, aber nun erst recht ein Auge auf Luana haben würde.

Erik nahm die Plastikkarte zur Hand, die auf dem Tisch lag, und hielt sie Heiko Ahrensen hin. »Mit dieser Karte wird das Hotelzimmer geöffnet?«

Ahrensen nickte. »Nach zehn Uhr abends auch der Hoteleingang.«

»Er hat also sein Zimmer verlassen und die Karte hier liegen lassen.«

»Das kommt schon mal vor«, entgegnete Ahrensen. »Dann melden sich die Gäste an der Rezeption. Mein Hotel ist klein, wir kennen jeden Gast und schließen ihm dann auf.«

»Vielleicht ist er aber auch nach zehn zurückgekehrt und gar nicht ins Hotel gekommen?«

Ahrensen schüttelte den Kopf. »Für diesen Fall gibt es eine Notfallnummer. Sie steht auf einem kleinen Schild neben dem Hoteleingang. Und überhaupt ... der Lamborghini hätte schon am frühen Abend zurückgegeben werden müssen.«

Erik nickte dem Hotelier aufmunternd zu. »Danke, Herr Ahrensen. Wenn Sie zu tun haben ... wir melden uns bei Ihnen, sobald wir Fragen haben.«

Heiko Ahrensen verstand den Wink und verabschiedete sich erleichtert. Anscheinend war er froh, dass er nicht mit ansehen musste, was in diesem Hotelzimmer vor sich ging.

Erik wartete, bis sich die Tür hinter ihm geschlossen hatte, dann öffnete er den Kleiderschrank, während Sören die Nachttischschublade herauszog.

Es dauerte nicht lange, da sagte Sören: »Nichts! Außer der Bibel, Papiertaschentüchern, Nasenspray und Malzbonbons.«

»Schauen Sie in der Kommode nach«, sagte Erik, während er ein Kleidungsstück nach dem anderen aus dem Schrank nahm und in jede Hosen- und Jackentasche griff. Jedesmal ohne Ergebnis. In den Taschen der dunklen Stoffhose fand er benutzte Papiertaschentücher, in der hellen Windjacke ein Kaugummipäckchen, und auch zwischen den Pullovern und T-Shirts gab es nichts, was Aufschluss auf die Identität ihres Besitzers geben konnte. Ein paar dunkle Straßenschuhe standen unten im Schrank, die Turnschuhe, die Erik an dem Mann gesehen hatte, dessen Bild noch vor seinen Augen stand, waren nirgendwo zu sehen. Auch die durchlöcherte Jeans fand sich nicht.

»Es ist nicht erwiesen, dass Franco Neuhaus der Mann ist, der Ihr Haus beobachtet hat«, erinnerte Sören. »Vielleicht täuschen Sie sich. Die Personenbeschreibung, die Herr Ahrensen abgegeben hat, ist ziemlich ungenau.«

Davon wollte Erik nichts hören. Die Angst, die sich in ihm gebildet hatte, war nur zu ertragen, solange er hoffen konnte, dem Fremden auf die Spur zu kommen, der sich seinem Haus gegenüber hinter ein Auto geduckt hatte. Diese Hoffnung wollte er sich nicht nehmen lassen. »Vielleicht hat er die Jeans an«, gab er zurück. »Schließlich ist er an dem Tag verschwunden, an dem er sie trug. Wie oft wechseln Sie Ihre Klamotten?«

Darauf antwortete Sören nicht, sondern zog ein Notizbuch aus der Kommode und hielt es triumphierend hoch. Mit der anderen Hand griff er noch einmal in die Schublade und holte einen Reisepass hervor. Unter den Augen seines Chefs schlug er ihn auf, und Erik wusste sofort, dass er sich nicht getäuscht hatte. Das Gesicht, in das er sah, gehörte dem Mann mit den durchlöcherten Jeans.

»Sind Sie sicher?«, fragte Sören misstrauisch. »Ich kenne niemanden, der seinem Passbild ähnlich sieht.«

»Er ist es«, beharrte Erik.

»Kann es nicht sein ... ich meine ... vielleicht wollen Sie ihn unbedingt finden, damit Sie Ihre Angst verlieren? Vielleicht würden Sie sich notfalls sogar einbilden, ihn gefunden zu haben? Damit Sie sicher sein können, dass es Ihnen nicht auch so gehen wird wie Ihrem früheren Kollegen?«

Erik sah seinen Assistenten lange an, als versuchte er, in dessen Augen seiner eigenen Unsicherheit auf die Spur zu kommen. Schließlich nickte er. »Vielleicht haben Sie recht. Rache an dem Polizisten, der ihn in den Knast gebracht hat, und der Diebstahl eines Lamborghini – das passt nicht zusammen.«

»Sie sagen es, Chef!«

Erik nahm das Notizbuch von Franco Neuhaus zur Hand, während Sören noch einmal alle Schubladen und Schranktüren öffnete.

»Kein Handy.«

»Das hat er vermutlich bei sich.«

»Stimmt«, sagte Sören und zeigte auf das Handyaufladegerät, das in der Steckdose neben dem Nachttisch hing. »Auch kein Laptop.«

Erik blätterte das Notizbuch von Franco Neuhaus durch. »Kein Wort zu entziffern«, stöhnte er auf. »Sehen Sie sich das an, Sören.«

Sein Assistent trat hinter ihn und blickte ihm über die Schulter. »Ein Geheimcode?«

»Könnte auch Steno sein.«

»Verdammt!«, schimpfte Sören. »Während der Ausbildung wurde uns ein Stenokurs angeboten. War aber freiwillig, habe ich mir natürlich gespart. Ich meine, wer schreibt heute noch Steno?«

Erik betrachtete nachdenklich die schlichten Bögen, die rechts- und linkswendigen Kreise, die Zeichen, die allein standen, weil sie anscheinend ein ganzes Wort darstellten. »Vermutlich hätte es nichts gebracht«, sagte er dann. »Der Mann ist Italiener. Die italienische Kurzschrift dürfte sich von der deutschen unterscheiden.«

»Stimmt auch wieder«, sagte Sören. »Dann müssen wir jemanden finden, der das entziffern kann. Gibt es in der Verwandtschaft Ihrer Frau jemanden, der Steno kann?«

»Kann sein.«

Das Notizbuch war nur eine dünne Kladde, in der nicht viele Seiten beschrieben waren. Hin und wieder gab es Namen, Adressen, Zahlen, die in Langschrift notiert waren. »Anscheinend ist es schwierig, Eigennamen zu stenografieren«, meinte Erik und zeigte auf einen Hotelnamen mit einer venezianischen Adresse und einer Telefonnummer, dann auf eine Zahlen- und Buchstabenkombination. »Das könnte eine Flugnummer sein.« Nachdenklich blätterte er weiter, las verschiedene Uhrzeiten und landete am Ende der Aufzeichnungen bei einer flüchtig hingekritzelten Adresse. Er konnte sie nur deshalb ohne Mühe lesen, weil sie ihm sehr vertraut war. Und wieder packte ihn die Angst. Er ließ das Notizbuch sinken und blickte Sören an, der die Adresse ebenfalls gelesen hatte.

»Er ist es also doch«, sagte Sören. Es war ihm offenbar peinlich, dass er seinem Chef bisher nicht hatte glauben wollen.

Erik starrte noch immer auf die letzten Wörter, mit denen Franco Neuhaus seine Aufzeichnungen abgeschlossen hatte. »Warum sollte er sonst meine Anschrift notieren?«

Mamma Carlotta schloss erleichtert die Kühlschranktür. Wie gut, dass sie immer gleich am Tag nach ihrer Ankunft auf Sylt Antipasti einlegte, die dann bis zu ihrer Abreise reichten! Der Insalata di zucchine, der am Vorabend übrig geblieben war, würde nicht für alle reichen, aber zusammen mit den Antipasti und den vielen Panini, die sie gebacken hatte, würde es gehen. Auch von der Cassata war ein guter Teil in der Schüssel geblieben, weil Luana nur einmal probiert und dann beschlossen hatte, dass so viele Kalorien nicht gut für ihre Figur waren. »Ich habe mir einen Bikini in Größe vierunddreißig gekauft!«

Also hatte Mamma Carlotta den Rest der Cassata auf einer großen Platte angerichtet und sie mit frischen Früchten umkränzt, als hätte es nie ein anderes Dessert auf ihrem Speiseplan gegeben.

Die Minestrone war fertig, die Cannelloni mit Ricotta-Spinat-Füllung garten im Backofen ihrer Vollendung entgegen. Wenn Erik und Sören heimkamen, sollte alles bereit sein. Schlimm genug, dass die beiden sonntags arbeiten mussten. Und noch schlimmer, dass Erik in so großer Sorge war. Aber wenn ein köstlicher Duft, ein gedeckter Tisch, gutes Essen und ein großer Familienkreis ihn erwarteten, würde die Last seines Berufes schnell von ihm abfallen.

Eriks Stimme hatte sie den ganzen Tag verfolgt. Er machte sich Sorgen um seine Familie, seine Kinder, seine Schwiegermutter und die Gäste! Mit Sören hatte er seine Angst geteilt, mit ihr nicht. Das bedeutete, dass er sie verschonen wollte.

Aber sie konnte seine Angst nicht nachempfinden. Wäre Erik kontaktfreudiger, dann wäre er einfach auf den Mann zugegangen, hätte ihn angesprochen, ihm etwas von dem Architekten erzählt, der sein Haus geplant hatte, von den Bewohnern, von seinem interessanten Beruf ... und schon hätte er gewusst, dass dieser Mann nichts Böses im Schilde führte.

Als Carlotta Capella die Küche verließ, hatte sie es geschafft, alle Ängste wegzulächeln und beiseitezuschieben. So war sie immer den Sorgen entgegengetreten, von denen es in ihrem Leben viele gegeben hatte. Und häufig, sehr häufig war es ihr tatsächlich gelungen, sie sich auf diese Weise vom Hals zu halten, so lange, bis die Sorgen sich von selbst auflösten.

Aus Carolins Zimmer drang die Pizzicato-Polka, aus Felix' etwas Schrilles, Pfeifendes, was sich anhörte, als führe in einem waghalsigen Rhythmus ein Rennwagen nach dem anderen an ihm vorbei. Er hatte mal wieder das Simulationsprogramm auf seinen Computer geladen und fuhr nun einem triumphalen Sieg entgegen.

Im Gästezimmer dagegen, das Erik auf dem Dachboden eingerichtet hatte, war alles ruhig. Entweder waren Luana und Tizio im Garten oder sie verschliefen mal wieder einen Teil des Tages, um fürs Sylter Nachtleben gerüstet zu sein. Der arme Tizio! Er wurde gezwungen, sein Geld in den teuersten Bars der Insel zu verschwenden. Das war der schlechte Einfluss Luanas! Sie hatte sich sogar unterstanden, mit der Erklärung zu kommen, ihr neues Kleid, das sie in Kampen gekauft hatte, müsse ausgeführt werden. Scandaloso!

Mamma Carlotta stieg die Treppe hoch, um an die Kinderzimmertüren zu pochen ... da hörte sie von oben aus dem Gästezimmer Stimmen. Vorsichtig machte sie einen Schritt auf die Leiter zum Dachboden zu, die nur ausgefahren wurde, wenn es Gäste gab. Erik hätte sie natürlich neugierig genannt, aber erstens war er nicht da, und zweitens tat sie auf keinen Fall etwas Unrechtes. Der arme Tizio musste davor bewahrt werden, die falsche Frau zu heiraten! War das nicht Grund genug, den Begriff der Diskretion ein wenig großzügiger auszulegen?

Sie behielt die Türen der Kinderzimmer fest im Blick, während sie zwei, drei Sprossen der Leiter erklomm. Noch zwei, und sie war hoch genug geklettert, um die Stimmen der beiden zu verstehen. Sie sprachen italienisch, Luana fast so fließend wie Tizio.

»Matteo hat heute schon dreimal angerufen«, sagte Tizio.

»Was für ein Glück, dass Inga und Matteo uns immer rechtzeitig informieren. Sonst sähe es übel aus.«

»Scheint so, als hätten wir die Polizei abgehängt.«

Luana lachte leise. »Wer würde uns im Haus eines Polizisten suchen? Der Besuch hier war eine gute Idee von dir.«

»Trotzdem ... ich hatte mich so sehr auf die Zeit in Venedig gefreut. Dass wir von dort flüchten mussten ...«

»Wir holen Venedig nach.«

»Tante Carlotta will, dass ich mit ihr nach Italien zurückfahre. Wegen der Silberhochzeit.«

»Irgendwann wird sie kapieren, warum das nicht geht.«

Carlotta hörte ein Rascheln, als hätten die beiden sich aufs Bett geworfen, dann stöhnte Tizio: »Bin ich froh, wenn endlich der 14. August vorüber ist. Müssen wir wirklich so lange warten?«

Zu Mamma Carlottas Leidwesen drehte sich in diesem

Augenblick ein Schlüssel im Schloss der Haustür. Kurz darauf erschien Erik im Flur, gefolgt von Sören.

Carlotta pochte an alle Türen, verkündete die Ankunft des Hausherrn, bat zum Essen und tat dabei so, als wäre sie eben erst die Treppen hochgestiegen.

Dann schob sie Erik und Sören in die Küche, kündigte an, dass die Kinder, Tizio und Luana jeden Augenblick bei Tisch erscheinen würden, und riss den Backofen auf, um den Zustand der Cannelloni zu überprüfen. Die Hitze, die ihr entgegenwallte, tat ihr gut. Damit ließ sich ihr erhitztes Gesicht erklären.

Tizio und Luana wurden von der Polizei gesucht! Sie hatten sich in Eriks Haus versteckt, weil sie sich hier sicher fühlten. Also war der Mann, der Erik so sehr in Sorge versetzt hatte, womöglich jemand, der es auf Luana abgesehen hatte! Tizios Namen unterschlug sie der Einfachheit halber. Wenn den beiden die Polizei auf den Fersen war, dann konnte nur Luana daran schuld sein. Tizio war zwar ein Leichtfuß, aber kein schlechter Mensch. Er hatte sich von Luana verleiten lassen, kein Zweifel!

Aber wozu? Was hatten die beiden auf dem Kerbholz, dass sie von der Polizei gesucht wurden? Und warum wusste Erik nichts davon? Weil es die italienische Polizei war, die ihnen auf den Fersen war? Mussten sie damit rechnen, dass in der nächsten Nacht ein Sondereinsatzkommando bei ihnen eindrang und Luana verhaftete? Womöglich Tizio gleich mit, weil er sich in seiner Arglosigkeit in die falsche Frau verguckt hatte?

»Was ist los?«, fragte Erik, nachdem seine Schwiegermutter die Backofentür geschlossen, in der Minestrone gerührt, die Backofentür erneut geöffnet und wiederum den Deckel über der Minestrone angehoben hatte. »Ist was angebrannt?«

Mamma Carlotta bezwang ihren Aktionismus, in den sie immer verfiel, wenn sie erschüttert war. Tief atmete sie durch, dann stellte sie den Vorspeisenteller auf den Tisch, ohne auf Eriks Frage zu antworten. »Hattet ihr Erfolg bei der Hausdurchsuchung?«

Ihr Ablenkungsmanöver war gelungen, Eriks Gesicht verschloss sich sofort. Hatte diese Hausdurchsuchung womöglich etwas mit dem Mann zu tun, der Erik in Angst und Schrecken versetzt hatte?

Erschöpft ließ sich Mamma Carlotta auf ihren Stuhl sinken. Die vielen offenen Fragen wurden ihr mit einem Mal zu viel. Sie wollte Antworten haben! Und zwar solche, die Erik seine Last nahmen, die dieses Haus von der Gefahr wegrückte, die ihre Enkelkinder in Sicherheit brachte und Tizio von jedem Verdacht befreite. Für all das musste sie vor dem Schlafengehen unbedingt einen Rosenkranz beten!

Leider war es ihr nicht vergönnt, Erik durch geschicktes Fragen und raffiniertes Schweigen an den richtigen Stellen dazu zu bringen, mehr zu verraten, als er wollte, denn Felix kam in die Küche und verkündete, er müsse so bald wie möglich seinen Führerschein machen, damit er sich früh genug um seine Karriere als Rennfahrer kümmern könne. »Bei der Simulation war ich beinahe besser als Schumacher!«

Dass Erik dankbar dieses Thema aufgriff und eine ernsthafte Debatte mit Felix begann, zeigte Mamma Carlotta, dass sie recht gehabt hatte. Ihr Schwiegersohn war froh, nicht über diese Hausdurchsuchung reden zu müssen, also wollte er nicht, dass sie etwas von dem Ergebnis erfuhr, und das konnte nur bedeuten, dass er ihr eine seelische Erschütterung ersparen wollte.

Zum Glück lächelte Sören arglos den Vorspeisenteller an und behauptete mit großer Ehrlichkeit, dass er nie etwas Appetitlicheres zu sehen bekommen hätte. Vielleicht war über Sören etwas herauszubekommen? Da er kein Verwandter war, sah er meist über Mamma Carlottas rhetorische Fallstricke hinweg, die in der Familie Capella jeder kannte, und verriet häufig etwas, was Erik lieber für sich behalten hätte.

Aber bevor sie Sörens Arglosigkeit auf die Probe stellen konnte, kam Carolin herein. Wie immer in Trainingskleidung und mit straff zurückgekämmten, am Hinterkopf festgesteckten Haaren. Sie begab sich kurz in das, was sie »zweite Position« nannte, beugte die Knie, hob die Arme und senkte sie feierlich wieder herab, bevor sie sich setzte – kerzengerade, den Kopf erhoben, den Blick auf die Oberschränke gerichtet.

Tizio folgte ihr, setzte sich an den Tisch und grinste einen nach dem anderen so leutselig an, als wollte er jeden Vorwurf von sich weisen, ohne zu wissen, welcher ihn treffen könnte.

»Wo bleibt Luana?«, fragte Mamma Carlotta.

»Die ist gerade in die Badewanne gestiegen«, gab Tizio zurück. »Sie hat keinen Hunger!«

Wenn Mamma Carlotta bis dahin noch einen winzigen Rest von Bereitschaft verspürt hatte, Luana wenigstens deswegen ein wenig zu mögen, weil sie von Tizio geliebt wurde, dann war es damit nun endgültig vorbei. Eine Frau, die ihr Abendessen zurückwies! Die die Unhöflichkeit besaß, ein Bad zu nehmen, wenn sie bei Tisch erwartet wurde! So eine würde sie sogar der Polizei ausliefern, wenn sie nur etwas mehr von Luanas Vergehen gewusst hätte und außerdem sicher sein könnte, dass Tizio aus ihren Machenschaften herauszuhalten war.

Ihr Neffe wollte den Fehler seiner Freundin anscheinend wettmachen und erbot sich, die Vorspeisenplatte herumzureichen, während Mamma Carlotta letzte Hand an die Minestrone legte und dabei beängstigend schnell und unbedacht mit dem Salzstreuer umging. Alle spürten die Explosionsgefahr, die in der Luft hing, und Felix war es schließlich, der die Detonation verhinderte, indem er mit schlechtem Benehmen auf sich aufmerksam machte. Dass er anfing, in seiner Autozeitung zu blättern, die er unauffällig mit in die Küche gebracht hatte, geschah vermutlich, weil ihm eine Gardinenpredigt seiner Nonna wesentlich angenehmer war als ihr beleidigtes Schweigen.

»Keine Zeitung bei Tisch, Felice!«, rief Mamma Carlotta denn auch, und als ein Handy losging, fuhr sie im gleichen Ton fort: »Und kein Telefonino während des Essens!«

Beide Ermahnungen fruchteten nichts. Felix blätterte ungerührt weiter und zeigte dann auf einen Artikel. »Sind das nicht geile Karren? Auf Öland findet einmal im Jahr eine Oldtimer-Rallye statt. Mit dem schwedischen König! Und die Königin fährt auch mit!«

Mamma Carlotta wusste nicht, worum sie sich zuerst kümmern sollte: um das schrillende Handy oder um die kleine Royalistin in ihr, die sofort zum Leben erweckt wurde. »Königin Silvia?«

Tizio hatte endlich sein Handy aus der Hosentasche gezogen und nahm das Gespräch an, ohne auf Mamma Carlottas tadelnden Blick zu achten. »Luana? Was ist los?«

Die kleine Royalistin wurde sofort von der italienischen Mamma zum Schweigen gebracht, für die ein gutes Essen an erster Stelle stand. »Luana ruft dich aus der Badewanne an?«

Tizio zuckte mit den Achseln, als wäre nichts normaler als das. »Sie hat ihre Haarspülung im Zimmer liegen lassen. Soll sie nass über den Flur laufen?« Er lächelte Mamma Carlotta ins konsternierte Gesicht, damit sie einsah, dass für einen echten Kavalier solche kleinen Dienste selbstverständlich waren.

Felix tat so, als bekäme er von alldem nichts mit. »Der König fährt immer noch den Volvo aus dem Jahr, in dem er geboren wurde!«

Tizio stand auf und beugte sich über die Zeitung. »Bei der Königsrallye geht es übrigens nicht um Geschwindigkeit. Das ist eine Gleichmäßigkeitsrallye, da muss man Aufgaben meistern und Punkte sammeln.«

Felix starrte ihn bewundernd an. »Hast du da etwa schon mal mitgemacht?«

Tizio lachte. »Daran dürfen nur ganz wenige teilnehmen. Handverlesen! Nur die, die damals Geld gespendet haben, um dem König zum fünfzigsten Geburtstag den Volvo aus dem Jahr 1946 zu schenken. Und natürlich der ganze Adel.«

»Woher weißt du das denn?«, fragte Mamma Carlotta.

Aber sie erhielt genauso wenig eine Antwort wie Felix. Tizio stieg schon die Treppe hoch, um seiner Freundin die Haarspülung in die Badewanne zu reichen.

Nach dem Essen brachte Erik seinen Mitarbeiter zur Haustür und begleitete ihn bis zum Bürgersteig. »Ich kümmere mich darum, dass die Eintragungen in dem Notizbuch entziffert werden«, sagte er. »Irgendwo in der Verwandtschaft meiner Schwiegermutter wird es schon jemanden geben, der Steno gelernt hat.«

Sören nickte. »Und ich gehe noch mal ins Büro. Vielleicht finde ich ja einen Fall, bei dem wir mit den Flensburger Kollegen zusammengearbeitet haben. Vorstellen kann ich es mir aber nicht. Ehrlich, Chef ... niemand bringt einen Ermittler wegen eines Verkehrsdeliktes um oder wegen eines Diebstahls. Noch dazu nach Jahren! Denn es muss lange her sein, sonst könnten wir uns erinnern.«

»Vielleicht ist er jetzt aus dem Gefängnis entlassen worden? Und hat erst Steffen Ellebrecht umgebracht und dann ...« Hilflos brach Erik ab.

»... dann will er Ihnen ans Leder?«

»Vielleicht ist er zu Unrecht verurteilt worden. So was erzeugt Hass.«

Sören wollte es immer noch nicht glauben, versprach aber trotzdem, alles zu tun, um Licht in das Dunkel zu bringen. »Irgendeinen Grund muss es ja haben, dass der Kerl Ihre Adresse notiert hat.«

»Eben!«

»Schade, dass wir von Kommissar Annegarn in Flensburg nichts erfahren können. Oder soll ich es mal versuchen?«

Erik wehrte ab. »Das ist sein erstes Tötungsdelikt. Er will sich auf keinen Fall reinreden lassen.«

»Dann soll er auch nichts von Franco Neuhaus erfahren?«

»Bloß nicht! Am Ende hat das eine nichts mit dem anderen zu tun, und wir sind die Blamierten.«

Sören holte sein Rennrad aus dem Schuppen. »Machen Sie sich keine Sorgen, Chef! Der Kerl ist verschwunden! Wenn er Ihnen gefährlich werden wollte, dann wäre er noch auf Sylt.«

»Vielleicht ist er noch hier.«

»Und der Lamborghini?«

Erik winkte ab. »Wir drehen uns im Kreis.« Er wandte sich ab und ging zum Hauseingang zurück. »Vielleicht komme ich später noch im Kommissariat vorbei.«

»Alles klar, Chef! Ich melde mich, sobald ich was gefunden habe!«

Erik sah seinem Assistenten hinterher, der kräftig in die Pedale trat und in zwanzig Minuten in Westerland sein würde, wenn er dieses Tempo beibehielt. Wieder mal war er dankbar dafür, mit Sören Kretschmer zusammenarbeiten zu dürfen. Auf ihn war Verlass. Ihm konnte er auch seine Angst gestehen. Ihm sogar eher als seiner Familie.

Erik drehte sich um und betrachtete sein Haus, als sähe er es zum ersten Mal. Hätte er mit Lucia über seine Sorgen gesprochen? Nein, auch vor seiner Frau hätte er seine Angst verborgen, genau wie jetzt vor seiner Schwiegermutter. Nein, Mamma Carlotta durfte nichts erfahren!

Mit energischen Schritten, zu denen er sich zwingen musste, ging er ins Haus zurück. Als er die Küche betrat, fühlte er sich nicht halb so gut, wie es den Augenschein haben musste. Er war froh, dass er Mamma Carlotta allein vorfand, die gerade den Tisch abräumte und das Geschirr in die Spülmaschine stellte, die sie nach wie vor widerwillig benutzte. »Niemand hilft dir?«, fragte er freundlich.

»Nun bist du ja da«, entgegnete sie und begann zu lachen, damit er merkte, dass sie einen Scherz gemacht hatte. Sie gehörte nicht zu den Frauen, die von einem Mann Hilfe im Haushalt einforderten. »Du siehst angespannt aus«, sagte sie dann. »Möchtest du einen Espresso haben? Dann kannst du mir erzählen, was dich bedrückt.«

Erik war überrascht. »Wie kommst du darauf, dass mich etwas bedrückt?«

Seine Schwiegermutter bedachte ihn mit einem Blick, den er nur zu gut kannte. Damit forderte sie ihn auf, alles zu verraten, weil sie es sowieso wusste. Aber diesmal würde er nicht darauf reinfallen. Nein, Mamma Carlotta konnte nicht wissen, dass ein Mann das Haus beobachtet hatte, der nun verschwunden war. Ebenso wenig wie sie wusste, was mit seinem Flensburger Kollegen geschehen war. Und da er dessen Namen nie erwähnt hatte, würde sie keinen Zusammenhang zwischen ihm und dem schrecklichen Schicksal von Steffen Ellebrecht herstellen, wenn sie davon in der Zeitung lesen sollte.

»Es ist alles in Ordnung«, bekräftigte er, »aber ... ich brauche deine Hilfe.«

Seine Schwiegermutter reagierte so, wie er erwartet hatte. Sie ließ sich gern um Hilfe bitten, genoss jedes »Prego!« und jedes »Grazie!«, versicherte, wie gerne sie helfen wolle und dass alles, was sie tat, eine Selbstverständlichkeit sei und kein Grund, ihr zu danken.

Entsprechend fiel der Espresso aus, der schwarz und bitter auf den Tisch kam, weil Mamma Carlotta vor lauter Begeisterung die Kaffeedosis verdoppelt hatte. »Ecco! Wie kann ich helfen?«

Erik sah in ihre sprühenden Augen und war gerührt von dem Jungen, Naiven, Unverbildeten, das sie sich bewahrt hatte. Erstaunlich, bei ihrem Leben, das alles andere als leicht gewesen war! Heirat mit sechzehn, dann die Geburt von sieben Kindern und der pflegebedürftige Mann, für den sie zwanzig Jahre Tag und Nacht da gewesen war. Sie hatte Lucia ziehen lassen müssen, hatte die Todesnachricht erhalten und nicht einmal die Möglichkeit gehabt, an ihrer Beisetzung teilzunehmen, weil ihr Mann keinen Tag, keine Stunde ohne sie ausgekommen war. Dass sie sich trotzdem diese Lebensfreude erhalten hatte, erstaunte ihn stets aufs Neue.

Er schenkte ihr ein warmes Lächeln, ehe er in seine Hosentasche griff und das Notizbuch hervorholte, das er in Franco Neuhaus' Hotelzimmer gefunden hatte. »Kennst du jemanden, der Steno gelernt hat? In deiner Familie? In deinem Dorf?«

Mamma Carlotta wollte nach dem Büchlein greifen, aber Erik ließ es nicht zu. Auf keinen Fall sollte sie sehen, dass Franco Neuhaus ans Ende seiner Aufzeichnungen seine Adresse gesetzt hatte.

»Allora ... die Tochter meiner Cousine, die Zwillinge von Signora Stephane, die Nichte des Metzgers und natürlich Loretta, die mal beim Bürgermeister gearbeitet hat. Sie hat sich jeden Tag beklagt, weil er so schnell diktiert hat, dass sie nicht mitkam. Und Signora Nicola! Die hat in jungen Jahren una scuola commerciale besucht.«

»Eine Handelsschule?«, vergewisserte sich Erik.

»Sì! Und alles, was ihr Mann nicht wissen sollte, hat sie sich in Steno notiert.« Sie stürzte den Espresso herunter und erhob sich, um einen weiteren zu kochen. »Wenn ich noch ein bisschen nachdenke, fallen mir bestimmt noch mehr ein.«

Aber Erik war mit der Auswahl längst zufrieden. »Kannst du eine von ihnen anrufen? Ich werde die Seiten kopieren und dann nach Italien faxen.«

»Faxen?«

Erik strich seinen Schnauzer glatt. »Du meinst, das geht nicht? Gibt's in Panidomino keine Faxgeräte?«

»Im Pfarrhaus gibt es eins.« Mamma Carlotta verzog das Gesicht. »Allora, wenn du die Kopien zum Pfarrer schickst, dann könnte die Haushälterin sie zu Signora Nicola tragen ...«

»Das ist zu umständlich.«

»Der Zahnarzt hat auch ein Faxgerät. Seine Frau joggt jeden Morgen am Rathaus vorbei. Wenn die das Fax zu Lorettas Nachfolgerin bringt, dann kann die es in der Mittagspause mitnehmen, weil ihre Eltern Nachbarn von Lorettas Eltern sind. Und die besucht fast jeden Tag ihre Mutter.«

»Das ist ja noch umständlicher!«

»Dann eben Signora Adolfo.«

»Sie kann Steno und hat ein Faxgerät?« Erik spürte, wie die Ungeduld in ihm aufstieg. Seinen Schnauzer hatte er in den letzten Minuten mindestens ein Dutzend Mal geglättet. Wer ihn kannte, wusste, dass er damit jede Gefühlsregung zum Ausdruck brachte: Trauer und Wut, Freude und Überraschung oder eben Ungeduld und Nervosität.

Carlotta zögerte. »Sì, ma ... ihr Mann weiß nichts davon.«

»Davon, dass sie Steno kann?«

»No, no, dass sie ein Faxgerät hat. Sie benutzt es heimlich, um sich mit ihrem Liebhaber zu verabreden. Seit ihr Mann versucht, sie zu überführen, indem er ihr Telefonino überwachen lässt.«

Erik griff sich an den Kopf. »Ist sie außerhalb der Ehe wenigstens vertrauenswürdiger?«

Da war Mamma Carlotta sich sicher. »Und eigentlich ist Signor Adolfo auch selber schuld.«

Doch bevor sie die lange Geschichte von der Ehe der Adolfos erzählen konnte, ging Erik dazwischen. »Bitte, versuch's! Ich will gar nicht wissen, wie du das anstellst, aber versuch's. Und sag ihr nicht, dass es um eine polizeiliche Maßnahme geht.«

Mamma Carlotta sah so unternehmungslustig aus, dass

Erik angst und bange wurde. »Du kannst dich auf mich verlassen«, versicherte sie.

Konnte er das wirklich? Lief er nicht Gefahr, dass in wenigen Tagen ein ganzes umbrisches Dorf über die Notizen von Franco Neuhaus Bescheid wusste? Er konnte ja nicht ahnen, was er zu lesen bekommen würde. Im Grunde konnte er nicht einmal wissen, ob Signora Adolfo alles richtig in Langschrift übertrug. Aber da er wusste, dass dies der schnellste Weg war, an den Wortlaut von Franco Neuhaus' Aufzeichnungen zu kommen, beließ er es dabei. Bis er auf Sylt oder mithilfe der Staatsanwältin irgendwo anders in Deutschland jemanden fand, der italienisch stenografieren konnte, vergingen womöglich Tage.

Vor allem aber wollte er nicht, dass die Staatsanwältin schon jetzt von seinem schrecklichen Verdacht erfuhr. Wenn sich später herausstellen sollte, dass dieser Franco Neuhaus nur ein gewöhnlicher Autodieb war, der sich zufällig kurz vor seiner Flucht sein Haus angesehen hatte, würde er sich jahrelang anhören müssen, dass er ein Hasenfuß sei, der übers Ziel hinausgeschossen war. Frau Dr. Speck wusste lediglich von einem Notizbuch, das im Zimmer des Vermissten gefunden worden war. Dass es seine Adresse enthalten hatte, musste sie vorläufig nicht wissen.

Er horchte auf Mamma Carlottas Stimme, die aus dem Wohnzimmer drang, wo sie es sich gemütlich gemacht hatte, um Signora Adolfo in aller Ausführlichkeit über ihre wichtige Aufgabe zu informieren.

Entschlossen zog er sein Handy aus der Hosentasche und wählte die Nummer von Kommissar Annegarn in Flensburg. Wie erwartet, reagierte der junge Kollege sehr unwirsch. »Wenn ich Sie als Zeuge brauche, werde ich mich bei Ihnen melden.«

»Gibt es schon einen Anfangsverdacht?«

»Es spricht in der Tat viel dafür, dass Herr Ellebrecht einem Racheakt zum Opfer gefallen ist.«

»Also kennen Sie den Täter? Steht eine Verhaftung bevor?«

»Nein, so weit sind wir noch nicht.«

»Ein südländischer Typ? Ein Italiener vielleicht?«

»Hören Sie, Wolf! Das ist nicht Ihr Fall! Dass Sie mit Steffen Ellebrecht gut bekannt waren, ändert nichts daran. Lesen Sie jeden Morgen brav Ihre Zeitung. Dann werden Sie von einer Verhaftung erfahren, sobald es eine gegeben hat. So wie alle anderen Bürger auch!«

Deprimiert legte Erik auf. Im Wohnzimmer telefonierte seine Schwiegermutter noch immer mit Signora Adolfo. Inzwischen ging es um den Ehemann der Signora, der sich irgendwas Ungeheuerliches hatte zuschulden kommen lassen, was Mamma Carlotta genauso empörte wie seine Ehefrau. Er musste Geduld haben. Abwarten. Nicht von Fenster zu Fenster gehen und nachsehen, ob sein Haus beobachtet wurde. Nicht ständig darüber nachdenken, was der Diebstahl eines Lamborghini mit einem Anschlag auf ihn zu tun haben könnte. Einfach so tun, als wäre alles in Ordnung.

Erik atmete tief durch, dann entschloss er sich, Sören im Polizeirevier Gesellschaft zu leisten. Und er würde versuchen, während der Fahrt nach Westerland nicht ständig in den Rückspiegel zu schauen.

Mamma Carlotta war hochzufrieden. Sie hatte nicht nur erreicht, worum Erik sie gebeten hatte, sondern darüber hinaus auch einen tiefen Einblick in Signora Adolfos Eheprobleme bekommen. Ein voller Erfolg! Kaum hatte sie aufgelegt, kam Luana ins Zimmer. Sie schien überrascht zu sein. »Ich dachte, Sie wären im Garten, Signora!«

Luana hielt ihr Mobiltelefon in der Hand. Anscheinend suchte sie einen Ort zum Telefonieren, an dem sie ungestört war. Wieder schoss das Misstrauen in Mamma Carlotta hoch. Diese Heimlichtuerei musste doch einen Grund haben!

Mamma Carlotta ignorierte die offensichtliche Nervosität der jungen Frau und berichtete lang und breit von dem Telefongespräch, das sie eben geführt hatte, natürlich, ohne von Eriks Auftrag zu erzählen und ohne Signora Adolfos Namen zu erwähnen. Gerade als Luana ihre freundlich-interessierte Miene aufgab und keinen Hehl mehr daraus machte, wie langweilig sie diese Unterhaltung fand, sagte Mamma Carlotta ganz unvermittelt: »Meine Nachbarin hat übrigens am 14. August Geburtstag. Genau wie mein Onkel und meine Schwiegermutter! Ist das nicht merkwürdig?«

Luana starrte sie an, dann nickte sie zögernd. »Komisch.«

Mamma Carlotta schlug sich vor die Stirn. »Da fällt mir ein ... ein Cousin von mir hat auch am 14. August Geburtstag! Und ich glaube, die jüngste Enkelin meiner Freundin Marina ebenfalls. Dieses Datum scheint etwas Besonderes zu sein.« Sie lächelte Luana an, erhob sich und ging zur Tür. »Gut, dass ich am 14. August schon wieder in Italien bin. Da wird es viel zu feiern geben.«

Bedächtig griff sie nach der Klinke und schob sehr langsam die Tür auf. Würde Luana etwas zu diesem Datum sagen? Es war die letzte Chance, die Mamma Carlotta ihr geben wollte. Wenn Luana nun eine nette kleine Geschichte von der Hochzeit einer guten Freundin erzählte, die an demselben Tag gefeiert werden sollte, an dem auf Öland die Königsrallye stattfand, würde sie eventuell darüber hinwegsehen, dass Luana während der Mittagsmahlzeit ein Bad genommen hatte.

Aber die Freundin ihres Neffen schwieg beharrlich, auch als Mamma Carlotta wie nebenbei fallen ließ, dass Tizio sehr interessant von der Königsrallye auf Öland geplaudert habe. »Felix hat ihm förmlich an den Lippen gehangen.« Sie tat überrascht, als fiele es ihr jetzt erst auf: »Diese Rallye ist auch am 14. August! Madonna, was für ein außergewöhnliches Datum!«

Damit ging sie in die Küche und hörte, dass Luana kurz

darauf die Wohnzimmertür ins Schloss drückte. Das war der Beweis! Um den 14. August gab es ein Geheimnis. Tizio hatte gefragt, ob sie wirklich bis zu diesem Tag warten mussten. Und dass er über die Königsrallye am 14. August so gut Bescheid wusste, war vermutlich kein Zufall. Was hatte es damit auf sich? Plante Luana etwa einen Anschlag auf das Königspaar? Oder auf die Thronfolgerin? Madonna! Musste sie dann nicht alles tun, um dieses Verbrechen zu verhindern? Aber wie?

Erik durfte sie damit nicht kommen. Sogar der Polizist in ihrem Dorf, der sich sonst über jede kleine Gesetzesübertretung freute, die seinen langweiligen Dienstalltag bereicherte, würde abwinken, wenn sie mit ihren Beweisen kam, die noch nicht mal richtige Indizien waren. Nein, es blieb ihr wohl nichts anderes übrig, als ein Auge auf Luana zu haben und zu warten, dass sie sich irgendwann verriet.

Mamma Carlotta trat auf den Flur, wo es einen zweiten Telefonanschluss gab, um Erik davon zu unterrichten, dass er in Kürze ein Fax von Signora Adolfo zu erwarten habe. Dass sie sehr langsam wählte, nach den ersten drei Ziffern wieder auflegte und zur Wohnzimmertür lauschte, ehe sie erneut zu wählen begann, bemerkte ja niemand. Trotzdem bekam sie von Luanas Telefongespräch nichts mit. Sprach sie extra so leise, weil niemand Zeuge ihres Telefonats werden sollte?

Ob die Verhinderung eines Attentats rechtfertigte, an einer Tür zu lauschen? Dass Tizio Augenblicke später die Treppe herunterkam, war ärgerlich. Aber Mamma Carlotta hatte Glück. Sie war nicht nur schnell genug gewesen und mit zwei Schritten wieder am Telefon, sondern sie hatte tatsächlich einen Satz mitbekommen, der durch die geschlossene Tür gedrungen war: »Sag mir um Himmels willen rechtzeitig Bescheid, Inga. Sobald die Polizei herausgefunden hat, dass ich auf Sylt bin, muss ich abhauen.«

Erik legte den Telefonhörer auf die Gabel zurück. »War ja klar! Meine Schwiegermutter kriegt das hin.«

Sören grinste. »Wir bekommen die Notizen in Langschrift zugefaxt?«

Erik nickte. »Hoffentlich können wir uns auf das Ergebnis verlassen. Ob Signora Adolfo alles richtig entziffert, wissen wir ja nicht.«

Erik kopierte die kleinen Blätter aus Franco Neuhaus' Notizbuch auf zwei DIN-A-4-Bögen und sah zu, wie erst das eine Blatt und dann das andere im Faxgerät verschwanden. Plötzlich sagte Sören: »Da habe ich ihn. Franco Neuhaus!«

Erik trat hinter seinen Assistenten und sah auf seinen Bildschirm. »Ein römischer Privatdetektiv? Was hat das nun wieder zu bedeuten?«

»Dass Sie von dem Kerl nichts zu befürchten haben! Warum sollte ein römischer Privatdetektiv nach Sylt kommen, um erst Steffen Ellebrecht und dann Sie umzubringen?«

»Aber warum treibt er sich in Wenningstedt herum und beobachtet mein Haus?«

Sören stand auf und ging zum Fenster. »Vielleicht ein Denkfehler, Chef«, sagte er. »Wie gut kennen Sie eigentlich den Cousin Ihrer Frau? Und seine Freundin?«

»Sie meinen …? Na ja, von Luana weiß ich gar nichts und von Tizio nicht viel. Nur, dass er ein Taugenichts ist, der erst seiner Mutter und dann seinen Tanten auf der Tasche gelegen hat.«

»Könnte er in irgendwelche kriminellen Machenschaften verstrickt sein?«

Erik dachte nach, schüttelte dann aber den Kopf. »Frauengeschichten, Schwierigkeiten im Job, ein bisschen Bestechung … aber eine richtige Straftat? Nein, das glaube ich nicht. Hat Franco Neuhaus eine Telefonnummer?«

Sören kehrte zurück an seinen Schreibtisch und zeigte auf

den Bildschirm. »Hier steht nur die Nummer seiner Detektei.«

»Ich probier's mal, auch wenn Sonntag ist.« Erik griff nach dem Telefon und wählte. Die Ansage einer kräftigen Männerstimme erklang, die in gut verständlichem Italienisch verkündete, dass das Büro zurzeit geschlossen sei. Eriks Sprachkenntnisse reichten aus, um die Ansage von Franco Neuhaus' Mobilnummer zu verstehen. Schnell griff er nach einem Kugelschreiber und notierte sich die Nummer, die er anschließend eintippte. Diesmal ging der Ruf heraus, ohne dass etwas geschah. Niemand nahm ab. »Die Mailbox springt nicht an«, murmelte Erik.

»Vielleicht sollten wir die italienischen Kollegen einschalten?«, schlug Sören vor.

Schon wenig später wussten sie, dass der Privatdetektiv Franco Neuhaus seit gut fünf Jahren ein eigenes Büro betrieb, nachdem er jahrelang bei einer Security-Firma gearbeitet hatte, die auf Personenschutz spezialisiert war. »Eine Ausbildung bei der Polizei hat er vorzeitig abgebrochen«, berichtete Sören, dem es gelungen war, eine Auskunft in englischer Sprache einzuholen. »Warum, ist nicht bekannt.«

»Und er hat eine saubere Akte?«

»Es hat mal eine Anklage wegen Bestechung gegeben, aber die wurde fallen gelassen, weil die Beweise nicht ausreichten.« Sören studierte seine Notizen. »Eine Zeitlang hat er keine Alimente gezahlt, wahrscheinlich, weil die Geschäfte nicht gut liefen, und eine Schlägerei hat er sich auch mal geleistet. Er ist wegen Körperverletzung vorbestraft.« Sören lächelte zufrieden. »Aber er ist nie von uns verhaftet worden, hat also keinen Grund, sich an Ihnen zu rächen, Chef.«

Erik lächelte zurück. »Wissen die Kollegen eigentlich, wie die Detektei arbeitet? Personen- oder Objektschutz? Security-Aufgaben für eine große Firma oder eine Behörde? Oder ist er etwa ein Schnüffler, der untreue Ehemänner überführt und Arbeitnehmer ausspioniert, die blaumachen?«

»Letzteres«, meinte Sören. »Er scheint nicht besonders gut zu verdienen. Sein Büro hat keine Mitarbeiter, er betreibt es in einem Zimmer seiner Wohnung in Rom.«

»Haben die Kollegen die Absicht, etwas zu unternehmen?«

Sören schüttelte den Kopf. »Sie glauben nicht an ein Verschwinden. Jedenfalls jetzt noch nicht. Ein Autodiebstahl kommt ihnen aber auch unwahrscheinlich vor. Franco Neuhaus ist auf diesem Gebiet ein unbeschriebenes Blatt. Und außerdem … er hat den Lamborghini unter seinem Namen gemietet. Vermutlich musste er seinen Führerschein vorlegen. Wenn er als Autodieb flüchtig ist, kann er seine Detektei in Rom vergessen.«

»Das ist ihm vielleicht egal, wenn sie schlecht läuft.«

»Immerhin hatte er einen Auftrag. Einen, der ihn zunächst nach Venedig und dann nach Sylt geführt hat.«

In diesem Moment sprang das Faxgerät an. »Signora Adolfo?«, fragte Erik ungläubig. »So schnell?«

Tatsächlich erschien am oberen Rand des Blattes, das sich aus dem Faxgerät schob, eine italienische Telefonnummer. Und kurz darauf wusste Erik, warum Signora Adolfo so fix gewesen war. Sie teilte ihm mit, dass sie den größten Teil des Stenogramms nicht habe entziffern können. »Sie schreibt, der Mann habe eine … scrittura cattivo. Verdammt, könnte ich bloß besser Italienisch!«

Sören bemühte das Übersetzungsprogramm seines Computers. »Schlechte Schrift. Ich nehme an, sie meint, dass der Kerl eine Sauklaue hat.«

Erik nickte. »Nur wenige Wörter und Textstellen hat sie lesen können.« Das Übersetzungsprogramm wurde noch mehrmals bemüht, dann hatte Sören nicht nur die Übertragung des Stenotextes in Langschrift, sondern auch die deutsche Übersetzung in den Computer getippt. Er zog das Blatt aus dem Drucker. »Wenn diese Notizen je gerichtsrelevant werden sollten, müssen wir einen Experten für italienische

Kurzschrift hinzuziehen und einen Dolmetscher. Ich meine einen vereidigten, nicht Ihre Schwiegermutter.«

Bei den Vermerken, die Franco Neuhaus auf den ersten Seiten seines Notizbuches festgehalten hatte, schien es um Beobachtungen zu gehen, die er für einen Auftraggeber gemacht hatte. Der Detektiv hatte festgehalten, wann eine gewisse Person, die er ›prima persona‹ nannte, aus dem Hause gegangen und zurückgekehrt war, wann sie von ›seconda persona‹ begleitet worden und wann sie alleine unterwegs gewesen war, wo sie eingekehrt war und wie lange sie sich in den jeweiligen Lokalen aufgehalten hatte. Auch dass sich die beiden Zielpersonen stundenlang auf dem Markusplatz aufgehalten hatten, war notiert worden. »Venedig also«, ergänzte Sören.

»Warum nennt er keine Namen?«, fragte Erik ärgerlich.

»Das tut so ein Detektiv nie«, glaubte Sören zu wissen. »Ist doch klar. Stellen Sie sich vor, seine Notizen geraten in falsche Hände!«

Kopfschüttelnd betrachtete Erik die nächsten Satzfragmente, die Signora Adolfo übermittelt hatte. »Eisenbahn ... Antennenturm ... Kliff ... das liest sich so, als beschriebe er einen Ort auf Sylt.« Erik ließ das Fax sinken. »Glauben Sie, dass sein Aufenthalt auf Sylt etwas mit der Observation in Venedig zu tun hat?«

»Denken Sie an das, was Ahrensen gesagt hat. Neuhaus hat doch am Telefon davon gesprochen, dass sein Job schon in Venedig hätte erledigt sein sollen. Anscheinend war er ärgerlich, dass es auf Sylt weiterging. Deshalb hat er seinem Auftraggeber als kleine Sondergratifikation den Lamborghini aus den Rippen geleiert.«

»Wie ist er eigentlich nach Sylt gekommen?« Erik blätterte in dem Notizbuch herum, bis er zu der Buchstaben- und Zahlenreihe gelangt war, die er für eine Flugnummer der Lufthansa hielt. »LH 1788! Finden Sie mal heraus, Sören, ob er diesen Lufthansaflug genommen hat.«

Eine halbe Stunde später war Sörens Gesicht so rosig und entspannt wie immer, wenn er Erfolg hatte. »Vor einer Woche ist er von München nach Hamburg geflogen. Wahrscheinlich ist er von dort mit dem Zug weitergefahren.« Sören las von seinem Notizzettel ab: »Samstag, 12:45 Uhr Abflug in München, 14:05 Ankunft in Hamburg.«

Erik ließ sich auf seinen Stuhl sinken. »Mit diesem Flug sind auch Tizio und Luana gekommen. Ich habe sie selbst am Flughafen abgeholt.«

Sören setzte sich ebenfalls, schweigend sahen sie einer Stubenfliege zu, die unentwegt gegen die Fensterscheibe summte, obwohl es zehn Zentimeter weiter eine Öffnung gab, durch die sie hätte entkommen können.

Es klopfte an der Tür. Ein Mann steckte den Kopf herein, der sich als Angestellter eines Autoverleihs vorstellte, der sich auf Luxusfahrzeuge spezialisiert hatte. »Ich möchte den Diebstahl eines Lamborghini melden ...«

Domenica! Was war das für ein Sonntag, an dem jedes Familienmitglied machte, was es wollte, und sich nicht ums Familienleben scherte! An einem Sonntagnachmittag ging man spazieren, saß am Kaffeetisch und plauderte, lud Gäste ein oder besuchte Verwandte. So war es in Carlotta Capellas Dorf, wo niemand sonntags allein blieb, der es nicht unbedingt wollte. Auf Sylt hingegen war es anscheinend ganz normal, dass jeder an einem Sonntag seinen eigenen Interessen nachging. Erik war im Büro, Carolin sah sich die Videoaufzeichnung einer Ballettaufführung an, Felix hockte wieder vor dem Rennfahrersimulator seines Laptops, und Luana stand auf dem Rasen und dehnte ihre Glieder in so beängstigende Posen, dass man gar nicht hinschauen mochte, während Tizio auf einem Gartenstuhl saß und sie hingerissen betrachtete.

Als Mamma Carlotta durch den Garten geschlendert war und heuchlerisch ein paar Unkräuter aus den Beeten entfernt hatte, war Luana sogar so unverfroren gewesen, Tizio mit einem anzüglichen Blick auf seine Tante aufmerksam zu machen und ihm etwas zuzutuscheln.

Mamma Carlotta befand, dass solche Gäste den Anspruch auf überbackene Hähnchenbrust mit Mozzarella verwirkt, Rucola mit Parmesan nicht verdient hatten und Zuppa inglese erst recht nicht. Der schwer arbeitende Erik und sein Assistent würden natürlich all das bekommen und ihre Enkelkinder auch, aber sollte Tizio mal wieder den Beginn der Mahlzeit verschlafen, würde sie ihn nicht wecken. Und wenn Luana erneut von Kalorien und frisch lackierten Fingernägeln redete, würde sie nicht die kleinste Portion für sie warmstellen.

Wenn ohnehin alle ihrer eigenen Wege gingen, würde sie sich aufs Fahrrad setzen und sich die Insel ansehen. Oder sie würde zum Friedhof fahren und ein paar Blumen auf Lucias Grab legen, das Fahrrad an einem der Strandübergänge abstellen, zur Wasserkante gehen, den Blick aufs Meer genießen und dann einen Aperitif in Käptens Kajüte nehmen. Es wurde Zeit, noch einmal ein ernstes Wort mit Fietje zu reden. Vielleicht konnte sie sogar nach dem Mann Ausschau halten, den er verfolgt hatte, und bei der Gelegenheit auch den aufstöbern, von dem Erik sich bedroht fühlte.

Mamma Carlotta drehte sich ein letztes Mal vor dem Spiegel, zupfte ihre Locken zurecht, obwohl sie wusste, dass der Wind jede Ordnung gleich wieder zunichtemachen würde, dann fühlte sie sich gut gerüstet für ihre Flucht aus der Küche.

Den Entschluss, mit Fietje Tiensch zu sprechen, hatte Erik ganz spontan gefasst. Erst auf dem Rückweg war ihm die Idee gekommen, dass der Strandwärter womöglich Antworten auf einige seiner Fragen hatte. Wenn er sich vor einem Mann verbarg, der sich wiederum vor dem versteckte, der sich vor Erik Wolfs Haus hinter ein Auto geduckt hatte, dann wusste Tiensch womöglich, was es damit auf sich hatte. Das bedeutete zwar nicht, dass er auch bereit war, es ihm anzuvertrauen, aber einen Versuch war es wert. Wenn er von dem Strandwärter nichts erfuhr, würde er warten müssen, bis die Fahndung, die er in die Wege geleitet hatte, ein Ergebnis brachte. Ein Lamborghini fiel auf. Sollte er noch in Deutschland unterwegs sein, würde man ihn finden.

Sein Gefühl sagte ihm jedoch, dass er so einfach nicht davonkommen würde. Wer einen Lamborghini klaute, sorgte dafür, die Nummernschilder auszutauschen und ihn so schnell wie möglich über die Grenze zu bringen. Und dass Franco Neuhaus hinter dem Steuer saß, kam ihm mittlerweile unwahrscheinlich vor. Ein Autodieb verhielt sich anders als dieser römische Privatdetektiv.

Erik stellte den Wagen auf dem Parkplatz des Dünenhofs zum Kronprinzen ab, obwohl er dort zu den widerrechtlich Parkenden gehörte. Dann ging er zum Strandwärterhäuschen, das er jedoch verwaist vorfand. Ob Fietje Tiensch wirklich schon Feierabend hatte oder ob er seine Arbeitszeit verkürzte, um sich in Käptens Kajüte von der Strandaufsicht und dem Kontrollieren der Gästekarten zu erholen?

Erik zögerte. Dann entschloss er sich, ein paar Schritte auf den Holzsteg zu machen und den Blick über das Meer zu genießen, bevor er weiterfuhr. Viel zu selten gönnte er sich diese Ruhe, die ihn jedesmal überkam, wenn er die heranrollenden Wellen betrachtete. Der Strand gefiel ihm außerhalb der Saison viel besser als im Juli, wenn er nicht den Syltern, sondern den Touristen gehörte. Aber wenn er es schaffte, den Ufersaum außer Acht zu lassen und die Wellenreiter weit draußen zu ignorieren, fühlte er sich mit seinem Meer allein. Und wenn es ihm gelang, nicht auf die Stimmen der Touristen zu hören, die sich an ihm vorbeidrängten, gehörte ihm auch der Wind ganz allein.

Das Rollen der Wellen und ihr schäumendes Auslaufen folgten ihm bis zum Wagen, und den besonderen Duft verlor er erst, als er die Autotür schloss und den käsigen Geruch wahrnahm, der sich hartnäckig hielt, seit ihm vor Wochen eine Einkaufstasche im Kofferraum umgefallen und ein Becher Schlagsahne ausgelaufen war.

Zum Hochkamp war es nicht weit. Die Tür von Käptens Kajüte stand offen, davor stritten sich gerade zwei Kinder darüber, wessen Schuld es war, dass eine Eiswaffel vor ihnen zu Boden gefallen war. Erik schob sie beiseite, stieg über das klebrige Eis und betrat die Imbissstube.

Der Strandwärter saß am schmalen Ende der Theke, wo er den Gastraum im Blick hatte. Er entdeckte Erik sofort, und da er nicht flüchten konnte, was er zweifellos in Erwägung zog, schob er seine Bommelmütze in die Stirn und steckte die Nase so tief in sein Jever, als hoffte er, so ungesehen zu bleiben.

Sobald Erik sich zu ihm setzte, gab er das Versteckspiel auf. Er grinste schief. »Wollen Sie etwa zu mir, Herr Hauptkommissar?«

Erik fühlte sich genauso unwohl wie Fietje. Umständlich zupfte er seine Cordhose an einer nicht vorhandenen Bügelfalte in die Höhe, bevor er sich auf den Hocker schob, der neben Fietje stand.

Tove Griess, der Wirt, sah ihn misstrauisch an, als befürchtete er Schlimmes, und verzichtete zunächst darauf, nach Eriks Wünschen zu fragen. Seelenruhig wendete er sämtliche Bratwürste, die auf dem Grill lagen, legte einem Gast eine Frikadelle auf einen Pappteller, knallte eine trockene Toastbrotscheibe daneben und krönte das Ganze mit einem überdimensionalen Senfklecks. Erst als er zwei Euro dafür kassiert hatte, fragte er: »Was darf's sein, Herr Hauptkommissar?«

Erik bestellte einen Kaffee, obwohl er sicher war, dass er ihn für ungenießbar befinden und nicht austrinken würde.

Sie hatte sich das einfacher vorgestellt. Una passeggiata, ganz allein, ohne ein wirkliches Ziel, das war viel schwieriger, als sie gedacht hatte. Zu Hause in Umbrien ging sie nie spazieren, jedenfalls niemals allein. Sie wanderte von einem Ziel zum anderen und genoss diesen Weg vielleicht wie eine Schlenderei, aber herumgehen oder mit dem Fahrrad fahren, nur um sich Bewegung zu verschaffen oder die frische Luft zu genießen? Nein, so etwas war in Carlotta Capellas Leben noch nicht vorgekommen. Und sie war froh, dass sie sich den Friedhof und Lucias Grab als Ziel setzen konnte und danach Käptens Kajüte, um noch einmal ein ernstes Wort mit Fietje zu reden.

Als sie auf Lucias Grabstein hinabblickte, versuchte sie, guten Mutes zu sein und die Genugtuung zu genießen, dass sie es gewagt hatte, die Hähnchenbrust im Kühlschrank zu lassen und den Rucola weder geputzt noch gewaschen zu haben. Aber wie immer fühlte sie sich von ihrer Tochter durchschaut. Lucia wusste genau, was in ihrer Mutter vorging, vor ihr gab es nichts zu verbergen.

Als Mamma Carlotta eine Vase hinter dem Grabstein hervorgeholt und mit Wasser gefüllt hatte, erfuhr Lucia von dem Mann, der das Haus am Süder Wung beobachtet und Erik damit in große Sorge versetzt hatte. »Glaubst du auch, dass wir in Gefahr sind? Erik, die Kinder und ich?«

Die Ruhe des Friedhofs schien ihr recht zu geben. Mamma Carlotta fand kein Zeichen, dass Lucia etwas von der Angst wusste, unter der Erik seit gestern litt. Ihre Laune hob sich. Während sie die Margeriten, die sie im Vorgarten gepflückt hatte, in der Vase arrangierte, erzählte sie Lucia von Tizio, der sich leider in die falsche Frau verliebt hatte. »Dabei schien er doch endlich erwachsen geworden zu sein!« Dann erfuhr Lucia alles von Luana Schwarz, die einen Mann wie Tizio nicht verdient hatte. »Irgendwas stimmt nicht mit ihr, cara mia. Bitte gib mir ein Zeichen, wenn du glaubst, dass ich ein Auge auf sie haben sollte. Sie hat etwas zu verbergen, da bin ich ganz sicher. Und sie plant etwas! Muss ich nicht verhindern, dass Tizio da mit hineingezogen wird? Stell dir vor, Luana will der schwedischen Königsfamilie etwas antun! Wenn später jemand erfährt, dass ich es gewusst haben könnte …«

Sie platzierte die Vase mit den weißen Margeriten vor den hellen Grabstein und überlegte, ob sie ihrer Tochter auch von Fietje Tiensch erzählen sollte. Aber das ging ihr dann doch zu weit. Ein Engel wie Lucia hatte über ihre Lieben zu wachen, über die Menschen, denen sie im Leben verbunden gewesen war. Fietje gehörte eindeutig nicht dazu.

Sie machte Lucia noch auf ihr neues knallrotes Kleid aufmerksam, das aus einem so leichten Stoff war, dass der Rock beim Gehen aufschwang und ihre Knie zeigte. »Schwester Eulalia wäre empört, wenn sie das sähe, aber dir gefällt es. O no? Und Schwester Eulalia brauche ich es ja nicht zu zeigen.«

Mamma Carlotta verabschiedete sich vom Grab ihrer Tochter mit der großen Dankbarkeit, die nach jedem Besuch des Wenningstedter Friedhofs die Trauer ein bisschen mehr überwog. Das Glück, sie gehabt zu haben, und die Gewissheit, dass Lucia auf Sylt ihr Leben genossen hatte, machten den Verlust von Tag zu Tag ein Stück erträglicher.

Wenig später bog sie in den Hochkamp ein und ließ das Rad ausrollen.

Dann plötzlich stieg sie in die Bremse und sprang vom Fahrrad, noch mindestens hundert Meter von Käptens Kajüte entfernt. Das Auto, das vor der Tür der Imbissstube parkte, kannte sie nur zu gut. Vorsichtig kam sie näher, bereit, sofort wieder aufzusteigen und an Käptens Kajüte vorbeizuradeln, als hätte der Weg zum Meer sie zufällig durch den Hochkamp geführt.

Sie stellte ihr Fahrrad so ab, dass Erik es beim Verlassen der Imbissstube nicht sehen konnte. Dann näherte sie sich der offenen Tür, vor der in den Sommermonaten zwei Plastikstühle standen, die wohl einladend wirken sollten, aber eher dafür sorgten, dass die Gäste von vornherein wussten, worauf sie sich einließen. Die Stühle waren schmutzig, hatten poröse Sitzflächen und wacklige Beine. Trotzdem ließ sich Mamma Carlotta auf einem von ihnen nieder, damit sie hören konnte, was in Käptens Kajüte gesprochen wurde, und bei keinem Vorübergehenden den Verdacht erzeugte, dass sie lauschte.

Eriks Stimme war leicht zu verstehen. »Herr Tiensch, ich rede mit Ihnen als Zeuge, nicht als Verdächtiger. Ich möchte nur wissen, warum Sie sich vor einem Mann versteckt haben, der Ihnen am Süder Wung entgegenkam.«

Fietjes Stimme war so leise, dass Mamma Carlotta Mühe hatte, ihn zu verstehen. »Keine Ahnung, wovon Sie schnacken. Kann sein, dass ich mich gebückt hab, um mir die Schuhe zuzubinden, aber versteckt? Nö, da müssen Sie sich irren.«

»Sie kannten den Mann also nicht? Und Sie sind ihm nicht gefolgt?«

»Nie im Leben! Mag sein, dass ich in dieselbe Richtung gegangen bin, aber so was soll ja vorkommen. Jawoll!«

»Schade, Herr Tiensch! Ich hatte gehofft, Sie wären ein wenig kooperativer.«

»Wäre ich ja gerne, Herr Hauptkommissar. Aber wenn ich nix weiß, kann ich nix sagen.« Eine kurze Pause entstand, in der Fietje sicher erst mal einen kräftigen Schluck von seinem Jever nahm, ehe er fragte: »Wieso wollen Sie das überhaupt wissen? Hat dieser Kerl was angestellt?«

»Warum interessiert Sie das?«

Prompt wurde Fietjes Stimme laut und kräftig. »Interessiert mich nicht die Bohne. Jawoll!«

»Interessiert hier niemanden«, kam es von Tove Griess. »Sie haben ja gehört, Fietje weiß von nix. Meinen Sie, wenn Sie ihn noch dreimal fragen, weiß er mehr?«

Mamma Carlotta hörte das Scharren eines Stuhlbeins. Offenbar hatte Erik es aufgegeben, Fietje zu befragen. Rasch sprang sie auf und lief um die Hausecke. Sie hörte Eriks Schritte, das Öffnen der Autotür, das Anlassen des Motors. Vorsichtig spähte sie um die Ecke und sah ihn davonfahren.

Kurz darauf stand Mamma Carlotta vor der Theke von Käptens Kajüte. »Allora, Fietje … mir können Sie es doch verraten …«

Erik wusste nicht, warum er sich darauf eingelassen hatte. Hatte er jemals mit Felix Fußball gespielt, solange sein Sohn davon geträumt hatte, Ronaldos Nachfolger zu werden? Nein! Allerdings hatte Felix ihn auch nie darum gebeten. Er wusste, was er von den sportlichen Qualitäten seines Vaters zu halten hatte und dass jeder Versuch auf diesem Gebiet auf eine Blamage hinauslaufen würde.

Nun aber war alles anders. Felix brauchte jemanden, der im Besitz einer Fahrerlaubnis war, wenn er ein Lenkrad in der Hand halten wollte. Einen knapp Fünfzehnjährigen ans Steuer seines Wagens zu lassen, war für Erik bisher nicht infrage gekommen, selbst wenn das Gelände, wo eine solche Fahrübung stattfand, noch so einsam und abgelegen war. Aber dann war ihm das Morsumer Kliff eingefallen, und Felix hatte seinem Vater vom Gesicht abgelesen, dass er sich berechtigte Hoffnungen machen durfte.

Mamma Carlotta war kurz nach Erik nach Hause gekommen und ziemlich verärgert gewesen, weil sie den Sonntag ohne Gesellschaft verbringen musste. Als in der Küche das erste Glas zu Bruch ging, entstand in Erik die Idee, sich an diesem Abend mal um Felix zu kümmern. Die Idee nahm Gestalt an, als Luanas Kommandos durchs Haus klangen: »Und hoch und Plié, und hoch und Plié …« Luana unterrichtete Carolin in kleinen, schnellen Sprüngen, bei denen die Füße zusammengeschlagen werden mussten.

Als das Ganze dann mit Musikbegleitung weiterging, wurde es Erik eindeutig zu viel. Seine Schwiegermutter war zwar nicht damit einverstanden, dass ein Teil der Familie das Haus verließ, bevor sie das Dessert auf den Tisch gebracht hatte, aber da ihr Abendessen sowieso nicht gewürdigt worden war, hatte sie schließlich nachgegeben. Die Zuppa inglese stellte sie in den Kühlschrank, wo sie auf die Rückkehr der Familie warten würde.

Erik machte sich mit seinem Sohn nach Westerland auf und bog dann in Richtung Morsum ab. Der Abend war noch hell, wie immer im Juli. In der Nähe des Restaurants Morsum Kliff bog Erik rechts ab, fuhr bis zur Bahnlinie und dann nach links in einen kleinen Weg, der an einer Zimmerei vorbeiführte und auf einen Antennenmast zu. Erik bremste und sah sich um. »Hier sind wir allein.« Vor ihnen eine ausgedehnte Wiese, im Hintergrund eine Scheune, die so aussah, als gehörte sie niemandem.

Er stieg gemächlich aus, Felix sprang aus dem Wagen und kam zur Fahrerseite gelaufen. »Ich hab gelesen, dass Michael Schumacher die erste Fahrstunde auch von seinem Dad bekommen hat.«

Erik ging lächelnd zur Beifahrertür und sah sich ein letztes Mal um, damit er sicher sein konnte, dass niemand sie beobachtete und es nichts gab, was ein Junge, der die Bremse mit dem Gaspedal verwechselte, gefährden konnte. Aber alles war ruhig und unauffällig. In der Zimmerei war Feierabend, kein Auto würde diesen Weg befahren wollen. Erik sah sich um und wurde mit einem Mal von einer merkwürdigen Ahnung befallen.

Unhörbar wiederholte er, was er sah: Kliff, Eisenbahn, Antennenmast. Dann blieb sein Blick an der alten baufälligen Scheune hängen. Noch einmal sah er sich um, verglich jedes Detail mit dem, was in seinem Gedächtnis haftete, dann warf er die Beifahrertür ins Schloss und ging auf die Scheune zu.

»Papa!«, rief Felix hinter ihm her. »Wo willst du hin?«

Aber Erik nahm sein Rufen kaum wahr. All seine Sinne waren auf das Scheunentor gerichtet, das schief in seinen Angeln hing. Das Gras, das vor ihm in die Höhe gewuchert war, lag flach am Boden, die Tür musste vor Kurzem geöffnet worden sein.

»Sag mal, was soll das denn?«

Erik hätte eine kurze Erklärung über die Schulter zurückwerfen können, aber jede Sekunde, die ihn von seinem Ziel fernhielt, war eine zu viel. Er brauchte viel Kraft, um das Scheunentor zu öffnen, aber schließlich war es ihm gelungen. Er stand vor einem roten Lamborghini.

Mamma Carlotta war unzufrieden, durch und durch unzufrieden. Ein wenig sehnte sie sich sogar nach Umbrien zurück, wo es ihr nie so ergangen war wie heute auf Sylt. Hier gab es niemanden, mit dem sie reden konnte, niemanden, den sie versorgen und verwöhnen, mit dem sie lachen oder klagen konnte, und niemanden, der sich darum kümmerte, wie unzufrieden sie war.

Dass sie ohne eine Erklärung das Haus verlassen hatte, war ohne Kommentar geblieben, erst recht hatte niemand verstanden, dass sie im Zorn aufs Fahrrad gestiegen war und damit Vergeltung gesucht hatte für das schlechte Benehmen der Menschen, denen sie ein gutes Essen vorgesetzt hatte. Tizio war sein Handy wichtiger gewesen, Carolin hatte nur ihr Tanzen im Kopf, und Luana ... Ach, für eine Frau wie Luana war sowieso jede Anstrengung vergeblich.

Und nun blieben auch noch Erik und Felix aus, die versprochen hatten, sie nicht warten zu lassen. In ihrem Dorf würde sie jetzt zu einer Nachbarin oder zu einer Freundin gehen oder sich einfach einen Stuhl nehmen, sich vor die Haustür setzen und warten, dass jemand stehen blieb und mit ihr redete. Dort hatte sie noch nie länger als, zwei, drei Minuten gewartet.

Nun aber ging sie von einem Fenster zum andern und wusste nicht, was sie mit der Zeit anfangen sollte, die ihr noch nie so lang erschienen war. Tizio und Luana hatten sich längst ins Sylter Nachtleben gestürzt, er in einem schwarzen Anzug und sie in einem Kleid, das so kurz war, dass Mamma Carlotta – wäre Luana ihre eigene Tochter gewesen – den Schutzheiligen angerufen hätte, der für die Sittsamkeit unverheirateter Frauen zuständig war.

Wenn das Gespräch mit Fietje wenigstens angenehm verlaufen wäre! Aber er hatte sich nicht einmal gefreut, als sie nach ihrem Schwiegersohn Käptens Kajüte betreten hatte.

»Sie auch noch?«, hatte er geknurrt. »Muss ich damit rechnen, dass Ihre Enkelkinder ebenfalls hier aufkreuzen?«

Mamma Carlotta war sprachlos gewesen. Oder zumindest beinahe. »Ich will Ihnen doch nur helfen!«

Aber Fietje, der Sanftmütige, Phlegmatische, Wortkarge, den nichts aus der Ruhe brachte, war aufgefahren: »Lassen Sie mich in Ruhe!« Und dann hatte er Tove Griess angefaucht, noch ehe der den Mund aufmachen konnte: »Und du auch!«

Fietjes Augen hatten gefunkelt. »Entweder, hier wird von was anderem geschnackt, oder ich gehe.«

Die Tür öffnete sich leise, Carolin drückte sich in die Küche, wie es ihre Art war. Schlagartig fiel die Missstimmung von Mamma Carlotta ab. Carolin trug schwarze Leggings, ein helles weites T-Shirt und weiße Ballerinas. Ihre Haare hatte sie gelöst, und ihre Bewegungen waren wieder die eines jungen Mädchens, das noch nie was von Ballett gehört hatte.

Erleichtert schloss Mamma Carlotta ihre Enkelin in die Arme. »Endlich, Carolina! Du siehst wieder so aus wie immer.«

Carolin wand sich aus ihren Armen. »Man muss viel üben, wenn man Erfolg haben will. Warum freust du dich nicht, dass Luana mir hilft?«

»Natürlich freue ich mich«, behauptete Mamma Carlotta. »Ich möchte nur, dass du deine Sommerferien genießt. Balletttraining ist ja noch anstrengender als Vokabeln lernen.«

»Luana sagt ...«

»Luana!« Bisher hatte Mamma Carlotta versucht, vor den Kindern ihre Abneigung zu verbergen. Jetzt sah sie, dass es ihr gelungen war.

Carolin sah sie erschrocken an. »Du magst sie nicht?«

Auf eine so konkrete Frage wollte Mamma Carlotta auf keinen Fall antworten, schon gar nicht konkret. Stattdessen fragte sie zurück: »Was weißt du von ihr, Carolina? Ich kenne nur ihren Namen, mehr nicht.«

Carolin sah plötzlich nachdenklich aus. »Sie hat mir viel von ihrer Ballettausbildung erzählt. Sie hatte eine sehr strenge Lehrerin.«

»Und la famiglia? Hat sie mal von ihrem Vater gesprochen?«

Carolin zuckte nur mit den Schultern und antwortete nicht.

Mamma Carlotta senkte die Stimme. »Weißt du, was ich glaube, Carolina? Luana hat etwas zu verbergen. Wir müssen ein Auge auf sie haben.« Sie rückte so nah an ihre Enkelin heran, als gäbe es jemanden in der Küche, der sie belauschen könnte. »Du solltest ihr mal ein paar Fragen stellen. Vielleicht bekommst du was heraus.«

Vor dem Haus hielt ein Auto. Carlotta stand auf, warf einen Blick durchs Fenster und erkannte Eriks Wagen. Sie holte die Zuppa inglese aus dem Kühlschrank und stellte sie so nachdrücklich auf den Tisch, als wollte sie mit dem Dessert eine Botschaft übermitteln. »Es muss ja einen Grund haben, dass Luana viel Geld hat, obwohl sie nicht arbeitet.« Es läutete, und Mamma Carlotta rief laut: »Enrico! Wieso benutzt du nicht deinen Schlüssel?« Sie drehte sich noch einmal zu Carolin um und flüsterte: »Wir müssen verhindern, dass sie Tizio in irgendwas reinzieht. Der arme Junge ist ja blind vor Liebe.«

Mamma Carlotta riss die Tür auf und sah überrascht in Sörens Gesicht. Felix drängte sich an ihr vorbei. »So ein Mist! Aus der Fahrstunde ist nichts geworden.«

»Was ist mit deinem Vater?« Erschrocken sah sie Sören an. »Ist Enrico etwas zugestoßen?«

»Nein, alles okay.« Sören stand schon wieder am Fuß der Treppe. »Aber es wird spät werden, Signora. Wir haben eine Entdeckung gemacht. Der Erkennungsdienst ist auf dem Weg. Wir müssen eine Suchaktion starten. Ich wollte nur eben Felix zurückbringen ... Es wird ja bald dunkel.«

Und schon saß Sören wieder im Auto und startete den Motor.

»Was suchen Sie?«, rief Mamma Carlotta noch, doch er hörte sie nicht, winkte nur kurz, wendete und fuhr davon.

Felix war es, der ihre Frage beantwortete. Er rief aus der Küche: »Eine Leiche!«

Kommissar Vetterich, der Chef der Kriminaltechnischen Untersuchungsstelle, wollte sich den Lamborghini höchstpersönlich vornehmen. Seine Leute hatten Scheinwerfer aufgestellt und die Scheune in weißes Licht getaucht, dann hatte er sie hinausgeschickt. »Seht euch draußen um, solange es noch hell ist.«

Erik sah ihm schweigend zu, wie er sich dem Luxuswagen näherte und vorsichtig und ohne jede Eile zu Werke ging. Er war sicher, dass Vetterich gar nicht zur Kenntnis nahm, dass er ein Auto vor sich hatte, das etwa dem Wert eines Eigenheims entsprach. Emotionale Reaktionen waren dem altgedienten Spurensicherer sowieso fremd. Er untersuchte diesen Lamborghini, wie er auch einen alten Golf oder einen Trecker untersucht hätte. Dass Vetterich wortlos arbeitete, war Erik nur angenehm.

Einer der Spurenfahnder, die mit gesenkten Köpfen das

Gelände um die Scheune absuchten, richtete sich plötzlich auf und winkte. »Hier ist was!«

Erik umrundete sorgfältig den Bereich, der noch nicht untersucht worden war, dann stellte er sich neben den Mann im weißen Overall, der zu Boden zeigte. »Sehen Sie sich das an.«

Erik starrte auf einen handtellergroßen rostroten Fleck, der gerade dabei war, in der Dämmerung aufzugehen. »Blut?«

»Könnte sein.«

»Schuhspuren im Gras ... ist schwierig, oder?«

»Heute Nacht hat es geregnet.«

Erik tastete die nähere Umgebung mit den Augen ab. »Hier deutet nichts auf einen Kampf hin. Auch keine Schleifspuren.«

Der junge Mann nickte und öffnete einen Knopf seines Overalls. »Vielleicht ist das gar kein Blut. Und wenn, kann es auch von einem Tier stammen.«

»Möglich auch, dass hier jemand hinterrücks erschlagen wurde. Dass es also zu gar keinem Kampf gekommen ist.«

Sören trat hinter ihn. »Man könnte ihn weggetragen haben.«

»Dann müsste es aber mindestens zwei Täter geben.«

»Könnte ja sein, dass er auch hier in der Scheune versteckt ist.« Sören wies zu der Schnauze des Lamborghini, die tief in den Heuballen steckte. Was sich dahinter verbarg, war nicht zu erkennen.

Der Spurenfahnder folgte seinem Blick. »Das werden wir sehen, wenn wir den Wagen rausfahren. Eins nach dem andern.«

Erik drehte sich zu Sören um. »Sie haben Felix abgeliefert?«

Sören nickte. »Der war ganz schön sauer. Wie kommen Sie überhaupt darauf, Chef, dass hier jemand umgebracht wurde?«

»Glauben Sie etwa, Franco Neuhaus hat den Lamborghini in dieser Scheune geparkt und ist dann zu Fuß zum Bahnhof gegangen, um nach Rom zurückzufahren?«

Sören überhörte Eriks Sarkasmus. »Warum sollte er ermordet worden sein?«

»Das wissen wir, wenn wir eine Ahnung haben, an welchem Fall er hier gearbeitet hat.«

»Dazu brauchen wir den Namen seines Auftraggebers.«

»Und dafür brauchen wir Franco Neuhaus!«

Die beiden starrten in den Himmel, aus dem die Dunkelheit herabrieselte. Bald würde es stockfinster sein. Die Scheinwerfer der Spurensicherung machten die Nacht nicht heller, aber sie schnitten einen Teil aus der Finsternis heraus.

»Hier gibt's noch mehr Blutflecken«, rief jemand.

Erik berührte Sörens Arm. »Sorgen Sie dafür, dass Vetterich einen seiner Leute ins Hotel Meeresruh schickt. Wir brauchen Vergleichsmaterial. Zahnbürste, Kamm, Taschentuch ... Dann wissen wir bald, ob das Blut zu Franco Neuhaus gehört.«

Die Zuppa inglese war längst aufgegessen, und die Dunkelheit hatte sich auf Sylt hinabgesenkt. Mamma Carlotta stand auf, stellte die Glasschälchen zusammen und betrachtete verzweifelt die Schüssel, die aussah, als wäre sie bereits gespült worden, weil Felix sie mit dem Finger sauber ausgewischt hatte. Eigentlich war sie ja froh gewesen, weil Carolin urplötzlich nichts mehr davon hören wollte, dass eine Ballerina leicht wie eine Feder sein müsse, und genauso tüchtig zugelangt hatte wie ihr Bruder.

»Aber was ist, wenn Enrico sich auf das Dessert freut? Wenn er die ganze Zeit daran denkt, dass ihn ein Schälchen Zuppa inglese erwartet?«

»Es ist ja noch was von dem Rucola da«, meinte Felix ohne jede Spur von Mitgefühl.

»Aber ich habe ihm Zuppa inglese versprochen«, jammerte Mamma Carlotta. »Euer armer Vater muss den ganzen Sonntag arbeiten, und dann noch bis in den späten Abend hinein. Er braucht Zuwendung, wenn er nach Hause kommt.«

»Du kannst ihm ja ein Küsschen geben«, meinte Felix grinsend, »und ein Fleißkärtchen.«

Bevor Mamma Carlotta sich erkundigen konnte, was es mit einem Fleißkärtchen auf sich hatte, fuhr Carolin ihren Bruder an: »Mama hat auch immer auf Papa gewartet! Und dann haben sie entweder Espresso oder Wein getrunken! Egal, wie spät es war! Und oft hat sie ihm auch was zu essen aufgewärmt.«

Prompt senkte sich eine dunkle Wolke über das Haus am Süder Wung, der Abend wurde ein wenig stiller, die Gedanken wurden sichtbar. Als Felix den Ring in seinem Ohrläppchen drehte, bis es feuerrot wurde, und Carolin so klein und schmal aussah wie eine Zehnjährige, sprang Mamma Carlotta entschlossen auf. Dass sie sich über die Augen wischte, bekamen die Kinder nicht mit. »Wenn eure Mama das so gemacht hat, dann machen wir das auch.«

Sie verschwand im Vorratsraum, suchte eine Weile darin herum und erschien schon bald wieder in der Küche, mit einer Tüte Reis in der einen Hand und einem Päckchen gemahlener Mandeln in der anderen. »Ich mache eine Torta di riso«, rief sie, und prompt hob sich die Wolke, die Stille verflog, ein Motorradfahrer knatterte den Süder Wung entlang, und aus den Gedanken wurden wieder Wörter und Sätze.

Mamma Carlotta schüttete Milch und Zucker in einen Topf und gab den Reis dazu, dann schaltete sie den Backofen ein, um ihn vorzuheizen. Carolin erhielt den Auftrag, den Reis zu rühren, sobald er zu kochen begann, während Felix dazu verdonnert wurde, die Eier zu trennen und das Eiweiß steif zu schlagen. Im Nu war die Trauer aus der Küche verschwunden, obwohl Lucia unter ihnen geblieben war. Und während Mamma Carlotta Mandeln, Eigelb und Zitronat unter die Reismasse rührte, verflüchtigte sich die Unzufriedenheit gänzlich. Alles war wieder gut. Sie brauchte nur jemanden, der ihre Kochkunst zu würdigen wusste, und schon wurde das Leben wieder hell und freundlich.

Carlotta mischte den Eischnee unter den Reis, gab wenig Salz und viel Zucker hinzu und füllte die Masse in die Form. »In einer halben Stunde ist der Reiskuchen fertig«, sagte sie zufrieden, als sie die Form in den Backofen schob.

Als die Haustür sich öffnete, waren erst zwanzig Minuten vergangen, aber der Duft des Reiskuchens füllte bereits die Küche.

Hinter Erik drückte Sören sich in die Küche. »Ihr Schwiegersohn meinte ...« Verlegen brach er ab.

Erik vervollständigte statt seiner den Satz: »... die Zuppa inglese reicht auch für ihn.«

Mamma Carlotta ließ sich nichts anmerken. »Certo, Sören! Die Torta di riso wird auf jeden Fall für alle reichen. Kommen Sie! Nehmen Sie Platz!«

Sören ließ sich schieben und drängen und auf einen Stuhl drücken. Dann erst schien er daran zu glauben, dass sein Erscheinen tatsächlich erwünscht war, und er entspannte sich. »Außerdem ist es schon so spät ...«, setzte er noch einmal an.

Doch Mamma Carlotta ließ ihn nicht zu Wort kommen. »Sieht einer von uns aus, als wäre er müde? Ecco! Alle vier sind wir wach. Tizio und Luana sind noch nicht mal aus Kampen zurück.«

»Habt ihr die Leiche gefunden?«, fragte Felix.

»Warum sucht ihr eine Leiche, Enrico?«

Erik winkte ab. »Lasst uns über was anderes reden. Vielleicht taucht Franco Neuhaus ja morgen gesund und munter irgendwo auf ...«

»... und kann uns erklären«, ergänzte Sören mit einem schiefen Grinsen, »warum er den Lamborghini in eine alte Scheune gestellt hat, statt ihn wieder beim Autoverleih abzugeben.«

»Der Sohn von Signora Albertini hatte auch mal einen Lamborghini«, wusste Mamma Carlotta zu erzählen. »Was hat sie damit angegeben! Dabei war sie die Einzige, die daran glaubte, dass Dario sein Geld mit Immobilien verdiente. Alle anderen wussten, dass er sich einen Lamborghini nur leisten konnte, weil er ... come si dice ...?« Sie ruderte mit den Armen herum, in der Hoffnung, das richtige Wort einfangen zu können.

»Weil er ein Betrüger war?«, half Erik aus.

»Sì! Nach dem letzten Besuch bei seiner Mutter wurde er verhaftet, der Lamborghini musste verkauft werden, und Signora Albertini ist kurz darauf gestorben, weil sie die Schande nicht ertragen hat. Dario kam mit einem Gefängniswärter zur Beerdigung. In Handschellen! Madonna!«

Die Torta di riso war schon zur Hälfte gegessen, als sich die Haustür öffnete und so leise wieder ins Schloss gedrückt wurde, als wäre die Familie bereits zu Bett gegangen und sollte nicht gestört werden. Kurz darauf war Flüstern im Flur zu hören.

Mamma Carlotta, die Getuschel nicht leiden konnte, stand auf und riss die Küchentür auf. »Avanti! Es ist noch Torta di riso da!«

Luana stand vor ihr, als suchte sie nach einem Grund, sich zu entschuldigen, über Tizios Gesicht jedoch ging ein breites Lächeln. »Va bene!«

Er zog Luana hinter sich her in die Küche, ohne auf ihren Widerstand zu achten. »Wir haben in Kampen gegessen«, rief er, »aber Torta di riso geht immer noch!«

Mamma Carlotta hätte sie ihm nun am liebsten verweigert. Die beiden hatten ihr Abendessen stehen lassen und in Kampen viel Geld für ein Essen ausgegeben, das nie und nimmer mit Liebe gekocht worden war!

»Waren ja nur ein paar Garnelen«, sagte Luana, der Carlottas Reaktion nicht entgangen war.

Tizio ließ sich am Tisch nieder, lachte den Teller an, den

Mamma Carlotta vor ihn hinstellte, boxte Felix in die Seite, brachte Carolin mit einem Kompliment in Verlegenheit, fragte Erik nach seiner Arbeit und wandte sich, noch ehe er eine Antwort erhalten hatte, an Sören und erkundigte sich augenzwinkernd, ob der Mann seiner Cousine im Dienst genauso unterhaltsam sei wie im Kreise seiner Familie. Und mit einem Blick in Eriks unbewegtes Gesicht meinte er: »Dann ist das Polizeirevier Westerland ja wohl kein besonders lustiger Haufen!«

Mamma Carlotta sah, dass Eriks Miene noch missvergnügter war als sonst um diese Zeit. Ihre hastigen Erklärungen, Erik habe an diesem Sonntag viel arbeiten müssen, bewirkten nichts. Ihr Schwiegersohn wurde dadurch nicht besänftigt, und Tizio lachte nur noch lauter.

Luana trat indessen den Rückzug an und wies den Teller mit der Torta di riso, den Mamma Carlotta ihr entgegenhielt, mit einem schmalen Lächeln zurück. »Danke, aber ich bin müde, ich möchte schlafen gehen.«

»Ich komme gleich nach, Süße«, sagte Tizio, ohne sich zu ihr umzusehen. »Mir fällt gerade ein, dass ich noch nicht viel Zeit mit Tante Carlotta und Lucias Familie verbracht habe. Wird Zeit, dass ich das nachhole.«

Felix beschloss, das Thema zu wechseln, bevor die Stimmung wieder schlecht wurde: »Was ist nun mit diesem Franco Neuhaus? Warum glaubst du, dass er tot ist?«

Erik suchte noch nach einer Erklärung, die seine Kinder nicht erschreckte, die Phantasie seiner Schwiegermutter nicht über Gebühr anregte und seinen Gästen keine Dienstgeheimnisse verriet, da rief Tizio: »Casanova? So möchte ich auch heißen.«

Mamma Carlotta war die Einzige, die bemerkte, dass Luana die Hand von der Klinke nahm und Erik erschrocken ansah.

»He?« Felix warf Tizio einen verständnislosen Blick zu.

Carolin mischte sich ein: »Genau genommen bedeutet

Casanova nichts anderes als neues Haus oder eben Neuhaus.«

In Luanas Gesicht stand ungläubiges Staunen. »Neuhaus?«, fragte sie leise. »Der Tote heißt Franco Neuhaus? Ist er Italiener?«

Doch niemand antwortete ihr, und keiner sah ihr hinterher, als sie die Küche verließ.

Erik hatte nur Augen für Tizio. Vielleicht musste man ein Mann sein, um zu erkennen, wie Tizio das Wohlwollen anderer manipulierte, besonders das Wohlwollen von Frauen. Erik brauchte bloß ins Gesicht seiner Schwiegermutter zu blicken, um zu sehen, wie leicht Tizio das bekommen konnte, was er wollte, und weshalb er nichts tun musste, wozu er keine Lust hatte. Sogar Lucia hatte ihn immer in Schutz genommen, wenn aus Italien Klagen kamen, weil Tizio mal wieder einen Arbeitgeber verärgert, einen gehörnten Ehemann gegen die ganze Familie aufgebracht oder einer Nachbarstochter das Herz gebrochen hatte.

Dass Tizio nun in ehrlicher Liebe zu Luana entbrannt war, wie Mamma Carlotta fest glaubte, konnte Erik sich nicht vorstellen. Zwar ging er aufmerksam und höflich mit ihr um und sah ihr nach, dass sie sich nicht in die Familie einfügen wollte, aber an wahre Liebe mochte Erik trotzdem nicht glauben. Das lag natürlich auch daran, dass Luana offenbar vermögend war. Vielleicht eine reiche Erbin? Wenn es um Geld ging, traute er Tizio jedenfalls keine ehrlichen Gefühle zu.

In einen kurzen Augenblick der Stille hinein fragte Erik: »Wie seid ihr eigentlich auf die Idee gekommen, in Deutschland Urlaub zu machen?«

Tizio lächelte arglos. »Luanas Vater hat in München seinen ersten Wohnsitz. Sie wollte dort nach dem Rechten sehen und mir bei dieser Gelegenheit die bayerische Landeshauptstadt zeigen.«

»Und dann habt ihr die Idee gehabt, nach Sylt zu fahren? Ans andere Ende der Republik?«

»Giusto! Ich hatte dich und die Kinder lange nicht gesehen, ich wusste, dass Tante Carlotta auf Sylt ist …«

»Nicht mehr lange. In drei Tagen fahren wir nach Umbrien. Die Silberhochzeit …« Mamma Carlotta stellte die Grappaflasche auf den Tisch und die Gläser daneben. »Es ist nicht in Ordnung, Tizio, dass du die Einladung nicht angenommen hast.«

In diesem Fall hatte Erik Verständnis für Tizio, der versuchte, sich den Vorwürfen seiner Tante zu entziehen. »Sollte ich auf die Reise mit Luana verzichten, weil Tante Benedetta und Onkel Davide Silberhochzeit feiern?«

Mamma Carlotta sah aus, als wollte sie bejahen, aber Erik kam ihr zuvor. »Urlaub im Juli?«, fragte Erik. »In den Restaurants auf Sylt ist in der Hochsaison Urlaubssperre.«

Tizio wurde nervös. »In Perugia ist es im Juli sehr heiß. Städtetouristen kommen lieber im Frühling und im Herbst.«

»Und was wollt ihr unternehmen, wenn wir nach Italien aufbrechen?«, fragte Erik. »Habt ihr schon einen Flug gebucht? Oder wollt ihr diesmal den Zug nehmen?«

Tizio sah seine Tante Hilfe suchend an. »Wusste ich, dass ihr schon so bald nach Italien fahrt? Die Silberhochzeit ist doch erst in zwei Wochen.«

Dass seine Schwiegermutter diesen Wink mit dem Zaunpfahl übersah, machte Erik Hoffnung. Anscheinend gefiel ihr der Gedanke, Luana in diesem Hause frei schalten und walten zu lassen, noch weniger, als dem armen Tizio die Gastfreundschaft zu kündigen. »Ich habe Benedetta versprochen, bei den Vorbereitungen zu helfen«, entgegnete sie ausweichend.

Sören mischte sich ein. »Ich könnte mal meine Tante fragen. Die arbeitet im Touristikbüro. Vielleicht weiß die von einem freien Hotelzimmer auf Sylt.«

Aber davon schien Tizio nichts hören zu wollen. Er sah so

tieftraurig in Mamma Carlottas Gesicht, während er ihr zuprostete, dass Erik sich Sorgen machte. Mit diesem Blick war Tizio schon oft erfolgreich gewesen.

Sören gähnte. »Ich muss ins Bett. Das Wochenende war wirklich nicht erholsam. Und morgen gleich wieder in die Tretmühle … Wer weiß, was aus dem Fall Franco Neuhaus wird.«

Erik nickte ihm verständnisvoll zu. »Wir müssen morgen früh herausfinden, wem diese Wiese und die Scheune gehören, wo wir den Lamborghini gefunden haben.«

Sören nickte. »Kümmer ich mich drum.«

Er stand auf, um sich zu verabschieden, wurde aber von Mamma Carlotta auf den Stuhl zurückgedrückt. »Wie sagt man in Germania? Auf einem Bein kann man nicht stehen!«

Sekunden später hatte Sören einen weiteren Grappa vor sich stehen, den er genauso gehorsam herunterkippte wie den ersten. Diesmal rief er sogar »Salute!«, was ihn selbst dermaßen erheiterte, dass er sich prompt verschluckte.

Während er hustete und nach Luft rang, klingelte Eriks Handy. Sören lief dunkelrot an, denn zu seiner Atemnot kam nun noch die Sorge, dass es mit dem Feierabend vorbei sein könnte.

Vetterich war am anderen Ende, und wie immer nannte er seinen Namen nicht. Aber anhand seiner tiefen, rauen Stimme wusste man sofort, wer angerufen hatte.

»Gibt's was Neues?«, fragte Erik und sah Sören aufmunternd an, dessen Gesichtsfarbe sich allmählich wieder normalisierte.

»Sie haben einen Mordfall am Hals!«, knurrte Vetterich. »Wir haben einen Toten gefunden. Als wir den Lamborghini aus der Scheune gefahren haben, fiel er uns aus dem Heuhaufen entgegen.«

»Franco Neuhaus?«

»Für die Identifikation bin ich nicht zuständig.«

»Ich rufe Dr. Hillmot an.«

»Habe ich schon erledigt. Er ist unterwegs.«

»Danke. In einer halben Stunde bin ich da.«

Erik beendete das Gespräch und sah seinen Assistenten schulterzuckend an.

»Arbeit?«, fragte Sören unglücklich.

Erik nickte. »Aber Sie können ruhig nach Hause gehen und sich erst mal ausschlafen. Ich kann allein hinfahren und mir einen ersten Überblick verschaffen. Morgen früh legen wir dann richtig los.«

Aber davon wollte Sören nichts wissen. »Ich will dabei sein, wenn Sie den Typen sehen.« Und nach einem warnenden Blick von Erik ergänzte er kryptisch: »Könnte ja sein, dass Sie ihn kennen.«

Wenig später saßen sie im Auto, und kaum waren sie gestartet, sagte Erik zu Sören: »Vielleicht komme ich um den Besuch in Umbrien herum. Die Staatsanwältin wird mir dankbar sein, wenn ich bereit bin, auf den Urlaub zu verzichten. Ein Mordfall geht vor.«

Sören sah ihn vorwurfsvoll an. »Das können Sie Ihrer Schwiegermutter nicht antun! Sie freut sich schon so auf die Silberhochzeit.«

»Ich werde sie doch nicht hindern, daran teilzunehmen«, antwortete Erik fröhlich. »Und die Kinder auch nicht.«

»Aber … haben Sie nicht gesagt, sie hätte nur den Hinflug gebucht? Weil sie mit Ihnen im Auto nach Umbrien zurückfahren will?«

Erik glättete sich nachdenklich den Schnauzer. »Stimmt. Da werde ich ihr wohl einen Rückflug besorgen müssen. Aber das ist mir die Sache wert. Vielleicht bekomme ich last minute etwas Günstiges. Und wenn nicht … dass ich von dieser Silberhochzeit verschont bleibe, lasse ich mich was kosten.«

Mamma Carlotta hatte das Geschirr in die Spülmaschine gestellt, die Grappaflasche in den Vorrat zurückgetragen, den Herd gesäubert und die Spüle auf Hochglanz gebracht. Ratlos sah sie sich um. Es gab nichts mehr für sie zu tun. Was für ein unerträglicher Zustand!

Die Kinder waren schlafen gegangen, Tizio war Luana gefolgt, Unterhaltung konnte sie also auch nicht mehr erwarten. Fernsehen? Nein, wenn Carlotta Capella sich Unterhaltung wünschte, dann wollte sie selber reden, selber etwas tun und sich nicht ansehen, was andere machten, die dafür bezahlt wurden.

Sie ging in den Garten, wo es angenehm kühl war und nach feuchter Erde und überreifen, aufgeplatzten Früchten roch. Es war still und viel zu dunkel, um sich nach einem Unkraut zu bücken oder einen Zweig festzubinden, der aus der Reihe tanzte. Niemand, mit dem sie plaudern, dem sie ihre Sorgen um Tizio anvertrauen konnte, niemand, der ihr zustimmen würde, wenn sie ihm auseinandersetzte, warum Luana nicht die Richtige für den armen Jungen war.

Bei der Nachbarsfamilie Kemmertöns waren schon sämtliche Fenster dunkel, nur im Gartenhaus, das an Feriengäste vermietet wurde, schien noch jemand wach zu sein. Von der Westerlandstraße war das Rauschen des Verkehrs zu hören, der auf Sylt nie zur Ruhe kam, und der Wind pfiff sein Lied, mal fauchend, mal säuselnd, dann wieder schwerfällig und täppisch wie eine alte Tuba. Aber sonst ... Stille.

Auch im Gästezimmer der Familie Wolf brannte noch Licht. Carlotta sah Tizios Silhouette, die sich hin und her bewegte, sah ihn gestikulieren und meinte sogar seine Stimme zu hören. Er schien sich über etwas aufzuregen. Machte seine Freundin ihm vielleicht Vorwürfe, weil er mit der Familie zusammengesessen und sie für eine Stunde nicht die erste Geige in seinem Leben gespielt hatte? Dann würde Tizio jetzt hoffentlich einsehen, was ihm mit einer Frau wie Luana blühte. Deutsche waren ja keine solchen Familienmenschen wie die Italiener, und da Luana eine halbe Deutsche war, lag ihr vielleicht nichts an einem engen Familienkontakt. Madonna! Der arme Kerl würde zugrunde gehen ohne seine Familie, ohne die Tanten, denen er alles zu verdanken hatte.

Mamma Carlotta ging ins Haus zurück und griff nach dem Telefon. Erik bat sie zwar in regelmäßigen Abständen, auf Auslandsgespräche zu verzichten, aber dies war eine Ausnahme. Sie war allein und brauchte jemanden, um sich auszutauschen. Und sie war in Sorge um ein Familienmitglied, also brauchte sie einen Verwandten, um sich ihre Sorgen von der Seele zu reden.

Leider hatte es mit der Frau ihres ältesten Bruders vor Jahren eine Meinungsverschiedenheit gegeben, in der es um den Amarettini-Kuchen ihrer Schwägerin gegangen war. Mamma Carlotta war der Meinung gewesen, der Kuchen sei zu süß, Rosamunda jedoch hatte dagegengehalten und behauptet, Carlottas Karamelltorte, die sie zur Kommunion eines Nachbarkindes beigesteuert hatte, sei viel zu bitter gewesen. Leider war die Diskussion reichlich unsachlich geworden, sodass sie am Ende bei Carlottas frühem Kindersegen gelandet waren, dem Rosamundas Kinderlosigkeit entgegenstand. Daraufhin hatte Carlottas Schwägerin glatt behauptet, ihr Mann sei deshalb kerngesund, weil er nicht so viele Mäuler zu stopfen gehabt habe, während Dino, Gott hab ihn selig, schon früh zu kränkeln begonnen habe, was ja kein Wunder sei bei sieben Kindern. Am Ende musste man die beiden Frauen sogar voneinander wegzerren, damit es zu keinen Handgreiflichkeiten kam. Aber da sie zu ein und derselben Familie gehörten, hatten sie einander natürlich schnell vergeben und niemanden merken lassen, dass sie sich aus dem Wege gingen, wo immer es möglich war.

Carlotta wählte die Nummer ihres Bruders und hoffte inständig, dass er selbst den Hörer abnehmen würde. Doch sie hatte Pech. Rosamunda war es, die »Pronto!« in den Hörer schnaufte. Als zartes Ding von wenigen Jahren hatte man begonnen, sie Rosi zu rufen, ein Name, der ihr erhalten geblieben war, obwohl er längst nicht mehr zu ihr passte.

»Buon giorno, Rosi!« Mamma Carlotta ließ sich ihre Enttäuschung nicht anmerken. Schon nach zwei bis drei Sätzen musste Rosamunda den Eindruck gewonnen haben, dass ihre Schwägerin von Sylt anrief, weil sie von der Frage gequält worden war, ob es ihrem Bruder und seiner Frau gut ging. Entsprechend gerührt war Rosamunda, und da sich unter dieser Gefühlsregung ihre Zunge löste, erzählte sie in wenigen Minuten alles, was sie ihrer Schwägerin seit dem Streit vorenthalten hatte.

Carlotta hörte sich geduldig die Geschichte von Rosis Krampfadern an, von den unzuverlässigen Handwerkern, den Gästen ihrer Pizzeria, die immer anspruchsvoller wurden, und den Lieferanten, die ständig versuchten, sie übers Ohr zu hauen. Dann endlich konnte sie auf Tizio zu sprechen kommen. Lange vor dem Tage, der ihre Beziehung so nachhaltig beeinträchtigt hatte, war Carlotta das Geheimnis anvertraut worden, von dem sonst niemand wusste, nicht einmal Tizio selbst. Rosamunda und Michele hatten beschlossen, Tizio ihre Pizzeria zu vererben, die sie seit Jahren mit großem Erfolg betrieben. Tizio würde nach ihrem Tod ein gemachter Mann sein, vorausgesetzt, er war genauso fleißig wie Onkel Michele und suchte sich eine Frau, die so gut fürs Geschäft war wie Tante Rosamunda.

Diese war fassungslos, als sie hörte, dass Tizio auf Sylt war. »Mir hat er gesagt, er wolle eine Weile unbezahlten Urlaub nehmen und durch Europa reisen.«

Mamma Carlotta erwähnte, dass Sylt auch ein Teil Europas sei, und fragte dann direkt: »Was hältst du von Tizios Freundin, Rosi?«

»Was für eine Freundin?«

»Du kennst sie nicht? Mir scheint, es ist ihm ernst mit ihr.«

Rosamunda schnappte nach Luft. »Wie heißt sie? Kenne ich sie?«

»Luana Schwarz. Ihr Vater ist Deutscher. Er hat in Italien einen zweiten Wohnsitz.«

»In unserer Nähe?« Rosamundas Stimme klang so aufgeregt, wie Carlotta es noch nie erlebt hatte.

»Vielleicht. Die beiden haben sich in Perugia kennengelernt, in dem Restaurant, in dem Tizio arbeitet.«

»Im Nebbia Costiera?«

Carlotta stockte. »Heißt das Lokal tatsächlich Küstennebel?«

»Frag mich nicht, warum. Ich finde den Namen unserer Pizzeria schöner. Pizzeria Venezia ist zwar nicht so ausgefallen, aber es wundert sich auch niemand.«

Carlotta machte sich Sorgen, dass sie vom Thema abkamen. »Wenn Tizio seine Freundin im Nebbia Costiera kennengelernt hat, dann wohnt sie womöglich in der Nähe?«

»Von einer Familie Schwarz habe ich aber nie was gehört.«

»Denk nach! Wirklich nicht? So viele Deutsche gibt es nicht in unserer Gegend.«

Rosamunda dachte nach, blieb aber dabei: »Nein, nie gehört. Dabei dachte ich, alle deutschen Familien im Umkreis von hundert Kilometern zu kennen.«

»Schade.« Mamma Carlotta war enttäuscht. »Mich hätte deine Meinung wirklich interessiert.«

»Du magst sie nicht?«

Carlotta zögerte, dann entschied sie sich für eine diplomatische Antwort: »Jedenfalls glaube ich nicht, dass sie für eure Pizzeria die Richtige ist. Eine junge Frau, die ständig neue Klamotten kauft und sich den ganzen Tag die Nägel lackiert.«

»Santa Maria in cielo!«

»Manchmal nimmt sie sogar am helllichten Tag ein Bad.«

»Scandalo!«

»Dass Luana eure Gäste bedient und am Abend die Pizzeria putzt, darauf solltet ihr euch nicht verlassen.«

»Wenn das so ist«, gab Rosamunda zurück, »ändern wir unser Testament.«

Mamma Carlotta fiel nun ein, dass sie nicht weit genug gedacht hatte und Tizio womöglich um eine große Chance brachte. »Damit würde ich noch warten«, sagte sie erschrocken. »Vielleicht ist es mit der Liebe schon bald vorbei, und die Sache ist erledigt.«

»Könntest du nicht ein bisschen ... nachhelfen?«

»Was ich tun kann, werde ich tun«, versprach Mamma Carlotta feierlich. »Eine solche Frau hat unser Tizio nicht verdient.«

»Der gute Junge«, stöhnte Rosamunda. »Immer freundlich, immer liebenswürdig und so charmant! Der geborene Geschäftsmann! Auf jeden Fall werde ich mich nach einer Familie Schwarz umhören. Wenn sie in der Toskana wohnt, kriege ich raus, was das für Leute sind.«

Mamma Carlotta war zufrieden. Eigentlich hätte sie das Gespräch gern beendet, aber Rosamunda war so dankbar, weil der Streit mit ihrer Schwägerin endgültig beigelegt war, dass sie sich noch eine Weile an dieser Tatsache erfreuen wollte. Erst als Mamma Carlotta mehrmals zugesichert hatte, dafür zu sorgen, dass Tizio nicht in sein Unglück rannte, verabschiedeten sich die beiden mit unzähligen »Arrivederci!« und tausend guten Wünschen.

Mamma Carlotta ging in die Küche und beschloss, dass sie auf die Neuigkeit, die Rosamunda ihr verraten hatte, ohne es gemerkt zu haben, einen weiteren Grappa brauchte. Hätte sie sicher sein können, nicht dabei ertappt zu werden, wäre sie sogar in Käptens Kajüte eingekehrt und hätte einen Rotwein aus Montepulciano getrunken, so sehr freute sie sich über die Bestätigung, dass etwas mit Luana nicht stimmte. Tizio hatte Michele und Rosamunda nicht die Wahrheit gesagt und war auch ihr gegenüber nicht ehrlich gewesen, denn er hatte kein Wort darüber verlauten lassen, dass er unbezahlten Urlaub genommen hatte. Carlotta wusste genau, dass ihr Neffe sich so etwas nicht leisten konnte. Er lebte also auf Luanas Kosten.

Mamma Carlotta stürzte den Grappa herunter. Sie war sicher, dass auch Luana gelogen hatte. Und dafür musste es einen Grund geben.

Das Licht der Spurenfahndung war schon von Weitem zu sehen. Ein weißer Kegel, der sich über eine Scheune und ein Stück Wiese wölbte. Die Männer in den weißen Overalls, die sich in dem Licht bewegten, wirkten wie Menschen von einem anderen Planeten.

»Erstaunlich«, murmelte Erik, »dass es hier keinen Menschenauflauf gibt.«

Sie hatten den Wagen in der Nähe der Zimmerei abgestellt, direkt neben dem Auto des Gerichtsmediziners, und gingen zu Fuß auf die Männer der KTU zu.

»Ist doch schön«, meinte Sören, »dass es auf Sylt noch ein paar Fleckchen gibt, wo nur selten ein Mensch hinkommt.«

»Der Täter muss sich ausgekannt haben«, sagte Erik, »als er Franco Neuhaus hierher bestellte.«

»Vorsicht, Chef!«, warnte Sören. »Noch wissen wir nicht, wen wir in der Scheune finden werden. Und dass ihn jemand hierher bestellt hat, ist auch noch nicht bewiesen.«

Erik nickte, dann blieb er stehen, weil einer der Kollegen ihnen signalisierte, sich dem Tatort auf einem kleinen Umweg zu nähern, da offenbar noch nicht alle Spuren gesichert waren.

»Das wird nicht leicht mit der Spurensuche«, meinte Erik, während sie auf Vetterich zugingen. »Wenn der Mord gestern geschehen ist – und davon gehe ich aus –, haben die Nacht und der Morgentau einiges weggewischt.«

»Und der Wind«, ergänzte Sören.

»Schon irgendwelche Erkenntnisse?«, erkundigte sich

Erik bei Vetterich und schielte zu der Scheune, die ebenfalls hell ausgeleuchtet war.

Vetterich nickte unzufrieden. »Viel ist es nicht. Entweder gibt es gar keine Spuren oder so viele, dass sich die relevanten nicht von den belanglosen unterscheiden lassen.« Er blickte Erik so ärgerlich an, als wäre der schuld daran, dass die Spurenlage so schwierig war. »Nur so viel ist sicher: Der Lamborghini hat zunächst dort gehalten.« Er zeigte zu einem Zaun. »Später ist er dann in die Scheune gefahren worden.«

»Schuhspuren?«, fragte Sören.

»Viele und keine. Also viele Spuren, aber keine, die mit Sicherheit dieser Tat zuzuordnen sind.«

Erik sah sich um. »Ist der Besitzer noch nicht aufgetaucht? Irgendwem müssen diese Wiese und die Scheune gehören!«

»Ich weiß, dass die Gemeinde Morsum die Wiese gekauft hat«, meinte Vetterich. »Die Scheune soll demnächst abgerissen werden. Für ein Hotel! Wir haben ja noch nicht genug davon!«

Er stapfte voran, Erik und Sören folgten. Der Lamborghini stand mittlerweile neben der Scheune, deren Tore noch weit geöffnet waren. Im hinteren Teil kniete Dr. Hillmot neben der Leiche.

Erik senkte unwillkürlich die Stimme, als er den Toten sah. »Irgendwelche Spuren im Auto?«

»Klar!«, antwortete Vetterich. »Fingerspuren, die wir noch auswerten müssen. Aber solange es keine Vergleichsabdrücke gibt ...«

»Könnte ja sein, dass der Mann, der den Wagen gefahren hat, polizeibekannt ist.«

Erik betrat die Scheune und ging auf Dr. Hillmot zu. Der sah sich nicht einmal um, als er ihn mit einem »Moin, Wolf« begrüßte.

Der Gerichtsmediziner vermied jeden Kraftaufwand, wenn er sich vermeiden ließ. Und manchmal war ihm sogar eine Kopfbewegung zu viel. Dass er sich in Ausübung seines Amtes viel mehr bewegen musste, als er für zumutbar hielt, war ein ständiges Ärgernis für ihn. »Warum müssen Leichen immer auf dem Boden liegen?«, stöhnte er, während er mühsam aufstand. »Kann so ein Mörder sein Opfer nicht erst auf den Tisch legen, bevor er zuschlägt? Aber nein! An den armen Gerichtsmediziner denkt natürlich keiner!«

Sören kniete schon neben der Leiche und betrachtete sie sehr genau. »Woran ist er gestorben?«, fragte er Dr. Hillmot, ohne aufzusehen.

»Wenn ich ihn umdrehe, wissen Sie es«, gab der Gerichtsmediziner zurück, machte aber keinerlei Anstalten, diesem Angebot eine Tat folgen zu lassen. »Mehrere Schläge auf den Hinterkopf. Einer sehr heftig, vermutlich der erste. Dann noch mehrere Schläge von geringerer Qualität. Wahrscheinlich war das Opfer nach dem ersten Schlag bewusstlos, aber der Täter wollte sichergehen.«

»Tatwerkzeug?«, fragte Erik.

»Irgendein stumpfer Gegenstand. Vermutlich Metall.« Und er fügte hinzu, ehe Erik nach Vetterich rufen konnte: »Die KTU hat die Tatwaffe nicht gefunden.«

Sören blickte zu Erik auf. »Ist er das?« Er wies auf die durchlöcherte Jeans. »Sieht so aus! Oder?«

Erik nickte nur stumm. Er blickte in das bleiche Gesicht des Toten, über das sich die Sonnenbräune wie ein schmutziger Schleier gelegt hatte, betrachtete die feinen Falten an der Nase, in den Augenwinkeln und auf der Stirn und stellte fest, dass seine Schläfen bereits ergraut waren, während das Deckhaar noch tiefschwarz war. Ein gut aussehender Mann! Und wenn er sich die angesagte Jeans anguckte, die modischen Turnschuhe, für die er ein wenig zu alt war, und das lässige T-Shirt, das viel zu knapp geschnitten war, dann glaubte er, dass Franco Neuhaus ein Mann gewesen war, der sehr auf sein Äußeres achtete. Alles war eine Spur zu viel, zu jugendlich, zu knapp, zu auffällig. Ein Mann, der es genoss, einen Lamborghini zu fahren und sich einen einzigen Tag einzubilden, zum Jetset von Sylt zu gehören.

»Sie kennen ihn?«, fragte Dr. Hillmot erstaunt.

»Ich weiß, wie er heißt«, antwortete Erik ausweichend. »Gehe ich richtig in der Annahme, dass er bereits gestern umgebracht wurde?«

»Ungefähr vierundzwanzig Stunden liegt er schon hier.«

»Vierundzwanzig Stunden?«, wiederholte Erik deprimiert. »Ein riesiger Vorsprung für einen Mörder.«

»Wir müssen den Toten identifizieren lassen«, meinte Sören, »damit wir ganz sicher sein können. Wenn wir keinen Verwandten finden, muss notfalls Heiko Ahrensen ran.«

Erik nickte. »Morgen früh gehen wir zu ihm. Das Hotelzimmer muss noch einmal gründlich von der KTU durchsucht und dann versiegelt werden.« Er sah sich nach Vetterich um und wandte sich dann an einen von dessen Mitarbeitern: »Haben Sie was bei ihm gefunden?«

Der Mann kam näher, ein junger Kerl, den Erik noch nie gesehen hatte. »Nicht viel«, sagte er. »Ein paar Geldscheine und ein Handy. Beides steckte in den Gesäßtaschen seiner Jeans.«

Sören sah enttäuscht aus. »Dann haben Täter und Opfer wohl nicht miteinander telefoniert. Sonst wäre das Handy nicht mehr da. Die Anrufliste würde den Täter verraten.«

»Vielleicht hat er es vergessen«, meinte Erik. »Wer jemanden umbringt, hat Stress. Und wer Stress hat, macht Fehler.«

»Kommissar Vetterich hat das Handy sichergestellt«, sagte der Spurensucher, tippte an die Kapuze seines Overalls und verließ die Scheune wieder.

Erik folgte ihm und ließ sich von Vetterich das Handy geben, das bereits in einer Plastiktüte steckte. »Wer weiß, vielleicht steht der Mörder im Telefonbuch.«

Dr. Hillmot war ihnen nach draußen gefolgt. »Wie geht's Ihrer Schwiegermutter, Wolf? Ich habe gehört, sie ist auf Sylt?«

»Nicht mehr lange. Sie muss bald wieder zurück nach Umbrien.«

»Schade«, meinte Dr. Hillmot. »Dann habe ich wohl keine Chance, ihre Antipasti zu probieren?«

»Sieht schlecht aus, Doc«, gab Erik zurück. »Eigentlich hätte ich auch zu dieser Silberhochzeit reisen sollen, aber ich habe den Eindruck, dass ich momentan hier gebraucht werde.«

Sie gingen zum Wagen zurück, als feststand, dass es für sie am Tatort momentan nichts zu tun gab. Die Leiche musste in die Gerichtsmedizin gebracht werden. Die KTU würde noch die ganze Nacht zu tun haben, damit jede Spur gesichert war, ehe morgen die Presse erschien, die ersten Neugierigen auftauchten oder das Wetter wichtige Spuren vernichtete.

»Was wissen wir?«, fragte Erik und fasste dann zusammen: »Der Mann hatte einen Auftrag in Venedig zu erledigen, aus irgendeinem Grund musste er dann jedoch nach Sylt fahren. Wie er von Venedig nach München gekommen ist, wissen wir nicht, aber von dort hat er denselben Flug nach Hamburg genommen wie Tizio und Luana. Sie ist Münchnerin. Ihr Vater hat ein Haus in der Toskana, aber seinen ersten Wohnsitz immer noch in München. Sie hat erzählt, dass sie dort mit Tizio nach dem Rechten gesehen hat.« Er schüttelte den Kopf, als könnte er es nicht fassen. »Und dann nehmen die drei denselben Flug?«

»Das kann Zufall sein.«

Erik winkte ärgerlich ab. »Anschließend hat Neuhaus …«

»… wenn er es wirklich ist …«

»… sich ein Hotel gesucht und ist auf die Idee gekommen, mein Haus zu beobachten. Dabei wird er von einem anderen Mann beobachtet, der nicht von ihm gesehen werden will.«

»Und der wiederum wird von Fietje Tiensch beobachtet, der ebenfalls nicht erkannt werden will.«

Nachdenklich blieben sie neben dem Wagen stehen, als könnte ihr Gedankenfluss unterbrochen werden, wenn sie ihre Körperhaltung veränderten. »Und dann trifft Franco Neuhaus sich mit jemandem in dieser einsamen Gegend. Mit jemandem, der ihm vorher eine Beschreibung dieser Stelle gegeben hat, die er sich vorsichtshalber notiert hat, damit er sie auch wirklich findet.«

»Nur warum?«, fragte Sören.

»Das ist genau das, was wir herausfinden müssen«, sagte Erik, schloss den Wagen auf und ließ sich hineinfallen.

Sören folgte ihm und sah ihn an, als befürchtete er Schlimmes. »Wir müssen ins Büro, um uns das Handy vorzunehmen?«

Erik lächelte ihn an. »Ihr Fahrrad steht in meinem Schuppen, oder? Also fahren wir besser zu mir nach Hause und gucken uns das Handy dort an. Nichts spricht dagegen, während der Arbeit ein gutes Glas Rotwein zu trinken. Dann überlegen wir uns, wie wir weiter vorgehen.«

»Heute noch?«

Erik lachte. »Das Überlegen, ja. Der Rest hat hoffentlich Zeit bis morgen.«

Mamma Carlotta stellte fest, dass das Telefongespräch mit ihrer Schwägerin zwar eine halbe Stunde ihres Alleinseins angefüllt und darüber hinaus eine weitere halbe Stunde für viele anregende Gedanken gesorgt hatte, die sie vom Verlassensein abgelenkt hatten, nun aber war alles wieder so wie vorher. Sie blickte auf die Uhr. Eigentlich konnte sie schlafen gehen. Noch ein wenig früh für italienische Verhältnisse, aber da auf Sylt oft die Siesta ausfiel, an die sie gewöhnt war, würde es ihr vielleicht guttun, ein, zwei Stunden länger zu schlafen als sonst.

Trotzdem zögerte sie. Carolin hatte gesagt, dass Lucia immer auf Erik gewartet hatte. Sollte sie ihn wirklich allein lassen mit dem, was er an diesem Abend zu sehen bekam? Eine Leiche! Womöglich eine schrecklich zugerichtete Leiche! Dahinter verbarg sich bestimmt ein entsetzliches Schicksal. Und nun sollte er in ein dunkles Haus zurückkehren, wo niemand auf ihn wartete? Nein, Mamma Carlotta brauchte nicht lange nachzudenken, um zu entscheiden, dass so etwas nicht infrage kam. Solange sie auf Sylt war, sollte Erik jemanden haben, bei dem er sich aussprechen konnte, der ihm zuhörte und ihm etwas zu essen und zu trinken vorsetzte für den Fall, dass ihm das leibliche Wohl dabei half, alles zu vergessen, was er hatte ansehen müssen. Was waren dagegen zwei, drei Stunden Langeweile? Notfalls konnte sie das Bügelbrett aus der Ecke holen und sich an die Bügelwäsche machen, dann hatte die Warterei wenigstens einen praktischen Nutzen.

Gerade hatte sie diesen Entschluss gefasst, da hörte sie ein Auto vorfahren. Ein Blick aus dem Fenster zeigte ihr, dass Erik zurückgekommen war. Eilig lief sie zur Tür und riss sie schon auf, als Erik noch in seiner Jackentasche nach dem Schlüssel suchte.

»Ihr seid zurück? Che bello!« Sie trat zur Seite und sah so aus, als hätte sie Erik und Sören am liebsten über die Schwelle gezogen, damit alles ein bisschen flotter ging. »Ihr braucht dispersione … wie sagt man? Zerstreuung! Alles von der Seele reden. Die Last abschütteln. Ablenkung!« Sie schob die beiden in die Küche und zog die Stühle vom Tisch weg, damit ihnen nicht die kleinste Anstrengung zugemutet werden musste, die vermeidbar war. »Was möchtet ihr? Vino oder Espresso? Un po' da mangiare? Ich kann euch ein paar Crostini machen, das geht molto rapidamente. Prosciutto e pomodori sind im Haus …« Schon steckte sie den Kopf in den Kühlschrank, und sie holte heraus, was sie für geeignet hielt. »Ah, ein paar Sardinen, buono!«

Während sie ein Ciabattabrot aus dem Schrank zauberte, gelang Erik endlich ein Einwurf: »Wir sind nur hier, um etwas zu überprüfen.«

Carlotta fuhr herum. »Ein Alibi? Ein Motiv? Eine Aussage?«

Erik staunte sie mit offenem Munde an. Es war unglaublich, wie sich ihr Wortschatz erweitert hatte. Wenn er da an seine Italienischkenntnisse dachte … Wieder mal fehlten ihm die Worte, sodass Mamma Carlotta sagen konnte: »Ich bin die Schwiegermutter eines commissario! Ich kenne mich aus.«

Erik setzte sich und zog die Plastiktüte mit dem Handy des Mordopfers aus der Tasche. »Dann kennst du auch die Vokabel Verschwiegenheit? Kein Wort zu irgendjemandem!«

»Capito!« Mamma Carlotta holte das Brotmesser hervor, um das Ciabatta in Scheiben zu schneiden. »Oder möchtet ihr lieber eine Tomatensuppe? Die ist schnell gemacht.«

Erik wehrte ab. »Eigentlich brauchen wir gar nichts. Wir hatten doch heute Abend …«

»Das Essen ist schon Stunden her. Die Torta di riso auch!« Mamma Carlotta warf Erik einen Blick zu. Er sah so erfreut und dankbar aus, dass er ganz sicher nichts auf dem Teller lassen würde, was sie ihm aufgetan hatte.

Sie schaltete den Backofen an, um dort die Brotscheiben zu toasten, schaffte es aber ohne Weiteres, dabei auch Erik im Auge zu behalten, der bedächtig das Handy aus der Plastiktüte zog. »Zum Glück noch eingeschaltet, sonst hätten wir uns erst mal die PIN-Nummer besorgen müssen.«

Sören warf einen Blick aufs Display. »Lange hält der Akku nicht mehr. Wir müssen es morgen früh gleich ans Netz hängen.«

»Bis dahin haben wir, was wir brauchen«, meinte Erik hoffnungsvoll. »Der IT-Fachmann von der KTU kann dann alles auf dem Laptop speichern. Das schafft er auch dann, wenn der Akku leer ist. Eine PIN-Nummer ist für den eine Kleinigkeit.«

Mamma Carlotta schwirrte der Kopf. Von der KTU hatte sie schon einmal etwas gehört und wusste, dass Kommissar Vetterich zu dieser Abteilung der Polizei gehörte, aber was hatte ein IT-Fachmann zu tun, und was war eine PIN-Nummer?

Sie wagte jedoch nicht, diese Fragen zu stellen, weil sie aus Erfahrung wusste, dass sie Erik damit verärgerte. Manchmal war er zwar bereit, über die Gegenwart seiner Schwiegermutter hinwegzusehen, aber niemals war er damit einverstanden, sie in seine Überlegungen einzubeziehen. Die größte Chance, etwas zu erfahren, war, wenn sie sich unauffällig verhielt. Und dass sie etwas erfahren wollte, stand fest. Die Polizeiarbeit war ja so aufregend! Der Polizist in ihrem Dorf kam jedesmal aus dem Staunen nicht heraus, wenn sie ihm nach ihrer Rückkehr erzählte, was sich auf Sylt ereignet und wie Erik die Verbrecher zur Strecke gebracht hatte. Sie konnte nur hoffen, dass der Dorfpolizist nicht zur Silberhochzeit eingeladen war und Erik dann womöglich erfuhr, dass die Diskretion seiner Schwiegermutter an der Grenze zwischen Deutschland und Italien ein Ende gehabt hatte.

Erik sah seinen Assistenten unzufrieden an. »So viele Namen! Die werden wir wohl alle anrufen müssen.«

Sören, der ahnte, dass diese Aufgabe auf ihn fallen würde, schlug vor: »Hören Sie mal in seine Mailbox rein.«

Erik entdeckte ein Symbol im Display, das auf eine noch nicht abgerufene Mailboxnachricht hinwies. Aus der Anrufliste zog er sich die Nummer der Mailbox. Die weibliche Automatenstimme war so laut, dass sogar Mamma Carlotta sie verstehen konnte: »Eine neue Nachricht! Zum Abhören drücken Sie die Eins!«

Als eine Männerstimme ertönte, unterbrach sie die Arbeit und konzentrierte sich voll und ganz auf das, was aus dem Handy drang. »Richard Hermes hier! Was ist los, Franco? Wird Zeit, dass Sie sich melden. Oder haben Sie etwa immer noch keine Ergebnisse? Also rufen Sie an! Ich warte!«

Nun kam wieder die Frauenstimme aus dem Handy: »Keine weiteren Nachrichten!«

Erik sah Sören nachdenklich an. »Richard Hermes«, wiederholte er langsam. »Haben Sie den Namen schon mal gehört?«

Sören schüttelte den Kopf. »Vermutlich Neuhaus' Auftraggeber, für den er unterwegs war.«

»Mit dem fangen wir an«, beschloss Erik.

Aber Sören hielt ihn zurück. »Ich glaube, das kommt nicht gut, wenn wir um diese Zeit anrufen. Sicherlich erfahren wir morgen mehr, wenn der Typ ausgeschlafen ist.«

»Da haben Sie auch wieder recht«, gab Erik zurück und ging die Anruflisten und den Eingang der SMS-Nachrichten durch. Beides war nicht ergiebig. »In der Anrufliste erscheinen die Namen aus dem Telefonbuch.« Er stockte. »Da gibt's auch eine andere Nummer ... Die Vorwahl ist 0151, also eine Prepaidkarte.«

»Sie meinen, da hat jemand eine Prepaidkarte in sein Handy gesteckt, um nicht erkannt zu werden?«

Erik aktivierte die Nummer und lauschte ins Handy. »Den wecke ich, das ist mir ganz egal.«

Aber der Ruf ging raus, ohne dass sich etwas tat.

Mamma Carlotta schaffte es nicht, ihre Gedanken für sich zu behalten. »Wenn er morgen sieht, dass er angerufen wurde, müsste er zurückrufen. Alles andere ist verdächtig.«

»Die Handyexpertin«, sagte Erik, der wusste, dass seine Schwiegermutter nichts so sehr hasste wie ein Telefonino, das im falschen Augenblick in ein Gespräch platzte.

Aber Sören schlug sich auf Mamma Carlottas Seite. »Die Signora hat recht. Wer morgen früh sieht, dass von Franco Neuhaus' Handy angerufen wurde, wird sich melden.«

»Es sei denn, Neuhaus hat seine Nummer unterdrückt.«

Mamma Carlotta rückte den Sardinen zu Leibe, dann holte sie das Backblech aus dem Ofen, auf dem mindestens zwanzig geröstete Crostinischeiben lagen. »Ein kleines Häppchen regt den Geist an«, behauptete sie und erfreute sich an Sörens dankbarem Blick. Im Nu waren Tomaten, Schinken und Sardinen vermengt, mit Olivenöl, Balsamicoessig, Oregano und geschrotetem Pfeffer abgeschmeckt und auf die Crostini verteilt.

Als sie den großen Teller auf den Tisch stellte, sagte Erik: »Bin gespannt, ob dieser Richard Hermes uns weiterhelfen kann. Morgen sehen wir weiter.«

Sören nickte zufrieden, dann allerdings zog er die Stirn kraus. »Eins sollten wir aber nicht auf morgen verschieben, Chef. Den Rotwein, den Sie mir versprochen haben ...«

Erik war früh erwacht und gleich darauf aufgestanden, obwohl der Wecker noch nicht geklingelt hatte. Aber sein erster Gedanke, der Steffen Ellebrecht gegolten hatte, war so drängend gewesen, dass er wusste, er würde nicht wieder einschlafen können. Im Haus war noch alles ruhig, wie immer, wenn Ferien waren und die Kinder lange schlafen konnten. Und natürlich standen auch Tizio und Luana spät auf, schließlich machten sie Urlaub auf Sylt.

Mamma Carlotta allerdings war wie immer die Erste, er hörte sie in der Küche rumoren. Und das, obwohl sie noch später zu Bett gegangen war als er, weil sie unbedingt noch die Rotweingläser spülen wollte, und obwohl sie genauso viel getrunken hatte wie er, wenn nicht mehr. Erstaunlich, ihre Kondition! Dies war wieder einer der Augenblicke, in denen Erik sich älter fühlte als seine Schwiegermutter. Wie mochte es ihm mit Mitte fünfzig gehen? Würde er dann nur noch vom Ruhestand träumen? Und immer noch davon reden, endlich Sport zu treiben und weniger zu essen?

Als er die Küche betrat, holte Mamma Carlotta gerade die Panini aus dem Ofen, deren Duft längst durchs ganze Haus zog. »Buon giorno, Enrico!«

»Du hättest länger liegen bleiben können«, sagte er hilflos, weil ihm angesichts der Betriebsamkeit seiner Schwiegermutter nichts Besseres einfiel.

»No, no! Schlafen kann ich, wenn ich tot bin!«

Er ließ sich kopfschüttelnd am Tisch nieder.

»Uno momento, Enrico! Die Eier sind gleich fertig. Ich hatte noch nicht mit dir gerechnet.«

»Lass dir Zeit«, bat er matt. »Ich hätte mir die Eier doch auch selbst machen können.«

Mamma Carlotta stemmte empört die Hände in die Seiten. »Nicht, wenn ich auf Sylt bin! Das habe ich Lucia versprochen! Wenn ich hier bin, werde ich für euch sorgen, so wie Lucia es getan hat.«

Während Mamma Carlotta die Schinkenwürfel ausließ, zerbröselte Erik gedankenvoll ein Panino und dachte an den Tag, der ihm bevorstand. Seine Schwiegermutter setzte ihm einen Espresso vor und machte sich gleich an die Zubereitung des nächsten, als es klingelte.

»Das wird Sören sein!«, sagte Erik. »Wir haben uns vorgenommen, heute früh anzufangen.«

Sörens Miene spiegelte die Geschäftigkeit und Dringlichkeit wider, die er für angemessen hielt. Als Mamma Carlotta ihm jedoch erklärte, dass ein arbeitsreicher Tag mit einem guten Frühstück zu beginnen habe, ließ er sich bereitwillig am Tisch nieder und griff beherzt zu.

»Wann rufen wir denn diesen Richard Hermes an, Chef?«, fragte er, nachdem er die selbst gekochte Feigenmarmelade, ein vorzügliches Rührei und zwei Tassen Espresso genossen hatte.

Erik sah auf die Uhr. »Was haben Sie gesagt? Der Mann wird umgänglicher sein, wenn er ausgeschlafen ist?«

»Also noch zu früh.«

»Wir fahren jetzt erst mal zum Hotel Meeresruh und schauen nach, ob die KTU dort schon fertig ist. Die Untersuchung des Hotelzimmers wird vermutlich nicht lange dauern. Dann versiegeln wir das Zimmer und rufen Richard Hermes an. Wenn das Telefonat nichts ergibt, rufen Sie alle anderen aus Neuhaus' Telefonbuch an. Und ich werde mich mit den italienischen Kollegen in Verbindung setzen. Sie sollen nach Verwandten oder Angehörigen fahnden. Die müssen verständigt werden. Und vielleicht erfahren wir von denen etwas, was uns weiterhilft.« Erik seufzte tief auf. »Und natürlich rufe ich die Staatsanwältin an. Sie muss ein Amtshilfeersuchen stellen, damit wir alle Informationen über Franco Neuhaus bekommen, die wir brauchen.« Wieder seufzte er. »Hoffentlich muss ich nicht mit irgendwelchen italienischen Zeugen telefonieren.«

Sören grinste und warf Mamma Carlotta einen Blick zu. »Wieso? Sie haben doch eine Dolmetscherin im Haus.«

Erik war froh, dass Mamma Carlotta gerade damit beschäftigt war, unter vielen Verwünschungen den Teil des Rühreis von der Herdplatte zu kratzen, der ihrem Tempo nicht gewachsen gewesen und über den Rand der Pfanne geschwappt war. So hatte sie Sörens Bemerkung nicht mitbekommen, und er brauchte sich nicht anzuhören, welche Ehre es für sie sei, der deutschen Polizei als Dolmetscherin zur Verfügung zu stehen. Außerdem musste er ihr nicht erklären, dass die deutsche Polizeibehörde über vereidigte Dolmetscher verfügte, die in solchen Fällen herangezogen wurden. Mamma Carlottas Hilfsbereitschaft war beinahe noch anstrengender als ihre Emotionalität und ihre Kommunikationsfreude.

Eine Stunde später erschienen die beiden Beamten in der Lobby des Hotels Meeresruh und sahen sich einem verzweifelten Heiko Ahrensen gegenüber, der nicht darüber hinwegkam, dass ihm ein Gast weggestorben war. Außerdem fürchtete er um die Ruhe seiner noch lebenden Gäste. »Vielleicht könnten Sie dafür sorgen, dass Ihre Kollegen von der Spurensicherung bald verschwinden? Und wenn's geht, unauffällig.«

Erik versprach ihm, sein Bestes zu tun, dann fragte er: »Hat Neuhaus mal Besuch gehabt? Hat jemand nach ihm gefragt?«

Der Hotelier schüttelte den Kopf. »Nicht, dass ich wüsste.« Er wieselte um den Tresen herum und verschwand hinter einer Tür mit der Aufschrift »Büro«. Kurz darauf erschien er wieder. »Meine Mitarbeiterin weiß auch von nichts. Ich könnte noch den Nachtportier fragen.«

Erik notierte sich dessen Telefonnummer. »Wir fragen ihn selbst. Ist Ihnen sonst noch irgendwas aufgefallen?«

Ahrensen schüttelte den Kopf. »Wann kann ich wieder über das Zimmer verfügen? Wir haben Hochsaison. Da wird jedes Bett gebraucht.«

»Ich sage Ihnen Bescheid, wenn es so weit ist«, versprach Erik, dann machte er sich mit Sören zu Franco Neuhaus' Zimmer auf. Dort traf er Vetterich mit zwei seiner Mitarbeiter an. Sie packten gerade ihre Sachen zusammen.

»Die Fingerabdrücke sind gesichert«, sagte Vetterich. »Ob das Blut, das wir vor der Scheune gefunden haben, von der Leiche stammt, weiß ich noch nicht, aber man kann wohl davon ausgehen.«

Erik sah auf die Uhr, als Vetterich und seine Mitarbeiter gegangen waren. »Jetzt können wir diesen Hermes anrufen.«

Noch einmal hörte er die Mailbox-Nachricht ab, prägte sich Richard Hermes' Stimme ein – kräftig, dröhnend – dann folgte er der Automatenstimme, die ihn aufforderte: »Verbindung zum Anrufer: die Sieben drücken.«

Der Ruf ging zweimal raus, da ertönte ein »Pronto«.

Erik war verwirrt. »Spreche ich mit Richard Hermes?«

Die Gegenfrage kam barsch: »Und mit wem spreche ich?«

Erik nannte seinen Namen und seinen Dienstgrad, dann erst erklärte der Mann am anderen Ende, dass er in der Tat Richard Hermes sei. »Sie wünschen?«

»Sie haben sich mit ›Pronto‹ gemeldet. Heißt das, dass Sie in Italien leben?«

»Zurzeit ja«, kam es kurzangebunden zurück. »Nun sagen Sie schon – worum geht's?«

»Um Franco Neuhaus«, antwortete Erik und wartete ab, ob dieser Name am anderen Ende etwas auslöste. Aber nichts geschah, Richard Hermes schwieg. »Er ist tot«, ergänzte Erik. »Sie kannten ihn doch, oder nicht?«

»Er hat manchmal für mich gearbeitet. Aber … tot, sagen Sie? Um Himmels willen, was ist denn passiert? Ein Unfall?«

»Mord trifft es eher.« Erik hörte schweres Atmen vom anderen Ende der Leitung.

»Was ist passiert?«, fragte Hermes.

»Das versuchen wir gerade herauszufinden. War Franco Neuhaus in Ihrem Auftrag auf Sylt?«

»Nein! Ich hatte keine Ahnung, dass er auf Sylt ist.«

»Woher kennen Sie ihn?«

»Ich habe gelegentlich seine Dienste in Anspruch genommen. Sie wissen, dass er Privatdetektiv ist?«

Erik bestätigte es. »Wenn Sie ihn beauftragt haben … war das privat oder beruflich?«

»Beides«, kam es zurück. »Ich bin Unternehmer. Oder vielmehr … ich war es. Ich hatte eine Bauunternehmung in Deutschland, nun genieße ich meinen Ruhestand.«

»In Italien?«

»Ich habe schon vor langer Zeit ein kleines Weingut in der Toskana gekauft. Früher habe ich hier meinen Urlaub verbracht, jetzt lebe ich den größten Teil des Jahres hier.«

»Allein?«

»Meistens. Meine Frau lebt nicht mehr, meine Tochter ist nur gelegentlich hier. Aber was wollen Sie eigentlich von mir?«

»Wir haben Ihre Mailboxnachricht auf Neuhaus' Handy entdeckt. Sie hatten ihm also einen Auftrag erteilt?«

»Ja, einen privaten. Nichts Dringendes. Er sollte für mich Erkundigungen nach einer Person einziehen, die ich lange nicht gesehen habe. Meine Jugendliebe.«

»Sie lebt jetzt auf Sylt?«

»Ich habe Ihnen doch gesagt, dass Franco nicht in meinem Auftrag auf Sylt war. Barbara lebt in Schweden. Ich möchte wissen, wie es ihr geht und wo sie wohnt, damit ich eventuell wieder Kontakt mit ihr aufnehmen kann.«

»Und Sie haben keine Ahnung, warum Neuhaus auf Sylt ist? Oder wenigstens eine Vermutung?«

»Nein, keine Ahnung.«

»Hatte Neuhaus Mitarbeiter?«

»Nein, der war Alleinunterhalter!«

»Familienangehörige?«

»Er lebte allein. Hin und wieder eine Freundin, das war's.«

»Sie hatten also auch privaten Kontakt?«

»So würde ich das nicht nennen. Aber gelegentlich fällt schon mal ein privates Wort.« Mehr wisse er aber nicht über Franco Neuhaus' Privatleben, versicherte Richard Hermes, da sei er für Erik der absolut falsche Ansprechpartner.

»Dann bedanke ich mich für Ihre Auskünfte. Ich darf Sie wieder anrufen, falls sich noch Fragen ergeben?«

»Selbstverständlich.«

Erik hatte den Lautsprecher des Handys eingestellt, sodass es Sören möglich gewesen war, das Gespräch zu verfolgen. Nun sah er seinen Assistenten fragend an. »Was halten Sie davon?«

Sören zuckte die Schultern. »Klingt harmlos.«

»Also müssen Sie sich die Telefonliste vornehmen. Und ich rufe die Staatsanwältin an. Aber das machen wir im Büro.«

»Wissen Sie eigentlich, dass Frau Dr. Speck zurzeit besonders schlecht gelaunt ist?«, fragte Sören. »Ich habe es von einem früheren Kollegen aus Flensburg gehört. Er sagt, sie wäre mit der Zange nicht anzufassen.«

Erik runzelte die Stirn. »Noch schlimmer als sonst?«

Sören nickte. »Nur, damit Sie Bescheid wissen … Ihre Beziehung zu diesem Fernsehfritzen ist vorbei. Und das scheint der Dame an die Nieren gegangen zu sein …«

Mamma Carlotta wischte ein letztes Mal über die Arbeitsplatte, dann sah sie sich zufrieden um. Alles war erledigt.

Ihre Lieben hatten ein gutes Frühstück im Bauch, die Reste waren im Kühlschrank verstaut, das Geschirr stand in der Spülmaschine. Nun konnte sie sich in aller Ruhe überlegen, was es zum Mittagessen geben sollte. Vermutlich würde ein kleiner Imbiss reichen. Während sie in der Schulzeit großen Wert darauf legte, dass Carolin und Felix etwas Nahrhaftes zu essen bekamen, durfte sie es sich in den Ferien mit der Beköstigung der Familie einfacher machen. Auch deswegen, weil Erik angekündigt hatte, dass vor dem Abend nicht mit ihm zu rechnen sei und er sich mittags mit einem Fischbrötchen begnügen wolle. Und da Luana sowieso nur gedankenverloren im Essen herumstocherte, musste eben auch Tizio mit Antipasti, einem Salat und den Panini auskommen, die vom Frühstück übrig geblieben waren.

Ein Blick in die Vorratskammer verriet ihr, dass dort noch ein paar Thunfischdosen standen. Also würde sie Radieschen aus dem Garten holen, sie mit dem Thunfisch mischen, die Frühlingszwiebeln, die es noch im Kühlschrank gab, dazugeben und alles mit Olivenöl, Salz und frisch gemahlenem Pfeffer würzen. Fertig!

Sie konnte sich also die Zeit nehmen, in Käptens Kajüte einen Cappuccino zu trinken und sich von Tove und Fietje zu verabschieden. Kein Wort würde sie über Fietjes Familie verlieren und mit keiner einzigen Silbe den Mann im dunklen Anzug erwähnen, den er beobachtet und verfolgt hatte. Dann würde sie mit einem guten Gefühl nach Umbrien zurückkehren können und hoffen, dass Fietje in den folgenden Wochen und Monaten über ihre Worte nachdachte und sich irgendwann anders besann. Vielleicht würde er ihr bei ihrem nächsten Besuch auf Sylt erzählen, was es mit seiner Familie auf sich hatte und warum er keinen Kontakt mit ihr haben wollte.

Sie war überrascht, als sich die Tür öffnete und nicht nur Tizio, sondern auch Luana in der Küche erschien. »Wolltet ihr nicht zum Strand?«

Tizio setzte das Lächeln auf, das er beherrschte wie kein Zweiter, und sogar Luana lächelte so freundlich, wie Mamma Carlotta es nie gesehen hatte. »Wir dachten, wir leisten dir ein bisschen Gesellschaft«, sagte Tizio.

»Weil wir noch gar keine Gelegenheit hatten«, ergänzte Luana, »mal in Ruhe miteinander zu reden.«

Mamma Carlotta verkniff sich den Hinweis, dass es bisher zu keinem Gespräch gekommen war, weil Luana sich jeder Ansprache entzog, indem sie shoppen ging, mit geschlossenen Augen in der Sonne lag oder mit Carolin Spitzentanz übte. Was sollte sich jetzt geändert haben?

So lieb es ihr in den letzten Tagen gewesen wäre, wenn Luana Interesse an Tizios Familie gezeigt hätte, so ungelegen kam es ihr jetzt. Von ihrem Plan, Käptens Kajüte einen Besuch abzustatten, wollte sie sich nur ungern abhalten lassen. Morgen ging es ans Packen, die Kinder würden ihr sicherlich noch Kleidung hinlegen, die gewaschen werden musste, und wenn sie Erik fragte, was er zur Silberhochzeit anziehen wollte, würde ihm garantiert einfallen, dass er kein einziges weißes Hemd im Schrank hatte, das gebügelt war, und dass sein schwarzer Anzug noch ausgebürstet werden musste. Heute war bestimmt die letzte Gelegenheit, sich von Tove und Fietje zu verabschieden.

»Ich wollte gerade einkaufen gehen«, behauptete sie. »Ich hoffe, dass Erik und Sören pünktlich zum Abendessen kommen können.«

»Ihr Schwiegersohn hat viel Arbeit?«, erkundigte sich Luana und verblüffte Mamma Carlotta damit zum zweiten Mal. Tizios Freundin interessierte sich für Eriks Beruf?

An eine grundsätzliche Veränderung wollte sie noch nicht glauben, deshalb antwortete sie nur knapp: »Un commissario hat immer viel zu tun.«

»Weiß er schon mehr über das Verschwinden dieses Mannes, von dem er gestern Abend gesprochen hat?«, fragte Luana.

»Sì, sì! Der Mann ist tot. Nun hat Enrico noch mehr zu tun. So ein Mordfall bedeutet nämlich viel Arbeit.«

Sie wunderte sich über die Verblüffung in Luanas Augen und sagte, während sie ihr eine Tasse mit frischem Espresso vorsetzte, begütigend: »Ja, es ist schrecklich. Dass es ausgerechnet hier auf Sylt Mord und Totschlag gibt ...«

»Was ist der Tote für ein Mann?«, fragte Tizio.

Mamma Carlotta sah ihren Neffen erstaunt an. »Woher soll ich das wissen?« Dann fügte sie würdevoll an: »Wenn ich es wüsste, würde ich nichts sagen. Ich muss verschwiegen sein. Das ist sehr wichtig für Enrico.« Sie beobachtete Luana, die nervös mit dem Kaffeelöffel spielte. »Kennen Sie diesen ... Franco Neuhaus?«

Luana erschrak. »Wie kommen Sie darauf?«

»Es kam mir gestern so vor.« Mamma Carlotta fiel ein, was sie Luana am Telefon hatte sagen hören: Sie versteckte sich auf Sylt. Und sie hatte Angst davor, dass ihr die Polizei auf den Fersen war. Warum also jetzt ihre Fragen? Und warum die Freundlichkeit?

Mamma Carlotta sprang auf, lief zum Fenster und rückte das Basilikumtöpfchen, das dort stand, zur Seite, als fiele ihr plötzlich auf, dass es die Sicht auf die Straße versperrte.

»Ist was, Tante Carlotta?«, fragte Tizio in ihrem Rücken.

Nun hatte sie ihre Miene wieder in der Gewalt. Verlegen griff sie zu einem Glas, füllte es mit Wasser und goss das Basilikum. »Das will ich schon seit zwei Tagen«, murmelte sie. »Morgen wäre es vertrocknet.«

Wen beherbergte Erik in seinem Haus? Etwa eine Mörderin? Madonna! Wie konnte sie Tizio nur vor dieser Frau retten?

Sie ging zum Tisch zurück. »Cantuccine? Oder ein paar Biskuits?«

»No, grazie«, antwortete Tizio. »Wir wollen dich auch nicht länger aufhalten.«

Die beiden standen so unerwartet auf, wie sie erschienen

waren. Und dann sagte Tizio etwas Erstaunliches: »Heute Abend werden Luana und ich kochen. Was hältst du davon, Tante Carlotta? Es wird Zeit, dass wir uns erkenntlich zeigen für die Gastfreundschaft.«

Mamma Carlotta sah ihn mit offenem Munde an. Dass Tizio kochen konnte, war ihr noch nie zu Ohren gekommen, und dass Luana etwas von guter Küche verstand, hielt sie für ausgeschlossen. »Wenn ihr meint ...«

»Lass dich überraschen«, sagte Tizio. »Es gibt weder italienische noch friesische Küche. Luana will euch zeigen, wie man in Bayern isst.«

Damit verließen sie die Küche. Hätten sie einen Blick zurückgeworfen, dann hätten sie gesehen, dass Mamma Carlotta der Mund offen stand. Was war hier nur im Gange?

Die Staatsanwältin bewältigte Liebeskummer auf ganz eigene Art. Indem sie dafür sorgte, dass niemand in ihrer Gegenwart gut gelaunt war, solange es ihr selbst schlecht ging, glich sie die Ungerechtigkeit des Schicksals aus, das ihr keine glückliche Liebe vergönnte. So machte sie keinen Hehl daraus, dass ihr Eriks Anruf lästig war, und reagierte auf den neuen Mordfall so ungehalten, als käme Erik als Täter infrage.

»Ein Italiener? Hätte der nicht erst über die Grenze zurückfahren können, ehe der sich ermorden lässt?«

Erik versuchte es mit einem lahmen Scherz. »Ich hatte keine Gelegenheit, ihn danach zu fragen.«

Aber wenn er geglaubt hatte, die Unterhaltung damit zu entspannen, dann hatte er sich getäuscht. »Haha! Wollen Sie auf Ihre alten Tage etwa noch witzig werden?«

Daraufhin beschloss Erik zu schweigen und abzuwarten. Besser, er überließ Frau Dr. Speck das Agieren und verlegte sich selbst aufs Reagieren. Damit würde er zwar auch nicht ungeschoren davonkommen, aber vermutlich mit weniger Blessuren.

»Was wissen Sie?«

Vorsichtig und nur auf die Fakten bedacht, die hieb- und stichfest waren, berichtete Erik von dem Besuch des Hotelbesitzers, der seinen Gast vermisste, und von der Diebstahlsanzeige der Verleihfirma, die vergeblich auf ihren Lamborghini gewartet hatte. Dass er Franco Neuhaus vor seinem eigenen Haus gesehen hatte, dass er sich vor ihm gefürchtet hatte, dass Neuhaus von einem Mann verfolgt worden war, dass dieser wiederum von dem Strandwärter Fietje Tiensch beobachtet wurde – das alles unterschlug er der Staatsanwältin. Seine Ängste wollte er nicht mit ihr teilen. Kurz blitzte auch die Frage in seinem Kopf auf, ob er Frau Dr. Speck etwas vorenthielt, weil er fürchtete, dass ein Motiv, eine Tatbeteiligung oder sogar eine Schuld in seine eigene Familie hineinreichte, aber er schaffte es, diese Frage unbeantwortet aus seinem Kopf zu verjagen.

»Ich werde damit beginnen, etwas über die Lebensumstände des Toten herauszufinden, über seine Arbeit, seine Familie, Freunde, Verwandte ... Die müssen natürlich informiert werden.«

»Ich kümmere mich darum. Ermittlungsergebnisse gibt es noch nicht?«

»Wir fangen gerade erst an. Ich versuche herauszufinden, in wessen Auftrag Franco Neuhaus auf Sylt war. Die römischen Kollegen sollten sein Büro durchsuchen. Wenn er eine ordentliche Kartei führt, müsste sich schnell feststellen lassen, an welchem Fall er gerade gearbeitet hat.«

Frau Dr. Speck lachte hässlich. »Ein italienischer Schnüffler? Noch dazu einer ohne Personal? So einem traue ich alles zu, aber keine schriftlichen Aufträge, Protokolle, Verträge ... Der ist vermutlich ein Meister im Einstecken von Schwarzgeld.«

Nun ließ Erik alle Vorsicht beiseite. Wenn er selbst auch eine Einstellung zur italienischen Lebensweise hatte, die er niemals in Lucias Gegenwart geäußert hatte, so ging ihm diese Verächtlichkeit zu weit. »Es gibt auch ehrliche Italiener.«

»Ach, richtig ... Sie kennen sich ja aus.«

Erik wartete auf ein versöhnliches Wort, auf eine kurze Erklärung, wie sie zu ihrem Vorurteil gekommen war, vielleicht sogar auf eine Entschuldigung, da sagte die Staatsanwältin: »Mir fällt gerade ein, dass Sie Urlaub beantragt haben. Wollten Sie nicht nach Italien fahren? Wer soll dann diesen Fall bearbeiten? Ihr Assistent etwa?«

Erik richtete seinen Oberkörper auf und sagte so emotionslos wie möglich: »Ich wollte Ihnen gerade vorschlagen, meinen Urlaubsantrag zu streichen.«

»Donnerwetter, Wolf!« Das klang tatsächlich nach Anerkennung. »Sie erstaunen mich.«

»Die Arbeit geht vor«, gab Erik zurück.

»Also gut! Urlaub gestrichen! Dann ran an die Arbeit!«

Erik hatte das Gefühl, dass sie ohne ein Abschiedswort auflegen wollte, deswegen fügte er hastig an: »Ach, noch etwas ... Gibt es einen Ermittlungserfolg im Fall Steffen Ellebrecht?«

Die Staatsanwältin schwieg verblüfft, dann schien ihr einzufallen, dass Erik kurz nach der Ermordung am Tatort gesehen worden war. »Wir haben die Aussage des Leiters einer Justizvollzugsanstalt. Der hat vor drei Tagen einen Häftling entlassen, der von Ellebrecht in den Knast gebracht worden ist. Anscheinend hat er kurz vor seiner Entlassung rumgetönt, er würde dem Polizisten das Hirn wegpusten, dem er das zu verdanken habe. Aber das hat ihm natürlich keiner geglaubt. Leider ...«

»Der Kerl ist gefasst?« In Erik brach einiges zusammen, was sich kurz darauf in wunderbarer Form wieder aufrichtete.

»Das nicht, er ist flüchtig. Aber es dürfte nur eine Frage der Zeit sein. Den haben wir bald. Jupp Ückers! In Ganovenkreisen bekannt wie ein bunter Hund! Und es gibt immer

Leute, die streichen lieber eine Belohnung ein, als einem Kumpel Unterschlupf zu gewähren.«

Als Erik aufgelegt hatte, ließ er sich zurücksinken und atmete tief durch. Sören betrat den Raum und sah seinen Chef erstaunt an. »Was hat die Staatsanwältin mit Ihnen gemacht?«

Erik lächelte leicht. »Sie hat mir gesagt, dass sie Steffen Ellebrechts Mörder kennt.«

Sören atmete tief ein und aus, ehe er fragte: »Und der heißt nicht Franco Neuhaus?«

Erik schüttelte den Kopf. Ihm war, als hätte sich über seinem Kopf eine tiefschwarze Wolke erhoben, die ein schweres Unwetter angekündigt hatte, nun aber doch weiterzog und ihn verschonte.

Der Weg zu Käptens Kajüte war mit Urlaubern gespickt. Autos, die sich über die Westerlandstraße quälten, Familien mit Leihfahrrädern und viele, die mit riesigen Strandtaschen in Richtung Meer unterwegs waren.

Zu dieser Stunde herrschte sogar in Käptens Kajüte Hochbetrieb. Die Tür war weit geöffnet, nicht nur, weil das Wetter gut war, sondern auch, weil es ein ständiges Kommen und Gehen gab und der Wirt die Tür außen an der Hauswand befestigt hatte.

Tove hatte viel zu tun. Und wie immer, wenn sich die Kunden vor seiner Theke drängelten, freute er sich nicht über das gute Geschäft, sondern ärgerte sich darüber, dass er zur Eile angetrieben wurde.

Mamma Carlotta hörte seine Stimme schon, als sie ihr Fahrrad vor Käptens Kajüte abstellte: »Müsst ihr so drängeln? Meint ihr, es geht schneller, wenn ihr die Nase auf meine Theke legt?«

Als Mamma Carlotta eintrat, lieferte Tove sich gerade ein Gefecht mit einer Mutter, die behauptete, er habe ihre Tochter beim Wechselgeld betrogen. Tove wollte das nicht auf sich sitzen lassen und behauptete, das kleine Mädchen habe den Euro, der fehlte, verloren und wolle es seiner Mutter nicht gestehen. »Ist ja auch kein Wunder«, ergänzte er, »bei einer Mutter, die Haare auf den Zähnen hat. Da muss so ein kleines Mädchen ja Angst bekommen.«

Der Frau verschlug es die Sprache, was Tove auf seine Weise nutzte. Er schnitt die Diskussion ab, indem er Mamma Carlotta so laut und polternd begrüßte, dass die empörte Mutter sich geschlagen gab: »Moin, Signora!«

»Buon giorno!« Mamma Carlotta blieb hinter den Kindern stehen, die sich Eis und Limonadedosen aushändigen ließen. »Ich komme, um Arrivederci zu sagen. Übermorgen geht's zurück nach Italia.«

Tove wies auf einen der Barhocker, damit sie sich setzte, und verlangte von den Kindern, sich in einer Reihe aufzustellen, damit seine erwachsenen Gäste noch Platz hatten, ihren Cappuccino zu trinken. Und dann missachtete er erst einmal die Geldstücke, die ihm hingestreckt wurden, und setzte eine Tasse unter seinen Kaffeeautomaten. »Oder lieber einen doppelten Espresso, Signora?«

Mamma Carlotta winkte ab und bat um einen Cappuccino, der in Käptens Kajüte am ungefährlichsten war. Der Espresso fiel immer so aus wie Toves Laune, also selten so, wie er schmecken sollte. Entweder war Tove so wütend, dass der Kaffee aussah wie Rinderbrühe, oder der Wirt war zufrieden, dann war der Espresso eine gesundheitliche Gefährdung.

Nach dem letzten giftgrünen Wassereis trat zum Glück eine Flaute ein, in der Tove sich sogar dazu herabließ, Mamma Carlottas Cappuccino mit Kakaopulver zu bestäuben.

Unauffällig pustete sie sich den dunklen Staub von ihrem roten Kleid, ehe sie fragte: »Allora, wo ist Fietje Tiensch?« Sie nickte zur Schmalseite der Theke, wo der Strandwärter von Wenningstedt seinen Stammplatz hatte. »Schon am Strand?«

»Der ist zur Kurverwaltung, um Urlaub zu beantragen! Der hat nicht mal sein Bier ausgetrunken, so eilig hatte er es.«

Mamma Carlotta starrte ihn an. Fietje und Urlaub? Das passte so wenig zusammen wie Fietje und Wellness oder Fietje und Kreuzfahrt. »Will er etwa verreisen?«

Tove stieß etwas aus, was wohl ein Lachen sein sollte. »Keine Ahnung! Er wollte mir nicht verraten, was in dem Fax steht.«

»Ein Fax?«

Tove Griess verkaufte zwei belegte Brötchen und einen Becher Kaffee, ehe sie ihn auffordern konnte: »Allora, nun mal etwas genauer!«

Da steht heute Morgen plötzlich so ein Typ von der Kurverwaltung bei mir vor der Theke und wedelt mit einem Fax herum. Das war einer von denen, die wissen, wo Fietje hockt, wenn er nicht am Strandübergang ist und auch nicht in seiner Wohnung. Angeblich war's wichtig, deswegen hat der Kollege das Fax hergebracht.

»Und es war in der Kurverwaltung angekommen?«

Tove nickte und beschäftigte sich wieder mit seinem Frühstücksangebot, indem er allen belegten Brötchen den Handteller aufsetzte und sie zusammendrückte, damit der Belag nicht aus den Brötchenhälften herausrutschte. »Oben stand ganz groß drauf: Wichtig!«

»Und Sie wissen wirklich nicht, was da so wichtig war?« Mamma Carlotta blickte Tove scharf an und wusste sofort, dass er log. »Wetten, dass der Mann von der Kurverwaltung das Fax gelesen hat?«

Tove tupfte mit dem Zeigefinger die Mayonnaise auf, die aus den Frühstücksbrötchen gequollen war. »Kann schon sein.«

»Und wetten, dass Sie versucht haben, ihn auszufragen?«

»Der meinte, er dürfe nichts verraten. Dienstgeheimnis!«

»Und dann hat er einen Espresso auf Kosten des Hauses bekommen, vero?«

Tove nickte und bewies, dass er gelegentlich sogar verlegen werden konnte. »Fietje war ja schon losgelaufen. Der hat nicht mehr mitbekommen, dass wir über ihn geredet haben.«

»Beim zweiten Espresso hat er dann was verraten?«

»Beim dritten.«

»Und was?«

»In dem Fax hat gestanden, dass Fietje sich sofort bei einem Rechtsanwalt melden soll, weil er nämlich was erbt.«

»Madonna! Jemand ist gestorben?«

Tove zog ein Gesicht, als stünde er am offenen Grab. »Anscheinend ein Verwandter.«

Mamma Carlotta schob Tove ihre Tasse hin. Derartige Neuigkeiten waren nur mit gleichzeitigem Kaffeegenuss zu verkraften. Während Tove den Milchschaum aus seiner Maschine zischen ließ, fragte sie: »Warum wollte Fietje eigentlich nie von seiner Familie reden?«

Tove wusste dazu nichts zu sagen, und wie immer, wenn es um ein Geheimnis ging, versuchte Mamma Carlotta, die Wahrheit herbeizureden und ihr so viele Gesichter zu geben, bis endlich eins davon so aussah, als käme es der Wirklichkeit nahe. Während Tove belegte Brötchen verkaufte, hatte Mamma Carlotta Fietjes alte Tante sterben lassen, die in einer heruntergekommenen Villa wohnte, in der sie ihr Erspartes versteckt hatte. Dann hielt sie es für möglich, dass seine Mutter, von der er bisher nichts wusste, weil er bei Adoptiveltern aufgewachsen war, sich nun von ihrer Schuld reinwaschen wollte, indem sie ihr gesamtes Vermögen ihrem Sohn vermachte, den sie damals auf den Stufen einer Kirche abgelegt hatte. »Vielleicht auch ein entfernter Cousin, der seine undankbaren Kinder enterbt hat und sie damit ärgern wollte, dass das schwarze Schaf der Familie sämtliche Ersparnisse zugesprochen bekommt? Oder eine Frau, die einen anderen heiraten musste, aber in Wirklichkeit immer nur Fietje geliebt hat. Oder ...«

Tove begann der Kopf zu schwirren. Das letzte Brötchen landete auf dem Boden statt in der Tüte, weil er zu oft zu Mamma Carlotta gesehen hatte, und dann verrechnete er sich auch noch, weil ihre Mutmaßungen seine Addition durcheinanderbrachten. Als sein Kunde nach einer heftigen Debatte mit dem passenden Wechselgeld die Imbissstube verließ, schimpfte Tove: »Hören Sie endlich auf, Signora! Sie bringen mich ganz durcheinander. Bei solchen Geschichten kann sich ja kein Mensch aufs Geschäft konzentrieren.«

Mamma Carlotta sah ihn verständnislos an. Geschichten waren das Salz in der Suppe des Lebens! Warum jemand von Geschichten nicht inspiriert, sondern verwirrt wurde, war ihr ein Rätsel. Das musste wohl an der kalten Nordsee und den rauen Winden liegen, in denen die Phantasie nicht blühen und gedeihen wollte.

»Wir werden ja sehen«, sagte sie, »ob Fietje demnächst reich ist. Und dann wird er vielleicht erzählen, wen er beerbt hat. Wenn er uns in seine Villa einlädt und uns Champagner anbietet.«

Tove starrte sie ungläubig an. »Glauben Sie das wirklich? Das mit der Villa und dem Champagner?«

Eins muss man der Staatsanwältin lassen«, sagte Sören, während sie auf dem Weg in den Süder Wung waren, »die ist von der schnellen Truppe. Wenn die sagt, sie kümmert sich um etwas, dann tut sie's. Und zwar sofort.«

Erik seufzte. Das war genau das, was die Zusammenarbeit mit Frau Dr. Speck so anstrengend machte. Denn sie erwartete dieses Tempo auch von denen, die mit ihr zusammenarbeiteten. Und eine Angelegenheit ruck, zuck zu erledigen, war nun mal nicht Eriks Sache. »Wer weiß, ob es nicht doch irgendwo einen Verwandten von Franco Neuhaus gibt, der uns weiterhelfen könnte.«

Aber Sören vertraute der Staatsanwältin. »Wenn sie sagt, er hat weder Angehörige noch nahe Verwandte, dann ist das so.«

»Man kann mit entfernten Verwandten einen engeren Kontakt pflegen als mit nahen Verwandten«, ereiferte sich Erik, den Sörens Anerkennung für die Staatsanwältin mehr getroffen hatte, als er sich selber eingestehen wollte. »Und was ist mit Freunden? Die kennen sich oft besser aus als Verwandte.«

Sören wies auf die Ampel, die längst auf Grün gewechselt hatte. »Wie soll sie Freunde von Franco Neuhaus ausfindig machen? Das geht nur vor Ort.«

Erik merkte, dass er ungerecht war, und sagte daher versöhnlich: »Vielleicht finden die römischen Kollegen etwas, wenn sie sich heute Neuhaus' Wohnung und sein Büro vornehmen. Haben Sie eigentlich mittlerweile mit dem Nachtportier vom Hotel Meeresruh sprechen können?«

»Das hat Enno Mierendorf erledigt«, antwortete Sören. »Der Nachtportier wusste auch nicht mehr als Heiko Ahrensen. Keine Besuche, nichts Auffälliges. Aber er hat verraten, dass Ahrensen krank zu Bett liegt. Er hat Neuhaus identifiziert. Das hat ihn schwer mitgenommen.«

Erik wollte sich nicht mit Anteilnahme für Ahrensen aufhalten. »Im Übrigen kann Neuhaus kein unbeschriebenes Blatt sein«, sagte er, während er in den Süder Wung einbog. »Dann wäre er nicht ermordet worden.« Und als er den Wagen abstellte: »Warum nur steht meine Adresse in seinem Notizbuch?«

»Hat die Staatsanwältin eine Meinung dazu?«, fragte Sören.

Erik sah ihn an, als zweifelte er an seinem Verstand. »Davon weiß sie nichts.«

»Warum nicht? Diese Tatsache ist Teil unseres Falls.«

»Kommt nicht infrage!« Erik stieg aus und knallte die Tür so laut ins Schloss, als wollte er keine Einwände mehr hören.

Trotzdem sagte Sören, als sie aufs Haus zugingen: »Sie wird Ihnen den Kopf abreißen, wenn sie erfährt, dass Sie ihr etwas verheimlicht haben.«

»Das ist mir egal. Ich will nicht, dass sie ihre Nase in meine Familienangelegenheiten steckt.«

Schon von draußen hörte Erik die Pizzicato-Polka. Als er die Tür öffnete, entdeckte er Carolin, die auf Spitzen am Treppengeländer stand, einen Arm graziös erhoben, die Füße gekreuzt. Im Takt der Musik hob sie mal den einen, mal den anderen Fuß an und starrte dabei auf einen Punkt oberhalb der Garderobe. Dass sie seinen Gruß erwiderte, hatte Erik nicht erwartet, trotzdem ärgerte es ihn, dass sie ihm nicht einmal einen kurzen Blick gönnte.

»Es riecht hier anders als sonst«, sagte Sören nachdenklich und schnupperte Richtung Küche. »Probiert Ihre Schwiegermutter die deutsche Küche aus?«

Das hielt Erik für ausgeschlossen. Und als Mamma Carlotta aus dem Wohnzimmer trat, obwohl sie jeder um diese Zeit in der Küche vermutete, war Erik mindestens genauso verblüfft wie sein Assistent. Er zeigte auf die Küchentür. »Wer kocht da?«

Mamma Carlotta zog ein bedeutungsvolles Gesicht. »Luana«, flüsterte sie. »Und Tizio hilft ihr.«

Sören machte aus seiner Enttäuschung keinen Hehl. »Deutsche Küche?«

»Bayrische!« Mamma Carlotta winkte die beiden ins Wohnzimmer. »Die beiden wollen sich mit einem Essen bedanken. Ich darf nicht einmal helfen.« Verzweifelt sah sie Erik an, der wusste, wie sehr sie litt, wenn sie zur Untätigkeit verdammt war. »Eigentlich eine nette Idee, vero?«

Erik nickte notgedrungen, und Sören schien darüber nachzudenken, ob er unter diesen Umständen lieber nach Hause fahren wollte. Aber Mamma Carlotta unterband seine Überlegungen, bevor er sie aussprechen konnte. »Wir dürfen ihnen die Freude nicht verderben.«

Erik schob seine Schwiegermutter ins Wohnzimmer zurück. »Ich muss mit dir reden.« Er gab Sören einen Wink. »Wir gehen in den Garten.«

Sören schien zu ahnen, worauf das Gespräch hinauslaufen sollte, und interessierte sich urplötzlich für einen Oleanderbusch, der in einem großen Topf auf der Terrasse stand, während Erik mit Mamma Carlotta zu der Hollywoodschaukel ging, die am Ende des Gartens stand.

»Es tut mir leid«, begann er, als er sich neben ihr niedergelassen hatte und sie beide eine Sitzposition gefunden hatten, in der sie einigermaßen bequem saßen, ohne schaukeln zu müssen. »Du weißt ja, wir haben einen neuen Mordfall …«

Bevor er den Satz vollendet hatte, sah er schon die Erkenntnis in ihren Augen. »Du willst nicht mitkommen zur Silberhochzeit?«

Einerseits ärgerte Erik sich, dass sie ihn nicht ausreden ließ, andererseits war er erleichtert, dass er es nicht selbst aussprechen musste. Er sah sich verstohlen nach Sören um, der außer Hörweite geblieben war. »Die Staatsanwältin verlangt, dass ich den Urlaubsantrag zurückziehe«, behauptete er und rang sein schlechtes Gewissen nieder, indem er sich vorbeugte, seine Füße auf den Boden stellte und damit die Hollywoodschaukel zur Ruhe zwang.

Mamma Carlotta war natürlich prompt in die Höhe gefahren und hatte die Hollywoodschaukel in Aufruhr versetzt. »Das darfst du dir nicht gefallen lassen, Enrico! Eine Silberhochzeit in der Familie! Das ist wichtiger als die Arbeit!«

»Das sieht die Staatsanwältin anders«, erklärte Erik und fügte hinzu, nachdem er sich ein weiteres Mal vergewissert hatte, dass Sören das Gespräch nicht verfolgte: »Leider.«

»Und was soll ich nun machen? Ich habe Benedetta versprochen, ihr bei den Vorbereitungen zu helfen!«

Erik drückte seine Schwiegermutter sanft zurück und antwortete erst, als ihre Beine wieder über dem Boden baumelten und sie sich mit dem Schwung der Hollywoodschaukel abgefunden hatte. »Ich werde für dich und die Kinder Flüge buchen. Noch heute! Dann seid ihr auf jeden Fall pünktlich in Umbrien. Und wenn der Fall schnell geklärt ist, komme ich nach. Versprochen.«

Carolin erschien im Garten, noch immer in ihrem rosa Trikot, aber ohne Spitzenschuhe. Sie ging zu einem Mäuerchen, das die Terrasse begrenzte, legte den rechten Fuß darauf und den Oberkörper auf das Knie des ausgestreckten Beins. Erik sah, wie Mamma Carlotta schmerzhaft das Gesicht verzog. Doch als Felix aus dem Haus kam und verkündete, dass die Familie bei Tisch erwartet würde, schien sie sich bereits abgefunden zu haben. Erik war froh, dass sich ihr Zorn ausschließlich gegen die Staatsanwältin richtete.

»Arbeit ist nicht alles, Enrico! Un commissario braucht Urlaub, um sich von seiner schweren Arbeit zu erholen. Weiß die Staatsanwältin das nicht? Hat sie keine Familie? Weiß sie nicht, wie wichtig la famiglia ist?«

Erik erzählte, dass Frau Dr. Speck unverheiratet und kinderlos sei, worauf Mamma Carlotta sich darin bestätigt sah, dass die Staatsanwältin nichts vom wirklichen Leben wusste.

Während Erik ihr in allem beipflichtete, gingen sie zur Terrasse und betraten wenig später das Haus. Sörens vorwurfsvollen Blick ließ Erik an sich abprallen.

»Gucken Sie nicht so«, zischte er ihm zu. »Schließlich ist es nicht Ihre Adresse, die in dem Notizbuch stand.«

Luana hatte einen hochroten Kopf, als sie in die Küche kamen, und wirkte angestrengt. Sie trug knappe Shorts, ein winziges Top und hatte sich darüber eine von Mamma Carlottas großen Schürzen gebunden. Ausnahmsweise schien es ihr egal zu sein, wie sie aussah, sie wirkte überfordert und gereizt. Tizio dagegen knipste sein charmantes Lächeln an und zeigte, dass er etwas vom Service verstand. Die Leberknödelsuppe servierte er formvollendet. »Prego! Cucina bavarese!«

Mamma Carlotta wusste, wie man eine Köchin und ihre Helfer belohnte: Sie strahlte Tizio an und behauptete, sich schon seit Jahren für die bayerische Küche zu interessieren. »Gelegentlich kommt die Familie Sedlmeier aus München in unser Dorf. Die wohnen dann bei Signora Rinocese. Und das letzte Mal haben sie ihr Weißwürste und süßen Senf mitgebracht. Signora Rinocese hat die Würste zwar an die Schweine verfüttert, aber der süße Senf soll auf einer Pizza gut geschmeckt haben.«

Carolin hielt ihr Gesicht in den aufsteigenden Dampf, dann fragte sie Luana: »Darf man das als Balletttänzerin wirklich essen?«

Luana antwortete: »Wenn du nur wenig nimmst, ist das okay.«

Mamma Carlotta brach schon nach dem ersten Löffel der Schweiß aus. Der Tag war voller Sonne gewesen, die Wärme stand noch im Haus, schwer und unbeweglich, nun kam noch die Wärme des Herdes hinzu, der Kochdunst, die Hitze, die die Suppe in ihr erzeugte. Sie spürte, wie ihr der Schweiß den Rücken herunterlief, und dachte an das leichte Essen, das sie der Familie vorgesetzt hätte. Aber was musste sie essen? Knödel! Ein Wort, das nicht über ihre Zunge wollte!

Erik griff zu seiner Serviette, um sich den Schweiß von der Stirn zu wischen. »Köstlich.«

Sein Lob wurde auf der Stelle von allen Seiten bestätigt, und Mamma Carlotta ließ sich sogar erklären, wie Leberknödelsuppe gemacht wurde, um damit ihre Anerkennung noch zu untermauern. Trotzdem war sie erleichtert, dass Luana sie nicht nötigte, noch einmal zuzugreifen. Carlotta Capella würde bei nächster Gelegenheit die Familie Sedlmeier fragen, ob zu einer Leberknödelsuppe neben dem unaussprechlichen Namen wirklich diese trübe Farbe gehörte, bei der einer Italienerin der Appetit abhandenkam.

Tizio räumte die Suppenteller ab und erlaubte seiner Tante nicht, dabei behilflich zu sein. Hilflos saß Mamma Carlotta da, wusste nicht, wohin mit ihren Händen, und litt Höllenqualen, während sie mit ansehen musste, wie Luana sich ihrer Rolle bemächtigte, für die sie keinerlei Talent besaß. Nicht nur, dass sie nicht kochen konnte! Bei Luana wirkte die Arbeit, die einer italienischen Mamma leicht von der Hand ging, angestrengt und mühevoll. Sie erzeugte mit jeder Geste ein schlechtes Gewissen, wenn sie auch noch so oft behauptete, es mache ihr Freude, sich auf diese Weise für die Gastfreundschaft erkenntlich zu zeigen.

Mamma Carlotta beobachtete sie heimlich. Luana hatte bisher jede Gelegenheit genutzt, sich zurückzuziehen, jede Annäherung vermieden und war nervös geworden, wenn Tizio nicht in ihrer Nähe war. Manchmal kam es ihr so vor, als hätte sie sich den Pony ihrer schwarzen Haare so lang wachsen lassen, damit sie ihren Blick darunter verstecken konnte. Jetzt aber gab sie sich mit einem Mal fröhlich und gelöst und schien zu erwarten, dass man ihr die Verwandlung abnahm, ohne sich darüber zu wundern. Doch Mamma Carlotta wehrte sich dagegen. Wer tagelang die Gegenwart seiner Gastgeber gemieden hatte, brauchte die Gastfreundschaft, wenn der Abschied nahte, nicht zu preisen!

Nachdem Luana den Wurstsalat auf den Tisch gestellt hatte, wandte sie sich sogar leutselig lächelnd an Erik: »Sie haben einen tollen Beruf, Herr Wolf! Ein Hauptkommissar, der einen Mordfall bearbeitet! So was sieht man sonst nur im Fernsehen.«

Tizio fiel prompt ein: »Erzähl mal! Wer war das, dem der Schädel eingeschlagen wurde? Das ist ja spannend.«

In diesem Augenblick klingelte Eriks Handy. Eilig erhob er sich. »Tut mir leid, aber da muss ich rangehen. Es könnte die Staatsanwältin sein.«

Er zog sich auf den Flur zurück, dann erst drückte er die grüne Taste seines Handys. Er hatte sich nicht getäuscht.

»Moin, Wolf!«, begrüßte ihn Frau Dr. Speck. »Ich habe den römischen Kollegen ein bisschen Dampf gemacht. Himmel, ist das ein chaotischer Haufen!«

»Haben sie was herausgefunden?«

»Nicht viel. Franco Neuhaus war wohl einer dieser Schnüffler, die sich gern bar auf die Hand bezahlen lassen. Das zu versteuernde Einkommen war so niedrig, dass man sich fragen muss, wie er die Wohnung mitten in Rom bezahlt hat.«

»Keine festen Auftraggeber?«

»Nur dieser Richard Hermes, mit dem Sie telefoniert haben. Für den hat Franco Neuhaus öfter mal gearbeitet. Er hat für ihn Mitarbeiter ausspioniert, wenn sie krankfeierten, nach Leichen im Keller gesucht, damit man unliebsame Mitarbeiter leichter loswurde, er hat Konkurrenten bespitzelt, bis er auf deren weißer Weste einen Fleck gefunden hatte, und dann seine Kenntnisse ausgespielt, damit der andere freiwillig darauf verzichtete, ein Angebot von Hermes zu unterbieten.«

»Richard Hermes scheint ja kein besonders freundlicher Zeitgenosse zu sein«, warf Erik ein.

Die Staatsanwältin war in ihrer Beurteilung unbefangener. »Das gehört in der freien Wirtschaft längst zum guten Ton«, behauptete sie und fuhr fort: »Hermes hat immer schriftliche Aufträge erteilt, Neuhaus hat Rechnungen geschrieben und die Einnahmen brav versteuert.«

»Und was ist mit dem Auftrag, der ihn erst nach Venedig und dann nach Sylt geführt hat?«

»Darüber haben die Kollegen nichts gefunden. Was war das noch für ein Auftrag?«

»Neuhaus sollte etwas über Hermes' Jugendliebe herausbekommen. Barbara hieß sie, glaube ich, und wohnt in Schweden.«

»Ach ja … darüber gibt es nichts. Wahrscheinlich sollte Neuhaus dafür mit Schwarzgeld bezahlt werden. Tut mir leid, die Faktenlage ist dürftig. Sie sollten sich noch einmal Neuhaus' Notizbuch vornehmen. Und vielleicht bringt die Obduktion auch etwas mehr Klarheit.«

Erik mochte daran nicht glauben. »Wir müssen denjenigen finden, mit dem Neuhaus am Morsum-Kliff verabredet war.«

»Na, dann sehen Sie mal zu«, kam es forsch zurück. »Und halten Sie mich auf dem Laufenden.«

Erik ging in die Küche zurück, wo man sich gerade über die Frage ereiferte, ob Königin Silvia richtig daran tat, ihrem königlichen Gemahl seine Sexaffären zu verzeihen. Mamma Carlotta schlug drastische Strafen vor, die sie noch dazu mit einem Küchenmesser und ohne Narkose vollstrecken wollte, Tizio behauptete, Männer seien nun mal so, Felix bestätigte es laut lachend, obwohl er von solchen Ausschweifungen eigentlich keine Ahnung haben sollte, und Carolin sah aus, als wollte sie ebenfalls etwas dazu sagen, traue sich aber nicht zu, sich gegen die lauten Stimmen der anderen zu erheben. Nur Luana hielt sich aus der Diskussion heraus und rührte in einem Vanillepudding aus der Tüte herum, der anscheinend eine andere Konsistenz aufwies, als sie erwartet hatte.

Erik setzte sich neben Sören. »Die römischen Kollegen haben nicht viel herausbekommen«, erklärte er. »Aus Neuhaus' Unterlagen geht nicht hervor, welchen Auftrag er hier auf Sylt hatte.«

Tizio löste sich aus der Diskussion um das schwedische Königspaar. »Wie wirst du jetzt vorgehen?«, fragte er interessiert.

Erik zuckte die Achseln. »Viele Anhaltspunkte haben wir nicht. Nur diesen Richard Hermes ... kennst du den Namen zufällig? Er wohnt in der Toskana.«

Aber Tizio verneinte. »Weißt du, wie groß die Toskana ist?«

Erik wandte sich wieder an Sören. »Wir sollten noch mal

mit Hermes telefonieren. Er kennt Franco Neuhaus. Vielleicht weiß er etwas, was uns weiterhilft.«

»Du hast einen tollen Job«, sagte Tizio.

»Ja, das finde ich auch«, bekräftigte Luana. »Sie müssen uns unbedingt mehr davon erzählen. Vor allem von diesem Mord an dem römischen Privatdetektiv. Wahnsinnig spannend!«

Tizio wandte sich an Mamma Carlotta. »Luana und ich, wir haben uns was überlegt. Du hattest recht, bei einer Silberhochzeit in der Familie darf niemand fehlen. Luana meint das auch. Wir haben uns deine Ermahnungen zu Herzen genommen.«

Mamma Carlotta, die sich gerade mit schlecht verhohlener Abneigung in den Vanillepudding vertieft hatte, den Luana auf den Tisch stellte, schreckte zusammen. »Soll das heißen …?«

Tizio lächelte. »Ich fahre mit euch zusammen zurück.«

Erik fand das Frohlocken, das seine Schwiegermutter für eine angemessene Reaktion hielt, stark übertrieben, aber auch er rang sich zu einem anerkennenden Wort durch: »Das trifft sich gut, Tizio. Ich kann nämlich nicht mitkommen. Dieser Mordfall! Du könntest mein Auto nehmen, dann brauche ich keine Flüge zu buchen. Ich lasse mir einen Dienstwagen geben.«

»Passen wir in deine alte Karre alle rein?«, fragte Felix. »Wir sind fünf.«

»Es wird ein bisschen eng, aber …«

Luana ließ ihn nicht ausreden. »Ich fahre nicht mit. Also seid ihr nur zu viert.«

Erik wusste, dass seiner Schwiegermutter jetzt ein Stein vom Herzen fiel. Ihre Beteuerung, sie hätte sich sehr gefreut, wenn Luana in die Familie eingeführt worden wäre, konnte also nur gelogen sein.

Luana lächelte, als durchschaute sie Mamma Carlotta. »Dazu ist es noch zu früh.«

»Ich dachte …«, begann Mamma Carlotta. »Tizio meinte …«

Luanas Lächeln vertiefte sich. »Er redet gerne schon von einer Hochzeit. Aber eigentlich sind wir noch nicht so weit.«

Erik sah die Hoffnung in Mamma Carlottas Augen. Tizio würde sich während der langen Fahrt eine Menge anhören müssen. Von Frauen, die zu viel Geld ausgaben, die nicht gut kochen konnten, die niemals eine gute Hausfrau werden würden und mit großer Wahrscheinlichkeit auch keine treusorgende Mutter … So wenig er Tizio mochte, jetzt tat er ihm ein wenig leid.

»Ich werde nach München fahren«, erklärte Luana. »Eine Freundin von früher besuchen. Mal sehen, wie lange ich bleibe.« Sie strich Tizio mit einer rührenden kleinen Geste über den Arm. »Vielleicht bekomme ich schon bald Sehnsucht nach Tizio und komme dann nach.«

Tizio nickte ihr aufmunternd zu, Mamma Carlotta lobte sie für ihre gute Idee, und gerade wollte auch Erik etwas Zustimmendes sagen, da wurde er aus dem Hinterhalt überfallen: »Oder darf ich noch ein paar Tage hierbleiben? Sylt ist schön. Und ich würde gern mitbekommen, wie Sie an dem Mordfall arbeiten.«

Erik war völlig überrumpelt. Auf keinen Fall wollte er Luana als Gast in seinem Hause haben, wenn es niemanden gab, der sich um sie kümmerte. Und an seiner Arbeit würde er sie schon gar nicht teilhaben lassen. Sie war ihm fremd, sie hatte sich nicht in seine Familie eingefügt, sie hatte mit keiner Geste, keinem Wort gezeigt, dass sie sich hier wohlfühlte – und nun wollte sie bleiben?

Ehe er sich darüber im Klaren werden konnte, warum Luana etwas tat, was ihm völlig unbegreiflich war, hörte er sich schon sagen: »Selbstverständlich! So lange Sie wollen.« Anschließend ärgerte er sich darüber, dass er nicht unverbindlicher, lustloser, zögernder reagiert hatte. Aber nun war es zu spät. Er würde die nächsten Tage mit einer jungen Frau unter einem Dach leben, die er kaum kannte, die sich garantiert nicht um die Wäsche und den Haushalt kümmern würde und die nicht einmal kochen konnte. Schöne Aussichten!

Polizistenmörder gefasst!« Das Inselblatt brachte die Meldung auf dem Titelblatt.

Mamma Carlotta nahm ihren Espresso, ließ sich am Tisch nieder, strich das Zeitungsblatt glatt und begann zu lesen. Steffen Ellebrecht, ein Polizeibeamter, der einem Bankräuber zum Opfer gefallen war! Schon wenige Tage nachdem man diesen aus der Haft entlassen hatte! »Das sollte der mir büßen!«, hatte er gesagt. »Mich sperrt keiner ungestraft ein!«

Mamma Carlotta seufzte. Wie gefährlich der Beruf eines Polizeibeamten war! Hatte Erik sich deshalb so große Sorgen gemacht? Wusste er von diesem Mord und fürchtete, ihm könnte es auch so ergehen? Mamma Carlotta starrte das Foto des Täters an, das einen blonden, blassen Mann zeigte. Ob auch Lucia oft unter der Angst gelitten hatte, ihrem Mann könne im Dienst etwas zustoßen? Gesprochen hatte sie nie darüber, aber vielleicht hatte sie ihre Sorgen in sich eingeschlossen, um ihrer Mutter das Herz nicht schwer zu machen?

Erik trat ein, müde, mürrisch und wortkarg wie immer zu dieser Zeit. »Moin.«

»Buon giorno, Enrico!« Mamma Carlotta beachtete seine kleine Grimasse nicht, mit der er ihr zeigen wollte, dass ihn ihre laute Stimme am frühen Morgen wie Zahnschmerzen quälte.

Sie schob ihrem Schwiegersohn die Zeitung hin, und er ließ sich auf den nächstbesten Stuhl sinken, obwohl er sein Frühstück normalerweise auf einem anderen einnahm.

»Ist das nicht schrecklich?«, redete Mamma Carlotta weiter, während sie die Espressomaschine bediente. »Der arme Mann! Wie gut, dass man diesen Kerl erwischt hat! Jetzt wird er hoffentlich lebenslänglich bekommen? Davvero?«

Aber Erik antwortete nicht. Als sie ihm den Espresso vorsetzte, sah er nicht auf und bedankte sich auch nicht.

Mamma Carlotta stellte sich hinter ihn und legte vorsichtig die Hände auf seine Schultern, obwohl sie wusste, dass Erik sich nicht wohlfühlte, wenn ihm Zuneigung oder Mitgefühl so deutlich entgegengebracht wurden. Meistens richtete sie sich danach, aber gelegentlich fiel es ihr schwer, die Fürsorge in sich einzuschließen, die sie über alle anderen Familienmitglieder mit vollen Händen ausschüttete. »War es das, wovor du Angst hattest, Enrico?«, fragte sie flüsternd, als könnte eine Frage, die auf leisen Sohlen daherkam, eine leichtere Bedeutung haben.

Erik schreckte auf. »Was meinst du?«

»Ich habe dich nicht belauscht«, entgegnete Mamma Carlotta sofort, die wusste, dass sie bei ihrem Schwiegersohn in ständigem Verdacht stand, neugierig und schwatzhaft zu sein. »Du hast im Flur telefoniert. Was kann ich dafür, dass ich dich gehört habe?«

Erik dachte kurz nach und schien dann zu der Ansicht zu kommen, dass sie recht haben könnte. »Die Sache hat sich erledigt«, sagte er knapp und fragte nach den Panini, die noch nicht im Brotkorb lagen.

Aber wenn er gehofft hatte, damit das Gespräch beenden zu können, hatte er sich getäuscht. Mamma Carlotta holte die Panini aus dem Ofen, kam aber gleich mit der nächsten Frage: »War das dieser Mann, der dein Haus beobachtet hat?« Sie tippte auf das Fahndungsfoto, das das Inselblatt abgedruckt hatte. »Hast du diesen Mann auch mal verhaftet?« Aber bevor Erik etwas entgegnen konnte, schlug sie sich schon vor die Stirn. »No, no, am Telefon hast du von einem südländisch aussehenden Mann gesprochen.«

Sie sah, dass Erik sich ärgerte, wie er sich immer ärgerte,

wenn sie etwas wusste, was sie nicht wissen sollte, und er selbst schuld daran war.

»Ich sage doch, die Sache hat sich erledigt«, brummte er und griff nach einem Panino. Dann warf er seiner Schwiegermutter einen Blick zu, der so freundlich und herzenswarm war, dass er sie überraschte. »Du hättest mich gleich darauf ansprechen sollen. Wahrscheinlich hast du dir Sorgen gemacht?«

Mamma Carlotta nickte. »Aber deine Dienstgeheimnisse gehen mich nichts an. Und ich hatte Angst, dass du mir vorwirfst, gelauscht zu haben.«

Erik legte das Panino wieder weg, als brauchte er für dessen Verzehr seine volle Konzentration. »Der Mann, den ich vor dem Haus gesehen habe, war Franco Neuhaus.«

»Der Mann, der ermordet wurde? Dio mio! Was hatte der im Süder Wung zu suchen? Wollte er dich etwa auch …?« Sie bekreuzigte sich, statt den Satz zu Ende zu sprechen. »Hat ihn jemand daran gehindert, indem er ihn …?« Auch diesmal mochte sie die schrecklichen Worte nicht in den Mund nehmen.

Erik schüttelte den Kopf. »Vermutlich nur ein Zufall.«

»Ja, ganz bestimmt!« Ein hübsches Haus in einer netten, ruhigen Straße – warum sollte da ein Mann nicht stehen bleiben, um es näher zu betrachten? »Und der andere Mann, von dem du gesprochen hast?« Doch in dem Moment fiel Mamma Carlotta ein, dass sie nun Gefahr lief, das Gespräch zu Fietje zu führen, und das wollte sie auf keinen Fall. Deshalb winkte sie ab. »Ach, es gibt ja so viele Zufälle.«

Das bestätigte Erik, und dass er das Gespräch für beendet hielt, machte er ebenfalls klar: »Nett von Tizio, dass er doch noch zur Silberhochzeit fahren will. Dass er seinen Urlaub unterbricht – Donnerwetter! Das hätte ich ihm nicht zugetraut.«

Mamma Carlotta reagierte wie erwartet: »Tizio ist ein guter Junge.«

»Jedenfalls ist es praktisch, dass ich keine Flüge für euch buchen muss. Wenn der Fall schnell geklärt wird, komme ich mit dem Flugzeug nach und fahre dann mit den Kindern gemeinsam im Auto zurück.«

»Und wenn nicht?«

»Ich komme auf jeden Fall nach, um die Kinder abzuholen. Die Frage ist nur: vor der Silberhochzeit oder danach.«

Ein sanftes Knistern kam aus der Pfanne, der milde Duft des Olivenöls stieg empor. Kurz darauf füllte der köstliche Duft von kross gebratenem Schinken die Küche. So lange wartete Mamma Carlotta, ehe sie sagte: »Es gefällt mir gar nicht, dass Luana hierbleiben will.«

»Mir auch nicht«, gab Erik zu. »Ich kann nur hoffen, dass sie sich bald langweilt. Die Boutiquen der Insel dürfte sie mittlerweile alle kennen.«

Mamma Carlotta goss die verrührten Eier zu den Schinkenwürfeln, dann sagte sie, ohne Erik anzusehen: »Mit Luana stimmt was nicht. Die führt was im Schilde. Du solltest ein Auge auf sie haben.«

Erik lachte ungläubig. »Nur weil du glaubst, sie ist nicht die richtige Frau für Tizio, willst du gleich eine Kriminelle aus ihr machen?«

Mamma Carlotta war drauf und dran, ihrem Schwiegersohn zu gestehen, dass sie Luana belauscht hatte, dass sie auf der Flucht vor der Polizei war, dass sie sich auf Sylt versteckte, dass sie jemandem etwas heimzahlen wollte, dass der arme Tizio gezwungen worden war, mit ihr gemeinsame Sache zu machen … aber Erik ließ sie nicht zu Wort kommen. »Ich kann verstehen, dass sie sich dreimal überlegt, ob sie Tizio heiraten will. Diesen bunten Hund! Den kann man keiner Frau wünschen.«

Mamma Carlotta fuhr empört herum. »Wie kannst du so über Tizio reden?«

Erik hob abwehrend die Hände. »Ja, ja, der arme Tizio! Der gute Junge! Ich weiß! Muss man ein Mann sein, um zu erkennen, was für ein Blender er ist? Sollte aus den beiden was werden, wird mein Mitleid jedenfalls Luana gehören!«

Mamma Carlotta rührte so aufgeregt in der Pfanne herum, dass ein Teil des Rühreis herausschwappte und auf der Herdplatte anbrannte. Ärgerlich suchte sie nach einem Tuch, um die Bescherung wegzuwischen, schimpfte, weil sie nicht gleich eins fand, schimpft noch lauter, als sie sich beim Säubern der Herdplatte die Finger verbrannte.

Ob Erik wohl anders reagieren würde, wenn er wüsste, dass Rosamunda noch am späten Abend angerufen hatte, als er schon zu Bett gegangen war? Ihre Schwägerin hatte jeden ihrer Gäste gefragt, ob ihnen eine Familie Schwarz bekannt sei, aber niemand hatte diesen Namen je gehört. Rosamunda hatte auch niemanden gefunden, der wusste, dass Tizio eine Freundin hatte. Anscheinend hatte er sich bisher nirgendwo mit Luana blicken lassen.

Wenn Erik all das wüsste, käme er womöglich auch auf den Gedanken, dass Luana eine zwielichtige Gestalt war, die sich das viele Geld, das sie ausgab, ergaunert und die in Tizio einen gutgläubigen Helfershelfer gefunden hatte, dem der klare Blick auf Luanas wahres Wesen durch seine Liebe zu ihr verstellt worden war. Aber Erik etwas verraten, was durch die Kanäle der Verwandschaft gesickert war? Das konnte sie vergessen. Erik wollte Beweise, mindestens handfeste Indizien.

Erik stand da wie erstarrt, unfähig zu reagieren. Erst als ihm klar wurde, dass er immer noch den Telefonhörer in der Hand hielt, ging ein Ruck durch seinen Körper. Er legte den Hörer auf, öffnete eine Schublade seines Schreibtisches und holte seine Pfeife hervor. Er rauchte niemals im Dienst, aber es gab Situationen, da tat es ihm schon gut, die kalte Pfeife im Mund zu haben. Dies war so eine Situation. Der Fall Franco Neuhaus hatte eine völlig neue Dimension bekommen. Nicht im Traum hätte er für möglich gehalten, dass etwas Derartiges hinter diesem Mordfall stecken könnte! Er musste völlig neu beginnen. Und er musste unbedingt mit Sören besprechen, wie sie nun vorgehen sollten.

Gerade wollte er Sören in sein Büro rufen, da läutete das Telefon. Dr. Hillmot meldete sich. »Die Obduktion ist beendet, aber das Ergebnis ist eher dürftig. Schwere Verletzungen der Haut und der Weichteile des Kopfes. Mehrere Schädelfrakturen und Hirngewebeblutungen.«

»Und die Tatwaffe?«

»Ich tippe auf Metall. Und es wurde mehrfach zugeschlagen. Der erste Schlag war noch nicht tödlich. Ach ja ... und das Blut, das Vetterich vor der Scheune gefunden hat, stammt wirklich vom Opfer.«

»Können Sie etwas zu dem Täter sagen? Kraft? Konstitution?«

Dr. Hillmot zögerte nur kurz. »Mit besonderer Wucht hat er nicht zugeschlagen.«

»Könnte es auch eine Frau gewesen sein?«

Wieder zögerte Dr. Hillmot. »Das würde ich nicht ausschließen. Und besonders groß war der Täter auch nicht. Etwa so groß wie sein Opfer. Also etwa ein Meter fünfundsiebzig.«

»Mehrmaliges Zuschlagen lässt auf Emotionen schließen. Wut, Hass, Erregung.«

»Oder die Sorge, dass das Opfer noch nicht tot ist. Der erste Schlag hat dazu geführt, dass der Mann nach vorn stürzte. Möglicherweise hat er versucht, sich aufzurappeln, und der Täter hat so oft zugeschlagen, bis er sich nicht mehr rührte.«

»Das war's?«

»Den Bericht schicke ich Ihnen.«

»Danke, Doc.« Erik legte auf, dann rief er nach Sören.

Sein Assistent merkte gleich, dass etwas geschehen sein musste. Wenn Erik auf seiner kalten Pfeife herumkaute, ging

Sören immer vorsichtig mit ihm um. »Gibt's was Neues, Chef?«

»Das kann man wohl sagen.« Erik legte seine Pfeife in die Schublade zurück. »Ich habe gerade einen sehr merkwürdigen Anruf erhalten.«

Dass er einen Italiener am Ohr hatte, war ihm sofort klar gewesen. »Mein Deutsch ist leider nicht besonders gut«, hatte die Stimme gesagt, die einem älteren Mann zu gehören schien. »Ich hoffe, Sie können mich trotzdem verstehen.«

»Sehr gut.« Erik war ja daran gewöhnt, zwischen vielen rollenden Rs, angehängten Vokalen und überflüssigen Zwischenlauten den Sinn eines Satzes zu verstehen. »Wie ist Ihr Name?«

»Di Vago, Manuel di Vago. Ich rufe aus Italien an.«

Manuel di Vago atmete schwer, Erik war jetzt noch sicherer, dass er mit einem Mann sprach, der die siebzig bereits überschritten hatte. »Sie haben mit Richard Hermes telefoniert? Wegen dem Mord an diesem Privatdetektiv?«

Erik war verblüfft. »Woher wissen Sie das?«

»Von Richard Hermes selbst. Seine Tochter ist mit meinem Sohn verlobt.« Manuel di Vago holte tief Luft, das Gespräch schien ihn anzustrengen. »Richard Hermes hat mir verboten, Sie anzurufen, aber ich kann es mit meinem Gewissen nicht vereinbaren zu schweigen. Er macht einen großen Fehler, wenn er der Polizei nicht die Wahrheit sagt.«

Dies war der Moment gewesen, in dem Erik wusste, dass etwas auf ihn zukam, was dem Fall ein ganzes neues Gesicht geben würde. »Die Wahrheit? Wie sieht die Wahrheit aus?«

»Richard Hermes hat Sie belogen. Aus Angst! Weil er bedroht wird! Er hat gelogen, weil er um das Leben seiner Tochter fürchtet. Er will einfach nicht einsehen, dass er damit alles noch schlimmer macht. Die Polizei muss endlich eingreifen.«

»Nun sagen Sie mir schon, was los ist.«

»Richard Hermes hat Franco Neuhaus losgeschickt, damit er dem Entführer seiner Tochter ein Lösegeld übergibt.«

»Kidnapping?« Erik fühlte, wie eine Gänsehaut über seine Arme lief. Kidnapping bedeutete für jeden Polizisten eine besondere Herausforderung. Bei einer Entführung musste nicht nur ein Täter gesucht, sondern vor allem das Opfer gerettet werden. Zwei Ziele, die sich oft nicht vereinbaren ließen.

Durch die Leitung drang ein zustimmender Laut. »Der Entführer hat Richard gewarnt. Keine Polizei! Daran hat er sich gehalten. Er hat den Privatdetektiv mit fünfhunderttausend Euro losgeschickt.«

Erik stöhnte auf. »Eine halbe Million?«

Ein bitteres Lachen kam durch die Leitung. »Sie haben das Geld nicht gefunden? Das dachte ich mir. Der Entführer hat kassiert und den Detektiv dann umgebracht. Das kann ja nur bedeuten, dass Verena nicht mehr lebt.«

Sören starrte seinen Chef entgeistert an. »Eine Entführung? Himmel, das ändert ja alles!« Prompt stellte er seinen Stuhl auf die beiden hinteren Beine und fing an zu kippeln, eine Angewohnheit, die Erik ihm bis jetzt nicht hatte austreiben können. »Die Tochter wird entführt, und ein Privatdetektiv soll das Lösegeld überbringen. Erst wird er nach Venedig gelockt, dann geht es weiter nach Sylt.« Er sah seinen Chef fragend an. »Stimmt doch, oder? Ahrensen hat gehört, dass Neuhaus am Telefon davon gesprochen hat, der Auftrag hätte in Venedig erledigt sein sollen.«

Erik nickte. »Hat er mit Hermes oder mit dem Entführer telefoniert?«

»Er hat als Gegenleistung den Lamborghini verlangt. Also muss es Hermes gewesen sein.«

»Stimmt.« Erik öffnete wieder die Schublade seines Schreibtisches und nahm die Pfeife wieder heraus. »Dann hat der Entführer den Privatdetektiv in die Scheune bestellt. Vielleicht hat er gesagt, dort würde die Übergabe stattfinden.«

»Aber stattdessen gibt er Neuhaus einen über den Schädel«, ergänzte Sören. »Warum? Weil Verena Hermes schon tot ist?«

»Könnte sein.« Erik schob die Pfeife von einem Mundwinkel in den anderen. »Oder es ist zu einem Streit gekommen.«

»Neuhaus wurde hinterrücks erschlagen.«

»Dann hat sich der Entführer von hinten angeschlichen, hat zugeschlagen und ihm das Geld abgenommen.« Erik war mit dieser Erklärung nicht zufrieden. Und er brauchte nur in Sörens Gesicht zu sehen, um zu erkennen, dass auch er nicht überzeugt war.

»Warum dieser Mord?«, überlegte Sören. »Warum sagt der Entführer nicht, die Kleine wird in zwei Tagen freigelassen, spaziert von dannen und kümmert sich von da an nur noch um die halbe Million? Der Mord war überflüssig.«

»Es sei denn, es gibt ein anderes Motiv«, meinte Erik nachdenklich.

Schweigen machte sich im Raum breit, von draußen rauschte der Verkehr herein, Bremsen quietschten, wenn ein Wagen vor der Ampel hielt, jemand hupte, um einen anderen zum Weiterfahren zu bewegen. Über allem schwebten die Schreie der Möwen.

Erik legte die Pfeife in die Schublade zurück. »Ich muss noch einmal mit Richard Hermes telefonieren. Der wird sauer sein, wenn er hört, dass wir die ganze Wahrheit kennen.«

»Verständlich«, räumte Sören ein. »Der hat Angst um seine Tochter. Können die italienischen Kollegen die Sache nicht aufklären? Die Entführung hat anscheinend in Italien stattgefunden.«

Erik betrachtete seinen Assistenten kopfschüttelnd. »Der Mord ist hier geschehen. Wir sind zuständig.«

»Also gut«, seufzte Sören. »Obwohl mir das gar nicht gefällt. Ständig die italienischen Kollegen um Hilfe bitten …«

Mamma Carlotta wusch und bügelte T-Shirts und Hemden, Hosen und Blusen, überhörte Felix' Einwand, dass seine Jeans auf keinen Fall eine Bügelfalte bekommen dürften, und versuchte, ihn für die schwarze Hose zu gewinnen, zu der er ein T-Shirt mit der Aufschrift »Fuck you« zu tragen pflegte, dieses jedoch gegen das weiße Hemd auszutauschen, das Felix zu seiner Firmung und dann nie wieder getragen hatte. »Felice, eine Silberhochzeit ist eine feierliche Angelegenheit!«

Doch Felix ließ nicht mit sich reden. Wenn es die schwarze Hose sein sollte, dann nur mit seinem Lieblings-Shirt! Er war höchstens bereit, es gegen ein quietschgelbes T-Shirt mit der Aufschrift «Ferrari« auszutauschen, wenn es seiner Nonna nicht gefallen wollte, dass er einer kirchlichen Zeremonie in den Jeans beiwohnte, in denen er sich am wohlsten fühlte. Dass der Pfarrer in der Kirche von Mamma Carlottas Dorf unter Atembeschwerden litt, sobald er eine Abkehr von den Bräuchen witterte, bestärkte Felix eher in seiner Entscheidung. Und es stellte sich heraus, dass er in der stärkeren Position war: Wenn er zur Strafe von der kirchlichen Zeremonie ausgeschlossen werden sollte, würde er sich mit Freuden fügen und seinen Onkel Guido bitten, ihn mit einem seiner Lkw ein paar Runden drehen zu lassen. Schließlich würde, wenn Tante Benedetta und Onkel Davide den Bund ihrer Ehe ein zweites Mal segnen ließen, kein Mensch auf der Straße sein, der gefährdet werden könnte.

Die Diskussion um den Ohrring dauerte wesentlich länger, aber auch hier ging Felix als Sieger hervor. Entweder mit Ohrring oder gar nicht! »Früher hast du dich über mein Käppi aufgeregt. Warum freust du dich nicht, dass ich keins mehr trage?«

Seine Nonna freute sich schuldbewusst, aber nicht lange. »Ohrringe sind was für Frauen, Felice!«

Doch Felix winkte ungerührt ab. »Finsteres Mittelalter!«

Mamma Carlotta gab sich geschlagen und versuchte, sich

daran zu erfreuen, dass Carolin genauso aussehen würde wie die Nichte des Pfarrers, die damit liebäugelte, ins Kloster zu gehen, sobald sie volljährig geworden war. Carolin hatte zwar ihre unauffällige Kleidung aufgegeben, trug keine grauen Pullis und auch keine braunen Halbschuhe mit braunen Socken mehr, aber ihr straff zurückgekämmtes und am Kopf festgestecktes Haar und die strenge schwarze Kleidung würden womöglich dafür sorgen, dass sie in den gleichen Ruf kam wie die Nichte des Pfarrers. Sie wollte unbedingt eine schwarze Hose, ein schwarzes T-Shirt, schwarze Ballerinas tragen, und das alles ohne jedes schmückende Accessoire. »Pina Bausch hat nie was anderes angehabt.«

Mamma Carlotta wollte gar nicht wissen, wer Pina Bausch war, sie ahnte, dass es sich um eine Tänzerin handelte, die ihre Askese zur Schau trug, indem sie alles betonte, was an ihr herb und mager war. »Wenigstens ein heller Haarreif«, bettelte sie.

Aber Carolin blieb stur. So legte Mamma Carlotta ihr seufzend die gebügelte schwarze Hose ins Zimmer, dazu sämtliche schwarzen T-Shirts und Blusen, die sie in der Waschküche gefunden hatte, und jammerte nur ganz leise: »Als wenn es zu einer Beerdigung ginge!«

Den nächsten Stapel frischer Wäsche trug sie ins ausgebaute Dachgeschoss, in das Zimmer, das Tizio sich mit Luana teilte. Ihr Neffe hatte sie gebeten, seine Kleidung für die Silberhochzeit zu waschen und zu bügeln. »Luana kann das nicht«, hatte er hinzugefügt. Dass ein Mann sich auch höchstpersönlich um den Zustand seiner Kleidung kümmern konnte, war ihm anscheinend noch nie zu Ohren gekommen.

Aber natürlich hatte Mamma Carlotta ihn in dieser Ansicht bestärkt. Und so legte sie nun die sorgfältig gebügelten T-Shirts auf Tizios Bett, hängte die ebenso sorgfältig gebügelten Hemden an den Schrank, der offen stand und eine Menge von Luanas Freude am Kommerz verriet, und freute sich heimlich an der Tatsache, dass auf Luanas Bett unzählige Kleidungsstücke lagen, die dringend einer ordnenden Hand bedurft hätten. »Kommt nicht infrage«, flüsterte Mamma Carlotta. Nein, sie würde Luana vor ihrer Abreise zeigen, wo sich die Waschküche befand und wie die Waschmaschine zu bedienen war. Das musste reichen!

Sie wollte gerade das Zimmer wieder verlassen, da fiel ihr Blick auf eine Hose, die Tizio gehörte. Sie war zu Boden gefallen, anscheinend schon vor Tagen, und dort liegen geblieben. Mamma Carlotta hob sie auf, hielt sie in die Höhe und wusste, dass die Hose auf keinen Fall in diesem Zustand nach Umbrien zurückkehren durfte. Ihre Schwestern und Schwägerinnen würden ihr vorwerfen, nicht richtig für den armen Tizio gesorgt zu haben, der sich so vertrauensvoll in ihre Hände begeben hatte.

In der Waschküche warf sie Tizios Hose zu den anderen, die noch gewaschen werden mussten ... dabei entstand ein feines Klirren. Ein Schlüssel, der in einer Hosentasche steckte? Oder ein Geldstück? Mamma Carlotta nahm Tizios Hose wieder aus dem Wäschekorb und entdeckte ein Kettchen, das sie noch nie gesehen hatte und das aus Tizios Hosentasche gefallen sein musste. Es bestand aus feinen goldenen Gliedern, und in die daumennagelgroße Metallplatte war eingraviert: »In Liebe – V.«

Erschüttert bewegte sie das Kettchen in ihren Händen. Betrog Tizio seine Freundin bereits? Der Erleichterung, dass ihrem Neffen die falsche Frau erspart blieb, folgte gleich die Erkenntnis, dass Tizio anscheinend doch der war, für den ihn alle, die den ausreichenden emotionalen Abstand hatten, hielten: ein Allerweltsliebling, unzuverlässig und unbeständig.

Wie sollte sie nur auf diese Entdeckung reagieren? Tizio in Luanas Beisein das Kettchen hinhalten und warten, was passieren würde? Der Gedanke, dass Luana Tizio verlassen könnte, gefiel ihr zwar, aber dass sie schuld daran sein sollte, war ihr nicht recht. Schon gar nicht wollte sie dafür verantwortlich sein, dass Tizios Ruf für immer ruiniert war. Erik würde ihr vorhalten, dass er es vorausgesehen habe, und in Umbrien würde man den Kopf schütteln, nachdem Rosamunda sicherlich gerade dabei war, die Neuigkeit von Tizios Liebe zu verbreiten. Nein! Besser, sie mischte sich nicht ein.

Stattdessen ließ sie das Kettchen in einen Abfalleimer fallen, der direkt neben der Waschmaschine stand, mit dem wunderbaren Gefühl, klug gehandelt zu haben. Das Corpus delicti war verschwunden! Wenn Luana ihren armen Neffen demnächst mit überzogenen Ansprüchen, unbescheidenen Wünschen, fehlenden hausfraulichen Fähigkeiten und bayerischer Küche quälen würde, konnte sie sich sagen, dass das Schicksal immer für einen Ausgleich sorgte. Und sollte Luana dahinterkommen, dass sie nicht die einzige Frau in Tizios Leben war, durfte Mamma Carlotta ihre Hände in Unschuld waschen, weil sie alles getan hatte, um die junge Frau vor dieser Erkenntnis zu schützen.

Zufrieden steckte sie Tizios Hose in die Waschmaschine und nahm sich vor, sie später ganz besonders sorgfältig zu bügeln.

Erik hatte die Staatsanwältin selten so verblüfft erlebt. »Was sagen Sie? Entführung? Das hat uns gerade noch gefehlt.« Es gab sogar eine ratlose kleine Stille in der Telefonleitung, die Erik in vollen Zügen genoss, und die Stimme der Staatsanwältin klang ein wenig mutlos, als sie fragte: »Was meinen Sie? Lebt die junge Frau noch?«

Erik antwortete vorsichtig: »Signor di Vago meint, sie sei längst tot.«

»Ich habe nach Ihrer Meinung gefragt, Wolf! Was dieser di Vago meint, ist mir ziemlich egal.«

Erik schluckte den Rüffel herunter. »Warum sollte ein Entführer den Überbringer des Lösegeldes umbringen? Mir ist nur eine Antwort eingefallen: weil der Entführer erkannt wurde und kein Risiko eingehen wollte.«

»Und wieso hat er nicht dafür gesorgt, dass er unerkannt bleibt?«

»Vielleicht hat Franco Neuhaus sich nicht an die Regeln gehalten. Sagen wir mal, er hatte die Anweisung, das Geld in der Scheune zu deponieren und schleunigst zu verschwinden. Er hat sich aber auf die Lauer gelegt, um zu sehen, wer das Lösegeld abholt.«

»Und lässt währenddessen einen knallroten Lamborghini am Straßenrand stehen?«

Erik wurde nervös. »Wir wissen nicht, wo der Lamborghini zu dem Zeitpunkt stand. Aber der Entführer wusste es vielleicht. Er hat ihn später geholt und in die Scheune gefahren, damit die Leiche möglichst lange unentdeckt bleibt. Ein herrenloser Lamborghini wäre bald aufgefallen.«

»Sind alle Spuren in dem Wagen gesichert?«

»Selbstverständlich! Kommissar Vetterich hat Fingerabdrücke des Toten genommen und ist gerade dabei, auch die Fingerabdrücke aller Mitarbeiter der Verleihfirma zu nehmen. Aber da bleiben natürlich immer noch die vielen anderen, die mal in diesem Auto gesessen haben.«

»Was ist mit den Spuren am Tatort?«

»Vetterich hat einige als relevant eingestuft. Aber ein Abgleich hat bisher nichts ergeben. Ist ja ohnehin schwierig: Spuren im Gras, Feuchtigkeit in der Nacht, Tau am Morgen ...«

»Das weiß ich selbst. Haben Sie sich mal überlegt, warum der Lösegeldüberbringer das Risiko eingegangen ist? Nehmen wir mal an, Sie haben recht, Franco Neuhaus hat sich auf die Lauer gelegt, wollte wissen, wer der Entführer ist ... dann hat er das Leben von Verena Hermes akut gefährdet. Passt das?«

»Eigentlich nicht.«

»Sie müssen noch mal mit dem Vater der Entführten telefonieren. Er wird sicherlich ein Lebenszeichen von seiner Tochter verlangt haben, ehe er bereit war, eine halbe Million zu zahlen. Vielleicht kann er einen Hinweis geben, wo seine Tochter versteckt gehalten wird.« Die Stimme der Staatsanwältin wurde dringlicher. »Das ist unsere wichtigste Aufgabe, Wolf! Die entführte junge Frau finden! Wenn sie noch lebt, ist sie in großer Gefahr.«

»Aber der Entführer hat das Lösegeld. Warum soll er sie nicht freilassen?«

»Wenn der Fall so einfach läge, hätten wir keinen Toten.«

Nachdem er das Gespräch beendet hatte, wählte Erik die Nummer von Richard Hermes.

Mit der Wut, die ihm entgegenprallte, hatte er allerdings nicht gerechnet. »Ist di Vago total übergeschnappt? Ich habe ihm verboten, irgendwas zu sagen. Und dieser Idiot …« Hermes schnappte so heftig nach Luft, dass Erik für einen Moment die Sorge plagte, er könne am Telefon Zeuge eines Herzinfarktes werden.

»Bitte beruhigen Sie sich, Herr Hermes. Herr di Vago hat das einzig Richtige getan.«

»Was für mich und meine Tochter richtig ist, entscheide ich ganz allein.«

»Herr Hermes …«

»Sie halten sich da raus, verstanden?«

»Das kann ich nicht. Wenn ein solches Kapitalverbrechen bekannt wird, muss die Polizei es verfolgen. Im Klartext: Ich muss Ihnen helfen, auch wenn Sie es nicht wollen.«

»Das kommt überhaupt nicht infrage.«

»Bitte, seien Sie vernünftig. Ich weiß, der Entführer hat verlangt, dass Sie die Polizei raushalten, aber ich kann Ihnen versichern, dass wir nichts tun werden, was das Leben Ihrer Tochter gefährdet.«

»Zum letzten Mal: Sie halten sich da raus! Und ich rate Ihnen dringend, mich nicht noch einmal anzurufen.«

Ein Klicken in der Leitung, Hermes hatte aufgelegt. Erik nahm verwirrt den Hörer vom Ohr.

»War wohl kein voller Erfolg?«, meinte Sören.

»Er will auf keinen Fall, dass wir ermitteln.«

»Ist doch immer das gleiche«, meinte Sören. »Entweder, die Angehörigen gehen sofort zur Polizei, oder sie tun es nie. Richard Hermes hat panische Angst, dass er das Leben seiner Tochter gefährdet, wenn die Polizei sich einschaltet. Wenn der Entführer das mitbekommt, wird er glauben, Hermes habe sich nicht an die Abmachungen gehalten. Und dann ...« Sören führte die Handkante an seiner Kehle entlang.

»Aber die Tatsache, dass Franco Neuhaus tot ist, muss ihm doch zeigen, dass die Sache längst aus dem Ruder gelaufen ist.«

Sören erhob sich, wirkte mit einem Mal tatkräftig und unternehmungslustig. »Er weiß jetzt, dass der Entführer vor nichts zurückschreckt. Ich checke jetzt die Familien Hermes und di Vago. Mal sehen, was ich rausbekomme.«

Mamma Carlotta nahm Abschied vom Meer. Sie hatte sogar die Gebühr für eine Gästetageskarte bezahlt, die Fietje ihr niemals abgenommen hatte. Aber Fietje hatte Urlaub genommen, und der Kollege, der ihn vertrat, sah keinen Grund, mit der Schwiegermutter des Hauptkommissars anders umzugehen als mit allen anderen Touristen.

Sie schwamm gegen den Strom, als sie die Holztreppe hinabstieg. Die ersten Strandbesucher hatten bereits genug von Sonne, Sand und Meer und trugen ihre Strandtaschen, Klappstühle, Gummitiere und Kleinkinder wieder die Treppe hinauf. Der Duft von Sonnenmilch, Salzwasser und Wind war eine Mischung, die es in Umbrien nicht gab und die Mamma Carlotta in sich aufsog, um sie mit nach Hause zu nehmen.

Direkt an der Wasserkante veränderte sich der Geruch.

Hier war alles rein und klar, die Luft, die sie einatmete, trug nur das herbei, was übers Meer gekommen war, und der Wind, der ihr ins Gesicht fuhr, war kalt. Mamma Carlotta sah eine Weile dem Tanz der Wellen zu, der weit draußen begann, ganz spielerisch und leicht, und sich dann zu einer Kraft entwickelte, die ihr immer noch ein wenig Angst machte. Dieses gewaltige Aufspritzen, das lange Ausrollen, der Sog unter den Füßen, wenn das Wasser zurücklief, als wollte es sie mitnehmen.

Eine halbe Stunde später sah sie auf die Uhr. Es wurde Zeit, sich ums Abendessen zu kümmern, ehe Luana auf die Idee kam, sich ein weiteres Mal für die Gastfreundschaft im Hause Wolf zu bedanken. Hoffentlich hatte sie nicht gemerkt, dass der Vanillepudding diskret entsorgt worden war. Der heutige Abend sollte mit einem Abschiedsessen gekrönt werden, das Erik darüber hinwegtröstete, dass er auf Sylt bleiben musste. So etwas ließ Mamma Carlotta sich nicht von einem Puddingpulver verderben, das so roch wie der Schönheitssalon von Signora Boccherini zu Hause in Umbrien. Nein, Erik würde heute sein Maronenparfait bekommen, das sie ihm immer machte, bevor sie nach Panidomino zurückkehrte.

Eigentlich sprach nichts dagegen, ihrem letzten Besuch in Käptens Kajüte einen allerletzten hinzuzufügen. Vielleicht war Fietje auch dort, wo er sich aufhielt, wenn er keinen Urlaub hatte, dann würde sie es vielleicht schaffen, ihm den einen oder anderen Satz zu entlocken und anschließend so viel über den toten Verwandten und sein Erbe zu wissen, dass sie sich bis zu ihrem nächsten Besuch gedulden konnte. Und außerdem lag der Hochkamp auf dem Weg. Ein kurzer Abstecher, ein Glas Rotwein aus Montepulciano, vielleicht zur Feier des Tages noch ein Grappa, und die lange Fahrt nach Umbrien würde ihr leichter fallen!

Um Käptens Kajüte war es still. Merkwürdig, an einem Julinachmittag, an dem Toves Geschäft florierte, weil viele

Touristen die Angelegenheit mit dem Abendessen erledigten, indem sie sich in Käptens Kajüte Pommes frites und Currywurst einverleibten.

Mamma Carlotta sah zwei Kinder auf die Imbissstube zugehen. Sie blieben ratlos stehen, berieten sich und machten schließlich kehrt. Was war da los?

Sie trat kräftig in die Pedale und stand schon wenige Augenblicke vor der Tür von Käptens Kajüte. Sämtliche Fensterläden waren verschlossen, die Tür war verriegelt. Mamma Carlotta konnte es nicht glauben und rüttelte trotzdem daran, aber die Tür öffnete sich nicht. Und das zur besten Geschäftszeit!

Plötzlich fiel ihr Blick auf ein Blatt, das Tove neben die Eingangstür geklebt hatte. Darauf stand: »Bis auf Weiteres geschlossen!«

Erik saß an seinem Schreibtisch und ging die Rechercheergebnisse der römischen Kollegen durch, über die ihn die Staatsanwältin schon am Telefon informiert hatte. Inzwischen waren sie ihm noch per Fax übermittelt worden. Punkt für Punkt las er sie durch, in der Hoffnung, einen winzigen Hinweis zu finden, der Frau Dr. Speck entgangen war.

Sören kam herein, mit glänzendem Gesicht, roten Wangen und feuchten Haaren. »Puh, ist das warm heute!«

»Erzählen Sie das mal meiner Schwiegermutter«, gab Erik zurück. »Was unter dreißig Grad ist, zählt bei ihr nicht.«

Sören warf sich auf einen Stuhl und ordnete die Ausdrucke, die er mitgebracht hatte. »Besonders ergiebig war meine Recherche nicht«, begann er. »Richard Hermes hat alles getan, damit die Welt so wenig wie möglich von ihm erfährt. Er ist ein schwerreicher Mann, der sein Leben lang Angst vor Entführungen gehabt hat. Deswegen hat er dafür gesorgt, dass über sein Privatleben nichts in die Öffentlichkeit dringt. Von seiner Tochter habe ich nicht einmal ein Foto im Internet gefunden. Er hat es hingekriegt, seine Familie komplett aus der Presse rauszuhalten. Genutzt hat es ihm allerdings nicht viel. Seine Tochter wurde trotzdem entführt.« Sören hielt ein ausgedrucktes Foto hoch, das so verschwommen war, dass man kaum etwas darauf erkennen konnte. »Das Verlobungsfoto. Man sieht nur, dass die Braut hellblond ist und raspelkurze Haare hat. Der Typ Sinéad O'Connor. Nur blond.«

Erik sah ihn verständnislos an. »Wer soll das sein?«

Sören verdrehte die Augen. »Eine Sängerin!« Er trällerte eine Melodie, die Erik bekannt vorkam: »Nothing compares ...«

Er winkte ab. »Schon gut, ich weiß, wen Sie meinen.«

Sören räusperte sich und wurde wieder ernst. »Also ... Richard Hermes hat in den Sechzigerjahren mit einer Bauunternehmung angefangen und sehr schnell Erfolg gehabt. Die Firma expandierte, Immobiliengeschäfte in Südeuropa, sogar in den USA. Hermes hat sehr geschickt agiert. Als der Baumarkt nicht mehr boomte, hatte er längst in den Energiesektor investiert. Das Stammhaus von Hermes-Bau ist mittlerweile in einen Konzern übergegangen. Seit Hermes sich aus dem Geschäft zurückgezogen hat, lebt er den größten Teil des Jahres in Italien. Das kleine Weingut, von dem er sprach, ist vermutlich ein Luxusschuppen, von Security bewacht, von Personal bevölkert. Irgendwann hat er mal gesagt ...« Sören musste eine Weile in seinen Papieren blättern, bis er gefunden hatte, was er suchte. »In der Toskana interessiert sich niemand für mein Geld.« Er grinste Erik an. »Da hat er sich wohl getäuscht. Für Geld interessiert man sich überall.«

»Hört sich an, als käme der Entführer aus seinem Umfeld«, überlegte Erik. »Und was ist mit der Familie di Vago?«

Sören blätterte zu den letzten Seiten seiner Ausdrucke. »Uralter Adel«, las er vor. »Der Stammbaum reicht bis zu den Medicis zurück. Der Adel wurde in Italien zwar 1946 offiziell abgeschafft, die Titel dürfen aber noch verwendet werden. Die Familie lebt auf einem schlossähnlichen Besitz irgendwo in Umbrien, sehr standesgemäß, aber anscheinend morsch und wurmstichig. Ein Riesenbesitz, den man sich nur leisten kann, wenn man so reich ist wie Richard Hermes.«

»Aber Manuel di Vago ist nicht so reich?«, vermutete Erik.

Sören schüttelte den Kopf. »Es ist kein Geheimnis, dass er schon lange nicht mehr weiß, wie er seinen Besitz erhalten soll. Das Schloss verfällt, der Park verwildert, er kann sich nicht genug Personal leisten, um das alles zu erhalten, Handwerker für Renovierungsarbeiten erst recht nicht. Aber anscheinend ist er ein Mann, dem Traditionen wichtig sind. Unter keinen Umständen will er das Schloss seiner Väter verlassen. Mittlerweile hat er den größten Teil seines Grundbesitzes verkauft, um über die Runden zu kommen. Olivenplantagen, Weinberge ... alles hat er verschachert, damit das Schloss erhalten bleibt.«

»Familie?« Erik fing an, nervös seinen Schnauzer zu glätten.

»Er hat spät geheiratet, auch irgendeine von und zu, die viel Stammbaum, aber wenig Geld in die Ehe gebracht hat. Mittlerweile ist er verwitwet. Sein Sohn ist erst Anfang dreißig.«

»Und Manuel di Vago selbst, wie alt ist der?«

Sören musste eine Weile suchen, eher er Auskunft geben konnte: »Schon vierundsiebzig!«

»Dann kam die Verlobung seines Sohnes mit Verena Hermes dem alten di Vago vermutlich gerade recht?«

Sören nickte. »Davon kann man ausgehen. Ob das eine Liebesheirat werden sollte? Jedenfalls dürfte es für Richard Hermes ein Leichtes sein, den alten Schuppen der di Vagos wieder auf Vordermann zu bringen.«

»Was macht der junge di Vago? Auf Olivenanbau und Weinhandel kann er ja anscheinend nicht mehr zurückgreifen.«

»Nein, wenn er mal das Erbe antreten kann, hat sein Vater es schon verkauft. Alles für das Schloss!« Sören schüttelte den Kopf. »Luigi di Vago hat zwei Restaurants gepachtet, eins in Perugia und eins in Pienza. Aber Goldgruben sind sie beide nicht. Das Casa Toscana in Pienza leitet er selbst, für das Nebbia Costiera in Perugia hat er eine Geschäftsführerin eingestellt.« Sören runzelte die Stirn. »Nebbia Costiera? Was bedeutet das? Reichen Ihre Sprachkenntnisse so weit, Chef?«

Erik überlegte. »Costa heißt Küste, nebbia heißt Nebel.«

»Also Nebelküste?«

»Nein, Küstennebel. Aber egal ...« Erik winkte ab. »Diese Verena Hermes, hat die einen Beruf?«

»Moment mal, hier steht, dass der Vater die Absicht hatte, ihr die Leitung der deutschen Firmen zu übertragen. Aber geschehen ist das anscheinend nicht. Sie hat ein bisschen BWL studiert, ein paar Semester in München, ein paar in Rom. Aber anscheinend ohne Abschluss.«

»Wie alt ist sie?«

»Etwa Mitte zwanzig. Genau ist das nicht rauszukriegen.«

Erik ließ sich zurücksinken, blickte zur Decke. Er versuchte, sich in einen Mann wie Richard Hermes einzufühlen. Mit der Entführung seiner Tochter waren vermutlich seine schlimmsten Befürchtungen wahr geworden, alle Vorsichtsmaßnahmen hatten nichts genützt. Und andererseits Manuel di Vago. Ein Mann, der verzweifelt versuchte, sein Leben festzuhalten, die Tradition zu verteidigen. Richard Hermes wollte das Leben seiner Tochter retten, mit aller Verzweiflung, unter Vermeidung jedes Risikos. Manuel di Vago, der durch die lukrative Ehe seines Sohns die Zukunft seines Schlosses retten wollte, sah die ganze Angelegenheit sicher wesentlich pragmatischer. Zwei Männer, von denen sich jeder auf seine Weise abmühte, die Zukunft zu sichern.

Erik schreckte hoch, bemerkte, dass Sören ihn abwartend

anblickte, und sagte entschuldigend: »Ich habe gerade versucht, mich in Richard Hermes und Manuel di Vago hineinzuversetzen. Blöde Idee! Schließlich kenne ich keinen der beiden persönlich.« Er stand auf und dehnte seinen Rücken. »Kommen Sie, Sören. Auf uns wartet ein Abschiedsessen. Wetten, dass meine Schwiegermutter wieder Maronenparfait gemacht hat? Das gibt es immer am letzten Abend, bevor sie zurückfährt.«

Sören ließ sich nicht zweimal bitten. Beschwingt verließen die beiden das Polizeirevier. Es dauerte eine Weile, bis Erik es geschafft hatte, sich in die Fahrzeugschlange einzureihen, die sich vor der Ampel staute. Als es ihm gelungen war, sprang die Ampel auf Rot um.

»Puh, bei der nächsten Grünphase werden wir es immer noch nicht schaffen«, fluchte Sören.

Eigentlich wollte Erik etwas erwidern, aber als er eher zufällig zum Bahnhofsvorplatz hinüberschaute, vergaß er augenblicklich, was er sagen wollte. »Sehen Sie sich das mal an!«, rief er und packte Sörens Arm.

Auf das in die Jahre gekommene Bahnhofsgebäude bewegten sich zwei Männer zu, die jeweils einen Koffer hinter sich herzogen. Der eine war groß und kräftig und bewegte sich so schwerfällig, als wäre er lange nicht zu Fuß gegangen. Gekleidet war er, als hätte er sich Mühe gegeben. Zu einer dunklen Jeans trug er ein kariertes Hemd, darüber eine schwarze Jacke, auf dem Kopf thronte eine Schiffermütze, die zu klein war, um sie sich bis zu den Ohren herunterzuziehen. Wahrscheinlich hatte es für seinen kantigen Schädel nichts Passendes gegeben.

Der Mann, der ihm vorausging, war sein Gegenteil, klein und von zierlichem Körperbau, mit einem schmalen Gesicht, das von einem Bart überwuchert wurde. Er ging gebeugt, als blickte er lieber zu Boden als anderen Menschen ins Gesicht. Zu einer hellen Hose trug er trotz der Wärme einen Troyer und auf dem Kopf eine Bommelmütze. Wie er sich mit seinem unsicheren Gang vorwärts bewegte, konnte man meinen, es handelte sich um einen Seemann, der seinen Landurlaub beendete.

»Tove Griess und Fietje Tiensch«, stöhnte Erik auf. »Die beiden verreisen?«

Sören war genauso verblüfft. »Ich denke, die hassen sich wie die Pest.«

Erik lächelte leicht. »Kann sein, dass das mal so war. Aber ich glaube, die beiden haben irgendwann gemerkt, dass es besser ist, wenn sie miteinander auskommen. Fietje Tiensch ist Stammgast in Käptens Kajüte. Der einzige Stammgast! Ich glaube, die beiden haben sich aneinander gewöhnt.«

»Und nun verreisen sie zusammen?«

Erik schüttelte lachend den Kopf. »Mitten in der Saison? Tove Griess kann den Winter nur überstehen, wenn das Geschäft im Sommer einigermaßen gelaufen ist.«

»Sieht aber ganz so aus«, meinte Sören.

In diesem Moment schloss sich die Tür des Bahnhofsgebäudes hinter den beiden, und die Ampel sprang auf Grün. Erik fühlte sich plötzlich schlecht, Unruhe stieg in ihm auf, das Gefühl, etwas versäumt zu haben, was sich nicht zurückholen ließ.

»Der Mann im dunklen Anzug«, stöhnte er auf. »Verdammt, vielleicht hätte ich Tiensch doch in die Zange nehmen sollen!«

Gleich den ersten Autozug hatten sie genommen. Als sie dem Watt entgegenfuhren, in das Helle, scheinbar Grenzenlose, war Mamma Carlotta sehr still geworden. Sie, die sich sonst mit der Stimme vergewisserte, was ihre Augen sahen, drängte es nicht einmal, Tizio zu zeigen, was sie sah, weil sie spürte, dass diese Fahrt durchs Watt keine gemeinsame Erinnerung werden, sondern dass jeder sein eigenes Erlebnis mit nach Hause nehmen würde. Tizio ein ganz anderes als sie.

Das Abladen in Niebüll ging zügig vonstatten, im Nu waren sie in Flensburg, von da an ging es auf der A 7 Richtung Süden. Tizio war ein guter, wenn auch schneller Fahrer, aber Mamma Carlotta genoss es wie er, dass auf deutschen Autobahnen niemand gehindert wurde, das Äußerste aus einem Wagen herauszuholen. Zum Glück war Eriks alter Ford schnell an seine Grenzen zu bringen, sonst wäre die Autofahrt vielleicht doch ein Abenteuer geworden, das Mamma Carlotta zu waghalsig erschienen wäre. Sobald die Überholspur frei war, drückte Tizio das Gaspedal so weit herunter wie möglich, und sie sah mit großem Vergnügen die Landschaft vorüberrasen.

Es war das erste Mal, dass sie den Weg zwischen ihrer Heimat und der Insel Sylt im Auto zurücklegte. Erik hatte ihr schon Wochen vor ihrem Aufbruch nach Sylt am Telefon erklärt, dass es billiger sei, mit dem Wagen zu fahren, statt vier Flugtickets zu kaufen. So hatte sie nur einen Hinflug gebucht und freute sich nun darauf, etwas von Deutschland zu sehen und den Teil ihrer italienischen Heimat, den sie noch nie zu Gesicht bekommen hatte. Die befremdliche Tatsache, dass Käptens Kajüte bis auf Weiteres geschlossen war, blitzte immer wieder in ihren Gedanken auf, aber sie hatte keine Zeit, intensiv darüber nachzudenken.

Die Sicht auf Hamburg verschlug ihr die Sprache, sie konnte nicht verstehen, dass Felix den Anblick des Containerhafens verschlief und es Carolin wichtiger war, in einem Buch über eine russische Primaballerina zu lesen. Später wurde Mamma Carlotta müde, nickte ein, schreckte dann wieder hoch und wunderte sich, dass Tizio immer noch genauso konzentriert auf die Straße blickte wie vorher. Erst gegen Mittag war er bereit, für einen kleinen Imbiss eine Autobahnraststätte anzufahren. Felix verschaffte sich Bewegung, indem er im Slalom sämtliche Bäume umrundete, die den Rastplatz umstanden, Carolin versuchte es mit ihren Dehnübungen und schien es zu genießen, dass ein paar gleichaltrige Mädchen auf sie aufmerksam wurden. Aber Tizio wollte nicht lange ausruhen, ihn drängte es voranzukommen. Es war ihm nicht einmal recht, dass seine drei Mitreisenden darauf bestanden, am Nachmittag eine weitere Pause einzulegen und sich mit einem starken Kaffee zu erfrischen.

Am Abend kamen sie schließlich im Schwarzwald an, in einem kleinen Ort, der Achern hieß, und dort war Tizio endlich bereit, den ersten Reisetag zu beschließen. Sie mieteten im Schwarzwälder Hof, direkt neben der Kirche, zwei Zimmer, auf die sie sich nach Geschlechtern getrennt verteilten.

»Ich lade euch zum Essen ein«, verkündete Tizio großzügig.

In einem gemütlichen Biergarten wurde ihnen ein Gericht serviert, das sich Gaisburger Marsch nannte, ein Gemüseeintopf mit Rindfleischeinlage, den Mamma Carlotta gar nicht genug loben konnte. Dass Deutschland auch ein ganz anderes Gesicht haben konnte, schien sie zu überraschen. Gewusst hatte sie zwar, dass es liebliche Regionen mit einem milderen Klima gab, aber da sie von Deutschland nie etwas anders als die Insel Sylt gesehen hatte, war sie dennoch erstaunt, hier in der warmen Abendluft zu sitzen, bunt bemalte Häuser zu betrachten, gelegentlich einen Einheimischen in Tracht vorbeilaufen zu sehen und Mühe zu haben, mit ihren Deutschkenntnissen zurechtzukommen. Verständlich machen konnte sie sich leicht, aber was ihr in breitem Dialekt entgegnet wurde, musste von den Kindern übersetzt werden.

Nach dem Essen verbrachte sie zum ersten Mal in ihrem Leben eine Nacht in einem Hotel. Sie lauschte auf die fremden Geräusche, auf den Schlag der Kirchturmuhr, der so leise war, als wollte der Pastor nur daran erinnern, dass er seine Schäfchen immer im Auge hatte. Sie atmete den fremden Geruch ein und versuchte, sich in die Decke zu schmiegen, die ihr zu wenig vertraut war, um sofort einschlafen zu können. Wieder dachte sie an Tove Griess, der noch nie während der Hauptsaison seine Imbissstube geschlossen hatte. Welchen Grund mochte das haben?

Carolin hatte sich ihre Kopfhörer aufgesetzt und ließ sich von Ballettmusik in den Schlaf wiegen. »Nimmst du ihn mir ab, Nonna, wenn ich eingeschlafen bin?«

Mamma Carlotta versprach es, denn sie war sicher, dass sie noch lange wach liegen würde. Und tatsächlich bemerkte sie schon bald, dass Carolin sich entspannte und ihre Atemzüge gleichmäßiger wurden, während sie selbst noch hellwach war. Sanft nahm sie Carolin die Kopfhörer ab und drückte den Knopf des Disc-Players, den ihre Enkelin ihr vorher gezeigt hatte. Dann versuchte sie einzuschlafen. Aber sie sah Fietje Tiensch vor sich, seine ungewohnte Heftigkeit, als er auf seine Familie angesprochen wurde, und wieder die Tür von Käptens Kajüte und den Zettel: Bis auf Weiteres geschlossen!

Die Luft kam ihr stickig vor, obwohl sie ahnte, dass sie einfach nur anders roch. Trotzdem wollte sie versuchen, frische Luft hereinzulassen, die nicht nach Hotel roch, und erhob sich vorsichtig, um die Balkontür zu öffnen.

Gerade wollte sie sich wieder zu Bett begeben, da hörte sie eine flüsternde Stimme vom Nachbarbalkon. Wie angewurzelt blieb sie stehen. »Ich liebe dich. Es ist schrecklich, ohne dich einzuschlafen.«

Mamma Carlotta lächelte gerührt. Tizio telefonierte mit Luana! Wie schön war es doch, Zeuge dieser jungen Liebe zu werden! Sie musste es Tizio wirklich hoch anrechnen, dass er das Opfer brachte, sich für eine Weile von seiner Liebsten zu trennen, um der Silberhochzeit von Tante Benedetta und Onkel Davide beizuwohnen. Mit dieser Entscheidung hatte er mehr Familiensinn bewiesen, als ihm zuzutrauen gewesen war. Doch dann schoss ihr durch den Kopf, dass er seine Tante noch vor wenigen Tagen gebeten hatte, ihn nicht zu fragen, warum er mit Luana nach Sylt gekommen war. Warum hatte Tizio sich plötzlich entschlossen, der Silberhochzeit den Vorzug zu geben, von der er kurz vorher noch behauptet hatte, sie interessiere ihn nicht?

Auf einmal konnte sie ihrer Freude nicht mehr trauen. Tizio verschwieg ihr etwas, das sah sie jetzt, in der tiefschwarzen Nacht, deutlicher als im Licht der Sonne. Während der Fahrt war er einsilbig gewesen, und sobald Mamma Carlotta das Gespräch auf Luana und die Zukunft gebracht hatte, war sein Gesicht mürrisch geworden, und er hatte entweder gar nicht geantwortet oder war der Frage ausgewichen.

»Ja, alle anderen schlafen schon. Ich hoffe, du kannst bald nachkommen. Schau, dass du was rausbekommst! Aber wenn Erik misstrauisch wird, haust du sofort ab. Versprochen?«

Tizio schwieg, anscheinend war es nun Luana, die sprach. Mamma Carlotta spürte, wie sich ihr Körper anspannte. Hellwach war sie jetzt. Sie wagte kaum zu atmen aus Angst, dass ihr Atem lauter sein könnte als Tizios Stimme.

»Wir haben richtig entschieden, todsicher! Mich kriegt der nicht. Der wird sich noch wundern!«

Die Turmuhr gab Bescheid, dass wieder eine Viertelstunde vorüber war.

»Deine Idee war wunderbar«, flüsterte Tizio. »So können wir es ihm heimzahlen.«

Ein Motorrad knatterte vorbei und nahm Tizios folgende Worte mit. Danach hörte Carlotta nur noch, wie er ein paar Küsse in sein Handy hauchte, dann herrschte Stille.

Vorsichtig trat sie wieder an die Balkontür und öffnete die Gardine einen Spalt, um auf den Nachbarbalkon sehen zu können. Tizio stand am Geländer und starrte in die Finsternis. Wer würde sich noch wundern? Wer sollte sie nicht zu fassen kriegen? Wem wollten sie etwas heimzahlen? Und was konnte so wichtig sein, dass Luana von Sylt fliehen sollte, sobald Erik hinter ein Geheimnis gekommen war?

Nun drehte Tizio sich um, ging ins Zimmer zurück und schloss die Balkontür. Mamma Carlotta kroch in ihr Hotelbett und zählte von da an die leisen Schläge der Turmuhr. So lange, bis sie um sechs Uhr lauter wurden und das Dorf Achern allmählich erwachte.

Sie war völlig übermüdet, als sie Richtung Schweiz fuhren, und hätte beinahe den Grenzübertritt verschlafen. Kurz darauf nickte sie wieder ein, obwohl sie sich eigentlich an den Bergen, den grünen Tälern und an den Farben in der Natur erfreuen wollte. In der Schweiz waren die Blüten roter als in Umbrien, die Wiesen grüner, die Häuser weißer und die Wälder dunkler. Aber sie wachte erst wieder auf, als sie nach Italien einreisten. Nicht einmal die Fahrt durch den St.-Gotthard-Tunnel hatte sie erlebt. Das machte ihr schwer zu schaffen, und Tizio musste sich viele Vorwürfe anhören, weil er sie nicht geweckt hatte. Aber nun endlich war sie so ausgeschlafen wie nach einer ruhigen Nacht. Auf der Höhe von Mailand fühlte sie sich bereits wieder heimisch, und dass sie kurz hinter Parma noch einmal einschlief, war reiner Trotz. Denn Tizio war einfach nicht bereit, sich auf ein Gespräch über Luana einzulassen, da konnte sie noch so viele Andeutungen machen und noch so viele verfängliche Fragen stellen.

»Hör auf, mich auszuquetschen, Tante Carlotta!«, sagte er nur. »Das habe ich dir schon mal gesagt.«

Als sie sich endlich Panidomino näherten, entstand auch auf den Rücksitzen wieder Bewegung. Carolin, die stundenlang mit geschlossenen Augen Ballettmusik gehört hatte, nahm nun die Kopfhörer ab, und Felix, dem es sehr schwerfiel, zur Untätigkeit verdammt zu sein, schnallte sich schon kurz vor Città di Castello ab und behauptete, auf den letzten paar Metern könne nichts mehr passieren.

Panidomino war nie ein Opfer des Italientourismus geworden, hatte aber auch nicht davon profitiert. Nur gelegentlich verirrten sich Ferienreisende in dieses abgelegene

Dorf, die außerhalb der ausgetretenen Pfade unterwegs waren und das Unverbrauchte, Natürliche suchten, das es in den touristisch überfluteten Regionen nicht mehr gab. In Arezzo hatte Tizio die A 1 verlassen, dann waren sie Richtung Monterchi gefahren. Anschließend ging es relativ steil bergan nach Panidomino. In dem Dorf, das politisch zu Città di Castello gehörte, bemühte man sich einerseits, unabhängig zu bleiben, wünschte sich aber immer wieder vergeblich, auf den touristischen Landkarten vorzukommen, auf denen Città di Castello verzeichnet war, um endlich ein Stück von dem Kuchen abzukriegen, der in Città di Castello viele ernährte.

Panidomino öffnete sich unerwartet am Ende einer weiten Linkskurve, die aus einem Wald herausführte. Unterhalb des verwinkelten Ortskerns standen jene Häuser, in denen mehrere Familien wohnten oder mehrere Generationen einer einzigen Familie. Sie hatten große Gärten mit Obstbäumen und Gemüsebeeten und Rasenflächen, über denen die Wäsche flatterte. Auf den Treppenstufen standen Terracottatöpfe, die mit Petunien, Geranien und Begonien bepflanzt waren. Vor jeder Haustür gab es mindestens einen üppigen Oleanderbusch und daneben einen Stuhl, auf dem jemand saß, der auf Unterhaltung hoffte.

In einem dieser Häuser wohnte die Familie Capella. Es hatte einmal Carlottas Schwiegereltern gehört, die Platz gemacht hatten, als ihr Sohn heiratete. Nach dem dritten Kind war es bereits zu eng geworden, und nach dem vierten hatte Dino mit den ersten Anbauten begonnen, die sich mit jedem weiteren Kind und mit jeder veränderten Lebenssituation fortgesetzt hatten. Eine Zeit lang hatte Dinos Cousin ebenfalls hier gelebt, eine Großtante Carlottas hatte beschlossen, ihren Lebensabend hier zu verbringen, sich aber anders besonnen, kurz nachdem das Haus für ihre Bedürfnisse umgebaut worden war. Und als Carlottas Ältester beschloss, mit seiner jungen Familie hier zu wohnen, waren wiederum

An- und Umbauten notwendig geworden. Nun besaß das Haus mehrere Eingänge, diverse Zwischenflure und Zwischentüren, die verbanden, was mal getrennt sein sollte, viele Treppenstufen sowohl außerhalb des Hauses als auch innerhalb der vier Wände, große Fenster, kleine Fenster, verschiedene Farben des Mauerwerks und des Putzes, die das Alter jedes einzelnen Bauabschnitts verrieten, und hellrote Dachflächen, die sich an dunkel bemooste schmiegten. Ein Haus mit einer langen und verwickelten Geschichte.

Mamma Carlottas Herz hüpfte, als es in Sicht kam, Carolin sagte leise: »Echt schön«, und Felix wippte auf seinem Sitz auf und ab und schrie: »Gib noch mal Gas, Tizio! Ich will eine Staubwolke sehen, wenn wir anhalten.«

Tizio erfüllte Felix' Erwartungen voll und ganz, und so öffnete sich schon bald eine Tür, hinter der jemand von den quietschenden Bremsen aufgeschreckt worden war. Carlottas ältester Sohn Guido erschien, direkt hinter ihm seine Frau Sandra, und ihre beiden Töchter sprangen fröhlich auf ihre Nonna zu.

Bevor Mamma Carlotta sich nach dem Verbleib aller anderen Familienmitglieder erkundigt hatte, erschien auf dem höchsten Punkt der Straße eine Frau in Mamma Carlottas Alter. Sie beschleunigte ihren Schritt, als sie das deutsche Auto sah und die lauten Begrüßungsworte hörte. Dabei geriet ihr ganzer Körper in Aufruhr, ihr Busen wogte, ihr Bauch wackelte, ihr Doppelkinn zitterte. Als sie endlich vor Mamma Carlotta zum Stehen kam, war sie in Schweiß gebadet und atmete so schwer, dass eins der Kinder nach einem Stuhl geschickt wurde.

»Marina!« Mamma Carlotta zog ihre Freundin in ihre Arme. Sie hatten schon als Kinder zusammen gespielt, hatten in der Schule in derselben Bank gesessen, hatten zwei Freunde geheiratet und zwei ihrer Kinder am selben Tag zur Welt gebracht.

Dass Marina weinte, bemerkte sie erst, als sie ihre Freundin wieder losließ und ihr ins Gesicht sah. »Dio mio! Was ist passiert? Ist jemand krank geworden? Jemand gestorben?«

Marina musste erst tief Luft holen, ehe sie darauf vertraute, dass sie trotz ihrer Atemnot herausbekommen würde, was sie sagen wollte: »Stell dir vor, Carlotta, sie behaupten, ich hätte Manuel di Vago umgebracht.«

Warum wurde der Überbringer eines Lösegeldes umgebracht? Und warum wurde das Lösegeld auf einer Insel übergeben, obwohl für einen Entführer die Flucht doch viel schwieriger sein musste als von irgendeinem Ort auf dem Festland?

Wieder kam Erik zu der Überzeugung, dass der Entführer sich auf Sylt gut auskennen musste und sich deshalb für die Insel entschieden hatte und dass er von Franco Neuhaus identifiziert worden war, den diese Unvorsichtigkeit das Leben gekostet hatte.

»Der Umweg über Venedig sollte vermutlich nur der Verwirrung dienen«, meinte Erik nachdenklich.

Sören sah plötzlich deprimiert aus. »Niemand bringt eine entführte Person zunächst nach Venedig und dann nach Sylt.«

»Sie meinen, Verena Hermes lebt nicht mehr?«

»Oder sie wird irgendwo in Italien festgehalten, und der Entführer hat sich aus irgendwelchen Gründen entschlossen, die Lösegeldübergabe auf Sylt zu inszenieren.«

»Dann braucht er jemanden, der ihm hilft. Verena Hermes muss versorgt und bewacht werden.«

»Vielleicht wird sie bald freigelassen. Oder sie ist sogar schon längst wieder frei. Richard Hermes wird sich nicht bemüßigt fühlen, uns darüber in Kenntnis zu setzen.«

Erik dachte an die Kollegen, die dabei waren, unauffällig die Insel zu durchsuchen, um Verena Hermes' Versteck zu finden. »Trotzdem müssen wir auch auf Sylt nach ihr fahnden. Die Staatsanwältin hat recht: Es ist wichtiger, die Entführte zu finden als den Mörder von Franco Neuhaus.«

Da er für die Telefonate mit den Personen, die die römischen Kollegen aufgelistet hatten, einen Dolmetscher brauchte, war es unumgänglich gewesen, diesen Tag in der Staatsanwaltschaft in Flensburg zuzubringen. Alle Auftraggeber von Franco Neuhaus hatte er kontaktiert, seine Nachbarn, zwei Cousins, die ihn kaum kannten, zwei Freunde, von denen der eine behauptete, er sei bestenfalls ein guter Bekannter. Der andere wusste zwar von einem Auftrag, der Franco nach Venedig führen sollte, kannte aber nichts Genaues, und von Francos Aufenthalt auf Sylt hatte er nichts erfahren.

Auch die anderen Telefongespräche hatten zu nichts geführt. Dass Franco Neuhaus die Insel Sylt kannte, war bisher niemandem zu Ohren gekommen, und keiner konnte sich vorstellen, warum und von wem Franco Neuhaus umgebracht worden war.

Erschöpft war Erik in Flensburg in den Zug gestiegen, doch als ihm auf dem Bahnhof in Westerland der Wind entgegenschlug, war es ihm gleich besser gegangen. Nach den wenigen Metern zum Polizeirevier war er so erfrischt, wie er sich auf dem Festland nach mehreren Stunden Schlaf nicht hätte fühlen können.

Damit hatte er sogar Sören angesteckt, der ihn schlecht gelaunt empfing, weil er über Richard und Verena Hermes nichts herausgefunden hatte, was ihnen weiterhelfen konnte. Nun schoben sie ihre Fahrräder durch die Friedrichstraße, um miteinander reden zu können. »Lassen Sie uns zum Strand gehen, Sören«, schlug Erik vor. »Was sollen wir zu Hause? Bei Ihnen ist niemand, und bei mir ist Luana Schwarz.«

Sie stellten ihre Räder am Syltness-Center ab. Der Strandwärter erkannte sie und ließ sie passieren. Auf der Kurpromenade war viel los, am Strand dagegen waren nur wenige Strandkörbe besetzt. Die Familien hatten sich in ihre

Unterkünfte begeben, der Abendbetrieb, der immer zuerst in der Nähe der Musikmuschel einsetzte, kam nur langsam in Gang.

Sie wandten sich nach links und hingen eine Weile ihren Gedanken nach, während sie einen Fuß vor den anderen setzten, und Erik hatte den Verdacht, dass Sören ähnliche Gedanken hegte wie er selbst: Wenn sie jetzt in den Süder Wung fahren und sich dort an einen gedeckten Tisch setzen könnten, ginge es ihnen viel, viel besser.

»Gut, dass Sie Ihren Urlaub abgeblasen haben«, meinte Sören. »Mit diesem Fall wäre ich nicht gern allein geblieben.«

»Die Staatsanwältin hätte Ihnen sicherlich einen fähigen Beamten zur Seite gestellt.«

Sören nickte, als wollte er sagen: Das hätte mir gerade noch gefehlt.

»Wir müssen uns überlegen, wie wir jetzt vorgehen«, sagte Erik, blieb stehen und sah aufs Meer hinaus.

»Hat die Staatsanwältin irgendeine Idee?«

Erik antwortete nicht darauf. Stattdessen fragte er so leise, dass Sören es kaum verstehen konnte: »Kann der Mann im dunklen Anzug der Entführer sein? Sie wissen doch ... der mit der verspiegelten Sonnenbrille, der dafür gesorgt hat, dass Franco Neuhaus ihn nicht sieht.«

»Der, vor dem Fietje Tiensch sich versteckt hat?«

»Verdammt! Ich hätte Tiensch nicht so leicht davonkommen lassen dürfen. Wenn ich wenigstens eine tragfähige Personenbeschreibung abgeben könnte! Aber das, was ich in Erinnerung habe, trifft auf unzählige Männer zu. Ich war zu weit weg, und ich habe nicht daran gedacht, dass es wichtig sein könnte, mir den Kerl genauer anzusehen.«

Sören wurde ärgerlich. »Hören Sie auf, sich Vorwürfe zu machen! Zum Glück weiß die Staatsanwältin nichts von diesem Mann.« Er warf Erik einen Seitenblick zu. »Und auch nichts davon, dass Franco Neuhaus im Süder Wung war. Und warum sollte der Mann, wenn er der Entführer ist,

Franco Neuhaus verfolgen? Es hat ja offensichtlich eine Verabredung gegeben, die Neuhaus in seinem Notizbuch festgehalten hat. Die beiden mussten also telefonischen Kontakt haben. Ist ja auch logisch. Die Geldübergabe muss irgendwie organisiert werden. Schriftlich oder telefonisch. Warum sollte der Entführer auf Sylt rumlaufen und den Lösegeldüberbringer beschatten?«

»Weil er vielleicht herausbekommen wollte, ob Neuhaus allein war? Die größte Sorge jedes Entführers ist, dass die Angehörigen trotz seiner Warnung die Polizei einschalten.«

Sören sah plötzlich erschrocken aus. »Sie meinen ... dann ist ihm aufgegangen, dass er vor dem Haus eines Polizeibeamten steht? Und hat daraus irgendwelche Schlüsse gezogen?«

Erik kam nicht zu einer Antwort, denn sein Handy begann zu klingeln. Er lächelte, als er den Namen im Display erkannte. »Meine Schwiegermutter! Anscheinend sind die vier in Italien angekommen. Hallo, hattet ihr eine gute Reise?«

»Tutto perfetto, Enrico!« In glühenden Farben schilderte Mamma Carlotta die Fahrt mit dem Autozug, das wunderbare Deutschland, das außer der Nordsee noch so viele Seiten hatte, von denen sie nichts geahnt hatte, die Schweiz, die sie zwar im Wesentlichen verschlafen hatte, die sie aber dennoch als Land begeistert hatte. »Nur von dem Gotthard-Tunnel habe ich gar nichts mitbekommen! Das ärgert mich sehr.«

»War vielleicht ganz gut«, gelang es Erik einzuwerfen. »Manche Leute vertragen die Fahrt durch den Tunnel nicht. Er ist immerhin über sechzehn Kilometer lang.«

»Das hat Tizio mir erzählt. Er fährt ganz ausgezeichnet.«

»Das freut mich«, antwortete Erik, der durchaus mit dem einen oder anderen Blechschaden gerechnet hatte.

»Alle haben sich über deine Grüße gefreut«, redete Mamma Carlotta weiter, »und grüßen dich zurück.«

Im Hintergrund blitzte lautes Stimmengewirr auf, und

Erik ließ die Grüße über sich ergehen, obwohl er ganz sicher war, seiner Schwiegermutter keinen einzigen Gruß aufgetragen zu haben.

»Und alle hoffen, dass du bald nachkommst.« Dann änderte sich ihre aufgekratzte Stimme. »Etwas muss ich dir noch erzählen ... Vielleicht kannst du Marina helfen – als Fachmann sozusagen?«

Ehe Erik fragen konnte, um wen es sich handelte, bekam er es schon erklärt: »Du weiß doch, meine beste Freundin. Sie ist mit Dinos Freund verheiratet und wohnt seit der Hochzeit im Dorf. Früher hat sie mit ihren Eltern auf einem Weingut in der Nähe gelebt, und ich bin immer mit dem Fahrrad zu ihr gefahren, obwohl der Weg viel zu steil und zu gefährlich war.«

»Richtig, ja«, warf Erik ein, damit die Erzählung seiner Schwiegermutter nicht ausuferte, obwohl er sich nicht erinnern konnte, jemals etwas von einer Freundin gehört zu haben, die mit einem Freund seines Schwiegervaters verheiratet war.

»Marina ist etwas sehr Unangenehmes passiert. Sie braucht den Rat von einem commissario.«

Erik wollte einwenden, dass er sich mit dem italienischen Gesetz nicht auskannte, aber natürlich kam er nicht zu Wort.

»Man wirft ihr vor, ihren Chef umgebracht zu haben.«

»Was?« Erik hatte mit einer Anzeige wegen Falschparkens, übler Nachrede oder vielleicht noch Ladendiebstahls gerechnet. Aber Mord?

»Marina ist Köchin. Und natürlich weiß sie, dass ihr Chef eine Nussallergie hat. Sie passt genau auf, dass sie niemals etwas verwendet, was Nüsse enthält. Ihr Chef selbst kontrolliert regelmäßig alle Vorräte, damit nicht versehentlich etwas verarbeitet wird, was Nüsse enthält. Marina sagt, es gibt viele Lebensmittel, in denen Spuren von Nüssen versteckt sind. Man glaubt es nicht! Ecco, Marina hat also immer gut aufgepasst, aber was passiert?«

»Er ist an seiner Nussallergie gestorben?«

»Davvero! Und Marina soll schuld sein. Dabei ist sie ganz sicher, dass sie nichts verwendet hat, was Nüsse enthält.«

»Wenn sie sicher ist, hat sie nichts zu befürchten. Nicht sie muss beweisen, dass sie alles richtig gemacht hat, ihr muss bewiesen werden, dass sie etwas falsch gemacht hat. Das ist in Italien nicht anders als in Deutschland.«

»Davvero? Das werde ich Marina sofort sagen. Sie ist ja total fertig, die Arme. Sie hat Signor di Vago sehr gemocht. Als er sich am Sonntagabend plötzlich an den Hals griff und verzweifelt nach Luft rang ... Alle Angestellten wissen ja Bescheid, wo die Spritze mit dem Gegenmittel liegt. Signor di Vago kann sie sich selbst setzen. Danach ist alles schnell vorbei. Aber da, wo sie liegen sollte, hat Marina die Spritze nicht gefunden. Sie hat überall gesucht, aber dann ... dann war es zu spät. Signor di Vago ist zusammengebrochen ...«

Erik ließ sich auf eine Bank sinken, und seine Stimme wurde laut und unbeherrscht, ohne dass er es verhindern konnte. Deswegen schaffte er auch, was ihm selten gelang: Er unterbrach seine Schwiegermutter. »Wer? Wie heißt ihr Chef?«

»Manuel di Vago. Du kennst ihn nicht. Ein adliger Herr! Er wohnt in einem Schloss ganz in der Nähe von Panidomino.«

Erik beherrschte sich mit aller Kraft, damit seine Schwiegermutter nicht merkte, was dieser Name in ihm auslöste. »Könnte es sein, dass es jemand auf Signor di Vago abgesehen hat?«

»Du meinst ... er ist nicht durch ein Unglück gestorben? Man wollte ihn ... dio mio! No! Das glaube ich nicht. Signor di Vago ist ein sehr freundlicher Herr.«

»Das lass mal die Polizei entscheiden. Wenn der Verdacht besteht, dass er ermordet werden sollte, ist deine Freundin jedenfalls aus dem Schneider. Ich kann ja wohl davon ausgehen, dass sie kein Motiv hat?«

»Naturalmente! Ich weiß, was ein Motiv ist.«

»Dann grüß bitte die Kinder! Ich muss arbeiten. Du weißt ja ...«

»Der Mordfall, sì! Was bei dir auf Sylt alles passiert! Gut, dass es in Italia nicht so viel Mord und Totschlag gibt!«

Mittlerweile war auch Sören aufgegangen, dass etwas Außergewöhnliches geschehen sein musste. Kaum hatte sein Chef das Gespräch beendet, fragte er nach: »Manuel di Vago ist tot?«

Erik nickte. »Ob das ein Zufall ist ...?«

Mamma Carlotta legte zufrieden den Hörer auf. »Enrico sagt, wenn Marina kein Motiv hat, braucht sie nichts zu befürchten. Enrico ist ein guter commissario. Wenn der das sagt, dann ist es so.«

Das Gemurmel, das sich erhob, klang nicht nur beifällig, sondern auch beiläufig, aber Mamma Carlotta ließ die Gleichgültigkeit, mit der man Erik in ihrer Familie begegnete, nicht an sich heran. Was ihr fehlte, schrieb sie einfach dem Taumel der Wiedersehensfreude zu. Und da war es ganz normal, dass die Zurückgekehrten die geballte Aufmerksamkeit erhielten und nicht der eine, der auf einer Insel in der eiskalten Nordsee geblieben war.

Mittlerweile hatten sich Carlottas sämtliche Nachkommen eingefunden, um ihre Rückkehr und den Besuch von Lucias Kindern zu feiern. Dass sie ihre Familien mitgebracht hatten, war selbstverständlich, und dass sie alle eine Meinung zu Carolins neuer Begabung hatten, ebenfalls. Dass jeder dieser Meinung gut hörbar und ausführlich Ausdruck verlieh, sowieso!

Carolin hatte schon kurz nach ihrer Ankunft das rosa Trikot aus dem Koffer geholt und ihren Tanten, Onkeln, Cousins und Cousinen so viel von Luana erzählt, die ihr zu ganz neuen Aspekten des Balletttanzes verholfen hatte, dass die Familie prompt in Ovationen ausbrach. Nicht, wie Carolin glaubte, weil sie sie in ihrem neuen Berufswunsch unterstützen wollten, sondern weil sie sich zum ersten Mal nach der Begrüßung nicht gleich verdrückt hatte, um sich in einem Abstand von mehreren Zimmern und mindestens drei Fluren erst einmal an die lärmende Familie ihrer Mutter zu gewöhnen.

Diesmal war es anders! Carolin führte ihre Échappés vor, obwohl es in dem überfüllten kleinen Raum kaum Platz dafür gab und sie prompt auf dem Schoß ihres jüngsten Onkels landete. Beifallsstürme brandeten durch den Raum, während Felix die Gelegenheit nutzte, seine neuen Ambitionen mit seinem Onkel Guido zu besprechen, von dem er sich Unterstützung erhoffte. Und es sah ganz so aus, als wäre Carlottas Ältester dazu zu überreden, der in Aussicht genommenen Rennfahrerkarriere seines Neffen die nötige Förderung in Gestalt eines seiner Lieferwagen zukommen zu lassen.

In den Freudentaumel brachte eine Katze weiteres Leben, die auf einem Sofakissen gedöst hatte und beinahe Sandras ausladendem Hinterteil zum Opfer gefallen wäre, als diese erschrocken zur Seite rückte, weil Carolin ihr mit den Échappés zu nahe gekommen war. Die Katze rettete sich auf ein Regalbrett, wo ein Porzellanfigürchen ins Trudeln geriet und auf dem Kopf von Mamma Carlottas ältestem Schwiegersohn zerschellte.

Zu diesem Vorfall hatte natürlich jedes Familienmitglied etwas zu sagen, noch ehe sich jemand fand, der Handfeger und Kehrschaufel holte, um die Scherben zu beseitigen. Während das schließlich unter großer Anteilnahme aller Anwesenden geschah, verirrte sich ein Huhn ins Zimmer, das entweder von den vielen Stimmen angelockt oder von ihnen derart durcheinandergebracht worden war, dass es die Orientierung verloren hatte. Das erinnerte den Hund an seine Aufgabe als Hüter des Hauses, der alles zu melden hatte, was nicht dem normalen Lauf der Dinge entsprach. Er bellte so lange, bis das Huhn hysterisch gackernd unter Zurücklassung einiger Exkremente das Weite gesucht hatte, und hörte nicht auf zu bellen, weil kurz darauf jemand am Haus vorbeiging. Der Hund kannte sämtliche Einwohner von Panidomino und hatte die Aufgabe, all jene zu melden, die ihm fremd waren. Aber obwohl er seine Aufgabe im Prinzip verstanden hatte, machte er einige Ausnahmen, zum Beispiel wenn Signora Santoni des Weges ging, die eine kleine Pension am Rande des historischen Ortskerns besaß. Zu ihr verirrte sich gelegentlich ein Tourist, dem es nicht genügte, einmal durch Panidomino zu wandern, sondern der das urwüchsige, echte Italien ein paar Tage länger genießen wollte. Und wenn sie wie jetzt einen ratternden Handkarren mit sich führte, auf dem sie das Gepäck ihrer Gäste beförderte, bellte sich der Hund regelmäßig ins Delirium.

Während Guido ihn beruhigte, sagte seine Frau Sandra: »Signora Santoni holt zwei Gäste vom Bus ab. Sie sagt, die sind aus Norddeutschland. Von irgendeiner Insel.«

Er ist wirklich ermordet worden?« Sören sah seinen Chef an, als könnte er ihm nicht glauben.

Erik berichtete ihm von der Nussallergie, an der Manuel di Vago gelitten hatte. »Natürlich kann er auch durch Fahrlässigkeit gestorben sein oder an der eigenen Unachtsamkeit. Die Freundin meiner Schwiegermutter steht im Verdacht. Sie arbeitet als Köchin auf dem Schloss der di Vagos.«

Sören wurde nun sehr nachdenklich. »Wussten Sie, dass mein Bruder auch eine Nussallergie hat?«

Erik war überrascht – und gleichzeitig unangenehm berührt, weil er wieder mal feststellte, wie wenig er von Sören wusste. Fest nahm er sich vor, gelegentlich mit seinem Assistenten ein Bier trinken zu gehen und sich dabei seine privaten Sorgen und Nöte anzuhören.

»Nussallergiker leben gefährlich«, erzählte Sören. »Mein Bruder hat eine schwere Form, er isst praktisch nie auswärts.

Er kann nicht sicher sein, dass er verträgt, was man ihm vorsetzt. Selbst wenn der Küchenchef in einem Restaurant schwört, keine Nüsse verwendet zu haben – viele Nahrungsmittel enthalten Spuren von Nüssen, von denen auch so ein Küchenchef nichts weiß. Schon die kleinste Spur des Nussallergens kann meinen Bruder in Lebensgefahr bringen.«

Erik war sehr erschrocken. »Was tut er dagegen?«

»Er ist immer für den Notfall gerüstet. Er würde nie ohne seinen Allergiepass aus dem Haus gehen und hat immer sein Notfallpaket dabei: Antihistaminikum, Kortisontabletten und eine Allergiespritze. Wenn er merkt, dass er Nüsse gegessen hat ...«

»Woran merkt er das?«, unterbrach Erik.

»Juckreiz im Mund, auf der Zunge und auf den Lippen. Dann Schleimhautschwellungen und schwere Atemnot. In so einem Fall setzt er sich sofort eine Spritze.«

Sie gingen in stillem Einverständnis den Weg zurück, der Unruhe, der lauten Fröhlichkeit entgegen.

»Wenn er keine Spritze dabeihätte, könnte er sterben?«

Sören nickte. »Kreislaufzusammenbruch!«

Sie schwiegen so lange, bis sie wieder an ihren Fahrrädern angekommen waren. Sören schwang sich bereits auf den Sattel, als Erik sagte: »Di Vago war auch für den Notfall gerüstet. Die Köchin wusste, wo das Gegenmittel liegt, hat es aber dort nicht gefunden.«

Sören stellte beide Beine wieder auf die Erde. »Da drängt sich einem ja ein böser Verdacht auf! Jemand hat Herrn di Vago Nüsse verabreicht und dann dafür gesorgt, dass er nichts gegen den Allergieschock unternehmen kann.«

Erik zeigte in die Friedrichsstraße. »Was halten Sie davon, wenn wir uns bei Gosch ein paar Fischbrötchen kaufen? Ich habe genug Bier im Kühlschrank zum Runterspülen.«

Eine halbe Stunde später kamen sie am Süder Wung an. Erik nahm die Tüte vom Lenker, die die Fischbrötchen enthielt. Darin steckte auch ein Brötchen für Luana, obwohl

Erik sich nicht vorstellen konnte, dass sie sich für Heringe mit Zwiebelringen erwärmen würde. Aber er fühlte sich als Gastgeber verpflichtet und wollte seinen guten Willen zeigen.

Sören sah plötzlich so unglücklich aus, als hätte er schwere Sehnsucht nach Mamma Carlotta, nach ihrer lachenden Stimme, ihrer Herzlichkeit, nach den Düften, die aus der Küche drangen, nach dem Tisch, auf dem sich ihre Antipasti drängelten. »Wie wär's, wenn wir im Garten essen? In der Küche ohne Ihre Schwiegermutter ...«

Erik wusste, was er meinte. In der Küche wären sie sich einsam und verloren vorgekommen.

Sie gingen ums Haus herum und steuerten den kleinen runden Tisch mit den vier Stühlen an, der genau dort stand, wo der Garten auch am Abend noch von der Sonne erreicht wurde. Für diese Sitzgruppe hatte Lucia gesorgt, die den Sonnenschein gern bis zum letzten Augenblick auskosten wollte.

Sören packte die Fischbrötchen aus und sagte wehmütig: »Wenn das Ihre Schwiegermutter sähe! Fischleichen auf Papier!« Er sah Erik fragend an. »Ich gehe doch recht in der Annahme, dass wir auf Teller verzichten?«

Erik wollte sich auf die Melancholie nicht einlassen und nickte nur. »Ich hole Bier.«

Mit schnellen Schritten ging er auf die Terrassentür zu, dann stockte er, als er im Wohnzimmer Luana sah. Sie drehte ihm den Rücken zu und schien ihn nicht zu bemerken. Offenbar suchte sie etwas. Erik bewahrte ein paar Akten im Wohnzimmer auf, die sie gerade aufklappte und durchblätterte. Sein Terminkalender lag daneben, den er vergessen hatte, auch ihn blätterte Luana auf. Dann nahm sie ein Kissen nach dem anderen vom Sofa, schob die Polster beiseite, griff mit den Fingerspitzen darunter und tastete sogar den Boden unter dem Sofa ab.

Dann richtete sie sich auf und ließ den Blick durchs Wohnzimmer schweifen, als überlegte sie, was nun zu tun sei. Dabei entdeckte sie Erik, der vor der Terrassentür stand und sie erstaunt betrachtete. Sie erschrak, dann schaltete sie ihr Lächeln ein wie eine Neonröhre und öffnete die Terrassentür.

»Suchen Sie etwas?«, fragte Erik statt einer Begrüßung.

Luanas Lächeln wurde verlegen. »Ein Kettchen. Ich habe es verloren. Nichts Kostbares, aber ... es gehört eigentlich einer Freundin. Ich dachte, es könnte im Sofa gelandet sein.«

Erik meinte, an Luanas Hals nie etwas anderes als auffälligen Modeschmuck gesehen zu haben, aber er konnte sich natürlich irren, er hatte keinen Blick für so was.

»Wahrscheinlich liegt es oben im Gästezimmer.« Sie lachte künstlich. »Ich sollte wohl mal aufräumen.«

Darauf antwortete Erik nicht, sondern wies mit einer Geste, die einladend sein sollte, zum Gartentisch. »Wir haben Fischbrötchen mitgebracht. Trinken Sie auch ein Bier?«

Er hatte fest damit gerechnet, dass Luana beides ablehnen würde, aber zu seinem großen Erstaunen ließ sie sich auf diese ungezwungene Art der Nahrungsaufnahme ein. Zwar redete sie so lange von den Shrimps-Brötchen, die sie am Vortag probiert hatte, bis Erik sich dafür entschuldigte, lediglich für Matjes- und Bratheringe gesorgt zu haben. Doch dann griff sie beherzt zu.

»Sind Sie schon weitergekommen mit Ihrem Mordfall?«, erkundigte sie sich.

Erik schüttelte den Kopf. »Wir treten auf der Stelle.« Beinahe hätte er sogar verraten, dass sie es nicht nur mit einem Mord, sondern auch mit Entführung zu tun hatten, aber gerade noch rechtzeitig biss er sich auf die Lippen. Nein, darüber musste absolutes Stillschweigen bewahrt werden!

»Vielleicht ist der Mann ein zufälliges Opfer?«, schlug Luana vor und lächelte so, als hielte sie es für möglich, dass ihn dieser Hinweis weiterbringen könnte.

Aber Erik schüttelte den Kopf. »Das ist nicht anzunehmen.«

»Wissen Sie, warum er auf Sylt war?«

»Ja«, erwiderte Erik kurz angebunden. Dass Mamma Carlotta in so manches Dienstgeheimnis eingeweiht wurde, wenn sie auf Sylt war, daran hatte er sich mittlerweile gewöhnt. Aber eine Fremde? Nein! Der Fall war zu brisant, um fahrlässig mit Informationen umzugehen. Nun, nach Manuel di Vagos Tod, erst recht!

Luana schien zu spüren, dass ihre Gegenwart ein Gespräch der beiden Männer verhinderte. Sie stand auf, bedankte sich für das Fischbrötchen und ging ins Haus. »Mal sehen, ob ich das Kettchen im Gästezimmer finde.«

Erik blickte ihr zufrieden nach. Was seine Schwiegermutter schwer gekränkt hatte, gefiel ihm sehr gut. Luana beanspruchte seine Aufmerksamkeit nicht und erzeugte in ihm kein schlechtes Gewissen, wenn er sich nicht mit seinem Gast, sondern mit Sören über den Fall unterhalten wollte, an dem sie zurzeit arbeiteten.

Als sie verschwunden war, blickte Erik einer Möwe nach, die über ihnen ihre Kreise zog, bis sie schließlich mit einem heiseren Schrei zur Erde hinabfuhr. Erst dann sah er, dass Sören die Augen geschlossen hatte und sein Gesicht dem Abendwind hinhielt, der sanfter geworden war, wie so oft an Sommerabenden. Es gefiel ihm, dass sie sich so vertraut waren, dass sie in der Gegenwart des anderen einer Stimmung nachgeben konnten.

In diese Ruhe hinein fragte Erik: »Wer könnte ein Interesse daran haben, Manuel di Vago umzubringen?«

Sören gähnte. »Richard Hermes war ziemlich wütend, weil di Vago uns die Wahrheit verraten hat.«

»Und dann bringt er ihn aus lauter Wut um?«

Sören sah ein, dass seine Vermutung nicht stichhaltig war. »Okay, nach einer Tat im Affekt sieht das nicht aus.«

»Verena Hermes ist mit di Vagos Sohn verlobt. Der alte di Vago muss ein Interesse daran haben, dass Verena freikommt.«

»Sie meinen, über das menschliche Interesse hinaus? Weil

Hermes reich ist und mit Freuden das Schloss sanieren wird, in das seine Tochter einziehen will?«

»Vielleicht hat der alte di Vago ja versucht, auf eigene Faust herauszubekommen, was mit Verena Hermes geschehen ist.«

»Und der Entführer hat ihn umgebracht, bevor er zur Polizei gehen konnte?«

»Das würde bedeuten, dass er zum Umfeld von Manuel di Vago gehört. Er musste wissen, wo das Gegenmittel liegt, und die Gelegenheit haben, es unauffällig verschwinden zu lassen.«

»Dann ist er nicht mehr auf Sylt, sondern wieder in Italien«, stellte Sören zufrieden fest.

»Die italienischen Kollegen müssen endlich erfahren, dass sie es mit einer Entführung zu tun haben.« In diesem Moment wurde Erik von einer Bewegung abgelenkt: Jemand hatte das Dachfenster des Gästezimmers geöffnet und so weit aufgeschoben wie möglich.

Er fragte sich, ob ihr Gespräch dort oben zu verstehen war, fand die Antwort aber gleich darauf nicht mehr wichtig. »Morgen wird garantiert ein Amtshilfeersuchen aus Italien eintreffen. Und meine erste Aufgabe nach Dienstantritt wird es sein, die Staatsanwältin über den neuen Todesfall zu informieren. Eigentlich hätte ich mich gerne erst mal einen Tag von ihrer Dynamik erholt.«

Wieder sah er hoch zum Dachfenster. Es war noch immer weit geöffnet, und eine Bewegung zeigte ihm, dass Luana sich in der Nähe des Fensters aufhielt. Er versuchte, den unangenehmen Verdacht abzuschütteln, trotzdem wurde er das Gefühl nicht los, dass sie von ihr belauscht wurden.

Marina Olivieri schnaufte so heftig, dass Mamma Carlotta das Tempo zurücknahm und langsamer ging. Es war noch nicht lange her, da war sie genauso dick gewesen wie Marina und ebenso schnell außer Atem geraten wie sie. Sie wusste also, was es bedeutete, in der Hitze eine längere Wegstrecke zurückzulegen, wenn man ein beachtliches Übergewicht mitschleppen musste.

Das Schloss der di Vagos lag außerhalb des Ortes, und normalerweise überwand Marina diese Strecke auf dem Rücksitz des Motorrollers, mit dem ihr Sohn nach Città di Castello fuhr, wo er als Pizzabäcker arbeitete. Aber Pietro war längst unterwegs, alle anderen, die über ein Gefährt mit Rädern verfügten, ebenfalls, und so war ihnen nichts anderes übrig geblieben, als sich zu Fuß aufzumachen.

Marina liebte die Langsamkeit, das Beschauliche, Gemächliche. Das hatte sie schon von ihrer Freundin Carlotta unterschieden, als beide noch die gleiche Kleidergröße getragen hatten. Bereits in ihrer Kindheit war Carlotta ihr vorausgesprungen, hatte immer ungeduldig auf sie gewartet und sie angetrieben, ohne jedoch damit Erfolg zu haben. Marina liebte das Gleichmaß, bewegte sich nicht gerne schneller als nötig, und sie mochte es nicht, wenn sich in ihrem Leben Unvorhergesehenes ereignete. Jedesmal, wenn Mamma Carlotta nach Sylt aufbrach, versuchte sie, ihre Freundin von der Reise abzuhalten, und umarmte sie, wenn ihr das nicht gelang, als sollten die beiden sich nie wiedersehen.

»Es wird schon alles gut gehen«, sagte Mamma Carlotta. »Enrico sagt, selbst wenn du Schuld hast, kann man dir keinen Vorsatz unterstellen. Fahrlässigkeit heißt so was in Deutschland. Und dafür kommst du nicht ins Gefängnis.«

Marina schnaufte noch heftiger, obwohl sie mittlerweile so langsam gingen, als hätten sie viel Zeit und als würden sie hinter den Mauern des Schlosses nicht von der Polizei erwartet. »Aber ich war nicht fahrlässig«, entgegnete sie, den Tränen nahe. »Ich habe für die Ravioli die Zutaten benutzt, die ich schon hundertmal verwendet habe. Und warum waren seine Medikamente nicht dort, wo sie hingehören? Alles wäre gut gegangen, wenn Signor di Vago seine Spritze zur Hand gehabt hätte.«

Als sie das letzte Haus des Dorfes passiert hatten, kam das Schloss in Sicht, das auf einem beeindruckenden Gelände stand. Das allerdings gehörte dem Schlossherrn nur noch zu einem kleinen Teil, der eingezäunt war und nachts von scharfen Hunden bewacht wurde. Aus der Entfernung wirkte das Anwesen majestätisch, doch dieser Eindruck verlor sich, je näher man kam. Der Verfall war unaufhaltsam und überdeutlich. Daran konnte auch die beeindruckende Allee aus Zypressen nichts ändern, die weithin zu erkennen gab, dass es sich hier um ein Besitztum handelte, das zur Darstellung von Reichtum und Macht erbaut worden war. Mit beidem war es längst vorbei. Das wusste in Panidomino jeder, doch das hatte nichts daran geändert, dass der Familie di Vago großer Respekt entgegengebracht wurde.

Als der Polizeiwagen vor der Eingangstür zu erkennen war, blieb Marina stehen, um zu verschnaufen. »Was mache ich, wenn Luigi di Vago mir vorwirft, seinen Vater umgebracht zu haben?«

Carlotta umarmte ihre Freundin fest. »Dann wird er von mir etwas zu hören bekommen!«

Tatsächlich fühlte sich Marina getröstet. Sie schien ihrer Freundin durchaus zuzutrauen, Luigi di Vago gründlich die Meinung zu sagen. Mamma Carlotta hoffte, dass ihr das erspart bleiben würde, und griff nach Marinas Arm. Gemeinsam schritten sie auf die große Eingangstür zu, die zu dem Wenigen gehörte, was im Laufe der Zeit erneuert worden war. Ihre Beschläge blinkten, auch der Türklopfer und die Klinke wurden jeden Morgen auf Hochglanz gebracht.

Die Tür wurde geöffnet, noch bevor sie sie erreicht hatten. Der junge Gärtner, der versuchte, das große Grundstück einigermaßen in Ordnung zu halten, erschien und sah Marina und Carlotta entgegen.

»Ciao, Matteo!«, sagte Marina.

»Sie sind spät«, sagte Matteo und wandte sich an Carlotta: »Sind Sie auch geladen worden?«

»Ich begleite meine Freundin«, entgegnete Carlotta würdevoll. »Es geht ihr nicht gut. Sie braucht Unterstützung.«

Matteo war ein schlanker, gut aussehender Mann von Ende zwanzig, der Mamma Carlotta bekannt vorkam. Während sie ihm durch die große dämmrige Halle folgten, fiel ihr ein, dass sie ihn schon einmal mit Tizio zusammen gesehen hatte. Sie glaubte sich zu erinnern, dass Matteo ein guter Freund von Tizio war, und hätte sich nur zu gern vergewissert. Aber sie kam nicht mehr dazu.

Matteo betrat vor ihnen das Esszimmer, das die Ausmaße des ganzen Hauses Capella überschritt. Staunend sah Mamma Carlotta sich um. Sie betrat zum ersten Mal dieses Schloss. Zwar hatte sie von Marina oft zu hören bekommen, wie groß und prächtig hier alles war, wenn man über den Verschleiß hinwegsah, aber auf solche Ausmaße war sie nicht gefasst gewesen. Der Tisch, der in der Mitte des Raums auf bunt bemalten Fliesen stand, war mindestens sieben Meter lang. Es gab acht Fenster, die sich gen Norden öffneten. Draußen wölbte sich ein Hügel neben dem anderen, auf deren Gipfeln sich Zypressen aneinanderreihten, und über allem lag ein Schleier, der das geheimnisvolle Licht erzeugte, das die Maler und Fotografen anzog.

Doch dieser Ausblick war mit dichten Gardinen verhängt. Das konnte nur jemand tun, der so sehr an ihn gewöhnt war, dass er seine Schönheit nicht mehr erkannte.

Am Ende des Raums, vor einem großen Gemälde, das einen der Vorfahren der di Vagos zeigte, standen zwei Carabinieri, ein dritter saß am schmalen Ende des Tisches und machte sich Notizen. Luigi di Vago blickte auf, als die Tür sich öffnete. Er lächelte, als er Marina erkannte, und kam auf sie zu.

»Signora Olivieri!« Herzlich schüttelte er ihr die Hand und sah sie dabei so freundlich an, dass Marina sich entspannte. Die Vorwürfe, die sie befürchtet hatte, schienen auszubleiben.

Luigi di Vago begrüßte Carlotta Capella genauso höflich und schien nichts dabei zu finden, dass sie ihre Freundin begleitete. Er war ein Mann von Anfang dreißig, mittelgroß und schlank, mit einem schmalen Gesicht, dessen Form er noch betonte, indem er seine schwarzen Haare straff zurückkämmte. Er trug einen schwarzen Anzug, dazu ein weißes Hemd mit einer schwarzen Krawatte. Ein gut aussehender Mann! In Panidomino hatte sich niemand darüber gewundert, dass es ihm gelungen war, die schöne Tochter eines reichen Mannes für sich zu gewinnen. Luigi galt als sehr charmant, überaus höflich, war gut erzogen und konnte sich auf jedem Parkett mit traumwandlerischer Sicherheit bewegen. Dass seine beiden Restaurants nicht besonders gut liefen, konnte auf keinen Fall an seiner Persönlichkeit liegen, davon waren die meisten überzeugt. Seine Liebenswürdigkeit den Gästen gegenüber war sprichwörtlich. Und seine überaus gepflegte Erscheinung musste jeden Gast davon überzeugen, dass das Casa Toscana und auch das Nebbia Costiera ausgezeichnete Lokale waren.

Trotzdem blieb der Zustrom der Gäste aus, und in Panidomino wurde immer öfter darüber getuschelt, dass der alte di Vago seinem Sohn keinen guten Dienst erwiesen hatte, als er den Großteil seiner Olivenhaine und Weinberge verkaufte, um sein Schloss zu retten. Mit dem Öl- und Weinhandel hätte Luigi di Vago vielleicht mehr Geld verdienen können als mit seinen beiden Restaurants.

Commissario Pittore, der leitende Ermittler, unterbrach seine Aufzeichnungen und erhob sich, als die beiden Frauen auf ihn zutraten. Carlotta war erleichtert. Rolando Pittore war mit ihrem Ältesten zur Schule gegangen, spielte mit ihrem Zweitältesten im selben Fußballverein und hatte sich lange, wenn auch vergeblich, um die Gunst ihrer zweiten Tochter bemüht. Außerdem wusste er, dass Lucia mit einem deutschen Polizeibeamten verheiratet war. Das alles würde sich positiv auf das folgende Gespräch auswirken. Rolando würde es nicht wagen, Carlotta Capellas Freundin die Schuld am Tod von Manuel di Vago anzuhängen!

Tatsächlich begann der Commissario sehr freundlich. Er teilte Marina mit, was Luigi di Vago anscheinend schon erfahren hatte: »Die Obduktion ist abgeschlossen. Im Magen des Toten fanden sich Spuren des Nussallergens, das ihn das Leben kostete.« Nun wurde sein Blick streng, und Marina sackte prompt in sich zusammen. »Sie wissen, dass wir am Montag die Küche durchsucht und alles mitgenommen haben, was eventuell Nüsse enthalten könnte. Allerdings ohne Ergebnis.«

Marina begann zu schluchzen, und Luigi di Vago warf dem Commissario einen tadelnden Blick zu. Dann nahm er Marinas Arm und führte sie zu einem Stuhl. »Setzen Sie sich, Signora Olivieri.« Und mit einem freundlichen Blick bedeutete er auch Mamma Carlotta, Platz zu nehmen. »Der Commissario will Ihnen nichts unterstellen. Wenn mein Vater an einem Allergieschock gestorben ist, dann sind Sie nicht schuld daran.« Er wandte sich wieder Rolando Pittore zu. »Mein Vater kann auch woanders etwas Nusshaltiges gegessen haben. Die Reaktion auf Nüsse in seinem Essen muss nicht sofort auftreten. Manchmal dauert es mehrere Stunden.«

Der Commissario winkte Marina zu sich und bat sie, sich genau dort hinzustellen, wo sie gestanden hatte, als sie merkte, dass es ihrem Chef nicht gut ging.

Gehorsam ging Marina zu der Tür, die in die Küche führte. »Ich hatte die Ravioli serviert, und Signor di Vago hat sofort zu essen begonnen. Er war hungrig. Ich habe ihm Wein eingeschenkt und bin in die Küche gegangen, um das Wasser zu holen, das noch fehlte. Als ich zurückkam, griff er sich an den Hals und schien keine Luft mehr zu bekommen.«

Carlotta beobachtete besorgt, wie Marina mit den Tränen kämpfte, und wäre am liebsten zu ihr geeilt, um sie zu trösten. Aber da sie fürchtete, Rolando würde damit nicht einverstanden sein, blieb sie sitzen.

»Und dann?«, fragte der Commissario.

»Ich wusste sofort, was zu tun war. Signor di Vago hat es mir oft erklärt. Ich bin zum Büfett gelaufen.« Sie zeigte auf einen dunklen halbhohen Schrank, der beinahe so lang war wie der Tisch. »Er hat mir gezeigt, wo er seine Spritze aufbewahrt.«

Nun begann Marina doch zu weinen, und Carlotta sprang auf, um ihr ein Taschentuch zu reichen.

Der Commissario wartete ab, bis Marina sich gefangen hatte. »Und warum haben Sie ihm seine Spritze nicht gegeben?«

Marinas Tränen versiegten auf der Stelle, nun machte die Trauer der Empörung Platz: »Weil sie nicht dort lag, wo sie liegen sollte!«

Der Commissario bedachte sie mit einem langen Blick, dann ging er zum Büfett, zog eine Schublade heraus und zeigte auf den Inhalt. Carlotta konnte nicht sehen, was Marina sah, aber die Strenge, die in Rolandos Miene lag, sagte alles.

Marina stöhnte auf. »Am Sonntagabend lag sie aber nicht da. Ich bin ganz sicher!«

Luigi di Vago mischte sich ein. »Sie waren durcheinander, Signora. Sie hatten Angst um meinen Vater. Wahrscheinlich haben Sie vor lauter Aufregung die falsche Schublade geöffnet.«

»Nein!«, rief Marina. »Ich bin hundertprozentig sicher! Genau diese Schublade habe ich geöffnet, aber die Spritze lag nicht drin!«

Nun wandte Luigi sich an Rolando Pittore. »Dann hat sie die Spritze wahrscheinlich vor lauter Aufregung übersehen.« Und als sich die Stirn des Commissarios hob, ergänzte er: »Signora Olivieri ist eine sehr zuverlässige Mitarbeiterin. Sie hat sich nie etwas zuschulden kommen lassen. Ich bin sicher, dass sie meinem Vater helfen wollte.«

In diesem Augenblick öffnete sich die Tür, und eine Dame

trat ein, die nicht zu den Einwohnern Panidominos zählte. Groß und schlank war sie, mit einem ausdrucksvollen Gesicht, das von einer markanten Nase dominiert wurde. Ein schönes Gesicht, mit perfekt geschwungenen Lippen und blendend weißen Zähnen, die sich zeigten, als sie sich lächelnd umblickte. »Störe ich?«

Sie warf ihre schulterlangen dunkelbraunen Locken nach hinten, dann machte sie ein paar Schritte auf Luigi di Vago zu, der ihr entgegeneilte. »Vittoria! Wie lieb, dass du vorbeikommst! Wir haben einiges zu besprechen.«

Er machte die Polizeibeamten mit Vittoria Zaragoza bekannt, der Geschäftsführerin seines Restaurants Nebbia Costiera in Perugia. Mamma Carlotta staunte sie ungeniert an. Wie elegant sie war! Sie trug ein mittelbraunes Kostüm, darunter eine Bluse, die nur eine Nuance heller war, und Schuhe mit schwindelerregend hohen Absätzen. An ihrer linken Schulter hing ein weicher Lederbeutel, der ihr bis zu den Schenkeln reichte. Obwohl es nicht so aussah, als trüge sie schwer daran, erweckte sie damit den Eindruck, dass sie viel Wichtiges nicht nur hinter ihrem intelligenten Gesicht verbarg, sondern auch in ihrer Tasche.

Sie begrüßte Marina und Carlotta, obwohl sie ihr nicht vorgestellt wurden, und setzte sich. Erst dann erkundigte sie sich: »Oder willst du nicht, dass ich dabei bin, Luigi?«

Dieser versicherte, keine Geheimnisse zu haben, und vergewisserte sich mit einem Blick in das Gesicht des Commissarios, dass dieser die Anwesenheit von Vittoria Zaragoza genauso unbedenklich fand. Dann sagte er: »Mein Vater hat damit gerechnet, dass er irgendwann an einem Allergieschock sterben wird. Es wäre nicht in seinem Sinne, wenn jetzt nach einem Schuldigen gesucht würde. Erst recht würde er nicht wollen, dass Signora Olivieri zur Schuldigen gemacht wird. Mein Vater hat seine Köchin sehr geschätzt.«

Über Marinas Gesicht ging ein hoffnungsvolles Leuchten, auch von Mamma Carlotta fiel eine Last ab. Madonna, was für ein Glück, dass Luigi di Vago ein so vernünftiger Mann war! Und das trotz des schweren Verlustes, den er erlitten hatte! Es gab nicht viele Menschen, die angesichts einer solchen Tragödie die Größe hatten zu verzeihen.

Auch Vittoria Zaragoza schien die Haltung ihres Chefs zu gefallen. »Du hast recht, Luigi! Es geht nicht an, dass irgendjemand den Kopf hinhalten muss.«

Marina warf Mamma Carlotta einen Blick zu, aus dem ihre große Erleichterung sprach. Nur die Polizeibeamten schienen nicht ganz zufrieden zu sein. Rolando Pittore sah aus, als hätte er seine Laufbahn gerne mit einer spektakulären Verhaftung garniert und als müsste er dem Polizeipräsidenten von Città di Castello später erklären, warum es dazu nicht gekommen war. Aber dass der Tod Manuel di Vagos ein Unglück und kein Verbrechen war, sah auch er ein.

Ein Zufall?« Die Stimme der Staatsanwältin schoss aus dem Hörer wie ein Pfeil aus dem Bogen. »Nie im Leben! Manuel di Vago verrät uns, dass hinter dem Mord eine Entführung steckt, und kurz darauf ist er selber tot. Das stinkt nach Mord!«

Erik war der gleichen Ansicht, bekam aber keine Gelegenheit, der Staatsanwältin zuzustimmen.

»Ich werde mich sofort mit Italien in Verbindung setzen«, fuhr sie fort. »Dort weiß ja niemand etwas von einem Zusammenhang zwischen Franco Neuhaus' und Manuel di Vagos Tod. Sonst hätten die längst ein Amtshilfeersuchen gestellt. Aber jetzt müssen wir zusammenarbeiten. Das ist lästig und verschleppt die Ermittlungen auf beiden Seiten, aber es ist nicht zu ändern. Wie heißt noch mal der Ort, wo di Vago wohnt?«

»Panidomino«, antwortete Erik. »Ein Dorf, das zu Città di Castello gehört. Dort wohnt übrigens meine Schwiegermutter.«

»Gut, dass sie Manuel di Vago erwähnt hat! Wir hätten

sonst nie erfahren, dass es ihn erwischt hat.« Nun klang ihre Stimme so aufgekratzt wie schon lange nicht mehr. »Ihre Schwiegermutter hat was gut bei mir. Wenn sie das nächste Mal auf Sylt ist, lade ich sie zum Kaffee ein.«

Erik nahm sich vor, dieses Angebot auf jeden Fall zu unterschlagen. Am Ende würde es noch so weit kommen, dass seine Schwiegermutter eine herzliche Freundschaft mit der Staatsanwältin verband, dass sie sich für die Einladung zum Kaffee mit einer Einladung zum Abendessen bedankte und er Frau Dr. Speck in seiner Küche sitzen hatte. Dabei war es schon schlimm genug, mit ihr zu telefonieren.

»Sie hören von mir, Wolf! Ich gehe davon aus, dass wir Licht ins Dunkel bringen, sobald uns Ermittlungsergebnisse aus Italien vorliegen. Vielleicht reichen uns schon Indizien, um voranzukommen. Ich rufe sofort die Dolmetscherin, und dann geht's los. Die Italiener werden jetzt mal lernen, wie man zügig ermittelt!«

Kurz darauf knackte es in der Leitung. Frau Dr. Speck hatte aufgelegt, ohne sich mit Abschiedsworten aufzuhalten. Wenn Erik an den Polizeiposten von Città di Castello dachte, überkam ihn tiefes Mitleid.

Die Tür des Esszimmers wurde aufgerissen, und ein Mann erschien im Raum, hochgewachsen, kräftig, in Carlottas Alter – zu groß, um sein Erscheinen gleichmütig zur Kenntnis zu nehmen, zu dick, um ihn imposant oder gar anziehend zu finden, aber nicht dick genug, um ihn für unansehnlich zu halten. Er hatte eine Halbglatze, die wenigen verbliebenen Haare hatte er in den Nacken wachsen lassen, seine Augen waren klein und hell, aber sein Blick war tief und durchdringend. Ein Mann, dessen Meinung etwas galt und der daran gewöhnt war, Gehör zu finden!

Mamma Carlotta, die sich gerade verabschieden wollte, sank auf ihren Stuhl zurück, und auch Marina, die noch vor wenigen Augenblick ihr Glück darin gesehen hatte, ungeschoren und möglichst schnell aus diesem Schloss herauszukommen, blieb nun sitzen. Vittoria Zaragoza, die sich kurz vorher noch selbstbewusst zu Wort gemeldet hatte, schlug ihre Beine übereinander und sah plötzlich abwartend aus.

Der Mann ging auf Luigi di Vago zu, der ihn überrascht anblickte. »Richard!«

Luigi wurde kräftig umarmt, die Schläge auf seiner Schulter ertrug er mannhaft, und als der Mann von ihm abließ, schien er das Bedürfnis zu unterdrücken, sein Äußeres zu ordnen. Er glättete seine Haare erst, als er seinen Gast mit Rolando Pittore bekannt machte. »Richard Hermes, mein zukünftiger Schwiegervater!«

»Ich habe gehört, das Obduktionsergebnis ist da?«, erkundigte sich Richard Hermes.

Luigi nickte. »Wie erwartet! Ein Allergieschock!«

»Wie konnte das passieren?«, polterte Richard Hermes. »Manuel hat immer aufgepasst, dass ihm keine Nuss ins Essen kam.«

Marina flüsterte Carlotta zu: »Lass uns gehen.«

Aber die konnte den Blick nicht von Richard Hermes lassen. Das also war der Mann, der einen Privatdetektiv engagiert hatte, der kurz darauf ermordet worden war! Seine Stimme kannte sie bereits von der Mailboxnachricht, die Erik in ihrem Beisein abgehört hatte, und sie stellte fest, dass sie sich den Mann, dem diese Stimme gehörte, exakt so vorgestellt hatte, wie sie ihn nun vor sich stehen sah.

Rolando Pittore übernahm es, Richard Hermes zu erklären, wie es zu Manuel di Vagos Tod gekommen war, und da dabei mehrfach der Name der Köchin fiel, drängelte Marina erneut: »Lass uns gehen, Carlotta!«

Anscheinend hatte sie Angst, dass sich durch Richard Hermes' Erscheinen Luigis Einstellung zu ihrer Unschuld ändern könnte, und wenn, dann wollte sie nichts davon mitbekommen, um sich ihre Erleichterung nicht wieder nehmen zu lassen.

Rolando Pittore versicherte, dass Manuel di Vago schon am nächsten Tag beigesetzt werden könne, da sein Tod keine Fragen mehr aufwerfe. Und als Luigi erklärte, er wolle den Leichnam seines Vaters einäschern und erst später im Familienkreis beisetzen lassen, war er ebenfalls einverstanden. »Machen Sie alles so, wie Sie wollen.«

Luigi schien mit den Tränen zu kämpfen, aber als Richard Hermes ihm begütigend die Schulter klopfte, schluckte er seine Trauer herunter und lächelte den Vater seiner Verlobten getröstet an.

Mamma Carlotta hätte gerne mehr von dem Mann erfahren, der sich einen Privatdetektiv leistete, um seine Jugendliebe wiederzufinden, aber Luigi di Vago warf seiner Geschäftsführerin mit einem Mal einen scharfen Blick zu, die daraufhin sofort die Rolle der Gastgeberin übernahm und Marina und Mamma Carlotta anlächelte. »Ich denke, es ist alles geklärt! Oder?«

Die beiden nickten, und schon waren sie entlassen. Luigi verabschiedete sich freundlich und wandte sich dann wieder an Richard Hermes, der leise und eindringlich mit Ronaldo Pittore sprach.

Vittoria Zaragoza führte sie aus dem Esszimmer und begleitete sie bis zur Haustür. Sie schien ins Haus zurückkehren zu wollen, doch dann überlegte sie es sich anders und zeigte zu einem kleinen weinbelaubten Pavillon auf der Südseite des Hauses. »Ich glaube, mein Chef ist noch eine Weile beschäftigt«, sagte sie. »Ich werde ein bisschen relaxen, bis ich mit ihm übers Geschäft reden kann.«

Mamma Carlotta blickte ihr nach. Was für eine attraktive Frau! Ein bisschen wie die junge Sophia Loren! Auch Vittoria Zaragoza war von dieser scharfen Schönheit und schien alles zu überragen, was sich in ihre Gegenwart traute. Die riesige Tasche passte zu ihr. Zu einer Frau wie Vittoria Zaragoza passte nichts Kleines.

Sie gingen die Zypressen-Allee zurück, folgten dann dem

Weg, der in Serpentinen ins Dorf zurückführte. Schon nach der ersten Biegung waren sie unterhalb der Nordseite des Schlosses angekommen. Mamma Carlotta konnte von unten die Fenster des Esszimmers sehen, von denen gerade eines geöffnet wurde: Luigi di Vago breitete die Fensterflügel auseinander, während er mit jemandem redete. Kurz darauf hörten sie die Stimmen der Polizeibeamten vor dem Haus und den Motor ihres Wagens, der gestartet wurde. Anscheinend hatte Luigi di Vago das Bedürfnis gehabt zu lüften, nachdem die Polizisten das Zimmer verlassen hatten. Nun musste er mit Richard Hermes allein sein.

Carlotta und Marina gingen einen Schritt zur Seite, als der Polizeiwagen auf sie zukam, denn der Weg war schmal und staubig. Marina trat erst auf den Weg zurück, als die Staubwolke sich gesenkt hatte. »Avanti, Carlotta!«

Aber Mamma Carlotta konnte den Blick nicht von dem geöffneten Fenster nehmen. Sie hörte die Stimmen der beiden Männer. Luigi sprach leise, Richard Hermes fiel es offenbar schwer, die Stimme zu senken. Sie hörte ihn sagen: »Es bleibt dabei! Am 14. August fahren wir nach Schweden. Das ist wichtig. Wir müssen uns so normal wie möglich verhalten.«

Marina zischte Carlotta entsetzt hinterher, als diese die Wiese erklomm, die zwischen Schloss und Weg steil anstieg. »Carlotta! Was machst du? Bist du verrückt?«

Aber Mamma Carlotta ließ sich nicht beirren. Der 14. August! Dieses Datum hatte sie schon einmal gehört. Vom 14. August hatte auch Tizio gesprochen. Sie hörte noch seine Stimme: »Müssen wir wirklich so lange warten?« Am 14. August fand die Königsrallye auf Öland statt. Warum sprach nun auch Richard Hermes von diesem Datum?

Marina rief ihr nach: »Du immer mit deiner Neugier!«

Dabei konnte von Neugier selbstverständlich keine Rede sein. Mamma Carlotta hatte schon eine gute Begründung gefunden, ehe sie unter dem offenen Fenster angekommen war.

Sie war die Schwiegermutter eines deutschen Kriminalhauptkommissars! Es war nicht auszuschließen, dass sie unter diesem Fenster etwas erfuhr, was ihm bei seiner Arbeit half.

Marina setzte ihren Weg fort, als wollte sie nichts mit dem zu tun haben, was ihre Freundin plante. Vorsichtig pirschte Carlotta sich weiter heran. Und dann entdeckte sie die Brombeerhecke unterhalb der Fenster, die voller Früchte hing. Würde ihr jemand etwas Böses unterstellen, wenn sie sich eine Handvoll Brombeeren pflückte?

»Er hat verlangt, dass wir uns ganz normal verhalten«, hörte sie Richard Hermes sagen. »Also ist es wichtig, dass wir nach Öland fahren.«

»Und wie erklären wir, dass Verena nicht dabei ist?«, fragte Luigi.

»Sie ist krank geworden. Unpässlich.«

Mamma Carlotta hörte Schritte, Luigi di Vago schien nervös hin und her zu gehen. Dann hörte sie ihn sagen: »Wenn meine Verlobte krank ist, sollte ich nicht nach Öland fahren. Das macht in der Öffentlichkeit einen schlechten Eindruck. Außerdem ist mir die Lust vergangen. So lange ich nicht weiß, was mit Verena passiert ist …«

»Mach, was du willst. Ich fahre auf jeden Fall. Ich tue alles, was der Entführer von mir verlangt.« Nun wurde Hermes' Stimme weicher und nachdenklicher. »Wenn ich nur wüsste, warum Franco dran glauben musste!«

»Ist doch klar!«, gab Luigi hitzig zurück. »Der Entführer hat das Lösegeld kassiert, und als er Verena nicht freilassen wollte, hat es Streit gegeben. Franco Neuhaus hat ihm womöglich auf den Kopf zugesagt …«

»… dass Verena nicht mehr lebt?« Mamma Carlotta wunderte sich, wie kühl, wie kontrolliert Richard Hermes diese schreckliche Frage stellte. Wie ein Mann, der sich keine Gefühlsregung zugestehen wollte. »Sie lebt! Ich bin ganz sicher! Ich habe eine halbe Million Euro gezahlt. Also muss der Entführer sich auch an die Verabredung halten!«

Luigi ließ seiner Verzweiflung freien Lauf. »Und warum hören wir dann nichts von ihr? Sie müsste längst frei sein!«

Das Scharren von Füßen in der Nähe des Fensters versetzte Mamma Carlotta in Alarmbereitschaft. Anscheinend trat jemand an die Brüstung. Jemand, der sie sehen konnte, wenn er sich aus dem Fenster beugte!

So schnell und so leise es ging, huschte sie an der Brombeerhecke entlang, als suchte sie nach den dicksten und schwärzesten Beeren. Sie warf einen Blick zurück, um sich zu vergewissern, dass niemand ihr hinterhersah, dass weder Richard Hermes noch Luigi di Vago sie entdeckten und nach der Polizei riefen ... doch die winzige Bewegung an der Gardine war das Einzige, was darauf hindeutete, dass sich jemand in der Nähe des Fensters aufgehalten hatte.

Mamma Carlotta atmete auf. Das war ja gerade noch gut gegangen! Aber sicher war sicher! Es war besser, an anderer Stelle auf den Weg zurückzukehren, wo sie vom Fenster aus nicht gesehen werden konnte.

Sie huschte weiter, um sich eine Gelegenheit zum Abstieg zu suchen, wo sie vom Fenster nicht gesehen werden konnte ... und prallte erschrocken zurück. Vor ihr stand Vittoria Zaragoza.

Die Staatsanwältin war außer sich. Erik wusste, dass es Menschen gab, die Liebeskummer nicht traurig, sondern wütend und ungerecht machte, und Frau Dr. Speck gehörte anscheinend zu dieser Sorte. Ihr Zorn in Verbindung mit dienstlichem Ärger und ihren ohnehin ruppigen Umgangsformen war mehr, als er aushalten konnte. Plötzlich bereute er, auf die Reise verzichtet zu haben. Eine Silberhochzeit in Italien konnte nicht anstrengender sein als die miserable Laune der Staatsanwältin.

»Sagen die mir doch glatt, sie hätten keinen Mordfall! Manuel di Vago sei das Opfer eines bedauerlichen Missgeschicks geworden. Ein Allergieschock! So was könne schon mal passieren! Leider habe die Köchin die Nerven verloren und vor lauter Aufregung die Spritze nicht gefunden! Die hätte di Vago nämlich gerettet! Aber die Frau sei derart mit den Nerven fertig gewesen, dass sie die Spritze nicht gefunden habe. Sie soll sogar behauptet haben, die Spritze wäre gar nicht da gewesen! Heute Morgen aber, bei einem Ortstermin im Hause di Vago, war alles an Ort und Stelle. Sagen Sie mal, Wolf! Wie finden Sie das?«

Erik war unfähig, sofort zu antworten. Die Köchin? Das musste die Freundin seiner Schwiegermutter sein. Aber Mamma Carlotta hatte nichts davon gesagt, dass Marina vergeblich nach der Notfallspritze gesucht hatte.

Die Staatsanwältin ging davon aus, dass Erik genauso empört war wie sie selbst. »Diese unfähige Köchin behauptet, sie habe ihrem Chef keine Nüsse serviert – aber was findet der Gerichtsmediziner in di Vagos Magen? Nüsse! Dann behauptet die gute Frau, die lebensrettende Spritze habe nicht in der Schublade gelegen – und wo liegt sie heute? In eben dieser Schublade! Trotzdem reden unsere netten Kollegen in Italien von einem bedauerlichen Unglücksfall. Und auch der Sohn des Toten ist davon überzeugt, dass niemand seinem Vater etwas Böses wollte!«

Nun kam Erik endlich zu Wort. »Die Kollegen werden wissen, was sie tun. Und wenn sogar der Junior der Meinung ist, dass die Köchin keine Schuld trägt, dann wird es so sein.« Er hörte Frau Dr. Speck nach Luft schnappen, aber es gelang ihm, ihr zu erzählen, was er von Sören gehört hatte. »Ein Nussallergiker lebt mit einem großen Risiko. Die Köchin hat vielleicht ein Lebensmittel verwendet, von dem sie nicht ahnen konnte, dass es gefährlich für ihren Chef ist.«

Tatsächlich schien die Wut der Staatsanwältin damit zu verpuffen. »Und dass die Köchin die Spritze nicht gefunden hat? Obwohl sie in der Schublade lag? Wie finden Sie das?«

Erik wurde von einem unangenehmen Gefühl beschlichen.

Tatsächlich fand er diese Aussage befremdlich. Unter anderen Umständen hätte er vielleicht geglaubt, dass die Köchin den Kopf verloren und nicht richtig nachgesehen hatte. Aber im Zusammenhang mit Franco Neuhaus' Tod kam ihm das, was die Staatsanwältin erfahren hatte, sehr seltsam vor.

»Ich höre schon, Wolf«, sagte die Staatsanwältin, als wären Eriks Gedanken durch den Telefonhörer gedrungen. »Auch Sie halten es für möglich. Jemand hat dafür gesorgt, dass Manuel di Vago Nüsse zu sich nimmt. Und dieser Jemand hat dann auch dafür gesorgt, dass die Spritze nicht bereitlag.«

»Und hinterher hat er sie wieder in die Schublade gelegt?«

»Exakt! Und wenn das so war, dann hat das was mit unserem Mordfall zu tun! Ist doch klar!« Erik hörte ein dumpfes Geräusch, als hätte die Staatsanwältin mit der Faust auf ihre Schreibtischplatte geschlagen. »Die Italiener legen auf ein Amtshilfeersuchen keinen Wert! Einen Zusammenhang zwischen di Vagos Tod und unserem Mordfall können sie beim besten Willen nicht erkennen! Wissen Sie, was ich glaube, Wolf? Die sind nur zu faul! Die sind heilfroh, wenn sie einen Grund finden, um anstrengende Ermittlungen zu vermeiden.«

Darauf wollte Erik lieber nicht antworten. Er kannte Frau Dr. Specks Ansicht über die Mentalität der Italiener, die er zwar gelegentlich teilte, aber immer nur ganz heimlich, ohne es offen zuzugeben. Nie wäre ein diesbezügliches Wort über seine Lippen gekommen.

»Das habe ich denen auf den Kopf zugesagt! Und was bekomme ich zu hören? Ich soll mich gefälligst um meine eigenen Angelegenheiten kümmern. Ist das nicht unerhört?«

Erik fand eher, dass eine solche Reaktion zu erwarten gewesen war, aber das entsprechende Feingefühl ging der Staatsanwältin völlig ab. Vielleicht war daran auch ihre Beziehung mit dem Fernsehproduzenten gescheitert?

»Erst als ich ihnen gesagt habe, dass wir zusätzlich zu

einem Mordfall auch in einer Entführungssache ermitteln, wurden die Herrschaften hellhörig. Erst haben sie glatt unterstellt, die Dolmetscherin habe nicht richtig übersetzt! Das muss man sich mal vorstellen! «

Erik konnte es sich ohne Weiteres vorstellen. Auch er gab manchmal paradoxe Antworten, die ihm Zeit verschaffen sollten, damit aus dem Volldampf der Staatsanwältin ein Tempo wurde, dem ein normaler Friese folgen konnte.

»Aber jetzt kommt der Hammer! Diese Spaghettipolizisten haben genau zwei Stunden gebraucht, um den Fall aufzuklären. Ha ha!« Was Frau Dr. Speck in den Hörer hustete, sollte wohl ein Lachen sein. »Wir wären auf eine Falschinformation reingefallen. Verena Hermes sei nicht entführt worden, sondern schlicht und ergreifend durchgebrannt. Das habe zumindest Richard Hermes ausgesagt. Aber der Familie ihres Verlobten habe er es nicht gestehen wollen. Da er fest davon ausgeht, dass seine Tochter sich bald besinnt und danach schleunigst vor den Traualtar hüpfen wird, hat er die Entführung erfunden. Behauptet er! Und das behaupten unsere italienischen Kollegen auch! Die Familie di Vago ist schließlich von altem Adel. Da wird keine Ehefrau akzeptiert, die vor der Hochzeit durchbrennt, um sich die Sache noch mal zu überlegen.«

Nun war Erik ebenso verblüfft wie Frau Dr. Speck. »Und Franco Neuhaus? Und die halbe Million Euro?«

»Den Privatdetektiv will Hermes seiner Tochter nachgeschickt haben. Aber nicht, damit er das Lösegeld übergibt, nein! Der sollte die Braut, die sich nicht traut, zur Vernunft bringen. Und vor allem den jungen Mann, mit dem sie unterwegs ist. Dieser kleine Mitgiftjäger sollte die halbe Million bekommen und dafür auf Verena Hermes verzichten. So wird das in solchen Kreisen geregelt. Jedenfalls theoretisch – praktisch glaube ich Hermes natürlich kein Wort.«

»Sie meinen, die Geschichte ist erfunden, damit die Polizei sich raushält?«

»Natürlich! Anscheinend hofft er immer noch, dass seine Tochter lebt. Vielleicht weiß er es sogar! Haben wir eine Ahnung, ob er in Kontakt mit dem Entführer steht?«

Dass in der Leitung plötzlich eine angenehme Stille entstand, die es Erik ermöglichte, über Richard Hermes' neue Taktik nachzudenken, fiel ihm erst auf, als die Staatsanwältin weitersprach. Ihre Stimme klang nun nachdenklich, und sie redete sogar langsam und beherrscht. »Wie war das noch, Wolf? Eigentlich wollten Sie Urlaub in Umbrien machen?«

Erik hätte diesen Aufenthalt in Panidomino eigentlich anders genannt. »Eine Silberhochzeit in der Familie meiner verstorbenen Frau.«

»Ja, ja, das meine ich ...« Nun hatte die Staatsanwältin anscheinend erkannt, dass die Idee, die sie für Augenblicke nachdenklich gestimmt hatte, genial war. So schnell und überzeugend wie immer sprach sie weiter: »Ich habe eine neue dienstliche Anweisung für Sie, Wolf!«

Während Marina ins Dorf lief, stöhnte sie im Rhythmus ihrer Schritte vor sich hin. Carlotta redete ihr gut zu. »Signora Zaragoza hat auch Brombeeren gesammelt. Sie hat gesagt, die schönen Beeren würden ja sonst verkommen. Sie ist gar nicht auf die Idee gekommen, ich könnte gelauscht haben. Die Dame scheint sehr nett zu sein.«

»Und Matteo? Glaubt der auch, dass du nicht gelauscht hast?«

Da war Mamma Carlotta nicht ganz sicher. Trotzdem antwortete sie: »Er hat nur gesagt, wir könnten so viele Brombeeren pflücken, wie wir wollen.«

Tatsächlich hatten sie sich erschrocken, Vittoria Zaragoza ebenso wie Mamma Carlotta, als Matteo, der Gärtner, plötzlich neben ihnen erschienen war und sie streng angesehen hatte. Beide hatten sich angeblickt wie ertappte Sünder. Aber Mamma Carlotta fand, dass es nur auf das ankam, was nachzuweisen war. Matteo konnte lediglich vermuten, dass sie gelauscht hatte, Beweise gab es nicht. Also war alles in bester Ordnung.

»Signora Zaragoza hat sogar darüber gelacht.«

Aber Marina wollte nicht an die Freundlichkeit von Leuten glauben, denen sie sich nicht gewachsen fühlte. »Du hast dich unmöglich benommen! Und was haben wir davon? Nichts!«

»Du hast deinen guten Ruf zurück«, versuchte es Mamma Carlotta noch einmal. »Die Polizei glaubt dir, und Luigi di Vago macht dir keine Vorwürfe. Was willst du mehr?«

»Das alles wäre mir auch sicher gewesen, wenn du nicht gelauscht hättest. Wie peinlich! Am Ende erzählt Matteo Signor di Vago davon. Und der denkt womöglich, ich hätte dich dazu angestiftet. Und dann wird er sich sagen: Wer lauscht, hat ein schlechtes Gewissen. Und wer ein schlechtes Gewissen hat, ist vielleicht doch nicht so unschuldig, wie es den Anschein hat!«

Inzwischen waren sie bei den ersten Häusern angekommen. Marina blieb stehen und sah Mamma Carlotta an, als wollte sie gleich wieder zu weinen beginnen. »Und was hat es gebracht? Hast du irgendwas Interessantes erfahren?«

»Allora ...« Mamma Carlotta wusste, dass es unmöglich war, Marina zu erklären, warum sie so aufgewühlt war. Zwar vertraute sie ihrer Freundin, aber sie musste sich erst selbst darüber klar werden, was es bedeutete, dass Richard Hermes von einem Entführer gesprochen hatte und die Rede von einer Verena gewesen war, die anscheinend Hermes' Tochter und Luigis Verlobte war. Und von einer halben Million hatte Richard Hermes gesprochen! So viel Geld hatte er für die Freilassung seiner Tochter bezahlt!

»Du hast recht«, sagte sie dann. »Es hat sich nicht gelohnt. Die beiden haben nur gemeinsam über Manuel di Vagos Tod gejammert.«

Mamma Carlotta dachte an das Kettchen, das sie in der Waschküche entsorgt hatte. In Liebe – V. Konnte es sich um

Verena Hermes handeln? Betrog Tizio seine Freundin mit der Tochter eines reichen Mannes, die sogar die Verlobte eines vornehmen Adligen war? Dio mio! In welchen Ruf brachte er die Familie Capella! Andererseits konnte es ebenso gut um eine Valentina, Viola oder Vanessa gehen. Nein, es musste sich um einen Zufall handeln. Verena Hermes war entführt worden! Damit konnte Tizio nichts zu tun haben.

Carlotta beschleunigte unwillkürlich ihren Schritt. Sie musste Erik davon unterrichten. Der Arme hatte ja keine Ahnung, dass sein Mordfall womöglich mit einer Entführung im Zusammenhang stand. Sie musste ihn so bald wie möglich anrufen.

»Was soll ich nur machen«, jammerte Marina, »wenn Luigi di Vago mich nicht mehr braucht? Wenn ich meine Stelle verliere? Ich habe ja hauptsächlich für den alten Grafen gesorgt!«

Doch ausnahmsweise war Carlotta unfähig zu antworten. Die Gedanken jagten durch ihren Kopf, Marinas Sorgen passten einfach nicht hinein. Der 14. August! Schon wieder war ihr dieses Datum begegnet. Richard Hermes wollte zur Königsrallye nach Öland fahren. Warum hatte Tizio gesagt, er sei froh, wenn dieses Datum vorbei sei? Und er hatte Luana gefragt, ob sie wirklich so lange warten müssten. Worauf?

In Carlottas Kopf purzelte alles durcheinander. Wenn Luana nun wirklich gefährlich war – was tat sie Erik an, wenn sie mit ihm allein war? Tizio hatte am Telefon gesagt, sie solle versuchen, etwas herauszufinden. Aber was? Und warum sollte sie sofort abhauen, wenn Erik ihr auf die Schliche kam? Nun war Carlotta plötzlich dankbar, dass Marina schon wieder zu klagen begann und sie damit von ihren wirren Gedanken befreite.

»Was mag Ricardo sagen, wenn er hört, dass man dich beim Lauschen erwischt hat?«

Carlotta wurde ärgerlich, und dieses Gefühl war angenehmer als die Sorge, die sie quälte, wenn sie sich die vielen Fragen stellte, auf die es keine Antworten zu geben schien.

»Dein Mann wird froh sein, wenn er hört, dass Luigi di Vago dir keine Vorhaltungen macht! Und dass die Polizei dir glaubt! Dabei ist es wirklich merkwürdig, dass du Signor di Vagos Spritze nicht in der Schublade gefunden hast.«

Marina fing gleich wieder zu klagen an, weil ihr niemand glauben wolle, dass sie zwar die richtige Schublade geöffnet habe, dass die Spritze dort am Sonntagabend aber nicht gelegen habe. Doch Mamma Carlotta hörte ihr nicht mehr zu, sondern blieb wie angewurzelt mitten auf der Straße stehen. Sie wich nicht aus, als ein Auto hupte, sie hörte nicht auf Marinas Rufen, sie war zu perplex, um ihr zu antworten. Carlotta Capella war verstummt! Zum ersten Mal in ihrem Leben! Denn die beiden Männer, die soeben aus der Pensione Santoni traten, kannte sie nur zu gut ...

Erst als einer der beiden seine Bommelmütze lüpfte und grinsend sagte: »Moin, Signora!«, konnte sie glauben, dass sie tatsächlich den Strandwärter von Wenningstedt vor sich hatte und dass neben ihm der Wirt von Käptens Kajüte stand.

Erik war früh aufgestanden. Als er durchs Haus ging, fragte er sich, warum er nicht länger im Bett geblieben war. Zwar liebte er die Ruhe, gelegentlich sogar die Einsamkeit, aber an diesem Morgen empfand er ein Gefühl der Verlassenheit. Die Kinder fehlten ihm. Und das, obwohl sie ihn gerade morgens oft überforderten, wenn er dafür zu sorgen hatte, dass sie mit einem guten Frühstück im Bauch zur Schule aufbrachen, dass Felix an seine Sportsachen dachte und Carolin sich warm genug anzog. Und wenn er dann noch, bevor er seinen Dienst antrat, irgendein Fertiggericht aus der Tiefkühltruhe holte, damit die beiden mittags etwas zu essen vorfanden, hatte er seine liebe Mühe, die Sehnsucht nach Lucia zu bewältigen.

Erik öffnete die Tür des Gästezimmers, aus dem Luana an diesem Morgen ausgezogen war. Am Vorabend hatte er ihr den ersten Zug aufs Festland herausgesucht, ohne sie zu fragen, ob es ihr recht war, so zeitig aufzubrechen, und ohne ihr anzubieten, hier wohnen zu bleiben, wenn er selbst nicht mehr da war. Er wollte das Haus nicht verlassen, solange Luana sich dort aufhielt. Und sie hatte das offenbar gespürt und mit keinem Wort zu erkennen gegeben, dass es ihr lieber gewesen wäre, einen späteren Zug zu nehmen oder sogar zu bleiben.

Erik sah sich um. Er war angenehm überrascht, als er feststellte, dass Luana die Betten abgezogen und das Bettzeug ordentlich zusammengelegt hatte. Er würde seiner Schwiegermutter erzählen, dass Luana sich vielleicht doch zur Hausfrau eignete, wenn man ihr die Chance gab.

Er war froh, als ihm einfiel, dass am Montagmorgen die Müllabfuhr durch den Süder Wung fuhr. An diesem Tag würde er nicht in Wenningstedt sein, also war es sinnvoll, die Mülltonnen schon heute an die Straße zu stellen, damit sie geleert waren, wenn er zurückkam.

Er griff nach dem Papierkorb und holte auch aus den Kinderzimmern und aus Lucias Nähzimmer, das Mamma Carlotta während ihres Aufenthaltes auf Sylt bewohnte, die Papierkörbe. Sie hatte das Zimmer in den Zustand versetzt, in dem sie es bei ihrem nächsten Besuch wieder beziehen würde. Ein frisch bezogenes Bett, saubere Handtücher am Waschbecken, kein Stäubchen auf den Möbeln und der Teppichboden ohne ein einziges Krümelchen.

Ihn durchströmte etwas, was sich anfühlte wie Zärtlichkeit. Lucia war ihrer Mutter sehr ähnlich gewesen. Wo sie war, hatte sich jeder zurücklehnen dürfen. Schade, dass er ihr viel zu selten gesagt hatte, wie glücklich er mit ihr war. Nun konnte er nur hoffen, dass sie es gewusst hatte.

Wie gern hätte er am Abend zuvor mit Lucia gesprochen, sich beraten, sich ihre Meinung angehört, nachdem die

Staatsanwältin mit ihrem Vorschlag gekommen war. Vorschlag? Nein, eine Dienstanweisung hatte sie es genannt.

»Sie wollten doch sowieso die Familie Ihrer Frau besuchen«, hatte sie ihm entgegengehalten. »Jetzt bekommen Sie die Möglichkeit, es zu tun, ohne Urlaub dafür nehmen zu müssen. Das ist eine Dienstreise.«

Erik hatte gleich gewusst, dass ihre Idee ausgezeichnet war, und trotzdem nicht sofort zugestimmt, weil er den spontanen Einfällen der Staatsanwältin nie sofort zustimmte. Er brauchte Zeit, wenigstens ein paar Minuten, um das Für und Wider abzuwägen. Das war der Grund gewesen, warum er gezögert hatte.

Frau Dr. Speck war natürlich ungeduldig geworden. »Der Schlüssel für unseren Mordfall liegt in Italien«, hatte sie erklärt. »Franco Neuhaus ist Italiener, der Entführer vermutlich auch, das Opfer wurde mit großer Wahrscheinlichkeit in Italien entführt, der Vater wohnt dort den größten Teil des Jahres, und es ist anzunehmen, dass Verena Hermes, wenn sie noch lebt, in Italien versteckt gehalten wird. Warum die Lösegeldübergabe auf Sylt stattfand, ist mir ein Rätsel. Aber das Rätsel werden Sie lösen, Wolf!«

Mittlerweile hatte Erik sich entschieden. »Manuel di Vago ist ebenfalls Italiener«, ergänzte er, »und er ist in Italien gestorben.«

»Ermordet worden«, korrigierte die Staatsanwältin. »Da bin ich mir ziemlich sicher. Und Sie werden es beweisen. Vor allem werden Sie den Mord an Franco Neuhaus aufklären. Sie nehmen an der Silberhochzeit teil, gönnen sich ein paar schöne Stunden in bella Italia und lösen ganz nebenbei unseren Mordfall. Ihre italienischen Kollegen werden nichts davon mitbekommen. Und das sollen sie natürlich auch nicht! Vorsicht, Wolf! Nur verdeckte Ermittlungen! Sonst bekommen wir Ärger!«

Erik kippte den Inhalt der Papierkörbe in die Mülltonnen und ärgerte sich, weil er gezwungen war, Kaugummi von Papier zu trennen, Plastiktüten von Bananenschalen und leere Proseccoflaschen von Tüten, in denen noch Gebäckreste steckten. Gut, dass Mamma Carlotta nichts davon mitbekam, dass Tizio und Luana heimlich im Gästezimmer etwas gegessen hatten, während es in der Küche selbst eingelegte Antipasti gab! Er entsorgte ein ganzes Nagellacksortiment, das sich in Pizzaresten verklebt hatte, die Luana ebenfalls in den Papierkorb geworfen hatte. Oder war es Tizio gewesen?

Die Mülltonnen waren noch nicht voll, also ging Erik auch noch in den Keller und holte den Abfalleimer aus der Waschküche. Auf der Treppe nach oben ließ ihn ein Geräusch aufmerken. Ein schwaches Klappern, ein sanftes Klirren. Er griff zwischen die Plastikflaschen, die mal Weichspüler und Vorwaschspray enthalten hatten, und hielt kurz darauf ein Kettchen in der Hand, das er noch nie gesehen hatte. Es trug eine Gravur: »In Liebe – V.«

V wie Verena? Was hatte das zu bedeuten? Was war in seinem Haus vorgegangen? Eigentlich konnten nur Tizio und Luana etwas damit zu tun haben. Aber dann fragte er sich, ob die beiden jemals in der Waschküche gewesen waren. Er konnte sich nicht erinnern, dass Luana je nach der Waschmaschine oder dem Bügelbrett gefragt hatte.

Was wusste er eigentlich von Tizio und Luana? Gar nichts! Er hatte es nicht wahrhaben wollen, wenn Mamma Carlotta darüber lamentierte, aber jetzt wurde es auch für ihn augenfällig: Luana hatte ein paar Tage unter ihnen gelebt, ohne wirklich bei ihnen zu sein. Ihr Verhalten hatte sich erst verändert, als Erik begonnen hatte, im Fall Franco Neuhaus zu ermitteln. Mit einem Mal hatte sie sich für seine Arbeit interessiert und dann sogar den Wunsch geäußert, auf Sylt zu bleiben, während Tizio genauso unerwartet beschlossen hatte, doch an der Silberhochzeit in Umbrien teilzunehmen. Angeblich, weil Mamma Carlotta sein Gewissen erreicht hatte! Warum hatte Luana noch dableiben wollen? Vielleicht, weil sie über den Stand von Eriks Ermittlungsarbeit informiert sein wollte?

Erik durchfuhr es heiß. Hätte er Luana nur nicht so früh gehen lassen! Wäre sie jetzt noch hier, hätte er sie fragen können, ob sie das Kettchen kannte, ob es dieses Kettchen gewesen war, was sie gesucht hatte. Und warum sie es auch in seinen dienstlichen Unterlagen gesucht hatte. Aber nun saß sie im Zug, und er wusste nicht einmal genau, wohin sie fuhr.

»Nach München«, hatte sie gesagt. »Vielleicht bleibe ich dort. Kann aber auch sein, dass ich nach Italien zu meinem Vater fahre. Und zu Tizio! Mal sehen.« Zum Abschied hatte sie sogar gelächelt und sich für die Gastfreundschaft bedankt. »Ich glaube, ich fahre nach Italien. Auch wegen Carolin. Wir könnten weiter zusammen trainieren.«

Diese Worte waren an Erik vorbeigerauscht, jetzt erhielten sie plötzlich eine Bedeutung. Er war nun sicher, dass Luana über kurz oder lang in Panidomino auftauchen würde, um mit Carolin zu üben. Anscheinend wollte sie dort sein, wo auch der Hauptkommissar war, der die Ermittlungen im Fall Franco Neuhaus leitete. Und was war mit den Ermittlungen im Fall Manuel di Vago?

Plötzlich war er davon überzeugt, dass Luana sein Telefongespräch mit Sören mitbekommen hatte und nun wusste, dass er mit der Staatsanwältin einer Meinung war. Beide glaubten sie, das Manuel di Vago einem Verbrechen zum Opfer gefallen war. Luana hatte plötzlich hinter ihm gestanden, als er das Telefonat beendete, und Erik fragte sich nun, ob sie ihn belauscht hatte. Kannte sie den italienischen Adligen? Möglich war es. Da sie sich häufig bei ihrem Vater in der Toskana aufhielt, konnte ihr der Name zu Ohren gekommen sein.

Erik würde, wenn er in Italien war, Tizio genau im Auge behalten. Wenn Luana mit dem Mordfall Franco Neuhaus etwas zu tun hatte, dann hing auch Tizio mit drin. Entschlossen ging er ins Haus und wählte Sörens Telefonnummer. Der Auftrag, den er seinem Assistenten erteilte, hätte seiner Schwiegermutter nicht zu Ohren kommen dürfen …

Mamma Carlotta war so aufgeregt, dass sie ihrem jüngsten Enkel einen Espresso vorsetzte und dessen Vater eine Honigmilch. Und beides fiel ihr erst auf, als der Fünfjährige den Espresso getrunken hatte und ankündigte, künftig immer Caffè für Erwachsene haben zu wollen.

Am Morgen hatte sie lange gebraucht, ihre Verblüffung zu überwinden, und dann hatte sie so lange Toves Pranken geschüttelt und Fietjes schmale Finger gequetscht, bis Marina sich kopfschüttelnd verabschiedet und darum gebeten hatte, sie bei nächster Gelegenheit über die Einzelheiten dieser Bekanntschaft zu informieren.

Als Mamma Carlotta lange genug um die beiden herumgesprungen war und sie nicht zu Wort hatte kommen lassen, brachte Fietje endlich heraus: »Das ist also Ihr Dorf, Signora? Und ausgerechnet hier sind wir gelandet?«

»Zufälle gibt's!« Tove war derart perplex, dass er sie aus reiner Gewohnheit behandelte wie einen Kunden seiner Imbissstube. Barsch fuhr er sie an: »Wieso haben Sie nie gesagt, wie Ihr Dorf heißt?«

Mamma Carlotta setzte zu Erklärungen an, wollte gleichzeitig aber auch Fragen stellen, hatte den Drang, ihre Überraschung zu schildern, und wollte zugleich wissen, was Fietje und Tove ausgerechnet nach Panidomino verschlagen hatte, natürlich, ohne sie zu Wort kommen zu lassen. Am Ende blieb nur die eine Frage: »Madonna, was machen Sie hier?«

Tove hatte sich suchend umgesehen. »Um das zu erklären, müssen wir erst mal aus der Sonne raus.«

Und Fietje hatte ergänzt: »Gibt's hier irgendwo ein Jever?«

Mamma Carlottas Blick war auf eine Eingangstür gefallen, über der der Name »Pizzeria Venezia« stand. Das Lokal ihres Bruders Michele und seiner Frau Rosamunda. »Kommen Sie! Da gibt's zwar kein Jever, aber dafür ein gutes Glas Vino!«

Diese Aussicht hatte Fietje zwar nicht besonders gefallen, aber er war dennoch hinter Mamma Carlotta hergeschlurft. Und Tove betrat die Pizzeria so hoch aufgerichtet, als wollte er Michele und Rosamunda zeigen, dass auch er sich zu den Gastronomen zählte und das Angebot in dieser Pizzeria entsprechend kritisch in Augenschein nehmen würde.

Der Gastraum war riesig und enthielt jede Menge Tische und Stühle, den Inhabern war es aber gelungen, ihn in so viele Ecken und Nischen aufzuteilen, dass eine Gemütlichkeit entstanden war, die große Räume selten zu bieten hatten. Die Wände waren hell verputzt, die Möbel aus hellem Holz und die Sitzflächen der Stühle mit einem bunten Stoff bezogen. Rosamunda war entzückt, ihre Schwägerin zu sehen, mit der sie sich vor einigen Tagen am Telefon so ausgiebig vertragen hatte, dass sie den neuen Frieden unbedingt weiter vertiefen musste. Sie war stark übergewichtig, aber erstaunlich flink auf den Beinen. Das Färben ihrer mittlerweile grauen Locken war der einzige Luxus, den sie sich gönnte. Ansonsten galt ihr ganzes Augenmerk ihrer Pizzeria, den Gästen und dem Geld, das sie mit ihnen verdiente. Sie trug wie jeden Tag eine weiße Bluse, einen dunklen Rock und darüber eine weiße Schürze mit einem winzigen Volant, alles perfekt gewaschen und gebügelt.

Zum Glück war Rosamunda damit einverstanden, über Carlottas konspiratives Treffen mit zwei verdächtig aussehenden Männern Stillschweigen zu bewahren, und wies ihnen einen Platz hinter einer Yuccapalme zu, der von der Straße aus nicht zu sehen war. Michele, der aus der Küche kam, um seine Schwester zu begrüßen, wurde von Rosamunda zurückgeschickt, noch bevor er sich erkundigen konnte, welche Gäste Carlotta in sein Haus gebracht hatte. Und den Vino rosso brachte Rosamunda auf ihren krampfadergeplagten Beinen so schnell herbei, dass Mamma Carlotta nun sicher sein konnte: Von jetzt an würde das Einvernehmen mit ihrer Schwägerin das allerbeste sein.

Misstrauisch betrachtete Fietje den Rotwein, aber da Rosamunda hatte übersetzen lassen: »Für Carlottas Gäste geht der Wein aufs Haus!«, war er bereit, ihn zu probieren. In Zukunft aber wollte er sich »birra alla spina« bestellen und war froh, dass Mamma Carlotta ihm erklärt hatte, wie er demnächst an ein Bier vom Fass kam, wenn es auch kein Jever sein würde.

»Allora«, sagte Mamma Carlotta, als sie sich zugeprostet und den ersten Schluck getrunken hatten. »Nun will ich aber wissen, wie Sie nach Panidomino kommen.«

Fietje wurde unbehaglich zumute, als er merkte, dass ein Bericht von ihm erwartet wurde, der nicht in zwei Sätzen abzuhandeln war.

»Also, das war so ...«, begann er und griff zu seinem Rotweinglas, um sich Mut und Stärkung anzutrinken.

Tove merkte, dass Fietje Unterstützung brauchte. »Sein Vater ist gestorben«, half er ihm auf die Sprünge. »Und der hat Fietje was vermacht. Deswegen sollte er nach Pani... dingsbums kommen, um sich sein Erbe abzuholen. Und weil Fietje sich alleine nicht getraut hat, bin ich mitgekommen. Fietje bezahlt alles, er wird ja wohl demnächst ein reicher Mann sein.«

»Wer war denn Ihr Vater, Fietje? Wohnt er etwa in Panidomino?«

Diesmal musste Fietje höchstpersönlich Rede und Antwort stehen: »In der Nähe. Ich kenne ihn eigentlich gar nicht. Meine Mutter war nicht mit ihm verheiratet. Und ich war noch sehr klein, als sie mit mir weggegangen ist.«

Plötzlich fiel Mamma Carlotta ein, wer kurz vor ihrer Abreise nach Sylt gestorben war. »Der alte Demetrio? Dem traue ich zu, dass er ein Vermögen zusammengespart hat, so geizig, wie der war. Aber ein unehelicher Sohn? Madonna, dabei war er so fromm! Was wird seine Witwe dazu sagen? Die würde ihren Mann am liebsten seligsprechen lassen!«

Nun merkte sie, dass Fietje etwas einwerfen wollte, und ließ ihn zu Wort kommen. »Nein, Signora. Mein Vater hieß nicht Demetrio. Er hieß Manuel di Vago. Kennen Sie den?«

Erik saß am Gate und wartete darauf, dass sein Flug aufgerufen wurde. Schon seit einer Stunde hockte er hier, aber immer wieder waren die Passagiere des Lufthansaflugs vertröstet worden. Von Küstennebel war in der letzten Durchsage die Rede gewesen, der sich aber im Zustand der Auflösung befinde. Sobald die Sicht besser war, sollte der Start vorbereitet werden. Aber die Maschine würde mindestens eine Stunde später in München eintreffen. Wie es dann mit dem Anschlussflug nach Rom aussah, hatte Erik bisher nicht in Erfahrung bringen können.

Schon wieder Küstennebel! Genau wie an dem Morgen nach Steffens Tod! Erik hätte jetzt gern seine Pfeife aus der Tasche geholt und sich in Rauch gehüllt. War Küstennebel ein böses Omen? Seine Schwiegermutter würde jetzt fest daran glauben und das Flugzeug gar nicht mehr besteigen oder höchstens unter dem Herunterbeten diverser Rosenkränze. Er musste unbedingt an etwas anderes denken.

Zum Beispiel an Luana, deren Ziel ebenfalls München war. Plötzlich machte er sich Sorgen, dass er ihr hier begegnen könnte. Am Vorabend hatte er sie so kurz und knapp aufgefordert, aus seinem Haus auszuziehen, dass er nicht einmal wusste, ob sie mit dem Zug bis München fahren wollte oder die Absicht hatte, ebenfalls einen Flug zu nehmen. Aufmerksam sah er sich um. Wenn Luana hier auftauchen sollte, dann würde er ihr die Fragen stellen, die ihn seit dem Morgen bedrängten. Aber die Passagiere waren schon alle da. Wenn Luana diesen Flug nehmen wollte, müsste auch sie längst vor dem Gate erschienen sein.

Er zog sein Handy hervor und wählte Sörens Nummer. Dessen Stimme klang verblüfft. »Ich denke, Sie sind schon in der Luft, Chef!«

»Der Abflug verspätet sich. Küstennebel! Haben Sie was rausgefunden?«

»Richtig, ich wollte es Ihnen eigentlich durchgeben, wenn Sie in Rom gelandet sind.« Er hörte Sören mit Papier rascheln, dann erklang wieder seine Stimme. »Also ... der Cousin Ihrer Frau ist ein dicht beschriebenes Blatt. Weiß Ihre Schwiegermutter das eigentlich?«

»Er hat sich wohl ein paarmal in die Nesseln gesetzt ...«

»So würde ich das nicht nennen«, meinte Sören. »Schwere Körperverletzung gleich in drei Fällen! Einbruch und Diebstahl! Er scheint auch eine andere Seite zu haben, der charmante Neffe!«

Erik war erschüttert. »Davon wusste ich nichts. Und meine Schwiegermutter garantiert auch nicht.«

»Man muss sich wundern«, fuhr Sören fort, »dass er bei dem Vorstrafenregister eine Stelle gefunden hat.«

Erik dachte daran, dass Tizio sich angeblich Urlaub genommen hatte, um mit Luana zu verreisen. Jetzt kam ihm der Verdacht, dass er seine Arbeitsstelle verloren hatte und zu feige gewesen war, es zu gestehen. Was mochte er noch alles verheimlicht haben, damit er der Sonnyboy blieb, den alle liebten?

»Warum sollte ich ihn nun eigentlich checken, Chef? Haben Sie irgendeinen Verdacht?«

Erik zögerte, doch dann erzählte er Sören von dem Kettchen, das er gefunden hatte. »Mag ja Zufall sein. Entführung und Mord traue ich Tizio wirklich nicht zu. Aber wenn ich höre, wie sehr ich mich in ihm getäuscht habe ...« Er riss sich zusammen. All die Gedanken, die auf ihn einstürmten, konnte er sich machen, wenn der Flieger abgehoben hatte. »Und was ist mit Luana Schwarz?«

»Ein gänzlich unbeschriebenes Blatt«, antwortete Sören.

»Man könnte sogar meinen, es gäbe gar keine Luana Schwarz.«

»Wie?«

»Ich habe diesen Namen nirgendwo gefunden. In München gibt es viele Familien mit dem Namen Schwarz, aber niemanden mit dem Vornamen Luana.«

»Vielleicht ein Kosename? Zweiter Vorname? Rufname?«

»Schon möglich. Wenn man etwas mehr von ihr wüsste, könnte ich gezielter suchen.«

»Ballett! Das ist das Einzige, was ich von ihr weiß!«

In diesem Moment wurde Eriks Flug aufgerufen. »Halten Sie die Ohren steif, Sören! Ich melde mich.«

Er verstaute sein Handy, erhob sich und griff nach seinem Handgepäck. Plötzlich konnte er sich auf die Reise freuen. Er würde versuchen, sich trotz der heimlichen Ermittlungen, die auf ihn warteten, ein paar schöne Tage mit Carolin und Felix zu machen.

Der Teil des Hauses, der Mamma Carlotta ganz allein gehörte, war klein. Im Laufe der Jahre waren die Kinderzimmer der Wohnung, in der sie mit Dino gelebt hatte, anderen Zwecken zugeführt worden, durch zugemauerte Türen und an anderer Stelle eingerissene Wände den Wohnungen anderer Familienmitglieder zugeschlagen worden, deren Platzbedarf wuchs. Geblieben waren Mamma Carlotta die Küche und das Wohn- und Schlafzimmer, was vollkommen ausreichte, da alle Räume des Hauses sämtlichen Familienmitgliedern zur Verfügung standen. Jeder konnte in die Wohnung eines anderen wechseln, wenn es ihm beliebte, und jeder musste damit rechnen, in den vier Wänden, die offiziell die eigenen waren, ein paar Kinder beim Fernsehen vorzufinden, eine Schwägerin beim Stricken oder einen Cousin beim Zeitunglesen.

Momentan schien das Haus leer zu sein. Im Garten schlief ein Baby im Schatten eines Baumes, der Hund lag dösend daneben, und der älteste Enkel reparierte neben dem Haus sein Moped. Mamma Carlotta fühlte sich allein. Normalerweise hätte sie jetzt ihrem Enkel bei der Arbeit zugesehen oder sich neben den Kinderwagen gesetzt und darauf gewartet, dass jemand am Gartenzaun stehen blieb, aber in diesem Fall war sie ausnahmsweise froh, dass sie Gelegenheit zum Nachdenken bekam.

Was sie am Tag zuvor von Fietje erfahren hatte, war einfach zu viel gewesen, um es in Gegenwart ihrer Angehörigen zu überdenken, wo ständig jemand etwas von ihr wissen wollte, ihre Meinung einholte oder erwartete, dass sie von Sylt erzählte, von dem schrecklichen Wetter dort, der rauen Nordsee und dem weiten Strand, auf dem Körbe herumstanden, in denen sich die Menschen vor dem Wind und der Kälte versteckten.

Sie stellte das Radio an, weil man es mit der Stille und dem Alleinsein auch nicht übertreiben sollte, drehte es nur so laut, dass sie das Baby hören konnte, falls es aufwachte, und kochte sich einen Espresso, der ihr beim Denken half.

Was würde Erik sagen, wenn er Fietje Tiensch und Tove Griess in Panidomino sah? Zum Glück hatte Fietje erst vor ein paar Tagen ihre Einkäufe nach Hause getragen, sodass sie ihn wie einen alten Bekannten behandeln durfte, ohne Eriks Misstrauen zu erregen. Und auch Tove Griess musste ihr kein Fremder sein. Als sie im Frühling eine Rolle als Komparsin in einer Telenovela erhalten hatte, war eine Szene in Käptens Kajüte gedreht worden. Auch Tove durfte sie also kennen, ohne zugeben zu müssen, dass sie regelmäßig seine Imbissstube aufsuchte, um bei ihm Rotwein aus Montepulciano zu trinken. Dennoch hatte sie den beiden eingeschärft: »Kein Wort darüber!«

Zu diesem Zeitpunkt kam Fietje bereits gut mit seiner Bestellung von Fassbier zurecht, die Mamma Carlotta mit ihm geübt hatte: »Una birra alla spina!« Tove hatte währenddessen festgestellt, dass der Rotwein aus Montepulciano, der in der Pizzeria Venezia ausgeschenkt wurde, nicht halb so gut war wie der, den er in Käptens Kajüte anbot. Trotzdem trank er ihn natürlich, denn Fietje bezahlte, der in wenigen Tagen ein reicher Mann sein sollte. »So ein adliger Herr wird ja wohl einiges auf der hohen Kante haben.«

Von der Idee hatte Mamma Carlotta ihn schnell wieder abgebracht. Jeder Mensch in Panidomino wusste, dass das Schloss di Vago zwar einen beträchtlichen Wert besaß, aber auch, dass der alte Graf nicht viel Bargeld zu vererben hatte.

Das enttäuschte Tove mehr als Fietje, der mit dieser Reise in die Vergangenheit nicht dem Ruf des Geldes, sondern dem Ruf seines Vaters gefolgt war.

Mamma Carlotta, die bisher noch nie eine gute Geschichte von Fietje gehört hatte, fragte so lange, bis er völlig erschöpft vom Reden war und kaum noch seine Bestellung »una birra alla spina!« herausbekam.

Dann endlich wusste sie, dass Fietjes Mutter als blutjunges Ding mit ihrem Vater, einem Südtiroler, nach Italien gekommen war und im Hause di Vago eine Anstellung gefunden hatte. Manuel di Vago war nur ein Jahr älter als sie gewesen, gerade achtzehn Jahre, als sich herausstellte, dass sein erstes sexuelles Abenteuer nicht ohne Folgen geblieben war.

Margareta Tiensch wurde nach Husum zu ihrer Mutter zurückgeschickt, wo sie Friedrich zur Welt brachte, der überall nur Fietje gerufen wurde. Der alte Graf di Vago sollte nie erfahren, dass Manuel Kontakt zu seinem Sohn und dessen Mutter unterhielt. Dieser regelmäßige Kontakt hatte zumindest bis zum Tod von Margareta Tiensch bestanden. Einmal pro Jahr war sie mit ihrem Sohn nach Umbrien gefahren, aber nach ihrem Tod hatte Fietje sich geweigert, diese Tradition fortzusetzen. Einen heimlichen Kontakt zu seinem Vater wollte er nicht, und zu einem offiziellen war Manuel di Vago nicht bereit.

Aber Fietje blieb trotzdem auf dem Laufenden. Eine Tante

von Manuel, die wegen ihrer unstandesgemäßen Heirat in Ungnade gefallen war, hatte sich auf Margaretas Seite geschlagen, nachdem sie von dem unehelichen Sohn ihres Neffen erfahren hatte. Sie hielt den Kontakt zu Fietje und berichtete ihm regelmäßig aus der Familie di Vago. So erfuhr Fietje von Manuels Heirat und der Geburt seines Halbbruders Luigi. Die Tante hatte ihm sogar Fotos von seinem Vater, dessen Frau und seinem ehelichen Sohn geschickt.

»Vor acht Jahren ist sie gestorben, seitdem habe ich nichts mehr von den di Vagos gehört.« Fietje hatte erschöpft nach einem weiteren Birra alla spina gerufen und sich ausgebeten, nun erst mal in Ruhe gelassen zu werden. »So viel schnacken, das ist nichts für mich.«

Zum Glück konnte Tove den Rest erzählen. »Fietjes Vater hatte einen Rechtsanwalt, mit dem war er befreundet. Der hat versprochen, sich an Fietje zu wenden, wenn Manuel di Vago etwas zustoßen sollte, und ihm eine Kassette auszuhändigen, die dieser Anwalt in einem Schließfach aufbewahrt. Das Geld für die Reise hat er auch geschickt. Das hat Fietjes Vater vorher alles geregelt. Morgen soll er in der Kanzlei antanzen.«

»Bei Richelmo Mangiavacchi?«, fragte Mamma Carlotta. »Mit dem bin ich zur Schule gegangen.«

Fietje nickte. »Genau der. Jawoll!«

Danach hatte Mamma Carlotta nicht lange überlegt. Fietje war ein Familienangehöriger der di Vagos, er musste erfahren, welche schrecklichen Geheimnisse es in der Familie seines Vaters gab. Familiengeheimnisse standen in der Rangliste der Wichtigkeiten auf jeden Fall über den Dienstgeheimnissen, das musste selbst Erik einsehen. Und so erfuhr Fietje Tiensch, dass sein Vater unter mysteriösen Umständen gestorben und dass die Verlobte seines Halbbruders Luigi entführt worden war. »Das Lösegeld ist zwar gezahlt worden, aber der Überbringer der halben Million hat den Auftrag nicht überlebt.«

»Fünfhunderttausend Euro?« Fietje rauchte der Kopf, als Mamma Carlotta fertig war, und er schien froh zu sein, als Michele erschien und seine Ravioli in Salbeibutter servierte, zu denen er die umständliche Entstehungsgeschichte lieferte, die Fietje die Gelegenheit gab, sich zu sammeln. Aber auch nach dem nächsten Birra alla spina sah er noch sehr verwirrt aus. »Sie meinen, mein Vater könnte ermordet worden sein?«

»Allora ...« Mamma Carlotta hob beide Hände, um zu zeigen, dass sie auf keinen Fall etwas sagen wollte, was den Ermittlungen ihres Schwiegersohns vorgreifen könnte. »Aber merkwürdig ist es schon. Meine Freundin Marina schwört Stein und Bein, dass die lebensrettende Spritze nicht in der Schublade lag. Aber heute Morgen war sie da, wo sie hingehörte.«

In diesem Augenblick sah sie durch die Zweige der Yuccapalme, dass Tizio auf die Pizzeria zukam. Kurz darauf hörte sie eine lautstarke Begrüßung und dass Tizio seinen Urlaub unterbrochen habe, weil er Sehnsucht nach Tante Rosamunda und Onkel Michele gehabt habe und außerdem erkannt hatte, dass bei einer Silberhochzeit in der Familie kein einziger Angehöriger fehlen durfte.

Mamma Carlotta duckte sich, weil ihr ein Treffen mit Tizio in diesem Augenblick nicht gelegen kam. »Nur eins noch, Fietje ... wer war der Mann im dunklen Anzug, dem Sie nachgeschlichen sind? War das wirklich ein Verwandter, wie Sie gedacht haben?«

Fietje sah plötzlich sehr unglücklich aus, noch kleiner, als er ohnehin war, und noch schmaler und zarter. Sein Gesicht verschwand förmlich in seiner Bommelmütze, auf die er auch unter italienischer Sonne nicht verzichten mochte. »Habe ich Ihnen doch schon auf Sylt erzählt, Signora. Ich dachte, es könnte ein Verwandter sein, aber ich war nicht sicher. Ich bin ihm bis zum Hotel gefolgt. Und da dort gerade mein alter Kumpel Jens als Portier arbeitet, konnte ich nach dem Namen fragen. Aber den hatte ich noch nie gehört. Also muss ich mich wohl getäuscht haben.«

Carlotta betrachtete Fietje ausgiebig, dann war sie sicher, dass er sich nicht getäuscht, sondern nur Angst vor der Wahrheit hatte. »Sagen Sie schon, Fietje! Wer war das?«

Fietje brauchte erst einen guten Schluck Birra alla spina, eher er antworten konnte: »Mein Halbbruder Luigi.«

Guido, Lucias ältester Bruder, hatte lange am Flughafen von Rom warten müssen. Aber ein Italiener war ja zum Glück an Unpünktlichkeit gewöhnt, was nicht hieß, dass er die Fluggesellschaft nicht ausgiebig beschimpfte und nach einem oder am besten gleich mehreren Schuldigen suchte. Er regte sich so lange über den Flugverkehr auf, bis sie im Parkhaus angekommen waren, dann regte er sich noch weit mehr auf, weil anscheinend jemand sein Auto vom ersten Parkdeck ins zweite gefahren hatte. Als sie endlich auf der Autobahn waren und gen Norden fuhren, fühlte Erik bereits die Erschöpfung, unter der er immer litt, wenn er bei der Familie seiner Frau zu Besuch war.

Zum Glück brauchte er während der Fahrt nicht zu reden. Guido bestritt die Unterhaltung mühelos allein. Er fand schon lange nichts mehr dabei, dass Erik sich damit zufriedengab, gelegentlich etwas zu bestätigen und ansonsten zu schweigen. Guido sprach ein paar Brocken Deutsch, weil er Lucia am Tag der Hochzeit versprochen hatte, so lange Vokabeln zu lernen, bis er sich mit ihrem frisch angetrauten Ehemann und den zu erwartenden Kindern unterhalten konnte. Das, glaubte er, sei inzwischen erreicht, aber aus seinem Kauderwelsch aus Italienisch mit eingeworfenen deutschen Wörtern wurde Erik selten schlau. Doch er fragte nie nach, denn Guidos Reaktion war dann, dass er alles noch mal in doppelter Lautstärke wiederholte und die wichtigen Wörter mehrfach wiederholte und mit ausdrucksvollen Gesten unterstrich. Das wollte Erik während der Autofahrt nicht herausfordern.

Er konnte also in Ruhe über den Mordfall Neuhaus nachdenken, über die Entführung von Verena Hermes und über den Tod von Manuel di Vago. Natürlich auch über Luana und Tizio. Er würde Tizio im Auge behalten und Luana auch, falls sie sich wirklich in Umbrien blicken ließ.

Als Guido den Lieferwagen, mit dem er Erik in Rom abgeholt hatte, auf dem Hof seiner kleinen Spedition abgestellt hatte, sah er sich suchend um. »La macchina! Auto! Wo ist?«

Die Antwort kam, noch ehe Erik den Vorschlag machen konnte, die paar Meter zu Fuß zu gehen. Aber da hatte er die Rechnung ohne den italienischen Macho gemacht, der jede noch so kurze Strecke auf vier Rädern überwindet. »No, no! Auto ist hier!«

Guidos knallroter Fiat tauchte hinter seiner Werkstatt auf, und über dem Lenkrad erkannte Erik das lachende Gesicht seines Sohnes. Wenn er seinen Schwager richtig verstand, war dieser im Nu davon überzeugt worden, dass er einem zukünftigen Formel-1-Fahrer Unterstützung zukommen lassen müsse. Angeblich durfte in Italien jedes Kind Auto fahren, solange es auf einem Gelände geschah, auf dem kein anderer was zu suchen hatte. Den Einwand, Felix könne in seinem Wagenpark Schaden anrichten, wehrte Guido rigoros ab. »Non, no, Felice fährt bene!«

Erik wollte nicht gleich in der ersten Stunde seiner Ankunft zu erzieherischen Maßnahmen greifen, deswegen schwieg er, wie es sowieso von ihm erwartet wurde. Dem konspirativen Blickwechsel zwischen Onkel und Neffen glaubte er zu entnehmen, dass die beiden es für klüger hielten, Felix nun auf dem Rücksitz Platz nehmen zu lassen, statt ihn während der kurzen Strecke hinters Steuer zu lassen. Was sollte auf den paar hundert Metern schon passieren? Den Verdacht, dass sein vierzehnjähriger Sohn in Italien den Straßenverkehr gefährden könnte, wurde Erik erst los, als sie vor dem Hause Capella anhielten. Danach schaffte er es nicht mehr, darüber nachzudenken, denn Lucias Familie saugte ihn ein.

Carolin schwebte gerade auf Spitzen über den Weg zwischen dem Zucchinibeet und den Olivenbäumen und ließ sich von ihren jüngeren Cousinen bewundern, Mamma Carlottas mittlere Tochter nahm die Wäsche von der Leine, ihr Sohn war noch immer mit der Reparatur seines Mopeds beschäftigt und ließ den Motor aufheulen so laut es ging. Dadurch fühlte sich der Hund aufgefordert, ebenfalls ein wenig Krach zu machen, und ein Huhn flog gackernd vorbei, das anscheinend die Orientierung verloren hatte. Das brachte Mamma Carlotta auf den Plan, die sich gerade bemühte, das schreiende Baby zu beruhigen, das nun Erik auf den Arm gedrückt wurde, damit sie beide Hände frei hatte, um ihn zu begrüßen.

Das Kind schien sich auf seinem Arm wohlzufühlen, denn es hörte schlagartig auf zu brüllen, was sämtlichen weiblichen Anwesenden Entzückensschreie entlockte. »Es mag dich!«

Erik hielt es für möglich, dass der wahre Grund Erstaunen oder sogar Erschrecken war. Aber dann tastete das Baby nach seinem Schnauzer und sah ihn mit so großen Augen an, dass er gar nicht anders konnte, als ihm mit albernen Lauten ein Lächeln zu entlocken.

So blieb das Baby auf seinem Arm, während er alle begrüßte, während er Espresso trank, Kuchen aß, den grauenhaften Likör probierte, einen Anbau besichtigte, der an einer Stelle entstanden war, wo noch vor einem halben Jahr der Hühnerstall gewesen war, und dem Konzert eines Sechsjährigen lauschte, der seit Weihnachten Geigenunterricht bekam.

Am Ende war er so erschöpft, dass er schon um zehn darum bat, schlafen gehen zu dürfen, obwohl selbst das Baby noch hellwach war. Zu seiner großen Erleichterung sollte er auf dem Sofa im Wohnzimmer seiner Schwiegermutter schlafen, weil das frühere Gästezimmer aufgrund irgendwelcher notwendiger Maßnahmen, die Erik nicht verstand, zu einem Abstellraum geworden war. Als Mamma Carlotta mit dem Bettzeug ins Wohnzimmer kam, schloss er hinter ihr die Tür, damit ihr niemand folgte.

»Wie schön, Enrico! Wie konntest du den Fall so schnell aufklären? Wer ist der Mörder? Eine Frau oder ein Mann?«

»Also, das ist so ...«, begann er, wurde aber gleich darauf unterbrochen.

»Hatte der Mord etwas mit der Entführung zu tun?«

Erik starrte seine Schwiegermutter erschrocken an. »Woher weißt du von der Entführung?«

»Ich habe zufällig gehört, dass Richard Hermes und Luigi di Vago darüber gesprochen haben. Die Tochter von Richard Hermes ist entführt worden. Und der Entführer hat von dem Vater verlangt, dass er sich ganz normal verhält. Deswegen will er in irgendein Land fahren. Scusi, den Namen habe ich vergessen. Aber Luigi di Vago, der Verlobte, sagt, er will nicht fahren, solange Verena nicht befreit worden ist. Der Entführer hat anscheinend von dem Vater verlangt, dass er fährt. Der arme Mann will alles tun, was der Entführer verlangt. Madonna! Und er hat sich gefragt, warum dieser Detektiv sterben musste!«

»Das hast du alles zufällig gehört?« Erik mochte sich nicht vorstellen, wie es zu diesem angeblichen Zufall gekommen war. Stattdessen ließ er sich genau erzählen, was Mamma Carlotta am Tag zuvor bei den di Vagos erlebt hatte.

»Wenn du mich fragst, Enrico ... da hat jemand dem alten di Vago Nüsse ins Essen gegeben und dafür gesorgt, dass Marina in Verdacht gerät. Vorsichtshalber hat er dann noch die Spritze verschwinden lassen, die di Vago so dringend gebraucht hat, wenn er versehentlich Nüsse zu sich genommen hat. Sonst hätte Marina sie doch gefunden!«

Erik war erschüttert, trotzdem fragte er: »Könnte es nicht sein, dass meine italienischen Kollegen recht haben? Dass deine Freundin so kopflos war, dass sie die Spritze nicht gefunden hat?«

Aber davon wollte Mamma Carlotta nichts hören. »Marina ist noch nie in ihrem Leben kopflos gewesen. Nicht einmal, als ihr Jüngster eine Giftspinne mit nach Hause gebracht hat.« Sie spannte ein Betttuch über das Sofa und schüttelte das Kopfkissen auf. »Nun sag schon, Enrico! Wer hat Franco Neuhaus umgebracht? Kann es sein, dass dieser Mensch auch Manuel di Vago auf dem Gewissen hat?«

Nun musste Erik bekennen, dass sein Mordfall noch nicht gelöst war. »Ich bin hier, um heimlich zu ermitteln.«

»Nicht wegen der Silberhochzeit?«

Hastig versicherte Erik, dass er selbstverständlich auch deswegen unbedingt nach Umbrien habe kommen wollen, dass die Staatsanwältin ihn aber beauftragt habe, bei dieser Gelegenheit heimlich am Mordfall Franco Neuhaus weiterzuarbeiten. »Es hat den Anschein, dass der Tod des Privatdetektivs etwas mit dem Tod von Manuel di Vago zu tun hat. Aber das darf niemand erfahren, hörst du? Kein Wort zu irgendwem! Ich bin hier wegen der Silberhochzeit! Aus keinem anderen Grund!«

Mamma Carlotta versprach hoch und heilig, dass ihre Lippen versiegelt sein würden, und breitete währenddessen ein riesiges Laken aus, in dem Erik sich, das wusste er jetzt schon, des Nachts verheddern und sich nach seinem Federbett sehnen würde. Dass er trotz der Hitze unter diesem dünnen Laken frieren würde, wusste er ebenfalls. Vorsichtig begann er, während Mamma Carlotta ihm einen Likör eingoss, der angeblich den gesunden Schlaf förderte, von Tizio zu reden. Ganz unauffällig, wie er glaubte. »Ist er eigentlich schon mal mit dem Gesetz in Konflikt gekommen?«

So wollte Mamma Carlotta das auf keinen Fall nennen. »Nur hin und wieder mal ein paar Probleme mit la polizia. Wie jeder junge Mann in Italien. Das ist ganz normal. Wenn sie jung sind, fahren sie mal zu schnell oder begehen in ihrem Übermut irgendeinen groben Unfug.«

»Keine größeren Delikte?«

»Wie kommst du darauf? Tizio ist ein guter Junge.« Mamma Carlotta befand, dass auch ihr ein Likör guttun würde, und motivierte Erik, das Glas zu leeren, indem sie ihm mit gutem Beispiel voranging. »Er braucht nur die richtige Frau!« Sie sah plötzlich erstaunlich optimistisch aus. »Weißt du, was ich glaube, Enrico? Tizio ist nicht nur wegen der Familie mit nach Panidomino gekommen.« Hastig fügte sie hinzu: »Deswegen natürlich auch. Er hat eingesehen, dass alle dabei sein müssen, wenn Benedetta und Davide Silberhochzeit feiern. Aber ...« Und nun machte sie eine bedeutungsvolle Pause, ehe sie fortfuhr: »Ich glaube, er hat gemerkt, dass Luana nicht zu ihm passt. Deswegen hat er die Reise abgebrochen.«

Erik hatte Zweifel. »Luana hat angekündigt, dass sie ihm folgen will.«

»Sie wird nicht kommen«, behauptete Mamma Carlotta und berichtete so lange von ihrem untrüglichen Instinkt in Sachen Amore, dass Erik Mühe hatte, die Augen aufzuhalten. »Ich glaube, es gibt noch eine andere Frau in Tizios Leben.«

Erik war zu schläfrig, um sich zu erkundigen, wie Mamma Carlotta auf diese Idee kam. Er streckte sich auf dem Sofa aus, zog das Laken über sich und versuchte, nicht an seine kuschelige Bettdecke auf Sylt zu denken. Aber obwohl sie ihm fehlte und obwohl das Sofa nicht besonders bequem war, spürte er, dass er bald einschlafen würde. Er hätte sich gern noch erkundigt, was in diesem giftgrünen Likör gewesen war, aber dazu war er bereits viel zu müde.

Heute ist Sonntag«, sagte Tove, krempelte sich die Ärmel hoch und öffnete sein Hemd bis zum Bauchnabel. »Wahrscheinlich hast du dich verhört. So ein Rechtsanwalt arbeitet nicht am Sonntag. Schon gar nicht, wenn es so heiß ist.«

Aber Fietje war ganz sicher. »Er hat gesagt, ich soll Sonntagmorgen in seine Kanzlei kommen. Dann hätte er Zeit für mich.« Fietje schob Mamma Carlotta einen Zettel hin. »Das ist die Adresse. Kennen Sie den Weg, Signora?«

»Naturalmente! Nebenan ist der Haushaltswarenladen von Signora Morighano! Wenn ich dort einkaufe, gehe ich anschließend immer zu Richelmo und trinke mit ihm un caffè.«

Rosamunda hatte inzwischen zu der einen Yuccapalme eine zweite gestellt, sodass der Tisch, den Tove bereits ihren Stammtisch nannte, noch besser vor Blicken geschützt war. Die Pizzeria Venezia füllte sich allmählich mit Familien, in deren Wohnungen an diesem Sonntag die Küche kalt bleiben sollte. Der Lärm wuchs mit jedem Gast, der die Pizzeria betrat, es wurde gelacht, Stühle wurden gerückt, Kinder spielten zwischen den Tischen, verirrten sich gelegentlich auch hinter die Yuccapalmen, erschraken dann aber vor Toves finsterem Blick und verzogen sich eilig wieder.

Ansonsten erschien nur Rosamunda gelegentlich in dieser konspirativen Ecke und brachte jedes Mal Birra alla spina mit, ohne dazu aufgefordert worden zu sein. Sie hatte von ihrem Mann die Weisung erhalten, sich nicht noch einmal mit seiner Schwester anzulegen, war die Freundlichkeit in Person und versprach alles, worum sie gebeten wurde. Angeblich verstand sie sogar, warum Carlotta nicht mit den Pensionsgästen von Signora Santoni gesehen werden wollte. »Dein Schwiegersohn möchte nicht, dass du mit denen Vino trinkst? Ecco, von mir erfährt keiner was!«

Sie servierte Fietje schon das vierte Bier, und Mamma Carlotta bekam allmählich Angst, dass ihr alter Schulfreund Richelmo sich weigern könnte, einem alkoholisierten Sylter Strandwärter sein Erbe auszuhändigen. »Trinken Sie nicht so viel! Sie müssen einen klaren Kopf behalten.«

Fietje versprach, dass er sein nächstes Bier erst trinken wolle, wenn er genau wisse, wie groß das Vermögen sein würde, über das er demnächst verfügen könne. »Aber nur, wenn Sie mich zu diesem Anwalt begleiten, Signora.« Er warf Tove einen Blick nach, der sich gerade zu den Toiletten aufmachte. »Tove will ich nicht dabeihaben. Der soll nicht wissen, wie viel mein Vater mir hinterlassen hat. Sonst pumpt der mich in Zukunft ständig an.« Fietje schob seine Bommelmütze zurück, damit er Mamma Carlotta in die Augen sehen konnte. »Und Sie haben Ihrem Schwiegersohn wirklich nichts von meinem Halbbruder erzählt?«

Mamma Carlotta beruhigte ihn. »No, no! Wenn Sie sich nicht ganz sicher sind, dass er es wirklich war ...«

»Ich kenne ihn nur von Fotos. Möglicherweise habe ich mich getäuscht. Denn eigentlich kann das ja gar nicht sein. Was hat Luigi auf Sylt verloren?«

Mamma Carlotta hielt es für möglich, dass Fietje sich tatsächlich getäuscht hatte, denn sie hatte Luigi di Vago in Panidomino oft gesehen und fragte sich, warum sie ihn auf Sylt nicht erkannt hatte. Dann aber erinnerte sie sich daran, dass sie ihn nur von hinten gesehen hatte und das auch nur ganz kurz und flüchtig. Also hatte Fietje sich doch nicht geirrt?

Sie sah ihn so lange an, bis der wieder seine Bommelmütze zu den Augenbrauen schob. »Sie meinen, Luigi hat was mit dem Mord an diesem Privatdetektiv zu tun? Wenn er unter einem anderen Namen in einem Hotel absteigt, dann muss er ein Geheimnis haben.«

»Oder ich habe mich geirrt«, beharrte Fietje, »und es war gar nicht Luigi. Nur jemand, der ihm ähnlich sieht.«

Aber daran wollte Mamma Carlotta nicht glauben. Sie suchte sich immer gern die Fakten aus, die am meisten Aufregung versprachen. »Vielleicht wollte er seine Verlobte befreien? Kann ja sein, dass sie auf Sylt festgehalten wird. Oder er wollte den Entführer stellen! Oder ...« Auf den Gedanken, der ihr in diesem Augenblick kam, musste sie bei Rosamunda erst mal einen starken Espresso bestellen. Dann erst sagte sie so leise, dass Fietje Mühe hatte, sie zu verstehen: »Vielleicht ist Luigi der Entführer? Franco Neuhaus hat ihn erkannt, und Luigi musste ihn loswerden, damit er ihn nicht verrät!«

Nun war Fietje derart erschüttert, dass ihm nicht einmal ein Bier weiterhelfen konnte. »Dass Sie das bloß nicht Ihrem Schwiegersohn erzählen! Immerhin ist Luigi mein Halbbruder!«

Mamma Carlotta schwor es hoch und heilig. Selbstverständlich durfte niemand einen Familienangehörigen in Verdacht oder sogar ins Gefängnis bringen. Wenn Luigi di Vago schuldig geworden war, dann musste Erik für seine Verhaftung sorgen, aber auf keinen Fall Fietje!

In diesem Moment erschien Tove wieder hinter den Yuccapalmen. Als er hörte, dass seine Anwesenheit in der Kanzlei des Anwalts entbehrlich war, lehnte er sich zufrieden zurück. »Dann werde ich in der Zwischenzeit ein zweites Frühstück einnehmen. Fietje zahlt ja. Was uns in der Pension vorgesetzt wurde, war was für den hohlen Zahn. Mir ist nach Bratkartoffeln und Spiegeleiern oder Kartoffelsalat mit Frikadellen.«

Mamma Carlotta warnte Tove vor zu hohen Erwartungen. »So was gibt's in einer italienischen Pizzeria nicht. Michele interessiert sich zwar für die deutsche Küche, aber nach Panidomino verirren sich nur selten deutsche Touristen. Ich glaube nicht, dass er Kartoffelsalat auf der Karte hat.«

Sie schlug Tove vor, sich stattdessen lieber im Ort umzusehen, einen Blick in die Kirche zu werfen, zu dem Aussichtspunkt zu wandern, von dem man einen besonders schönen Blick ins Tal hatte, oder das kleine Weinmuseum zu besuchen, in dem er etwas über die Weinsorten Umbriens, die Anbaumethoden des Montefalco rosso und dessen Geschichte erfahren konnte.

Aber Tove winkte ab. »In der Hitze gehe ich nicht auf die Straße.« Nicht einmal der Hinweis, dass der Leiter des Museums für jeden Besucher eine Weinprobe bereithielt, konnte ihn motivieren. »Auf so was bin ich nicht angewiesen. Ich habe jetzt einen reichen Freund!«

Fietje verzog das Gesicht und sah plötzlich so aus, als bereute er, dass er nicht den Mut aufgebracht hatte, allein nach Panidomino zu reisen.

Guidos Frau stellte Erik ein paar Biscotti hin und zeigte ihm, wie die Espressomaschine zu bedienen war, dann verließ sie das Haus, um Einkäufe zu machen. Erik hörte irgendwo ein Radio plärren, vermutlich im Zimmer von Lucias jüngster Schwester, in einem anderen Raum sang jemand »Honesty« von Billy Joel. Die Stimme war Erik völlig unbekannt, wahrscheinlich hatte Francesca mal wieder einen Freund mitgebracht, der in seiner Schwiegermutter die Hoffnung weckte, auch die jüngste Tochter endlich zu verheiraten. Hinter dem Haus kreischte eine Säge auf, der Motor des Mopeds mischte sich ein, das anscheinend noch immer nicht repariert war, und jedesmal, wenn die Stille in den Lärm schnitt, kam ein Hahn auf die Idee, sie zu füllen und krähte, was das Zeug hielt.

Erik war froh, dass die Stimmen und Geräusche weit genug entfernt waren, um ihn nichts angehen zu müssen. Er hatte seine Ruhe. Sogar Mamma Carlotta war nicht zu Hause und zwang ihn nicht zum Reden. Das war angenehm, wenn auch ungewöhnlich, denn eigentlich legte sie großen Wert darauf, Erik auch in Umbrien ein Frühstück zuzubereiten, wie es hier niemand zu sich nahm, ihn mit gebratenem Schinken und Rühreiern zu verwöhnen, obwohl es allen anderen Familienmitgliedern den Magen umdrehte, wenn der Duft durchs Haus zog.

Aber Sandra hatte Erik erklärt, Mamma Carlotta sei schon früh aus dem Haus gegangen und habe keine Nachricht hinterlassen, wohin sie zu gehen und wann sie zurückzukehren gedenke. »Vermutlich ist sie zu Marina gegangen. Die hat zurzeit einige Probleme.« Sandra wusste sogar, wo sich Eriks Kinder aufhielten. »Carolina schläft noch, und Felice ist bei Guido.«

Erik vermisste zwar das gute Frühstück, aber dafür, dass er unbehelligt blieb, nicht sprechen und auch nicht zuhören musste und seinen Gedanken nachhängen konnte, ohne unterbrochen zu werden, gab er sich gern mit dem dürren Gebäck zufrieden.

Er nahm die Biscotti und den Espresso, ging in Mamma Carlottas Wohnung zurück und setzte sich aufs Sofa, ohne erst sein Bettzeug wegzuräumen. Hier fühlte er sich wohl. Jeder Innenarchitekt hätte sich die Haare gerauft beim Anblick der zusammengewürfelten Einrichtung, aber die vielen Spitzendeckchen, Porzellanpüppchen, verschnörkelten Bilderrahmen, geblümten Tapeten, duftigen Gardinen und Andenken an irgendwelche verstorbenen Personen erzeugten Behaglichkeit, so hässlich auch jedes einzelne Teil war.

Erik lehnte sich zurück und überlegte, wie er vorgehen sollte. Die Staatsanwältin hatte ihm eingeschärft, vorsichtig zu sein, sich wie ein Tourist zu verhalten und nichts zu tun, was seine verdeckten Ermittlungen verraten und die örtliche Polizei gegen ihn aufbringen könnte. Am besten, er machte einen Spaziergang zum Schloss der di Vagos. Dass ihn dort etwas erwartete, was ihn weiterbrachte, wagte er zwar nicht zu hoffen, aber vielleicht würde ihm eine Idee kommen, wie er dem Mord an Franco Neuhaus auf die Spur kommen könnte. Möglicherweise dadurch, dass er etwas von Manuel di Vagos Tod erfuhr. Denn dass die beiden Fälle zusammenhingen, davon war er fest überzeugt.

Anschließend würde er zum Weingut von Richard Hermes fahren. Die Adresse steckte in seiner Jackentasche. Ob er dort vorgelassen würde, wusste er nicht, aber wenn er versicherte, dass er als Privatmann kam, war Hermes vielleicht bereit, mit ihm zu reden. Vermutlich würde er ebenfalls zu hören bekommen, dass Verena Hermes durchgebrannt sei, und er würde dann nicht durchblicken lassen, dass er kein

Wort davon glaubte. Mit keinem einzigen Wort wollte er die Ansicht der italienischen Kollegen, die Richard Hermes seine Erklärung abgenommen hatten, infrage stellen. Trotzdem war dem Vater der Entführten vielleicht etwas zu entlocken, was ihm weiterhalf. Wichtig war nur, Richard Hermes glauben zu machen, die deutsche Polizei verfolge den Fall Verena Hermes nicht mehr.

Er fühlte sich einigermaßen frisch und ausgeruht, als er das Haus verließ. Nach ein paar Schritten zog er sein Handy aus der Tasche und wählte Sörens Nummer. »Gibt's was Neues?«

Sören verneinte, beklagte sich ausgiebig darüber, dass die Staatsanwältin ihm dieselbe Frage schon vor Dienstantritt gestellt hatte, als er noch mit dem Fahrrad auf dem Weg ins Büro gewesen war, und dass er seinen Chef glühend beneide, weil der in der Sonne spazieren gehen dürfe, während es auf Sylt gerade zu regnen begann. »Vierzehn Grad! Gut, dass Ihre Schwiegermutter das nicht miterleben muss!«

Erik wollte seinem Assistenten gerade von dem herrlichen Sonnenschein erzählen, von den Zypressen und von dem verschleierten Horizont. Aber alles, was er sagen wollte, blieb ihm im Halse stecken. Wie angewurzelt stand er da und starrte das ungleiche Paar an, das aus einer Gasse trat. Sie zwei, drei Schritte voraus, den Kopf nach hinten gedreht, damit sie auf ihn einreden und verstanden werden konnte, er mit schleppenden Schritten, die Bommelmütze tief in die Stirn gezogen.

»Sören! Sie werden es nicht glauben …«

»Was ist los, Chef?« Sörens Stimme klang besorgt.

»Ich sehe gerade meine Schwiegermutter mit Fietje Tiensch!«

Dass Sören zu verblüfft war, um zu antworten, kam ihm gerade recht. Erik beendete das Telefongespräch mit einem knappen »Bis später!« und ging auf Mamma Carlotta und den Strandwärter von Wenningstedt zu.

Richelmo Mangiavacchi hatte Fietje zwar versichert, am Sonntagmorgen um Punkt elf sei er in seiner Kanzlei zu erreichen, doch auf ihr Klingeln öffnete ihnen niemand.

Fietje sah Mamma Carlotta ängstlich an. »Ob ich mich doch vertan habe?«

Aber Mamma Carlotta winkte ab. »Wenn er um halb zwölf kommt, ist er immer noch pünktlich. Das ist in Italien so.«

Zum Glück lag die Rechtsanwaltskanzlei im Herzen des Dorfes, zwischen engen Gassen, die keine Sonne hineinließen. Angenehm kühl war es hier. Die meisten Fensterläden waren in Erwartung der Mittagshitze geschlossen, nur wenige Fenster standen offen, aus denen Gesang, Radiomusik, Kindergeschrei, Geschirrklirren und Töpfeklappern nach draußen drangen.

Fietje lehnte sich gegen die Hauswand. »Meinen Sie, Ihr Schwiegersohn hat Ihnen geglaubt?«

Mamma Carlotta war längst nicht so sicher, wie sie sich gab. »Naturalmente!«

Dass Fietje auf die Frage, was ihn hierhin verschlagen habe, eine klare Antwort schuldig geblieben war, hatte Erik offenbar geärgert.

»Ich zeige ihm den Weg zu einem Rechtsanwalt, denn Herr Tiensch ist in Erbschaftsangelegenheiten hier«, hatte Mamma Carlotta erklärt. »Wenn wir uns schon zufällig hier begegnen, muss ich dem armen Mann doch helfen. Schließlich war er auch so freundlich, mir meine Einkäufe in den Süder Wung zu tragen …«

Erik hatte sie unterbrochen. »Ein Verwandter von Ihnen ist gestorben?«

Fietje hatte genickt, ohne Erik anzusehen und ohne eine Erklärung zum Verwandtschaftsverhältnis zu geben oder gar den Namen des Erblassers zu nennen.

»Wo kann ich Sie erreichen?«, hatte Erik gefragt und sich den Namen und die Adresse der Pensione Santoni notiert.

»Ich würde gerne noch mal mit Ihnen über den Tag reden, an dem Sie meiner Schwiegermutter die Einkäufe nachgetragen haben. Sie wissen schon ... der Mann, den Sie verfolgt haben.«

Nun war Fietjes Stimme kräftig und selbstbewusst geworden, wie Mamma Carlotta sie noch nie erlebt hatte. »Ich hab's Ihnen schon mal gesagt, Herr Hauptkommissar. Ich bin dem Mann nicht gefolgt. Kann sein, dass ich in seine Richtung gegangen bin, zufällig. Aber mehr nicht. Jawoll!«

Erik hatte sich geschlagen geben müssen, einem Verhör konnte er Fietje nicht unterziehen. Als Mamma Carlotta ihm nachblickte, war sein Gang so gemächlich wie immer gewesen. Aber als sie beobachtete, dass er stehen blieb, um sich seine Pfeife anzuzünden, glaubte sie trotz der Entfernung zu erkennen, dass seine Hände fahrig waren. »Ich fürchte, mein Schwiegersohn hat Ihnen nicht geglaubt«, sagte sie.

Fietje nickte. »Aber er kann mir nicht beweisen, dass ich ihn angelogen habe. Soll ich meinen Halbbruder verpfeifen? Ich weiß ja nicht mal genau, ob er es wirklich war, den ich in Wenningstedt gesehen habe! Schließlich kenne ich ihn gar nicht persönlich. Und wenn mein Vater wirklich umgebracht wurde, dann möchte ich auch nicht, dass Ihr Schwiegersohn erfährt, dass ich Manuel di Vagos Sohn bin. Am Ende hängt er mir noch was an. Jawoll!«

Mamma Carlotta versicherte zwar, dass Erik niemals einen Unschuldigen hinter Gitter bringen würde, aber Fietje schien ihr nicht recht glauben zu können. »Ich will in nichts reingezogen werden!«

In diesem Moment bog Avvocato Richelmo Mangiavacchi um eine Hausecke. Ein großer, übergewichtiger Mann mit einem kahlen Schädel, auf dem der Schweiß glänzte. Trotz der Wärme trug er einen formellen schwarzen Anzug, dazu ein offenes weißes Hemd. Es spannte über seinem Bauch, und dass er das Jackett nicht geschlossen hatte, mochte daran liegen, dass es mittlerweile zu klein geworden war.

Mit ausgebreiteten Armen kam er auf Mamma Carlotta zu und hauchte ihr erst an das linke, dann an das rechte Ohr einen Kuss. »Carlotta! Che bello vederti!« Er wechselte ins Deutsche, das er gut beherrschte, weil er ein paar Semester Medizin in Heidelberg studiert hatte, bevor er das Fach gewechselt und ein Jurastudium in Rom begonnen hatte.

Als er sich Fietje zuwandte, war ihm seine Überraschung anzumerken. Anscheinend war er davon ausgegangen, dass der Sohn von Manuel di Vago zumindest eine entfernte Ähnlichkeit mit seinem verstorbenen Vater hatte. Doch an Fietje war weder die aufrechte Haltung noch das selbstbewusste Auftreten der di Vagos zu beobachten. Er mochte dem Anwalt nicht ins Gesicht sehen, zog seine Bommelmütze noch tiefer in die Stirn als sonst und versteckte den Rest seines Gesichts unter seinem Bart, den er möglicherweise gerade zu diesem Zweck seit Tagen nicht gestutzt hatte.

Sie folgten Mangiavacchi in einen düsteren Flur und stiegen nach ihm die Treppe in die zweite Etage hoch, auf knarrenden ausgetreten Stufen, vorbei an Wänden, von denen der Putz bröckelte. Die Kanzlei selbst hingegen war in prachtvollen Räumen untergebracht. Fietje wollte stehen bleiben und sich umsehen, aber Richelmo Mangiavacchi gab ihm keine Gelegenheit dazu, sondern winkte ihn in sein Büro. Hier war das glänzende Parkett mit bunten Teppichen belegt, ein wuchtiger Aktenschrank nahm eine ganze Wand ein, der Schreibtisch war aus dunklem Holz und stand auf dicken Löwenpranken.

Richelmo Mangiavacchi wies auf die beiden gepolsterten Besucherstühle, wartete, bis seine beiden Gäste Platz genommen hatten, und verließ dann den Raum. Mamma Carlotta hörte ihn im Nebenzimmer einen Schrank öffnen und lauschte auf das Zirpen, das entstand, wenn jemand eine Zahlentastatur bediente. Das Öffnen der Tresortür war leise, aber deutlich zu vernehmen, ebenso wie das charakteristische saugende Schließgeräusch.

Mamma Carlotta beobachtete Fietje, der vornübergebeugt auf seinem Stuhl saß. Die Füße hatte er dicht nebeneinander auf den Boden gestellt, als brauchte er festen Halt, seine rauen Hände mit den abgesplitterten Nägeln lagen auf den Oberschenkeln und zuckten gelegentlich. Er hob den Kopf erst, als er hörte, dass der Anwalt den Raum wieder betrat, und nun schob er sogar die Bommelmütze aus der Stirn.

Richelmo Mangiavacchi stellte eine Kassette auf seinen Schreibtisch und legte den dazugehörigen Schlüssel darauf. Dann setzte er sich und sah Fietje mit dem Ernst an, der zu diesem Augenblick passte. »Sie haben daran gedacht, Ihre Ausweispapiere mitzubringen?«

Fietje zog etwas aus der Gesäßtasche seiner Hose, was Richelmo Mangiavacchi mit spitzen Fingern entgegennahm. Er prüfte den Ausweis nur kurz und schob ihn dann wieder zurück. »Dies ist kein offizieller Akt«, begann er dann. »Ihr Vater hat Sie nicht in seinem Testament bedacht. Er hatte nicht die Absicht, der Familie nach seinem Tod einen weiteren Sohn zu präsentieren. Aber Sie sollen wissen, dass er Ihren Lebensweg all die Jahre verfolgt hat.« Er warf Fietje einen Blick zu, der keinen Zweifel daran ließ, dass Manuel di Vago auf den Werdegang seines unehelichen Sohnes nicht stolz gewesen war. »Was ich hier erledige«, fuhr Richelmo Mangiavacchi fort, »tue ich nicht als Anwalt, sondern als Freund. Manuel hat mir diese Aufgabe anvertraut. Ich habe ihm schon vor Jahren versprochen, dass ich Ihnen, Herr Tiensch, diese Kassette aushändige, sobald ihm etwas zustoßen sollte. Ich kenne den Inhalt nicht, nehme aber an, dass Manuel einen Brief beigelegt hat, in dem er sich an Sie wendet.« Der Anwalt legte feierlich die Hände auf die Kassette. »Kurz vor seinem Tod habe ich mit Manuel auch hier gesessen. Er hat mich um die Kassette gebeten. Mir schien, er wollte noch etwas hineinlegen. Das war am frühen Vormittag. Am Nachmittag erfuhr ich dann von seinem Tod und habe sofort das Fax an die Kurverwaltung geschickt, damit Sie benachrichtigt werden. So hatte ich es Manuel versprochen. Denn Ihre private Anschrift war uns leider nicht bekannt.« Man sah dem Anwalt an, dass er dazu gern eine Erklärung bekommen hätte, aber Fietje hatte wenig Lust, ihm von der Witwe in Wenningstedt zu erzählen, bei der er zur Untermiete wohnte, in einem Zimmer, das so klein war, dass es nicht an Touristen zu vermieten war. Fietjes Name stand nicht auf dem Klingelschild, und das Finanzamt wusste nichts von den Nebeneinnahmen der Witwe.

Richelmo Mangiavacchi erhob sich und sah Fietje so lange an, bis dieser begriff, dass er ebenfalls aufzustehen hatte. Auch Mamma Carlotta sprang auf die Füße, der Augenblick versprach feierlich zu werden.

»Ich erfülle hiermit den letzten Wunsch Ihres Vaters«, sagte der Anwalt und überreichte Fietje die Kassette. »Er war mein Freund. Ich weiß, er hätte Ihnen gerne viel Geld hinterlassen, damit Sie Ihrem Leben eine Wende geben könnten, aber leider war er mittellos. Er besaß ein Schloss, aber so gut wie kein Geld. Dennoch war ihm das Anwesen ein großes Anliegen, es aufzugeben, wäre für ihn das Schlimmste gewesen. Sein Schuldenberg ist in den letzten Jahren immer höher geworden. Nur die Verlobung seines Sohnes mit der Tochter eines reichen Mannes konnte ihm noch Hoffnung geben.« Richelmo Mangiavacchi zeigte auf die Kassette, die Fietje nun vor seine Brust drückte. »Sie werden also keine Reichtümer darin finden, das sage ich Ihnen gleich, damit Sie nicht enttäuscht sind. Die Kassette enthält vielleicht Kostbarkeiten, die sich zu Geld machen lassen, aber womöglich ist der Inhalt auch nur von ideellem Wert.«

Die Mittagssonne brannte, als Erik den Weg vom Schloss di Vago zurück ins Dorf ging. In einem der ersten Häuser entdeckte er einen Laden, der vollgestopft war mit Lebensmitteln, Souvenirs, Werkzeugen, Hausrat, bestickten Tischdecken und hölzernen Pinocchiofiguren. Erik erstand dort einen unauffälligen dunkelblauen Hut und fühlte sich wohler, sobald er ihn aufgesetzt hatte. Als er die engen Gassen des Centro storico durchschritten hatte, schien die Sonne erneut auf ihn herab, und er war froh über seine Kopfbedeckung.

»Buon giorno, commissario!«

»Ciao, Enrico!«

»Come sta?«

Erik erwiderte jeden Gruß, oftmals ohne zu wissen, von wem er gegrüßt worden war. Auf ein Gespräch ließ er sich jedoch nicht ein. Nicht nur, weil er sich einer Unterhaltung auf Italienisch nicht gewachsen fühlte, sondern vor allem, weil er in Ruhe nachdenken wollte. Was mochte es bedeuten, dass er den Strandwärter von Wenningstedt in Panidomino getroffen hatte? Unter anderen Umständen hätte er vielleicht an einen lustigen Zufall geglaubt, aber nicht, nachdem er Fietje Tiensch im Süder Wung beobachtet hatte. Der Strandwärter konnte noch so oft behaupten, er hätte den Mann im dunklen Anzug nicht verfolgt – Erik war davon überzeugt, dass er nicht die Wahrheit sagte. Und da der elegante Mann wiederum das spätere Mordopfer im Visier gehabt hatte, konnte es ihm nicht egal sein, was Fietje Tiensch in Panidomino machte. Das musste er herausfinden, wenn er auch an diesem Ort nicht die Möglichkeit hatte, ihn vorzuladen und zu verhören.

Eine Erbschaftsangelegenheit, hatte Mamma Carlotta gesagt. Erik lächelte. Darüber nachzudenken, wen Fietje ausgerechnet in Panidomino beerben könnte, war überflüssig. Seine Schwiegermutter würde ihm alles haarklein berichten, was sie aus Fietje Tiensch herausgefragt hatte. Er konnte seine Überlegungen auf den Mann konzentrieren, den er vor dem Schloss di Vago beobachtet hatte.

Ein eleganter Mann im dunklen Anzug, in Begleitung einer

großen, sehr attraktiven Frau, an der alles auffällig gewesen war, ihre Haare, ihre Kleidung, die hohen Schuhe, die überdimensionale Tasche. Die beiden hatten das Schloss verlassen, als Erik wie ein Tourist in der Nähe vorbeigeschlendert war, und waren in einen Wagen gestiegen, den kurz zuvor jemand vors Tor gefahren hatte. Erik war sicher, dass es sich um Luigi di Vago handelte, den neuen Schlossherrn. Den Gedanken, dass er von der gleichen Größe und Statur war wie der Mann, den Fietje Tiensch im Süder Wung verfolgt hatte, schüttelte er gleich wieder ab. So wie Luigi di Vago sahen viele Italiener aus, und die Gewohnheit, im Alltag dunkle Anzüge zu tragen, war hier weitaus mehr verbreitet als in Deutschland. Luigi di Vago lebte in Umbrien, was sollte er vor einer Woche auf Sylt zu tun gehabt haben? Andererseits ...

Fietje Tiensch war Strandwärter von Wenningstedt und lief jetzt in Panidomino herum. Und Franco Neuhaus, der römische Privatdetektiv, hatte sich ebenfalls auf Sylt aufgehalten. Und der sollte schließlich das Lösegeld für Luigi di Vagos Verlobte übergeben.

Erik schüttelte so heftig den Kopf, dass der Hut, der noch keine Gelegenheit gehabt hatte, sich seiner Kopfform anzupassen, vor seine Füße fiel. Wie sollte er bloß Ordnung in diese verworrene Geschichte bekommen? Er setzte den Hut wieder auf und zog ihn bis zu den Ohren herab. Währenddessen fiel ihm ein, dass er Fietje Tiensch vor dem Bahnhof von Westerland in Begleitung gesehen hatte. War Tove Griess, der Wirt von Käptens Kajüte, etwa auch in Panidomino? Der Gedanke behagte ihm gar nicht.

Tizio hatte Eriks Wagen auf dem Platz von Guidos Spedition abgestellt. Wie er dann nach Perugia gekommen war, dem Ort, in dem er nicht nur arbeitete, sondern auch lebte, wusste niemand. Aber Tizio hatte viele Freunde, anscheinend war es ein Leichtes für ihn gewesen, jemanden zu finden, der ihn mitnahm.

Auf dem Platz herrschte reges Treiben. Mehrere Lastwagen wurden beladen, die kurz darauf vom Hof rollten, ein kleinerer Lieferwagen wurde für einen Umzug verliehen, ein Gabelstapler belud einen Wagen mit Getränkekisten. Dass Felix hinter dem Steuer saß, bemerkte Erik erst, als er seinen Wagen starten wollte.

Erschrocken stieg er wieder aus und lief zu dem Gabelstapler, der einen erstaunlich geschickten Fahrer hatte. »Felix! Bist du verrückt?«

Aber sein Sohn grinste ihn nur an. »Onkel Guido hat mir gezeigt, wie das geht. Ich kann das!«

Daran bestand kein Zweifel. »Aber du darfst das nicht! Du bist noch zu jung!«

Schon erschien Lucias Bruder auf dem Plan und behauptete, in Italien sei alles anders als in Deutschland, und zwar insbesondere, da er mit dem Dorfpolizisten befreundet sei und der Polizeistation jedes Jahr ein paar Flaschen des Rotweins brachte, den Sandras Eltern produzierten.

Erik gab schnell auf. Guido mit pädagogischen Prinzipien zu kommen, hatte genauso wenig Sinn wie der Hinweis auf Gefahr und Risiko. Beides – Erziehung und Vorsicht – rangierte in Guidos Welt weit hinter Geschäftstüchtigkeit und der Freude am Geldverdienen.

Erik warf einen letzten Blick in das strahlende Gesicht seines Sohnes und beließ es bei einer freundlichen Ermahnung, die bei Felix in ein Ohr rein- und aus dem anderen rausging. Dabei redete er sich ein, damit seinen Pflichten als Vater genügt zu haben. Aber als er vom Hof der Spedition fuhr, war ihm nicht wohl zumute.

Langsam rollte er die Serpentinen hinunter, die von Panidomino nach Città di Castello führten. Dort bog er auf die Autostrada ein, dann ging es zum Trasimenosee, und kurz darauf wechselte er von Umbrien in die Toskana.

Zwei Stunden war er schon unterwegs, als endlich Montepulciano in Sicht kam. Er würde Mamma Carlotta anrufen müssen, damit sie sich keine Sorgen machte, wenn er nicht zum Mittagessen erschien. Das wollte er unbedingt im Nebbia Costiera einnehmen. Vielleicht brachte er dort etwas über Lucias Cousin in Erfahrung. Wenn er an das Kettchen dachte, das er in seiner Waschküche gefunden hatte, war er sicherer denn je, dass Tizio etwas auf dem Kerbholz hatte. Entführung? Eigentlich traute er ihm das nicht zu. Mord? Das noch weniger. Aber er hatte Tizio auch keine gefährliche Körperverletzung zugetraut.

Richard Hermes' Weingut lag nicht weit von Pienza entfernt, in der Nähe eines kleinen Bergdorfes, das Monticchiello hieß. Sören hatte die Adresse herausgefunden und sogar eine Wegbeschreibung mitgeliefert. Aber es stellte sich heraus, dass sie überflüssig war. Als Erik auf Monticchiello zufuhr, sah er ein Weingut auf einem Hügel liegen und wusste sofort: Das musste einem reichen Mann gehören. Und da sich in dieser Gegend der Toskana nicht viele reiche Ausländer angesiedelt hatten, ging er davon aus, auf Richard Hermes' zweiten Wohnsitz zuzufahren.

Der Besitzer hatte sich bemüht, dem Weingut seinen Stil zu erhalten und die An- und Ausbauten nicht zu protzig erscheinen zu lassen. Das Haupthaus war ursprünglich bestimmt nur halb so groß gewesen, aber die Erweiterungen fügten sich harmonisch ins Gesamtbild ein. Mehrere kleine Gebäude hatten sich um das Haupthaus gruppiert.

Der Swimmingpool, der in der Mitte des Grundstücks angelegt war, offenbarte sich erst, als Erik schon ein gutes Stück den Hang hinaufgefahren war, der zum Weingut »Luna Nera« führte. Schwarzer Mond! Was für ein merkwürdiger Name für dieses helle Anwesen. Er prangte auf einem großen hölzernen Schild, das direkt neben dem Eingangstor stand. Richard Hermes' Name hingegen war nirgendwo zu entdecken.

Erik sah sich kurz um, ehe er den Klingelknopf drückte. Das riesige Grundstück war auf unauffällige Weise gesichert, mit einem Zaun, der so dicht bewachsen war, dass man ihn kaum ausmachen konnte. Er war mit Halogenstrahlern besetzt, die vermutlich nur im Ernstfall, wenn Hermes sich bedroht fühlte, eingeschaltet wurden. Lediglich die Überwachungskameras wollten nicht zu dem Rest passen.

Die Tür des Haupthauses öffnete sich, ein junger Mann kam auf das Eingangstor zu. »Mi dica, per favore?«

Erik nannte seinen Namen und bat in holprigem Italienisch darum, den Hausherrn sprechen zu dürfen. Aber er hatte Pech. Richard Hermes war nicht zu Hause, und der junge Mann wusste angeblich nicht, wann er zurückzukehren gedachte. Im Abwimmeln von unerwünschten Besuchern hatte er anscheinend Übung.

Resigniert ging Erik zu seinem Auto zurück, das er ein paar Meter vor dem Tor abgestellt hatte. Er ärgerte sich darüber, dass er vergeblich hergekommen war, und es fiel ihm schwer, unverrichteter Dinge kehrtzumachen. Unschlüssig stand er neben der Fahrertür seines Wagens, überlegte, was zu tun war, und genoss dabei den Blick auf Monticchiello, auf die Mauer, von der das Dorf umschlossen wurde, auf den trutzigen Turm, von dem er wusste, dass er ein Bistro enthielt, von dessen Terrasse man einen wunderbaren Blick ins Tal hatte.

Erik erinnerte sich, wie er mit Lucia bei seinem ersten Besuch in ihrer Heimat das Schauspiel angesehen hatte, das die Bewohner Monticchiellos einmal im Jahr auf dem Marktplatz aufführten. Damals hatte er noch kein Wort Italienisch gesprochen und nichts von dem verstanden, was auf der hölzernen Bühne gesprochen wurde, aber er erinnerte sich noch gut an die warme Nacht, den tiefblauen Himmel und den Vollmond, der während der Vorstellung aufging. Und vor allem erinnerte er sich an Lucias kleine warme Hand, an ihren Duft, an ihr Lächeln, das sie ihm bei jedem Applaus zuwarf, an ihre geflüsterten Worte, mit denen sie ihm erklärte, worum es in dem Stück ging. Das war der Abend gewesen, an dem er beschloss, Lucia einen Heiratsantrag zu machen. Und tatsächlich hatte er diesen Plan gleich am nächsten Tag umgesetzt. Ach, Lucia!

Gerade hatte er sein Auto aufgeschlossen, da sah er einen schweren Mercedes auf das Tor des Weinguts zufahren. Hinter dem Steuer saß ein Mann, der perfekt zu dem Bild passte, das Erik sich von Richard Hermes gemacht hatte.

Der Wagen blieb neben ihm stehen, der Fahrer ließ die Seitenscheibe herab. »Wollen Sie zu mir?«

»Herr Hermes?«, vergewisserte Erik sich. Und als der Mann nickte, ergänzte er: »Mein Name ist Erik Wolf. Wir haben miteinander telefoniert.«

Richard Hermes wusste offenbar sofort, wen er vor sich hatte. »Ich habe unserem Gespräch nichts mehr hinzuzufügen«, sagte er und machte Anstalten, die Seitenscheibe wieder zu schließen.

»Ich bin als Privatmann hier«, sagte Erik schnell. »Ich wollte Ihnen sagen, dass wir in der Sache nichts unternommen haben.«

Die Scheibe senkte sich wieder ein paar Zentimeter. »Darum hatte ich ja auch gebeten«, sagte Richard Hermes, der es anscheinend gewöhnt war, dass seine Anweisungen befolgt wurden.

»Aber ich hatte Ihnen erklärt, dass wir ein solches Delikt verfolgen müssen, sobald es uns zu Ohren kommt. Doch dann haben wir von den italienischen Kollegen gehört, dass Ihre Tochter gar nicht entführt wurde, sondern durchgebrannt ist.« Erik war erstaunt, wie leicht ihm das Lügen fiel. »Daraufhin haben wir natürlich unsere Ermittlungen eingestellt.«

»Um mir das zu sagen, kommen Sie extra nach Italien?«

»Nein, ich mache Urlaub hier. Ich besuche die Familie meiner Frau. Und da dachte ich ... es könnte Sie freuen, wenn Sie hören, dass wir nicht mehr ermitteln.«

»Das freut mich tatsächlich. Danke schön.«

Richard Hermes ließ die Seitenscheibe hochgleiten. Kurz

darauf öffnete sich das große Tor langsam und fast geräuschlos. Der Wagen fuhr bis zum Hauseingang, währenddessen schloss sich das Tor wieder.

Erik stieg in seinen Wagen und beobachtete, wie Richard Hermes auf die Haustür zuging, ohne sich nach ihm umzudrehen. Kaum war er verschwunden, trat der junge Mann aus dem Haus, mit dem Erik kurz zuvor gesprochen hatte. Er starrte so lange in seine Richtung, bis Erik sein Auto anließ und wendete. Im Rückspiegel beobachtete er, wie der junge Mann erst ins Haus zurückkehrte, als Erik die Straße erreicht hatte, die nach Pienza führte.

»Mist!«, schimpfte er leise vor sich hin. Von diesem Gespräch hatte er sich mehr erhofft. Er hatte damit gerechnet, dass Richard Hermes einem deutschen Kriminalbeamten Vertrauen entgegenbrachte und sich mit einer Einladung zum Kaffee dafür erkenntlich zeigte, dass Erik sich extra aufgemacht hatte, um ihm diese Nachricht zu überbringen. Aber Menschen, die sich in einer Ausnahmesituation befanden, so wie Richard Hermes, der nicht wusste, ob seine entführte Tochter noch lebte, konnten niemandem vertrauen. Das musste Erik einsehen. Und dass Hermes nicht nach einem Small Talk zumute war, sah er ebenfalls ein.

Erik machte einen kurzen Stopp in Pienza. Er warf einen Blick ins Casa Toscana, eins der beiden Restaurants, die Luigi di Vago gepachtet hatte, beschloss dann aber, sein Mittagessen in Perugia einzunehmen, wie er es geplant hatte, dort, wo Tizio bisher gearbeitet hatte. Vielleicht hatte er dort mehr Glück und erfuhr etwas über Lucias Cousin. Und wenn nicht, würde er zumindest ein gutes Essen genießen. Plötzlich merkte er, dass er einen Bärenhunger hatte.

Rosamunda hatte in der Zwischenzeit eine dritte Yuccapalme aufgetrieben, sodass der Platz, auf den Carlotta und Fietje zustrebten, eine ruhige Insel im Lärm der Pizzeria Venezia darstellte.

Sie kam herbeigeeilt, sobald sie Carlotta erblickte, und hielt sie auf, noch bevor sie die Yuccapalmen erreicht hatte. »Ich habe weitere Erkundigungen nach der Familie Schwarz eingeholt. Aber nichts! Kein Mensch kennt jemanden mit diesem Namen.«

Mamma Carlotta nickte, als hätte sie nichts anderes erwartet. »Ich habe gleich gemerkt, dass mit Luana was nicht stimmt.« Sie dachte an das Kettchen mit der Gravur »In Liebe – V.« und fügte mit Grabesstimme hinzu: »Und ob die Beziehung zwischen Tizio und Luana ehrlich ist, daran habe ich auch meine Zweifel.«

Rosamunda wurde eifrig. »Ich auch! Tizio hat bei seinem Besuch mit keiner Silbe eine Freundin erwähnt. Nur, dass er wegen der Silberhochzeit seine Reise unterbrochen habe. Der gute Junge hatte diesen Termin völlig vergessen. Er sagt, sonst wäre er erst später losgereist.«

Mamma Carlotta dachte an das, was Tizio auf Sylt behauptet hatte: Die Silberhochzeit von Tante Benedetta und Onkel Davide interessiere ihn nicht, und er werde dort nicht erscheinen, schon gar nicht mit Luana. Sie dachte an Luanas Telefongespräch, das sie belauscht hatte, an den 14. August, der ein magisches Datum zu sein schien, und an das Telefonat, das Tizio mit seiner Freundin auf dem Balkon des Schwarzwälder Hofes geführt hatte. Dass er seine Meinung geändert hatte, war eine große Freude für sie gewesen, aber dass dieser Sinneswandel ihren Ermahnungen zu verdanken war, konnte sie nicht mehr glauben.

»Wir müssen auf Tizio achtgeben«, raunte sie ihrer Schwägerin zu. »Ich fürchte, Luana Schwarz ist eine Kriminelle, die Tizio in irgendwas reingezogen hat. Er scheint sie wirklich zu lieben, aber sie nutzt seine Gefühle aus!«

Rosamunda war sofort überzeugt. »Stimmt, wenn sie ein nettes Mädchen wäre, hätte er längst von ihr erzählt. Und er hätte sie uns vorgestellt.«

Carlotta wurde nervös. Fietje war inzwischen mitsamt der

Kassette hinter den Yuccapalmen verschwunden. Sie machte sich Sorgen, dass er das Geheimnis der Kassette lüften könnte, ohne dass sie dabei war. Tove in seiner Grobheit war nicht der Richtige, um Fietje zur Seite zu stehen, wenn dieser das Vermächtnis seines Vaters ans Tageslicht holte.

Sie machte einen Schritt auf die Yuccapalmen zu, wurde aber noch einmal von Rosamunda aufgehalten. »Warum hast du mir nicht gesagt, dass der andere deiner Sylter Bekannten ein Gastronom ist?«

Mamma Carlotta starrte ihre Schwägerin an. »Tove Griess?«

»Er hat erzählt, dass er auf Sylt ein Restaurant betreibt. Und nun steht er in unserer Küche und macht Kartoffelsalat. Angeblich nach einem Geheimrezept. Heute Abend kommt eine deutsche Reisegruppe. Die werden begeistert sein!«

Mamma Carlotta fuhr der Schreck in die Glieder. Das konnte nur bedeuten, dass ihre konspirativen Sitzungen in der Pizzeria Venezia demnächst ein Ende haben würden. Selbst wenn sie Rosamunda nicht verriet, dass der Begriff Gastronom so wenig auf Tove Griess passte wie Küchenchef oder Sternekoch, und ihr verschwieg, dass Toves angebliches Restaurant eine schmuddelige Imbissstube war, die auf Sylt Kaschemme genannt wurde, konnte Toves Einsatz in Micheles Küche kein gutes Ende nehmen. Wahrscheinlich würde die deutsche Reisegruppe den kompletten Kartoffelsalat zurückgehen lassen, sich bitter beschweren und ihr Geld zurückverlangen. Spätestens am nächsten Morgen würde Rosamunda sie bitten, sich mit Fietje und Tove woanders zu treffen.

Sie gab ihrer Schwägerin den Rat, Toves Kartoffelsalat vorsichtshalber noch einmal abzuschmecken, bevor sie ihn den deutschen Gästen vorsetzte, dann endlich konnte sie sich hinter die Yuccapalmen drängen, wo Fietje schon auf sein Birra alla spina wartete, das er unbedingt brauchte, bevor er die Kassette öffnete.

Dass Tove in der Küche war, erstaunte ihn mindestens genauso wie Mamma Carlotta, aber er war dankbar, dass er fürs Erste mit ihr allein blieb. Als Mamma Carlotta sich zu ihm setzte, zog er den Schlüssel aus seiner Hosentasche, öffnete die Kassette und klappte feierlich den Deckel hoch.

Zuoberst lag ein Brief mit der Aufschrift: »An meinen Sohn Friedrich«. Fietje schluckte und öffnete den Umschlag mit zitternden Händen. Seine Lippen bewegten sich, während er las, und Mamma Carlotta sah, dass seine Augen feucht wurden. Schließlich blickte er auf und faltete den Brief langsam zusammen. Ein Lächeln schien durch seinen Bart, das Mamma Carlotta noch nie an ihm gesehen hatte. Während er die erste der beiden Schachteln öffnete, die die Kassette enthielt, berichtete er, dass sein Vater ein Bild von seiner Mutter habe malen lassen. »Das war kurz nachdem sie sich kennengelernt hatten. Der Maler hat inzwischen einen großen Namen, das Bild dürfte also einiges wert sein. Ich könnte es verkaufen.« Fietje hob ein Bild aus der Schachtel, das nur wenig größer war als eine Postkarte. Es zeigte das Gesicht einer jungen Frau mit hellen Augen und blonden, leicht gewellten Haaren. Sie lächelte zaghaft, ihre Wangen waren gerötet, sie sah glücklich aus.

Fietje betrachtete das Bild lange, dann sagte er: »Ich werde es niemals verkaufen. Egal, wie wertvoll es ist.«

Als er die zweite Schachtel öffnete, war er mutiger geworden, seine Finger zitterten nicht mehr, er lächelte sogar. Er hob ein Schmuckstück heraus, das Mamma Carlotta den Atem raubte. Eine Kette mit einem Smaragdanhänger, über dem ein Brillant prangte.

»Das hat er ihr geschenkt, nachdem er erfahren hatte, dass sie schwanger war.« Nun wurde sein Lächeln bitter. »Und nachdem er ihr sagen musste, dass sie als Ehefrau für ihn nicht infrage kam.« Fietje ließ die Kette durch seine Hände gleiten, das Geräusch, das entstand, war kostbar und melodisch. »Ein Teil des Familienschmucks. Sie hat ihm die

Kette zurückgegeben, sie wollte sie nicht. Aber er hatte schon dafür gesorgt, dass man sie für gestohlen hielt, so hat er sie für mich aufbewahrt. Auch die Kette könnte ich verkaufen, wenn ich Geld brauche, schreibt er.« Sorgfältig legte Fietje das Schmuckstück wieder zurück. »Aber natürlich werde ich sie behalten.«

In diesem Augenblick erschien Tove hinter den Yuccapalmen. Er trug eine weiße Schürze, als hätte er die Arbeit in der Küche nur kurz unterbrochen. »Und? Was hat er dir hinterlassen?«

Als er hörte, dass sowohl das Bild als auch der Schmuck eine Menge wert sein konnten, wollte er gleich nach dem Champagner rufen, den Michele für ihn kalt gestellt hatte.

Aber Fietje hielt ihn zurück. »Ich werde weder das Bild noch den Schmuck verkaufen. Geld für Champagner habe ich also nicht.«

Tove sah aus, als wollte er Fietje das Birra alla spina über den Kopf gießen. »Was willst du mit so einem Bild? Es über dein Bett hängen? Und mit dem Schmuck? Meinst du, er passt zu deiner Bommelmütze?«

Aber Fietje ließ nicht mit sich reden. »Das sind Erinnerungen, davon verstehst du nichts.«

Tove ließ sich auf einen Stuhl fallen, raufte sich die Haare, sprang wieder auf und machte Anstalten, die Yuccapalmen aus den Töpfen zu reißen. »Wie kann man nur so dämlich sein!« Dann aber blieb er plötzlich wie angewurzelt stehen und zeigte auf den Boden der Kassette. »Da ist noch was.«

Fietje nickte. Er hatte den dicken Umschlag längst entdeckt, aber anscheinend noch keinen Mut gefunden, ihn zu öffnen. »Von diesem Umschlag stand nichts in dem Brief«, sagte er leise.

»Mach ihn auf«, drängte Tove.

Fietje sah ihn an, als wollte er ihn bitten, wieder in die Küche zu gehen und sich um den Kartoffelsalat zu kümmern. Doch dann öffnete er langsam, sehr langsam den Umschlag. Seine Hand tastete hinein und kam wenig später mit einem dicken Bündel Geldscheine wieder zum Vorschein. Fietje griff erneut hinein, hastiger diesmal, als könnte er es nicht glauben, und brachte neue Geldscheine zutage. Am Ende stapelten sie sich auf der Tischplatte, und noch immer hatte keiner der drei ein Wort gesprochen.

Mamma Carlotta war es schließlich, die das Schweigen nicht mehr aushielt. »Wie viel mag das sein?«

Fietje antwortete nicht, aber er begann zu zählen. Lautlos, mit bebenden Lippen.

Als er fertig gezählt hatte, brachte er es nur mit Mühe über die Lippen: »Genau fünfhunderttausend! Eine halbe Million Euro!«

Das Nebbia Costiera lag außerhalb der Stadtmauer, die die Altstadt einschloss. Kein günstiger Standort. Darüber hinaus bildete das Restaurant das Ende einer Sackgasse, in die kaum jemand einbog, weil gleich am Anfang ein leerstehendes Haus stand, das allmählich verfiel, und daneben eine kleine Kfz-Werkstatt, die dreckig und verkommen aussah. Obwohl am Anfang der Gasse ein Schild auf das Nebbia Costiera hinwies, schien es niemanden anzulocken.

Erik ging es genauso. Als Tourist hätte er sich bestimmt eine andere Trattoria gesucht, die schon von außen ein gemütliches Ambiente und eine gute Küche versprach. Als er am Ende der Sackgasse angekommen war, überkam ihn Mitleid mit Luigi di Vago, dem das Restaurant gehörte. Er hatte sich viel Mühe gegeben, damit der erste Eindruck so gut war, dass man dem zweiten blind vertrauen konnte. Aber was half das, wenn die potenziellen Gäste gar nicht so weit kamen, um sich von dem hübschen Haus, den Blumenkübeln vor der Tür, den geschmückten Fenstern und der einladend geöffneten Tür anlocken zu lassen, aus der überdies ein verführerischer Duft kam?

Im Lokal saßen nur zwei Gäste, ansonsten waren alle Tische leer. Dabei bot der Gastraum Platz für mindestens achtzig Besucher. Damit hatte das Nebbia Costiera gleich ein weiteres Problem: Wer schließlich hierher fand, würde sich nicht gern zum Essen niederlassen und sich nicht wohlfühlen, weil nichts unbehaglicher ist als eine Gaststätte mit vielen leeren Tischen, bei dessen Anblick sofort der Verdacht entsteht, dass die Küche nichts taugt. Und wie mochte Tizio hier sein Auskommen gefunden haben?

Erik suchte sich einen Platz in der Nähe der Theke, Augenblicke später erschien die Frau, die er vor dem Schloss gesehen hatte. Luigi di Vagos Angestellte also! Sie legte ihm die Speisekarte vor und fragte ihn nach seinen Wünschen.

Als er in seinem holprigen Italienisch um ein Mineralwasser bat, wechselte sie ins Deutsche. »Mit Kohlensäure oder ohne?«

Erik freute sich, dass er gleich einen Grund fand, mit ihr ins Gespräch zu kommen. »Sie sprechen gut Deutsch.«

Über ihr schönes Gesicht ging ein professionelles Lächeln. »Ich habe meine Ausbildung in Deutschland gemacht und auch gelegentlich dort gearbeitet. Ohne Deutsch- und Englischkenntnisse wäre ich hier nicht Geschäftsführerin geworden. Der Besitzer legt großen Wert darauf, dass die Gäste in ihrer Muttersprache angeredet werden.«

»Ich hatte gehofft, Tizio Vincenzo hier anzutreffen. Er ist der Cousin meiner verstorbenen Frau.«

Erik hatte damit gerechnet, dass die Geschäftsführerin die Mundwinkel herabzog und ihn mit einer geringschätzigen Bemerkung abspeiste. Aber sie lächelte erfreut. »Sie wissen gar nicht, dass Tizio unbezahlten Urlaub genommen hat? Er will ein paar Wochen durch Europa reisen. Keine Ahnung, in welchem Land er mittlerweile angekommen ist. Sicherlich wird bald eine Ansichtskarte eintrudeln.«

Erik verzichtete darauf, der Geschäftsführerin zu verraten, dass Tizio bis Sylt gekommen und nun sogar kurz in die Heimat zurückgekehrt war, um einer Silberhochzeit im Familienkreis beizuwohnen. Während dieser Gedanke durch seinen Kopf schoss, fiel ihm auf, wie wenig glaubhaft es war, dass Tizio eine Reise, für die er extra unbezahlten Urlaub genommen hatte, für eine Familienfeier unterbrach. Mochte Mamma Carlotta sie noch so wichtig finden!

»Unbezahlter Urlaub in der Hauptsaison?«, fragte er, wie er zuvor auch schon Tizio selbst gefragt hatte.

Die Geschäftsführerin zuckte die Achseln. »Einem fähigen Mitarbeiter muss man entgegenkommen.«

Nun wunderte sich Erik noch mehr. Dass Tizio ein fähiger Mitarbeiter genannt wurde, hatte er nicht erwartet.

»Da muss ich eben den Laden allein schmeißen«, fuhr sie fort. Und leise ergänzte sie, nachdem sie einen Blick durch das schlecht besuchte Lokal geschickt hatte. »Ist ja nicht so schwer. Leider läuft das Restaurant nicht gut. Mit ein paar Aushilfen schaffe ich das locker.«

Erik gab sich mitfühlend. »Die Lage ist das Problem, stimmt's?«

Doch nun zückte sie ihren Bestellblock. »Hier wird sich bald was ändern«, erklärte sie kurz angebunden und erkundigte sich dann mit so professioneller Freundlichkeit nach seinen Wünschen, dass Erik nicht wagte, das private Gespräch fortzusetzen.

Er bestellte Cannelloni mit Ricottafüllung und folgte ihr mit den Blicken, als sie Richtung Küche verschwand. Erstaunlich, dass diese Frau sich damit zufriedengab, ein Restaurant zu führen, das so schlecht lief wie das Nebbia Costiera! Sie hatte auf Erik den Eindruck gemacht, als wüsste sie genau, was sie wollte. Und ein solches Lokal wollte eigentlich niemand.

Die Menükarte war auf dem Tisch liegen geblieben. Er nahm sie zur Hand und blätterte an den Anfang zurück. Als Besitzer war Luigi di Vago geführt, die Geschäftsführerin hieß Vittoria Zaragoza. Ein Name, der zu ihr passte. Üppig und herausfordernd.

Erik hörte, wie sie seine Bestellung an die Küche weitergab, dann warf sie einen kontrollierenden Blick durch den Raum und verschwand in dem Gang, der zu den Toiletten führte. Erik brauchte sich nur ein wenig nach rechts zu beugen, um zu sehen, dass sie keineswegs die Sanitärräume betrat, sondern eine andere Tür öffnete, in den dahinterliegenden Raum huschte und sie schnell wieder hinter sich schloss. Für einen kurzen Moment hatte Erik eine Männerstimme gehört. Jemand, der telefonierte?

Eine junge Frau betrat nun das Restaurant, die eine weiße Schürze über dem Arm trug und sich schnurstracks in die Küche begab. Wenige Augenblicke später erschien sie, die Schürze vorgebunden, hinter der Theke. Vermutlich eine der Aushilfen, von denen Vittoria Zaragoza gesprochen hatte.

Einer Eingebung folgend erhob Erik sich und betrat den Gang, als wollte er die Toilette aufsuchen. An der Tür, hinter der die Geschäftsführerin verschwunden war, schaute er zurück, doch keiner der anderen Gäste hatte Einblick in diesen Gang.

Hastig sah er sich um, dann entdeckte er eine Nische, die mit einem Vorhang abgetrennt war. Vorsichtig schob er ihn beiseite. Dahinter wurden Putzmittel und -geräte aufbewahrt. Und plötzlich hörte er die beiden Stimmen klarer als vorher. Oben an der Decke führte ein Rohr durch eine Öffnung in das Zimmer, in dem sich Vittoria und eine weitere Person aufhielten.

»Komm, Luigi«, hörte er sie schmeicheln. »Ein Kuss! Dann lasse ich dich ins Casa Toscana.«

Es entstand eine kurze Stille. Anscheinend war Luigi di Vago der Aufforderung nachgekommen und küsste seine Geschäftsführerin. Der Mann, der mit Verena Hermes verlobt war!

»Es wird Zeit«, sagte er dann, und auf einmal sprach er deutsch. »Der Laden läuft nicht, wenn ich nicht da bin.«

»Beide Läden laufen nicht, ob du da bist oder nicht«, kam es zurück, ebenfalls auf Deutsch. »Das wissen wir beide. Aber genau das soll sich ja ändern.«

»Der Tod meines Vaters hat uns in unseren Plänen ganz schön zurückgeworfen.«

»Al contrario!« Vittoria war wieder in ihre Muttersprache zurückgefallen.

»Was heißt hier ... im Gegenteil?« Luigis Stimme wurde ärgerlich. »Lass mich, Vittoria! Wenn jemand hereinkommt! Und rede bitte deutsch! Hier spricht niemand deutsch. Jedenfalls solange Tizio nicht da ist.«

»Dass du immer so ängstlich bist! Es hört uns keiner!«

»Die Wände haben überall Ohren. Wir müssen vorsichtig sein. Solange Verena nicht wieder aufgetaucht ist, dürfen wir uns auf keinen Fall erwischen lassen.«

»Ja, ja.« Vittorias Stimme klang ungeduldig. »Ich glaube nicht daran, dass sie wieder auftaucht. Und du auch nicht, sei ehrlich!«

»Trotzdem! Solange wir keine Gewissheit haben, müssen wir uns unauffällig verhalten.«

»Du solltest dem Schlosspersonal ein paar Tage freigeben. Ständig steht jemand hinter einem und fragt: Kann ich Ihnen helfen? Was suchen Sie?«

»Ich kann nicht allen auf einmal freigeben. Das würde auffallen.«

»Aber wir können das Schloss nicht in Ruhe durchsuchen, wenn wir immer damit rechnen müssen, dass jemand uns dabei beobachtet.«

»Ich muss sowieso die meisten entlassen. Die Köchin, eine Putzfrau und der Gärtner ... das muss reichen. Ich werde nicht dieselben Fehler machen wie mein Vater. Das Schloss! Immer nur das Schloss ...!«

Erik erschrak. Er hörte Schritte in der Küche, die näher kamen, auf die Küchentür zu. Er musste hier weg. Aber wohin? Über den Flur auf die Toilettentür zu? Dann wäre dieses Gespräch für ihn verloren. Mit einem Satz verschwand er hinter dem Vorhang und hatte ihn gerade hinter sich zugezogen, als die Küchentür sich öffnete und jemand etwas auf den Flur rief. Eine ferne Stimme, anscheinend die der Aushilfskellnerin, antwortete. Dann fiel die Küchentür wieder ins Schloss. Auf dem Flur kehrte Stille ein, und die Stimmen von Vittoria Zaragoza und Luigi di Vago waren wieder gut zu verstehen.

»Du hast dich also entschlossen?«, fragte Vittoria. »Du wirst nicht nach Öland fahren?«

»Hast du gelauscht«, entgegnete Luigi, »als ich mit Richard Hermes gesprochen habe?«

Vittoria lachte. »Da war ich übrigens nicht die Einzige. Noch jemand stand unter dem Fenster.«

Erik hörte Luigi di Vago erschrocken Luft holen. »Wer war das?«

Vittorias Stimme blieb gleichmütig. »Irgendeine Mamma aus dem Dorf, die angeblich Brombeeren sammelte. Ich werde sie im Auge behalten, aber ich glaube nicht, dass sie uns gefährlich werden kann. Die war einfach nur neugierig. Wahrscheinlich glaubt so eine, wenn reiche Leute und adlige Herrschaften miteinander plaudern, hört sich das ganz anders an, als wenn ihresgleichen redet.«

Diese Erklärung schien Luigi zu beruhigen. »Die Leute aus dem Dorf waren schon immer neugierig.«

»Allerdings glaube ich nicht, dass Matteo zufällig an den Brombeerhecken aufgetaucht ist. Den hatte das offene Fenster auch angelockt. Wenn der Hermes noch mal auftaucht, solltest du vorsichtiger sein.«

Luigi di Vago seufzte. »Er will unbedingt am 14. August nach Öland fahren. Wenn in der Zeitung steht, dass Richard Hermes Gast bei der Königsrallye war, wird niemand auf die Idee kommen, dass seine Tochter entführt wurde. Jeder wird glauben, dass Verena krank ist.«

»Dass der so verrückt auf Adelsbekanntschaften ist!«

»Der Erpresser hat verlangt, dass er sich so normal wie möglich verhält. Vor allem deswegen will er fahren.«

Wieder kamen Schritte auf den Flur zu. Diesmal näherten sie sich aus dem Gastraum. Wütendes Gemurmel kam auf Erik zu. Wenn seine Sprachkenntnisse ihn nicht täuschten, war einem Gast ein Missgeschick mit der Tomatensoße passiert.

Der Schreck raste durch seinen Körper, als ihm klar wurde, dass das, was gegen seine Fußspitzen stieß, ein Wischeimer war, und das, was an seiner linken Schulter lehnte, ein Schrubber. In wenigen Augenblicken würde jemand den Vorhang zur Seite schieben und Zeter und Mordio schreien, wenn sich dahinter ein Fremder fand. Luigi di Vago und seine Geschäftsführerin würden herbeistürzen und ihn fragen, was er in der Putzkammer zu suchen habe, und er würde keine Antwort geben können, die auch nur halbwegs plausibel war …

Tove Griess wollte unbedingt jubeln und redete schon wieder von Champagner. Als sich in den Gesichtern vor ihm jedoch nach wie vor keinerlei Freude abzeichnete, fuhr er Fietje an: »Du hast eine halbe Million geerbt! Ist das vielleicht ein Grund, so miesepetrig aus der Wäsche zu gucken?«

Aber Fietje war in Panidomino nicht mehr der Strandwärter von Wenningstedt, der zu jeder krummen Tour bereit war, sondern der Sohn eines italienischen Grafen, der sich nicht so einfach über Recht und Gesetz hinwegsetzte und an diesem Tag sogar von Ehre sprach. Und das in mehreren Sätzen, die zwar stockend über seine Lippen kamen, aber doch so, als wären sie ihm wichtig. Und das, obwohl ihm, wenn er in Käptens Kajüte hockte, jedes Wort zu viel war.

»Der Anwalt hat gesagt, mein Vater war mittellos. Sogar verschuldet. Er hätte mir gern Geld hinterlassen, war aber dazu nicht in der Lage. Das Schloss hat alles aufgefressen, was er besaß.«

Tove tippte sich an die Stirn. »Bekommt dir die Hitze nicht? Der Anwalt hat gesagt, die Kassette gehört dir. Also gehört dir auch die halbe Million. Wie die Kohle in die Kassette gekommen ist, kann dir egal sein. Vielleicht hat dein Alter im Lotto gewonnen.«

»Und warum erwähnt er das viele Geld nicht in seinem Brief?« Fietje schüttelte erneut den Kopf. Und er sah so unglücklich aus, als hätte ihm jemand ein Zipfelchen vom Glück in die Hände gegeben, das er vor lauter Überraschung nicht hatte festhalten können. Er war nicht einmal imstande, die Bestellung eines weiteren Birra alla spina aufzugeben, das er dringend nötig hatte.

Tove war bereit, ihm diese Arbeit abzunehmen. Mamma Carlotta und Fietje atmeten erleichtert auf, als er Richtung Theke verschwand.

»Es muss so sein«, sagte Mamma Carlotta. »Es gibt keine andere Erklärung.«

Fietje nickte, als wäre sein Todesurteil verlesen worden. »Mein Vater wollte mir das Geld nicht vermachen. Er hat es in dieser Kassette versteckt.«

Mamma Carlottas Herz quoll über vor Mitleid, aber ihr war klar, dass Fietje nicht zu helfen war, indem sie die Tatsachen beschönigte. »Richelmo hat gesagt, dass niemand von der Kassette wusste. Ein besseres Versteck gab es also nicht. Ihr Vater konnte ja nicht ahnen, dass er schon ein paar Tage später sterben würde.«

»Dass man ihn umbringen würde«, korrigierte Fietje und nahm nun sogar seine Bommelmütze ab, was auf tiefe emotionale Verwirrung schließen ließ. Als er sie wieder aufsetzte, zog er sie nicht so tief in die Stirn wie sonst. »Er brauchte Geld für sein Schloss. Das war ihm anscheinend so wichtig, dass er dafür den Überbringer des Lösegeldes ermordet hat.« Er stöhnte auf, und Mamma Carlotta wusste, dass er nicht nur emotional, sondern auch körperlich erschöpft war, denn Fietje Tiensch strengte nichts so sehr an wie eine Rede, die aus mehreren Sätzen bestand. »Aber wer hat meinen Vater umgebracht?«

Mamma Carlotta fand darauf keine Antwort. Sie schob das Geld in den Umschlag zurück, damit Fietje die Tat seines Vaters nicht mehr vor Augen hatte. Als Tove wieder hinter den Yuccapalmen erschien, verstaute sie es gerade in der Kassette.

Tove brachte nicht nur das Birra alla spina mit, sondern auch zwei Gläser Champagner. Eins stellte er Mamma Carlotta hin, die sich prompt ausmalte, welche Fragen diese Verschwendung bei Rosamunda hervorrufen mochte. Es war der erste Champagner ihres Lebens, aber er schmeckte ihr überhaupt nicht. Zum Champagner gehörte eine ausgelassene oder feierliche Stimmung, und davon war Fietje meilenweit entfernt.

»Wer sagt, dass die halbe Million das Lösegeld ist?«, versuchte Tove es noch einmal. »Vielleicht hat Fietjes Vater sein ganzes Leben lang gespart, damit es seinem Ältesten später mal gut geht. Und das ist nun zufällig eine halbe Million geworden.«

Fietje würdigte ihn keiner Antwort, und Mamma Carlotta sah ihn so strafend an, dass Tove jede Hoffnung fahren ließ. »Da kann man mal sehen! Dein Vater ist zwar ein Graf, aber im Grunde nicht besser als meiner. Der ist im Knast gestorben. Herzinfarkt! Jemand hatte ihm gesteckt, dass die Beute, die er am Leuchtturm in Hörnum versteckt hatte, weg war. Geklaut! Von irgendjemandem, der sich damit ein schönes Leben gemacht hat.«

Nicht einmal Mamma Carlotta, die sonst immer neugierig auf die Lebensgeschichten anderer war, vor allem wenn sie sich gründlich von ihrer eigenen unterschieden, wollte etwas von Toves Vergangenheit hören, wenn sie sich auch vornahm, ihn demnächst aus der Reserve zu locken, damit er sie mit pikanten Einzelheiten versorgte. Jetzt aber war sie derart in Anspruch genommen von Fietjes Geschichte, dass sie sich nicht auch noch mit Toves kriminellem Vater befassen konnte. Auch deswegen nicht, weil ihr soeben ein interessanter Gedanke gekommen war.

»Wenn Ihr Vater den Lösegeldüberbringer umgebracht haben sollte«, sagte sie zu Fietje, »dann war das eigentlich dumm von ihm. Ohne das Lösegeld hat der Entführer die Verlobte seines Sohnes nicht freigelassen. Und mit dem Geld von Richard Hermes hätte Ihr Vater nach der Hochzeit das Schloss sanieren können. Das war sein größter Wunsch.«

Fietje nickte, und seine todtraurige Miene schnitt Mamma Carlotta ins Herz. »Vielleicht wollte Richard Hermes dafür kein Geld hergeben?«

Mamma Carlotta stand auf und zupfte nervös an den Blättern der Yuccapalmen herum, weil sie das Stillsitzen nicht mehr aushielt. »Richard Hermes hat vielleicht gesagt, für dieses marode alte Schloss gibt er den di Vagos keinen Cent.«

Wieder konnte Fietje nur nicken.

»Und wenn das so war, dann hätte er warten müssen, bis Verena einmal ihren Vater beerbte«, fuhr sie fort. »Verena selbst ist ja nicht reich, millionenschwer wird sie erst sein, wenn ihr Vater nicht mehr lebt. Und so lange wollte Manuel di Vago vielleicht nicht warten.« Sie überlegte kurz, dann bekräftigte sie: »So lange konnte er nicht warten. In Panidomino weiß jedes Kind, dass ihm das Wasser bis zum Hals stand.« Und dann fiel ihr eine weitere Variante der merkwürdigen Entwicklung ein. »Oder er wusste längst, dass Verena nicht mehr lebt«, stieß sie hervor und zupfte so heftig an den Blättern der Yuccapalmen herum, dass sie plötzlich eins davon in der Hand hielt und ein paar weitere drauf und dran waren, sich ebenfalls von dem Plastikstamm zu lösen, weil sie ein gemeinsamer Faden verband.

Erschrocken steckte sie das Blatt zurück. »Ihm wurde klar, dass nichts mehr daraus werden konnte, das Schloss mit dem Hermes-Geld zu retten. Da wollte er wenigstens die halbe Million haben. Damit wäre er schon ein Stück weitergekommen.«

Nun gingen auch Tove Griess die Zusammenhänge auf. »Und woher wusste er, dass Verena Hermes nicht mehr lebt?«

Diese Frage gefiel Mamma Carlotta nicht. Fragen, die sie nicht beantworten konnte, gefielen ihr nie. Ärgerlich ließ sie sich wieder auf ihrem Stuhl nieder und warf Tove einen so finsteren Blick zu, als hätte er sie beleidigt.

Es war Fietje, der antwortete, so leise, dass er kaum zu verstehen war: »Ich habe nicht meinen Vater auf Sylt gesehen, sondern meinen Bruder.«

»Und wenn auch Manuel di Vago auf Sylt war ... hätten Sie ihn erkannt?«, wollte Mamma Carlotta wissen. »Haben Sie auch von ihm Fotos?«

Fietje schüttelte den Kopf, trank einen kräftigen Schluck Bier und wischte sich über den Mund, um die anderen beiden nicht merken zu lassen, dass er sich eigentlich über die Augen wischte. »Vielleicht wollte Luigi seinen ... unseren Vater davon abhalten?«

Toves Unterkiefer fiel herab. »Wovon?«

»Von dem Mord natürlich!«, fuhr Mamma Carlotta ihn an, als hätte er eine völlig überflüssige Frage gestellt. »Luigi hatte Angst um seine Verlobte. Er wusste, was sein Vater vorhatte.«

»Woher?«, fragte Tove.

Nun wurde Mamma Carlotta ärgerlich. »Wie soll ich das wissen? Jedenfalls wollte er seinen Vater von dem Plan abbringen, weil er ja wusste, dass er dann seine Verlobte nie wiedersehen würde. So ein Entführer bringt sein Opfer um, wenn er kein Lösegeld bekommt.«

»Und wer hat Fietjes Alten abgemurkst?«, fragte Tove.

Rosamunda steckte den Kopf zwischen zwei Palmen hindurch. »Gibt's was zu feiern?«, fragte sie Mamma Carlotta. »Soll ich noch mehr Champagner bringen?«

Mamma Carlotta schüttelte so unwirsch den Kopf, dass Rosamunda nicht noch einmal zu fragen wagte. Stattdessen sah sie Tove tadelnd an und bat Mamma Carlotta, ihren Sylter Bekannten daran zu erinnern, dass der Kartoffelsalat allmählich fertig werden müsse. Möglicherweise habe er ihr schlechtes Deutsch nicht richtig verstanden und nicht begriffen, wie groß die deutsche Reisegesellschaft sei, die sie erwartete, und wie viele Kartoffeln noch verarbeitet werden müssten.

Tove, dem die Arbeit in der Küche mit einem Mal lästig war, erhob sich schlecht gelaunt und drängte sich zwischen den Yuccapalmen hindurch.

Rosamunda sah ihm erstaunt nach. »Champagner bekommt dem Sylter Gastronomen wohl nicht?«, fragte sie anzüglich.

Mamma Carlotta wollte diese Frage nicht beantworten, sondern bat ihre Schwägerin: »Kann ich mal telefonieren?«

Rosamunda zog ein schnurloses Telefon aus der Schürzentasche, das sie immer bei sich trug. »Bring's mir nachher einfach an die Theke.« Mit diesen Worten zog sie sich zurück und nahm die Bestellung eines birra alla spina mit.

Mamma Carlotta wählte eine Nummer, die sie so gut kannte wie ihre eigene. Fietje fragte flüsternd: »Wen rufen Sie an, Signora?«

»Meine Freundin Marina! Die wird wissen, ob Manuel di Vago zu Hause war, als Franco Neuhaus ermordet wurde.«

Der Hocker hatte eine winzige Sitzfläche und stand auf wackeligen Beinen. Eigentlich verfügte er bloß über einen einzigen Vorteil: Er stand in der hintersten Ecke der Putzkammer und war nur zu sehen, wenn jemand den Vorhang komplett zur Seite schob. Und anders als Wischmopp und Eimer schien der Hocker zu den Gegenständen zu gehören, die nur selten zum Einsatz kamen.

Jedenfalls hatte die Aushilfskellnerin den Vorhang mit einer Hand leicht geöffnet und sich mit der anderen genommen, was sie brauchte. Zwei fremde Füße am Boden der Putzkammer wären ihr womöglich aufgefallen, die Schuhe auf dem Hocker nahm sie nicht zur Kenntnis. So, wie Erik es gehofft hatte. Stocksteif stand er da und versuchte sein Zittern zu unterdrücken, den Schweißausbruch zu ignorieren und sich von der Haarsträhne, die ihn kitzelte, nicht verrückt machen zu lassen.

Über die Behändigkeit, mit der er den Hocker blitzschnell erklommen hatte, konnte er sich nicht genug wundern. Erstaunlich, welche Kräfte und Fähigkeiten geweckt wurden, wenn die Angst vor Entdeckung so groß war. Verzweifelt hielt er sich an der Vorhangstange fest, wagte nicht, den Kopf zu bewegen, obwohl er gern die Hände beobachtet hätte, die unter ihm nach dem Eimer griffen und den Wischer in den Flur zogen. Als der Vorhang fiel und sich die Schritte der Kellnerin entfernten, hatte er das Gefühl, minutenlang die Luft angehalten zu haben.

Vorsichtig stieg er von dem Hocker, und dann stolperte er blindlings über den Flur auf die Toilettentür zu, den Blick auf die Füße gerichtet, damit er niemanden sehen musste, der aus dem Gastraum in den Flur trat und ihn fragen könnte, was um Himmels willen er in der Putzkammer zu suchen hatte.

In den Toilettenräumen war seine Flucht allerdings noch nicht zu Ende. Vor dem Pissoir stand ein Mann, der ihn erschrocken ansah. Und wieder regierte Erik so wie vorher: den Blick auf die Füße gerichtet, blindlings auf eine Kabinentür zu! Er warf sie hinter sich ins Schloss und ließ sich auf den Toilettendeckel fallen. Kurz darauf rauschte draußen das Wasser ins Handwaschbecken, und der Mann verließ den Raum.

Erik legte aufatmend das Gesicht in seine Hände und stöhnte leise. In was für eine Situation hatte er sich gebracht!

Aber nun war es zu spät. Er musste in den Gastraum zurück, ohne zu wissen, ob ihn dort fragende Blicke oder sogar peinliche Bemerkungen erwarteten.

Nach einer Weile erhob er sich, atmete tief ein und aus, dann entriegelte er die Tür und trat kurz darauf auf den Flur. Ohne zu zögern, ging er auf seinen Tisch zu.

Dort saß Tizio und wartete auf ihn. Gepflegt, perfekt frisiert, im makellosen weißen Hemd, mit sorgfältig aufgekrempelten Ärmeln. Grinsend schlug er die Beine übereinander. »Da staunst du, was?«

Erik setzte sich zu ihm. »Was machst du hier?«

Tizio zuckte mit den Schultern. »Meinem Arbeitsplatz einen Besuch abstatten. Kaum war ich hier, hörte ich schon, dass ein Verwandter nach mir gefragt hat.«

Vittoria Zaragoza servierte die Cannelloni persönlich. »Ist das nicht ein lustiger Zufall?«, fragte sie und setzte Erik einen Teller vor, von dem ein köstlicher Duft aufstieg. »Und ich dachte, Tizio ist in Portugal, in Finnland oder was weiß ich. In Wirklichkeit hatte er jetzt schon Heimweh.«

Aber davon wollte Tizio nichts hören. »Von wegen Heimweh! Eine Silberhochzeit in der Familie! Sonst wäre ich vielleicht wirklich schon in Finnland.«

»Brav«, lobte Vittoria lachend. »Für eine Silberhochzeit die Europareise unterbrechen! So was nenne ich Familiensinn!« Sie wandte sich an Erik. »Buon appetito! Nun haben Sie also doch noch erfahren, wo Tizio sich aufhält.«

Tizio sah Erik verwundert an. »Das wusstest du doch!«

Erik griff nach einer Gabel und probierte die Cannelloni, als hätte er Tizios Einwand nicht gehört. »Hm, buono!«, sagte er zu Vittoria. Und zu Tizio: »Ist Luana noch in München?«

Aber sein Ablenkungsmanöver gelang nicht. »Ich dachte«, sagte Vittoria, »Sie wüssten gar nicht, wo Tizio ist.«

»Ein Missverständnis«, antwortete Erik, ohne sie anzusehen.

Die wandte sich achselzuckend an Tizio. »Wenn du Zeit hast, während du hier bist, könntest du aushelfen.«

»Mal sehen«, antwortete Tizio. »Vielleicht ...«

Vittoria ging zur Theke, und Tizio sah Erik eine Weile beim Essen zu. Dann sagte er: »Komisch, dass du ausgerechnet im Nebbia Costiera eingekehrt bist.«

Erik tat so, als verstünde er Tizios Verwunderung nicht. »Ich wollte Perugia besichtigen. Will ich schon seit Jahren! Und als ich Hunger bekam, ist mir das Restaurant eingefallen, in dem du arbeitest. Was ist daran komisch?«

Tizio antwortete nicht, sondern behielt ihn im Blick. Erik tat so, als bemerkte er es nicht, und aß ungerührt weiter.

»Sag mal«, meinte Tizio schließlich, »kann es sein, dass du dienstlich hier bist? Ermittelst du in Italien weiter?«

Erik sah ihn an, als wäre er vom Donner gerührt. »Ich? Hier ermitteln? Wie kommst du denn darauf?«

»Tja ...« Tizio kratzte sich am Kopf. »Wie komme ich nur darauf?«

»Du meinst den Fall Franco Neuhaus?«, erkundigte sich Erik scheinheilig. »Glaubst du denn, dass ich die Wahrheit hier finde? In Italien? Nicht auf Sylt, wo er ermordet wurde?«

Tizio zuckte die Achseln. »Was weiß ich? Immerhin war er Italiener. Erzähl schon, Enrico! Was weißt du?«

Aber Erik war entschlossen, sich zu keiner Bemerkung hinreißen zu lassen, die etwas über seine Arbeit verriet. »Was ist nun mit Luana? Kommt sie dich besuchen? Oder wartet sie in München auf dich? Wollt ihr von da aus weitermachen mit eurer Europareise?«

Tizio jedoch war genauso wenig bereit, etwas zu verraten. Er strich mit einer affektierten Geste seine Haare nach hinten und lächelte anmaßend. Schließlich antwortete er vage: »Mal sehen.«

»Wie lange hast du unbezahlten Urlaub?«

»Solange ich will.«

»Du meinst wohl, solange dein Geld reicht.« Erik sah sich mit einem vielsagenden Blick um. »Wie es aussiehst, wirst du hier nicht gebraucht. In dem Laden ist nichts los.«

Tizio schien sich seiner Position im Nebbia Costiera trotzdem sicher zu sein. »Hier wird sich einiges ändern.«

»Stimmt! Das hat Signora Zaragoza auch schon gesagt.« Erik schenkte sich selbst und auch Tizio Wasser ein. »Ein Umbau? Oder wird das Restaurant in eine bessere Gegend verlegt?«

Tizio hielt nach Vittoria Ausschau, als hätte er Angst, etwas zu verraten, was noch geheim bleiben sollte. »Luigi di Vago ist auf der Suche nach einem Franchisegeber. Irgendeine Kette von Fischrestaurants, habe ich gehört.«

Erik dachte eine Weile nach, dann meinte er: »Das ändert aber nichts an der ungünstigen Lage des Restaurants.«

»Näheres weiß ich nicht«, meinte Tizio. »Ich glaube sowieso erst daran, wenn es so weit ist. Soviel ich weiß, muss ein Franchisenehmer eine Menge Geld zahlen, wenn er in eine Kette einsteigen will.«

»Das dürfte für Luigi di Vago kein Problem sein, wenn er mit Verena Hermes verheiratet ist.«

»Ja, wenn ...« Tizio machte eine so bedeutungsvolle Pause, dass Erik erstaunt aufsah.

»Du glaubst nicht, dass aus der Ehe was wird?«

»Woher soll ich das wissen?«

»Du kennst ihn gut. Wenn du zum Beispiel wüsstest, dass Luigi di Vago eine andere liebt ...«

»Wie kommst du darauf?« Tizio hörte schlagartig auf, seine Haare glattzustreichen und an den aufgeschlagenen Ärmel seines weißen Hemdes zu zupfen. Er sah Erik aufmerksam an. »Weißt du irgendwas?«

»Ich?«, tat Erik erstaunt. »Ich kenne Luigi di Vago nicht mal. Ich meine nur ... könnte ja sein ...«

Tizio machte eine wegwerfende Handbewegung, als fiele ihm soeben ein, dass er darüber nicht reden wolle. »Was geht uns das an?« Er lächelte kumpelhaft, als wollte er Erik von etwas überzeugen, ohne dass dieser eine Ahnung hatte, wovon.

In diesem Moment erschien Luigi di Vago im Gastraum, sah sich um, als betrachte er sein Königreich, und setzte ein Lächeln auf, das gleichzeitig konziliant und herrisch war und Zufriedenheit ausströmte, obwohl die Besucherzahl ihn nicht zufriedenstellen konnte. Als er Tizio sah, wurde sein Lächeln strahlend. Er begrüßte ihn jovial, lachte erfreut, als Erik ihm vorgestellt wurde, klopfte Tizio auf die Schultern und fragte ihn, warum er unbezahlten Urlaub genommen habe, wenn er schon nach kurzer Zeit wieder am Arbeitsplatz auftauche. »Aber wir können das rückgängig machen! Kein Problem!«

Doch Tizio winkte ab und erzählte auch Luigi di Vago die Geschichte von der Silberhochzeit. »In ein paar Tagen reise ich wieder ab. Aber wenn es bis dahin einen Engpass gibt ...«

Luigi di Vago winkte ab. »Das will ich nicht hoffen. Am letzten Wochenende hätte ich dich im Casa Toscana gebrauchen können. Ich war auf Geschäftsreise. Wegen dieser Franchisegeschichte, du weißt.«

Erik starrte Luigi di Vago an, ließ ihn reden, achtete nicht mehr auf seine Worte, betrachtete ihn nur sehr genau und stellte sich vor, er trüge eine verspiegelte Sonnenbrille. Wenn Luigi di Vago am letzten Wochenende, als Franco Neuhaus ermordet wurde, nicht in Perugia gewesen war, wo hatte er sich dann aufgehalten? Auf Sylt? So wie Luigi di Vago hatte der Mann ausgesehen, der Franco Neuhaus beobachtete, der Mann, vor dem Fietje Tiensch geflüchtet war ...

Carolin war ausgesandt worden, um nach ihrer Großmutter zu suchen, nachdem Benedetta, die zukünftige Silberbraut, Alarm geschlagen hatte. Carlotta war nicht bei ihr erschienen, um das Gemüse für die Antipasti zu putzen, zu braten, zu dünsten und zu marinieren, wie sie es versprochen hatte. Daraufhin war Sandra in Sorge geraten, denn ihre Schwiegermutter hatte sich bereits seit Stunden nicht zu Hause blicken lassen. Das war zwar nichts Ungewöhnliches, da es Mamma Carlotta öfter passierte, dass sie nur ein paar Koteletts vom Metzger holen wollte, dann aber von der Metzgersfrau genötigt worden war, sich eine neue Polstergarnitur in deren Wohnzimmer anzusehen. Und wenn sie dann in der Sofaecke die Schwiegertochter des Metzgers antraf, die gerade ein Baby bekommen hatte, das ebenfalls besichtigt werden musste, und wenn sich ein Gespräch über die Schwierigkeiten beim Stillen anschloss oder die Frage erörtert werden musste, wie mit den Drei-Monats-Koliken umzugehen war ... dann konnten die Besorgungen schon mal zwei bis drei Stunden in Anspruch nehmen.

Diesmal jedoch war Mamma Carlotta in keinem der Geschäfte gesehen worden, die sie aufzusuchen pflegte, das hatte Sandra schnell in Erfahrung gebracht. Sie fragte bei allen Nachbarn nach und telefonierte schließlich mit Marina. Die wusste zu berichten, dass sie vor einer Viertelstunde einen Anruf von Carlotta aus der Pizzeria Venezia bekommen hatte. Und so erschien Carolin kurz darauf mit empörter Miene vor dem Restaurant ihres Großonkels, um ihre Nonna an die Vorbereitungen für die Silberhochzeit zu erinnern.

Völlig unnötig, wie Mamma Carlotta immer wieder versicherte. Marina, die Benedetta ebenfalls zur Hand gehen wollte, hatte ihr während des Telefongesprächs bereits einen entsprechenden Hinweis gegeben. So kam es, dass Carolin ihre Nonna schon vor der Tür antraf, was dieser sehr entgegenkam, weil sie ihrer Enkelin auf diese Weise nicht erklären musste, warum sie mit einem deprimierten Sylter Strandwärter hinter drei künstlichen Yuccapalmen hockte. Carlotta hörte sich geduldig an, dass man sich Sorgen um sie gemacht habe, erklärte, dass sie sich mit Rosamunda nach einem schweren Streit versöhnt habe und so etwas eben nicht in zehn Minuten zu erledigen sei. Dann fand sie, dass es keinen Grund mehr für Carolins säuerliche Miene gab. »Ich gehe zu Benedetta! Eine Viertelstunde Verspätung wird schon nicht so schlimm sein!«

»Eine Viertelstunde?«, entgegnete Carolin entrüstet. »Mindestens drei Stunden!«

Carlotta griff nach der Hand ihrer Enkelin. »Du könntest mir bei den Paprikaschoten helfen, dann haben wir die kleine Verspätung schnell aufgeholt.«

Carolin ließ sich zwar mitziehen, aber ihre Miene blieb vorwurfsvoll. Und als Mamma Carlotta anfing, vom Ballett zu reden, nur damit ihre Enkelin endlich aufhörte, über die Unpünktlichkeit zu nörgeln, die keinen Italiener aus der Fassung gebracht hätte, wurde es noch schlimmer. »Ich könnte die Pirouetten längst, wenn Luana mir noch beim Training helfen würde.«

Jetzt erst fiel Mamma Carlotta auf, dass Carolin an diesem Sonntagnachmittag ohne ein einziges Ballettaccessoire ausgekommen war. Zwar trug sie wieder strenges Schwarz und flache Ballerinas, hatte die Haare straff nach hinten gekämmt und im Nacken zu einem winzigen Dutt zusammengedreht, aber sie hatte auf ihre Trainingskleidung verzichtet, auf die Stulpen, die die Fußgelenke wärmten, und auf die Spitzenschuhe, die sie sich gern über die Schulter warf, damit jeder sehen konnte, dass sie eine angehende Ballerina war. Sie verzichtete sogar auf ihre kerzengerade Haltung und den entrückten Blick in die Ferne, sondern trottete mürrisch, die Augen zu Boden gerichtet, neben ihrer Großmutter her.

In Mamma Carlotta wuchs die Hoffnung heran, dass aus Carolin bald wieder ein ganz normales junges Mädchen würde, das ein bisschen Ballett machte, so wie sie auch ein bisschen Volleyball spielte oder ein bisschen Musik hörte.

»Luana ist in München«, erinnerte sie. »Das weißt du doch. Aber sie hat gesagt, dass sie vielleicht nach Italien kommt, solange Tizio hier ist. Sie wird dann natürlich bei ihrem Vater in der Toskana wohnen oder bei Tizio in Perugia, aber sicherlich macht sie einen Abstecher nach Panidomino.«

»Sie hat mir gestern Abend eine SMS geschickt. Sie bleibt noch ein paar Tage in München.« Nun fing Carolin an zu schluchzen: »Aber Onkel Guido sagt, er hätte Tizio gesehen. Vor einer Stunde! Onkel Guido hatte in Perugia zu tun.«

»Am Sonntag?« Mamma Carlotta war beunruhigt. Die italienischen Finanzbehörden schauten sehr genau hin, wenn der Wagen einer Spedition am Sonntag unterwegs war, und vermuteten immer Schwarzarbeit, wenn Guido einen Umzug erledigte oder ein paar Antiquitäten beförderte. Natürlich hatten die Steuerfahnder, die in Italien überall unterwegs waren, recht, wenn sie Guido nicht glauben wollten, dass er mal wieder guten Freunden behilflich war und dafür nichts als herzlichen Dank und die Einladung zu einem guten Essen erhielt.

»Ein Umzug, hat er gesagt.« Carolin bemerkte nichts von den Sorgen ihrer Großmutter. »Von Città di Castello nach Perugia. Und bei der Gelegenheit wollte er Tizio besuchen. Der wohnt doch im Zentrum von Perugia. In der Nähe des Restaurants, in dem er arbeitet.«

»Sì, sì«, gab Carlotta unkonzentriert zurück. In ihren Gedanken war sie längst wieder bei dem Telefongespräch, das sie mit Marina geführt hatte.

»Tizio war gar nicht zu Hause«, erzählte Carolin weiter. »Aber Onkel Guido hat gemerkt, dass jemand in der Wohnung war.«

Mamma Carlotta blieb stehen und sah ihre Enkelin eindringlich an. »Luana?«

Carolin kämpfte mit den Tränen. »Eine Frau mit langen schwarzen Haaren und einem Pony, der ihr bis in die Augen wächst.«

Mamma Carlotta nickte. »Luana!«

»Er hat sie auf dem Balkon gesehen, aber sie hat die Tür

nicht geöffnet, als er geläutet hat. Tizio ist kurz darauf gekommen. Er hat gesagt, er wäre mit Papa im Nebbia Costiera gewesen.«

»Mit Enrico?« Mamma Carlotta dachte angestrengt darüber nach, ob Erik angekündigt hatte, sich mit Tizio in Perugia treffen zu wollen. Aber ihr Gedächtnis versagte. Anscheinend war sie zu sehr mit Fietjes Schicksal beschäftigt, um auch noch Eriks Probleme zu ihren eigenen zu machen. Wenn ihr Schwiegersohn sich mit Tizio getroffen hatte, dann bedeutete das womöglich, dass er ihren Neffen in Verdacht hatte. »Dio mio!«, flüsterte sie. Wenn sie doch nur Klarheit in dieses Wirrwarr bringen könnte, ohne Fietjes Vater zu verraten!

Carolin hatte sie falsch verstanden. »Genau! Tizio hat verschwiegen, dass Luana bei ihm ist. Sie tut also nur so, als wäre sie noch in München. Sie will mir nicht bei den Pirouetten helfen. Das ist so was von gemein!«

Mamma Carlotta war unfähig, den Schmerz ihrer Enkeltochter zu teilen, deshalb gelang es ihr auch nicht, ihr Trost zu spenden. Wenn das stimmte, wenn Luana wirklich heimlich nach Italien gekommen war, dann musste das einen Grund haben. Warum log Tizio? Natürlich, weil Luana ihn dazu angestiftet hatte! Was hatte sie vor? Der 14. August rückte näher ...

Sie ließ Carolins Wehklagen an sich vorbeirauschen, nickte nur hin und wieder und murmelte »sì, sì«. Was würde wohl passieren, wenn Erik erfuhr, dass Luana ihrem Freund heimlich nach Perugia gefolgt war? Würde er ihren Neffen verdächtigen? Todsicher! Wenn Luana ins Visier der Polizei geriet, würde auch Tizio bald am Pranger stehen. Dass er nur verführt worden war, dass er aus Liebe das Gesetz gebrochen hatte, würde niemand verstehen. Am Ende schaffte es Luana noch, Tizio die gesamte Schuld zuzuschieben und ihre eigenen Hände in Unschuld zu waschen! Wie konnte sie das nur verhindern?

»Vielleicht hat Guido sich getäuscht«, sagte sie. »Es gibt in Italien viele Frauen mit langen schwarzen Haaren.«

»Auf Tizios Balkon?«, fragte Carolin ärgerlich zurück.

»Wenn Guido gedacht hat, Tizio wohnt in der zweiten Etage, aber in Wirklichkeit wohnt er in der dritten ...« Sie schlug mit der rechten Faust in die linke Handfläche. »Schon ist der Irrtum passiert.«

»Meinst du wirklich?« Carolin schien Hoffnung zu schöpfen.

»Außerdem braucht Guido dringend eine Brille«, behauptete Mamma Carlotta. »Das habe ich ihm schon oft gesagt.«

Tatsächlich beruhigte Carolin sich allmählich. Und wie immer, wenn nichts mehr auf ihrer Seele lastete, was der Klärung bedurfte, schwieg sie. Carolin konnte schweigen wie Erik, das Temperament ihrer italienischen Vorfahren hatte nichts gegen das friesische Erbe ihres Vaters ausrichten können. Mamma Carlotta dagegen plauderte über Benedettas jüngste Schwester, während sie an Fietjes Verzweiflung dachte, nachdem er erfahren hatte, dass sein Vater ausgerechnet an dem Tag, an dem auf Sylt ein römischer Privatdetektiv ermordet worden war, nicht in Panidomino gewesen war. Marina war sich ganz sicher gewesen. Sie selbst hatte frei bekommen, weil in der Küche des Schlosses niemand gebraucht wurde, wenn weder der Besitzer noch dessen Sohn anwesend waren.

Carlotta erzählte von Davides Bruder, der mal in Benedettas Schwester verliebt gewesen war, und dachte doch nur daran, dass für Fietje damit ein schrecklicher Beweis erbracht worden war: Sein Vater war ein Mörder. Es konnte nicht anders sein! Manuel di Vago hatte Franco Neuhaus umgebracht, um an das Lösegeld zu kommen, mit dem eigentlich Richard Hermes' Tochter befreit werden sollte. Und dann hatte er die halbe Million in der Kassette versteckt, von der außer dem Anwalt niemand etwas wusste. Der alte di Vago hatte ja nicht ahnen können, dass er schon bald das

Opfer eines Mordanschlags werden würde, ohne die Gelegenheit zu bekommen, das viele Geld für die Renovierung seines Schlosses auszugeben.

Fietje hatte Mamma Carlotta angefleht: »Niemand darf das wissen! Bitte, Signora! Ich will nicht, dass er als Mörder entlarvt wird! Ich war immer stolz darauf, dass mein Vater ein italienischer Graf war, der überall geachtet wurde.«

Mamma Carlotta verriet ihrer Enkelin, dass das Kind, das Benedettas Schwester bekam, Davides Bruder wie aus dem Gesicht geschnitten war, was der ganzen Familie auffiel, nur nicht Benedettas Schwager. Währenddessen fragte sie sich, ob es wirklich richtig war, was Fietje plante. Dabei hatte sie ihn gut verstehen können, als er den Beschluss fasste, das Geld an den rechtmäßigen Besitzer zurückzugeben. Fietje war nun der Sohn eines Grafen. Er musste anders handeln als ein Sylter Strandwärter, der schon oft beim Spannen erwischt und von Erik verhaftet worden war. »Wenn Richard Hermes die halbe Million wieder in Händen hält, wird niemand meinen Vater in Verdacht haben. Ein Toter kann schließlich kein Geld zurückgeben.«

Tove hatte getobt, und Mamma Carlotta wagte sich nicht vorzustellen, welche Auswirkungen seine Wut auf den Kartoffelsalat hatte, der zu diesem Zeitpunkt der deutschen Reisegruppe vorgesetzt wurde. Rosamunda war froh gewesen, dass der Bus mit einer Verspätung von gut zwei Stunden in Panidomino angekommen war, sonst hätte der Kartoffelsalat von der Karte gestrichen werden müssen. So aber hatte sie die deutschen Touristen mit der freudigen Botschaft empfangen können, dass in der Pizzeria Venezia neuerdings deutsche Küche angeboten wurde.

Nun waren sie vor dem Haus angekommen, in dem Benedetta und Davide wohnten. Carolin schwieg noch immer, und Mamma Carlotta wusste nicht mehr, was sie ihrer Enkelin auf dem Weg dorthin erzählt hatte. Vorsichtshalber bat sie deshalb: »Aber kein Wort zu Benedetta!« Und als Carolin nur nickte, ergänzte sie ermutigend: »Bevor du die Paprikaschoten entkernst, könntest du Benedetta ein paar von diesen … diesen Sprüngen vorführen.«

»Die Échappés?«

»Genau! Die Wohnung ist zwar ziemlich eng, aber es gibt einen langen Flur. Da könnte es gehen.«

Auf der Rückfahrt telefonierte er mit Sören, der stöhnte, weil er jede Menge zu tun hatte, aber nicht weiterkam mit seinen Ermittlungen. »Wenn Sie wenigstens hier wären, Chef!«

Er war auf der Suche nach der Mordwaffe, mit der Franco Neuhaus erschlagen worden war, und natürlich nach Verena Hermes, falls sie auf Sylt versteckt gehalten wurde. Ein Aufruf im Inselblatt hatte nur dazu geführt, dass stündlich jemand bei ihm erschien, der etwas gesehen haben wollte. Aber bis jetzt war keine heiße Spur dabei. Die Staatsanwältin war dementsprechend unleidlich und setzte ihre ganze Hoffnung auf Erik, von dem sie erwartete, dass er Manuel di Vagos Tod und den Mord an Franco Neuhaus aufklären und gleichzeitig die Entführung der Hermes-Tochter glücklich beenden würde. »Oder wenigstens sollen Sie uns in Kürze erzählen, wo Verenas Leiche versteckt ist«, schloss Sören.

Erik fuhr auf einen Parkplatz, weil er keine Freisprechanlage besaß, lehnte sich zurück und sah einer italienischen Familie zu, die sich für die Weiterfahrt stärkte. Der Vater hatte den Kofferraum geöffnet, in dem sich alles mögliche Essbare befand, worauf sich die Kinder stürzten, während die Mutter ein Baby stillte.

»Die Sache mit der Entführung ist das Schwierigste«, sagte er, »solange Richard Hermes bei der Aussage bleibt, seine Tochter sei gar nicht entführt worden. Für den Mord an Manuel di Vago fehlt ein Motiv. Und wen Franco Neuhaus im Süder Wung observiert hat, ist mir noch immer nicht klar. Eins allerdings weiß ich …« Erik berichtete Sören von seiner Beobachtung im Nebbia Costiera. »Luigi di Vago hat ein Verhältnis mit seiner Geschäftsführerin.«

»Obwohl er mit der Tochter des reichen Hermes verlobt ist? Das ist ja ein Ding!«

»Und es ist nicht ausgeschlossen, dass er der Mann mit der verspiegelten Sonnenbrille ist, den ich auf Sylt gesehen habe. Derjenige, vor dem Fietje Tiensch sich versteckt hat.«

»Der Franco Neuhaus beobachtet hat?«

»Und der an besagtem Wochenende auf Geschäftsreise war.«

»Dann hat er doch ein Motiv«, rief Sören. »Er wollte seine Verlobte loswerden, weil er eine andere liebt, und gleichzeitig die halbe Million kassieren.«

»Ich kann sein Alibi nicht überprüfen«, gab Erik zurück. »Schließlich bin ich als Privatmann hier. Angeblich war er unterwegs, weil er mit einem Franchiseunternehmer verhandeln wollte. Aber fragen Sie mich nicht, mit wem und wo!«

»Dann müssen die italienischen Kollegen ran«, meinte Sören. »Die müssen ihn zum Verhör vorladen.«

Aber Erik dämpfte seinen Tatendrang. »Besser, wir wiegen ihn noch in Sicherheit. Wir müssen vorsichtig sein.«

Sören brummte etwas, was sich wie Zustimmung anhörte.

»Ach ja … kennen Sie zufällig ein Franchiseunternehmen, das Fischrestaurants betreibt?«, fragte Erik. »Recherchieren Sie das mal. Vielleicht können Sie herausfinden, ob sich jemand von diesem Unternehmen am letzten Wochenende mit Luigi di Vago getroffen hat. Wenn wir wissen, dass er sich in Rom oder Paris aufgehalten hat, können wir ihn von der Liste der Verdächtigen streichen.«

»Geht klar«, sagte Sören und schien das Gespräch beenden zu wollen, um sich gleich an die Arbeit zu machen.

»Und noch was«, rief Erik, bevor Sören auflegen konnte. »Gibt's schon Ergebnisse von Vetterich? Hat er Spuren am Tatort gefunden? Spuren im Lamborghini?«

»Leider negativ! Auf der Wiese vor der Scheune waren

sämtliche Spuren unbrauchbar. In der Scheune gab's nur Fußspuren, die nicht zugeordnet werden können. Und im Lamborghini hat er Fingerabdrücke des Toten gefunden und Abdrücke von Mitarbeitern der Verleihfirma. Ein paar andere auch noch, aber da fehlt das Vergleichsmaterial.«

Erik hatte nichts anderes erwartet und verabschiedete sich von seinem Assistenten, nachdem er ihn mit ein paar aufmunternden Worten motiviert hatte, nicht aufzugeben. »Sie können jetzt zeigen, was in Ihnen steckt!«

Dann lehnte er sich zurück und schloss die Augen. Steffen Ellebrechts Gesicht erschien vor ihm, bleich, regungslos. Dass er noch immer nicht wusste, warum Franco Neuhaus an seinem Haus interessiert gewesen war, machte ihm nach wie vor zu schaffen. Es kam ihm vor, als sei er nur durch Zufall einem Schicksal wie dem von Steffen Ellebrecht entronnen.

Mit der Rückkehr nach Panidomino ließ er sich Zeit, dort wartete niemand auf ihn. Lucias Familie behandelte ihn zum Glück wie einen Touristen, der sich die Gegend ansehen wollte, niemand wunderte sich über seine Abwesenheit, keiner erwartete seine Rückkehr zu einer bestimmten Zeit. Und die Kinder waren beschäftigt. Zwar nahm Erik sich erneut vor, diesen Aufenthalt für ein paar Urlaubstage mit Carolin und Felix zu nutzen, aber er wusste, dass es schwer sein würde, in Konkurrenz zu Carolins Balletttraining zu treten. Erst recht würde es schwierig werden, Felix etwas Interessanteres zu bieten als das, was sein Onkel ihm ermöglichte. Guido freute sich, dass Felix nicht mehr mit dem Fußball zwischen den Lieferwagen herumspielte, sondern sich endlich fürs Autofahren interessierte. Nach Guidos Auffassung sollte diese Leidenschaft bei einem Jungen spätestens im zehnten Lebensjahr geweckt werden. Felix war also längst überfällig. Und da Guido selbst mit Töchtern gesegnet war, genoss er Felix' staunende Augen und den stolzen Blick, wenn der Junge sich hinters Steuer setzen und davon träumen durfte, dass dieses Lenkrad zu einem Rennwagen gehörte.

Lucia hatte Erik erzählt, dass ihr Bruder schon als Sechzehnjähriger ein guter und geübter Autofahrer gewesen war. Der damalige Pfarrer des Dorfes hatte ihn gelegentlich ans Steuer gelassen, wenn ihn selbst diverse Zipperlein plagten, aber ein Schäfchen nach ihm rief, das Beistand, seinen guten Rat oder gar die letzte Ölung brauchte. Der Pfarrer war der Ansicht gewesen, dass sein Auto mit Gottes Segen fuhr und deshalb nichts passieren könne. Tatsächlich hatte Guido seinen ersten Unfall erst verschuldet, als er schon über achtzehn und im Besitz einer gültigen Fahrerlaubnis gewesen war. Erik hoffte inständig, dass sein Schwager nicht der gleichen Meinung war wie der Pfarrer und sich einbildete, dass über seinem Lieferwagen auch ein göttlicher Segen schwebte.

Im Zentrum von Città di Castello beschloss er, seine Rückkehr nach Panidomino noch ein wenig hinauszuzögern. In der Nähe der Piazza Garibaldi sah er ein Straßencafé und auf der anderen Straßenseite einen kleinen Parkplatz vor einer Polizeistation. Er stellte den Wagen ab, überquerte die Straße und ließ sich im Schatten hoher Bäume nieder. Die Tische und Stühle, die darunter standen, erwiesen sich bei näherem Hinsehen zwar als schmuddelig und ungepflegt, aber der Espresso, der ihm serviert wurde, schmeckte so gut, dass er Vertrauen gewann und gleich darauf auch die Bestellung eines Profiterole aufgab.

Während er darauf wartete, beobachtete er den Straßenverkehr und versuchte, die Abgase und den Lärm zu ignorieren. Den Gedanken an Sylt schob er schnell beiseite, auch den an Lucia. Hier war ihre Heimat gewesen, hier hatte sie sich wohlgefühlt, diesen Lärm, dieses Durcheinander war sie gewöhnt gewesen, während er selbst immer die Tage gezählt hatte, bis er wieder gen Norden reisen konnte. Wie glücklich hatte er sich schätzen können, dass Lucia nicht das gleiche

Heimweh gequält hatte, unter dem er jedes Mal litt, wenn er in der Heimat seiner Frau war!

Er dachte an die vielen Deutschen, die sich in Italien, vor allem in der Toskana, einen zweiten Wohnsitz geschaffen hatten. Für ihn selbst käme so etwas niemals infrage. Ein Leben außerhalb von Sylt? Unmöglich! Was bewog einen Mann wie Richard Hermes, der vermutlich auch in München ein schönes Haus in angenehmer Umgebung besaß, nach Italien zu gehen und den größten Teil des Jahres in der Nähe von Pienza zu verbringen? In seinem Fall war es wohl vor allem die Sicherheit, die er in einem fremden Land zu finden glaubte. In Italien war der Name Hermes unbekannt, hatte er gedacht, hier war seine Tochter nicht so gefährdet wie in München, wo jeder wusste, wie reich Richard Hermes war.

Das Profiterole wurde ihm serviert, Erik probierte vorsichtig und schloss dann genießerisch die Augen. Wunderbar! Lucia hatte im Lauf der Zeit gelernt, Rote Grütze zu machen, aber ihre Profiteroles hatte er mindestens genauso geliebt. Und dieses schmeckte hervorragend, wenn auch die Umgebung nicht einladend war. Gerade hatten sich am Nebentisch ein paar Jugendliche niedergelassen, die versuchten, den Verkehrslärm zu übertönen, und schließlich einen CD-Player zu Hilfe nahmen, den sie so weit aufdrehten, dass sie sich noch lauter anschreien mussten, um sich zu verständigen. Erik hätte sich gern beschwert, aber als er in die gleichmütigen Mienen aller anderen sah, verzichtete er darauf.

Er dachte an Verena Hermes, die in Deutschland aufgewachsen war, in privilegierter Umgebung, unter Menschen, die sich zu benehmen wussten. Ob sie sich wohlgefühlt hatte in dieser lauten Umgebung? Oder hatte sie sich nur unter ihresgleichen aufgehalten, wo man gelernt hatte, sich in gemäßigter Lautstärke die Zeit zu vertreiben? Wo mochte sie stecken? Wartete sie in einem Versteck auf Befreiung? Oder war ihr Entführer, der Franco Neuhaus auf dem Gewissen hatte, längst geflohen und hatte sie ihrem Schicksal überlassen?

Noch nie hatte er so deutlich wie in diesem Augenblick die Frage zugelassen, was Tizio mit dem Ganzen zu tun hatte. Sein Verdacht war schrecklich, und was geschehen würde, wenn er Tizio überführen sollte, mochte er sich gar nicht ausmalen. Für seine Schwiegermutter würde eine Welt zusammenbrechen. Und die gesamte Familie Capella würde ihn, den deutschen Kriminalhauptkommissar, dafür verantwortlich machen, dass einer der ihren für viele Jahre ins Gefängnis wanderte. Nicht Tizio würde der Schuldige sein, sondern Erik Wolf, da war er sich sicher!

Er lehnte sich zurück, hielt sein Gesicht in die Sonne, die in diesem Augenblick durch ein paar Lücken im Laubdach sickerte, und schloss die Augen. Was hatte er gegen Tizio in der Hand? Ein paar Indizien sprachen gegen ihn, mehr nicht. Dass Tizio auf Sylt erschienen war, obwohl er mit seiner Freundin eine Europareise geplant hatte, war merkwürdig. Vor allem, wenn man bedachte, wie unwohl sich Luana in seinem Hause gefühlt hatte. Aufgetaut war sie erst, als Franco Neuhaus' Tod bekannt geworden war. Von da an hatte er sich gelegentlich sogar von ihr belauscht gefühlt. Oder bildete er sich das ein? Aber dann das Kettchen: »In Liebe – V.« Wofür stand dieses V? Für Valentina, Vanessa, Vera, Valeria? Für Verena? Oder für Vittoria?

Er schüttelte den Kopf. Nein, was redete er sich da für einen Unsinn ein? Schlimm genug, dass Vittoria Zaragoza ein Verhältnis mit Luigi di Vago hatte! Was das für die entführte Verena bedeutete, mochte er sich nicht vorstellen. Und dann fiel ihm Fietje Tiensch ein. Nur gut, dass er sich über ihn keine Gedanken machen musste. Was es mit dem Erbe des Strandwärters auf sich hatte, würde er über kurz oder lang in aller Ausführlichkeit von seiner Schwiegermutter erfahren.

Erik schob sich den letzten Bissen des Profiterole in den Mund und zog seine Geldbörse hervor. Das Durcheinander in seinem Kopf wurde nicht besser, wenn er hier saß und sich mit Fragen quälte. Das Geheimnis um Verena Hermes konnte er nur in der Nähe ihres Vaters lösen. Wirklich zu dumm, dass es ihm nicht gelungen war, sich in Richard Hermes' Vertrauen zu schleichen. Der Entführer musste aus dem unmittelbaren Umfeld des reichen Geschäftsmannes stammen. Aber leider hatte Sören niemanden ausfindig gemacht, der mit Hermes in Kontakt stand und den gleichzeitig etwas mit Sylt verband.

Er hatte gerade »Il conto, per favore!« gerufen, da klingelte sein Handy. Es war Sören. Seine Stimme klang aufgeregt. »Hermes hat angerufen!«

»Was wollte er?«, fragte Erik und winkte die Kellnerin vom Tisch weg, die ihm die Rechnung vorlegte.

»Ihre Handynummer«, sagte Sören. »Er will mit Ihnen reden.«

»Worüber?«

»Das hat er nicht gesagt. Und mir wollte er nichts verraten. Rechnen Sie also damit, dass Sie heute Abend einen Anruf von ihm bekommen.«

»Warum sollte ich warten? Die Handynummer von Richard Hermes haben wir doch auf Neuhaus' Mobiltelefon gefunden. Wenn Sie kurz nachschauen ...«

»Besser nicht«, unterbrach Sören ihn. »Hermes ist ein Mann, der es gewohnt ist, seinen Willen durchzusetzen. Wenn er sagt, er möchte Sie anrufen, dann warten Sie besser auf seinen Anruf. Wenn Sie morgen nichts von ihm gehört haben, kann ich immer noch zu Vetterich gehen, mir Franco Neuhaus' Handy geben lassen und Hermes' Handynummer raussuchen.«

Erik musste seinem Assistenten recht geben. Nach dem Gespräch betrachtete er sein Handy lange und kontrollierte die Lautstärke des Klingeltons. Er musste es im Auge behalten, damit ihm der Anruf von Richard Hermes nicht entging. Was mochte er von ihm wollen?

Er spürte Erregung in sich aufsteigen. Dieser Anruf konnte dem Entführungsfall ein ganz neues Gesicht geben. Wenn Richard Hermes mit ihm reden wollte, dann konnte das nur bedeuten, dass er jetzt endlich die Hilfe der Polizei annehmen wollte, und das wiederum bedeutete, dass Erik nun mehr von der Entführung erfahren würde und damit vielleicht auch alles, was er brauchte, um Franco Neuhaus' und Manuel di Vagos Tod aufzuklären.

Mamma Carlotta hatte alles genau geplant. Mit den Antipasti war sie schnell fertig geworden, und die Zutaten für das Gelato di crema hatte Benedetta zum Glück beim Einkauf vergessen. Flugs bot Carlotta an, selbst für die Eier, den Zucker und die frisch gerösteten Kaffeebohnen zu sorgen und sich am nächsten Tag um die Nachspeise zu kümmern. Sie bestand im Wesentlichen aus aufgekochter Milch, in die Kaffeebohnen gegeben wurden. Anschließend musste man einige Eigelbe mit Zucker aufschlagen, in die Milch-Kaffee-Mischung rühren und dann die Masse einfrieren. Eine Kleinigkeit! Und ob das Gelato di crema zwei oder drei Tage vor dem großen Ereignis eingefroren wurde, spielte keine Rolle.

Carolin hatte dem staunenden Davide ihre Pliés und Demi-Pliés vorgeführt, hatte es sogar mit den Échappés versucht, dann aber darauf verzichtet, als die Wandleuchten, die den Flur zierten, in akute Gefahr geraten waren. Daraufhin hatte sie ihn mit einem Spagat beeindruckt und ihm angeboten, ihre Spitzenschuhe und die CD mit der Pizzicato-Polka zu holen. Aber Benedetta war dazwischengegangen und hatte ihren Mann daran erinnert, dass er Mineralwasser für die Silberhochzeitsgäste besorgen müsse. So wurde Carolin schon nach kurzer Zeit wieder entlassen, weil Benedetta der Ansicht war, dass eine Balletttänzerin in der Küche nichts zu suchen hatte. Menschen mit künstlerischen Ambitionen traute sie kein Gemüseputzen zu.

Carlotta hatte nicht widersprochen, sondern nur Marina zugezwinkert, die mit dem Entkernen der Oliven beschäftigt war. Ihre Unternehmung schien unter einem guten Stern zu stehen. Carolin würde zu Hause berichten, dass ihre Nonna mit den Antipasti für die Silberhochzeit zu tun hatte, und wenn Carlotta auf sich warten ließ, würde jedermann vermuten, dass Benedetta nach getaner Arbeit ihren Mandellikör aus dem Schrank geholt hatte, um sich für die Hilfe zu bedanken. Und wohin zwei, drei Gläschen Mandellikör führen konnten, wusste ja jeder: zu dem vierten und fünften Gläschen und von dort auf direktem Wege zum Verlust der Pflichttreue. Das wusste auch Ricardo, Marinas Ehemann. Er würde sich genauso wenig wundern, wenn seine Frau stundenlang ausblieb, wie die Familie Capella.

»Hast du an deinen Führerschein gedacht?«, fragte Mamma Carlotta flüsternd.

Marina nickte, und ihr Gesicht, das sich bei jeder kleinen Aufregung rötete, nahm die Farbe einer Blutwurst an. Ihr Doppelkinn zitterte. »Ich habe stundenlang danach suchen müssen«, raunte sie zurück. »In einem alten Fotoalbum habe ich ihn dann gefunden. Ich dachte schon, es gäbe ihn gar nicht mehr.«

Mamma Carlotta war beunruhigt. »Aber gültig ist er noch?«

Nun konnte Marina sogar lächeln, und ihr Gesicht entfärbte sich leicht. »Warum nicht? Ich habe mir ja nie was zuschulden kommen lassen. Such dir mal einen Autofahrer, der in knapp vierzig Jahren keinen Strafzettel wegen Falschparken bekommen und niemals die Höchstgeschwindigkeit überschritten hat.«

Mamma Carlotta musste sich das Lachen verkneifen. »Das schafft nur jemand, der sich nach der Führerscheinprüfung nie wieder hinters Steuer setzt.«

Eigentlich war Tove Griess ausersehen worden, mit Fietje und Mamma Carlotta nach Pienza zu fahren, aber Tove hatte sich geweigert, bei etwas so Unsinnigem wie dem Verzicht auf eine halbe Million Euro mitzumachen. Damit wollte er nichts zu tun haben. »Idioten helfe ich nicht«, hatte er geschimpft. »Für die spiele ich nicht den Taxifahrer.«

Mamma Carlotta hatte versucht, ihn zu überreden, ihre Bemühungen jedoch eingestellt, als Fietje ihr verriet, dass Tove noch einen anderen Grund hatte, ihnen die Hilfe zu verweigern: Er war zurzeit nicht im Besitz seines Führerscheins. »Den hat er vor vier Wochen abgeben müssen, wegen Trunkenheit am Steuer.«

Daraufhin war Mamma Carlotta eingefallen, dass ihre Freundin Marina im Besitz eines Führerscheins war. Als Tove hörte, dass Marina nach ihrer Fahrprüfung nie wieder hinterm Steuer gesessen hatte, wollte er plötzlich trotzdem mitkommen. Natürlich nicht, um Fietjes wahnwitzigen Wunsch zu unterstützen, sondern weil er der Ansicht war, dass ein vernünftiger Mensch dabei sein musste, wenn eine blutige Anfängerin, die die Fünfzig überschritten hatte, die Straßen Italiens unsicher machte.

Dass Marina sich zur Mittäterschaft entschloss, hatte einen weiteren Vorteil. Sie war die Einzige, die genau wusste, wo Richard Hermes' Weingut lag. Die Adresse kannte sie nicht, war aber sicher, dass sie das Anwesen finden würde, sobald sie Monticchiello erreicht hatte, wo sie sich auskannte, weil ihre jüngste Tochter dort wohnte. Die war mit einem Bäcker verheiratet, von dem Richard Hermes sich jeden Morgen die Panini ins Haus liefern ließ, was die Aufgabe der Ehefrau war. Und da Marina einmal ihre Tochter begleitet hatte, wusste sie, wo Richard Hermes lebte, wenn er sich in der Toskana aufhielt.

»Warum kann man die Kohle nicht einfach in einen Umschlag stecken und per Post schicken?«, hatte Tove noch gemault.

Aber Mamma Carlotta hatte ihm ein zweites Mal auseinandergesetzt, dass Richard Hermes' Adresse nicht bekannt war. »Außerdem ist die italienische Post nicht besonders zuverlässig.«

Dann hatte Tove einen letzten Versucht gemacht, das Unternehmen zu verhindern: »Wie sollen wir hier an ein Auto kommen? Wollen Sie etwa einen Leihwagen organisieren? Was das kostet!«

Aber auch da hatte Mamma Carlotta längst vorgesorgt. Und danach hatte Tove endlich klein beigegeben. Als er merkte, dass Mamma Carlotta und Fietje bereit waren, ihn notfalls von diesem Abenteuer auszuschließen und in Panidomino zurückzulassen, wo er nur die Möglichkeit hatte, sich in der Pizzeria Venezia zu betrinken, hatte er schließlich behauptet, er wolle dieses Häufchen von armseligen Dilettanten nicht alleinlassen. »Ich bin hier der Einzige, der schon mal einen richtigen Bruch gemacht hat. Ohne mich kommt ihr nicht klar.«

Marina hatte zwar Angst vor dem finster aussehenden Wirt, aber froh war sie dennoch gewesen, dass er mit von der Partie sein würde. »Vor dem haben vermutlich sogar Polizisten Angst. Und die Hunde, die Richard Hermes' Grundstück vielleicht bewachen, auch.«

Die Gassen im Ortskern von Panidomino waren leer. Nur gelegentlich kam ihnen jemand entgegen, ein Familienvater, der spät von der Arbeit zurückkehrte, ein junger Mann, dem die Unternehmungslust am federnden Gang anzumerken war, gelegentlich ein knatternder Motorroller, das Fahrzeug, das im Centro storico mit den engen Gassen am vernünftigsten war.

Tove und Fietje warteten schon vor Guidos Spedition. Es war dunkel, die Mitarbeiter hatten Feierabend, auch Guido selbst würde längst zu Hause sitzen, auf sein Essen warten und sich darüber ärgern, dass seine Mutter nicht da war, die sich selbst um das Essen kümmerte oder Sandra die Kinder abnahm, damit die etwas kochen konnte. Guido war ein Macho wie die meisten italienischen Ehemänner.

Tove betrachtete das verschlossene Tor. »Wie sollen wir da reinkommen?«

Mamma Carlotta zeigte auf ein weißes Kunststoffkästchen, das im linken Pfosten der Toranlage angebracht war. Sie hob den Deckel, unter dem ein Zahlenfeld zum Vorschein kam. »Ich kenne den Code!« Sie dachte kurz nach, konzentrierte sich, dann tippte sie erst Guidos und anschließend Sandras Geburtsdatum ein. Kurz darauf schwang das Tor auf, und Mamma Carlotta sorgte eilig dafür, dass es sich hinter ihnen wieder schloss. Sie schlichen an der Halle vorbei, hinter der sich Guidos Wagenpark aufreihte. Mamma Carlotta zeigte auf den kleinsten der Lieferwagen. »Den nehmen wir.«

Sie huschte ins Büro und suchte nach dem passenden Autoschlüssel, während Marina sich an die geöffnete Tür stellte und ihr hinterherrief: »Warum mache ich hier eigentlich mit?«

»Weil du meine beste Freundin bist«, kam es zurück. »Und weil du wissen willst, wer Manuel di Vago umgebracht hat.«

»Was hat sein Tod mit dieser Fahrt zu tun?«, stieß Marina erschrocken hervor.

»Eigentlich gar nichts«, beruhigte Mamma Carlotta sie. »Aber es könnte ja sein, dass wir dem Geheimnis zufällig auf die Spur kommen.«

Marina sah nicht so aus, als wollte sie an der Aufklärung dieses Todesfalles beteiligt werden, aber sie nickte der Einfachheit halber. Wenn Carlotta ihr etwas vorschlug, war es immer am besten, einfach zu nicken.

Tove hatte Marina vorgeschlagen, den Wagen für sie auf die Straße zu fahren, weil auf dem Hof alles Mögliche herumstand und es dort eng und unübersichtlich war. Aber Mamma Carlotta hatte energisch gesagt: »Marina kann das! Sonst hätte sie nicht die Fahrprüfung bestanden!«

Tove ergab sich also in sein Schicksal und schwang sich auf den Beifahrersitz.

Marina sah sich unsicher um. »Das mit den Gängen ist doch noch so wie früher, oder? Und das mit dem Gas- und dem Bremspedal auch?« Sie ließ mit dem rechten Fuß den Motor aufheulen und tastete mit dem linken nach der Bremse und der Kupplung. Dann versuchte sie es mit dem Einlegen eines Gangs und rief erfreut: »Ich habe ihn! Gleich beim ersten Mal!«

Mamma Carlotta rief ihr von hinten Mut zu und behauptete, wer auf Anhieb den ersten Gang fände, würde auch ohne Weiteres die rund hundert Kilometer bewältigen, die vor ihnen lagen.

Das konnte nun auch Marina glauben. Und als sie auf das Ortsausgangsschild von Panidomino zurollte, fiel ihr sogar ein, wie sie vom ersten in den zweiten Gang kam.

Mamma Carlotta betrachtete besorgt ihre gut gepolsterten Hände, die das Lenkrad umklammerten, und plötzlich fiel ihr ein, warum Marina sich nach der Führerscheinprüfung nie wieder hinters Lenkrad gesetzt hatte: weil sie in einer der Serpentinenkurven, die nach Città di Castello führten, Angst bekommen, das Lenkrad losgelassen und den Fahrlehrer angeschrien hatte, dass ihr das alles viel zu schnell ginge und sie aussteigen wolle.

Der gute Mann hatte zum Glück die Nerven bewahrt, Schlimmeres verhüten können und dafür gesorgt, dass in Panidomino niemand etwas von diesem Vorfall erfuhr, was womöglich auch dem Fahrprüfer zu Ohren gekommen wäre. Aber da jeder Weg aus dem Dorf über diese Serpentinen führte, hatte sich Marina zwar nach der bestandenen Prüfung feiern lassen, den Führerschein jedoch weggelegt und nie wieder hervorgeholt.

Carlotta klammerte sich an einen Haltegriff, als Marina vorsichtig die erste Kurve nahm und sich dann wunderte, dass der Wagen Fahrt aufnahm, obwohl sie kein Gas gab.

»Bremsen!«, schrie Tove vor der nächsten Kurve.

Marina erschrak. Zuerst über Toves barsches Kommando, dann über die Kurve, mit der sie merkwürdigerweise nicht gerechnet hatte. Sie bremste zwar, war aber unfähig, gleichzeitig das Lenkrad zu drehen und folgte daher nicht der Straße, sondern einer Spur, die geradewegs in den Wald hineinführte und wundersamerweise breit genug für den Lieferwagen war. Noch erstaunlicher fand Mamma Carlotta, dass Marina die Spur getroffen hatte, ohne sie anvisiert zu haben und ohne dass sie einen einzigen Baum streifte. Sie schaffte es sogar, rechtzeitig vor einer hohen Tanne zu bremsen, die sich ihr in den Weg stellte und deren Stamm widerstandsfähiger aussah als die Karosserie des Lieferwagens.

Nach ausführlicher Beratung mit Tove fand Marina den Rückwärtsgang und wollte es sich nicht nehmen lassen, den Wagen höchstpersönlich auf die Straße zurückzufahren, obwohl Tove sie händeringend bat, ihn diese Aufgabe erledigen zu lassen.

Aber Marinas Selbstvertrauen schien hinter dem Steuer des Lieferwagens gewachsen zu sein. Hochgemut verteidigte sie ihren bis dato unbenutzten Führerschein und betonte, dass sie in diesem Fahrzeug die Einzige sei, die einen besitze und somit auch die Einzige, die diesen Lieferwagen von A nach B bewegen könne. Auch dann, wenn es sich bei A um eine Waldschneise und bei B um eine höchst gefährliche, kurvenreiche Strecke handle.

Tove brüllte sie an, dass sie in dieser Waldschneise nur gelandet sei, weil sie eine hundsmiserable Autofahrerin sei und die kurvenreiche Strecke kein bisschen gefährlich wäre, wenn man nur ein wenig Grips hätte und sich nicht davon überraschen ließe, dass auf einer Serpentinenstrecke nach einer Linkskurve eine Rechtskurve folge. »Wenn man zum Autofahren zu blöd ist, sollte man es lassen!«

Diese Beleidigung wollte Marina nicht auf sich sitzen lassen. Trotz der Dunkelheit konnte Mamma Carlotta im Rückspiegel erkennen, dass ihr Gesicht die Farbe einer Nektarine angenommen hatte und ihr Doppelkinn wie Wackelpudding zitterte. »Das lasse ich mir von einem Verkehrsrowdy nicht sagen, der seinen Führerschein abgeben musste«, stieß sie hervor. Tove verlangte, dass sie den Verkehrsrowdy auf der Stelle zurücknahm, während Marina von ihm verlangte, auszusteigen und sie in Ruhe weiterfahren zu lassen, weil sie nämlich nur seinetwegen nervös geworden sei und nur deswegen die Kurve nicht bekommen habe.

Tove brüllte Marina an, dass er seine beiden Freunde auf dem Rücksitz auf keinen Fall in einer so großen Gefahr zurücklassen würde, und Mamma Carlotta erinnerte daran, dass es sehr ungünstig sei, wenn sie den Lieferwagen zerbeult zurückbringen müssten. »Wie soll ich das Guido erklären?«

Während Fietje jammerte: »So kommen wir im Leben nicht nach Pienza!«, wuchs Marinas Vertrauen in den Rückwärtsgang, und sie setzte den Wagen mit einem so beherzten Tritt aufs Gaspedal auf die Straße zurück, dass sie gleich auf der anderen Straßenseite in eine kleine Schonung preschte, was zum Glück unkommentiert blieb, weil es Tove diesmal die Sprache verschlug.

Dieser neuen Schwierigkeit entkam Marina jedoch zügig, weil sie mittlerweile den ersten Gang so flott einlegte, als hätte sie die letzten vierzig Jahre nichts anderes getan.

Fietje tastete nach der Brieftasche, die er unter seinem Troyer gut verwahrte. Angeblich machte es ihm nichts aus zu schwitzen, solange er die halbe Million Euro in dem Stoffbeutel unter dem Troyer gut verwahrt wusste. Jetzt sah es so aus, als fürchtete er mehr um die halbe Million als um sein Leben.

Marina wurde immer sicherer und schien sich, als die ersten Schilder zum Trasimenosee wiesen, sogar zu fragen, warum sie ihren Führerschein nicht schon früher reaktiviert hatte. Nachdem sie auf der Schnellstraße Richtung Perugia von vielen kopfschüttelnden Autofahrern überholt und von Tove angestachelt worden war, endlich mal schneller als sechzig Stundenkilometer zu fahren, schienen seine Ermahnungen ausgerechnet auf der schmalen, kurvigen Straße von Umbertide zum Lago Trasimeno zu fruchten. Zum absolut falschen Zeitpunkt, wie Mamma Carlotta fand. Marina rauschte derart sorglos über Steigungen hinweg und durch Senken hindurch, dass sich eisiges Schweigen über die Insassen des Lieferwagens legte.

Erst als sie Castiglione del Lago erreicht hatten und eine kurze Pause einlegten, ließ Marina sich von dem Blick auf den See mäßigen, dessen Wellen im Mondlicht glitzerten und an dessen Ufer ein Lichtermeer erstrahlte, das dem dunklen See einen herrlichen Rahmen gab. Von da an erinnerte sie sich auch wieder an die Bedeutung einiger Straßenschilder, und den Weg durch das enge Montepulciano bewältigte sie so gut wie konfliktfrei.

Unversehrt kamen sie am Fuße von Monticchiello an. Marina sah zu dem steilen Weg hinauf, der zu dem Tor in der Mauer führte, hinter der ihre Tochter lebte, dann richtete sie den Wagen Richtung Pienza aus. »Nun weiß ich, wo der Hermes wohnt!«, verkündete sie.

Schon nach knapp drei Kilometern blieb sie am Straßenrand stehen und zeigte auf ein großes Gebäude, das auf einem Hügel lag. Kleine, stechende Lampen wiesen den Weg, der zum Eingangstor führte.

»Wir müssen den Wagen irgendwo abstellen«, sagte Carlotta, »wo er vom Haus aus nicht gesehen wird.«

Marina hielt es für das Beste, wenn der Wagen am Rand der Landstraße, weit genug entfernt von Hermes' Grundstückseinfahrt, stehen blieb. »Wir dürfen der Auffahrt nicht zu nahe kommen. Dann geht da oben die Alarmbeleuchtung an, und wir können nur noch abhauen.«

Tove sah sich um, als würde er gern einen Gegenvorschlag unterbreiten. Aber da es nirgendwo eine Abzweigung gab, keine Grundstückseinfahrt oder einen Feldweg, in dem der Lieferwagen unauffällig zu parken war, stimmte er schließlich zu. »Aber das Auto muss von der Fahrbahn runter. Dann fällt es am wenigsten auf.«

Mamma Carlotta wies auf den Straßengraben und plädierte dafür, den Wagen lieber stehen zu lassen, wo er stand, mit den rechten Rädern auf dem Seitenstreifen. »An jeder Straße gibt es parkende Autos. Das ist völlig normal.«

»In der Stadt vielleicht! Aber nicht hier, wo es außer dieser Burg von dem Hermes keine Häuser gibt!«

»Hier fährt kaum jemand vorbei«, behauptete Marina. »Die Monticchiello-Touristen sind längst wieder in ihren Hotels.«

Als sollte der Gegenbeweis angetreten werden, passierten prompt drei Autos hintereinander die Strecke. Alle drei nahmen sie das Gas weg, als sie den Wagen mit der Aufschrift ›Spedition Guido Capella‹ im Lichtkegel der Scheinwerfer erfassten, und fuhren mit gedrosselter Geschwindigkeit an ihm vorbei.

Tove sah triumphierend von einem zum andern. »Der Nächste, der nicht so gut aufpasst, rasselt in den Lieferwagen rein.«

Marina gab sich geschlagen, Fietje stand schweigend daneben und presste die Hände auf die halbe Million Euro, während Tove in den Wagen stieg und den Motor erneut startete. Im Nu hatte er den Wagen so geparkt, dass nun die beiden rechten Räder im Straßengraben standen, die linken auf dem Seitenstreifen und vorbeikommende Autofahrer kaum auszuweichen brauchten. Tove lag eine hochmütige Bemerkung auf der Zunge, aber als er Feinheiten zu ändern versuchte, stellte sich heraus, dass der stark nach rechts geneigte Wagen manövrierunfähig geworden war. Er steckte fest!

Marina war empört, versuchte die Fahrertür zu öffnen, als wollte sie Tove hinter dem Steuer wegzerren, und Mamma

Carlotta sprang vor die Schweinwerfer, um Tove am weiteren Manövrieren zu hindern. Nur Fietje wich zum Mittelstreifen zurück, die Hände immer noch fest auf die halbe Million gedrückt.

Tove stieß unflätige Beschimpfungen aus, die zum Glück allesamt zum friesischen Wortschatz zählten und damit weder für Carlotta noch für Marina zu verstehen waren. Als er merkte, dass er wegen der Schlagseite des Autos Schwierigkeiten beim Aussteigen hatte, wurde er noch wütender, seine Stimme immer lauter, seine Beschimpfungen noch ungehöriger.

Dann aber wurde der Streit jäh unterbrochen. Ein Wagen näherte sich. Fietje wurde vom Scheinwerferlicht erfasst und löste sich prompt aus seiner Starre. Die Hände nach wie vor auf das Vermögen unter seinem Troyer gepresst, kam er auf den Lieferwagen zugelaufen, in dessen offener Tür sich Tove nun mit aller Kraft in die Höhe stemmte. Der Wagen drosselte sein Tempo, blendete kurz auf, als wollte er herausfinden, was vor ihm auf der Straße geschah, dann setzte er den rechten Blinker. Vielleicht dachte er an ein Auto mit einer Panne oder an einen Unfall?

Mamma Carlotta reagierte am schnellsten und kraxelte vor den drei anderen den Hang empor, wo es ein paar Büsche gab, die als Schutz dienen konnten. Im Nu war sie verschwunden, während Marina bald einsah, dass sie die Steigung nicht bewältigen würde, sich einfach auf den Bauch fallen ließ und hoffte, damit unsichtbar zu werden.

Aus ihrer Deckung beobachtete Mamma Carlotta, wie der Wagen langsam auf den Lieferwagen der Spedition Capella zurollte und ein paar Meter dahinter zum Stehen kam. Das mobilisierte Marinas Kräfte, die kurz darauf neben Carlotta ankam und sich schnaufend ins Gras fallen ließ, während Tove und Fietje versuchten, sich hinter dem Stamm eines Olivenbaums unsichtbar zu machen.

Entsetzt beobachtete Mamma Carlotta den Mann, der

schwerfällig aus seinem Wagen kletterte. Erst als er in der offenen Tür stehen blieb und sich nachdenklich den Schnauzer glatt strich, erkannte sie ihn.

Erik fuhr so langsam, wie er es immer tat, wenn er nachdenken musste. Auf der Straße hinter Montepulciano, tagsüber stark befahren, war zu dieser späten Stunde nichts los. Die Touristen, die in der Toskana unterwegs waren, schienen sich in ihre Ferienunterkünfte zurückgezogen zu haben. Nur gelegentlich kam ihm ein Fahrzeug entgegen, und manchmal wurde er von einem hupenden Auto überholt, dessen Fahrer sich über seine bedächtige Fahrweise ärgerte. Aber Erik ließ sich davon nicht beirren.

Nach Sörens Ankündigung hatte es nicht lange gedauert, bis der Anruf gekommen war. Und Hermes hatte nicht viel Worte gemacht. »Können Sie zu mir kommen? Als Privatmann, wohlgemerkt! Nicht als Polizist!«

Vorsichtig hatte Erik nach dem Grund gefragt, aber Hermes hatte geantwortet: »Das sage ich Ihnen, wenn Sie hier sind. Und kein Wort zu niemandem! Es soll Ihr Schaden nicht sein!«

Empört hatte Erik nachgefragt, ob er ihn etwa bezahlen wolle, und klargestellt, dass er keinen Cent annehmen würde. Er sei Beamter, auch in Italien und auch in seiner Freizeit. »Wenn ich Ihnen helfen kann, gerne! Aber Geld werde ich dafür nicht annehmen.«

Richard Hermes hatte einen Laut von sich gegeben, der unwillig klang. Anscheinend war es ihm lieber, jemandem einen Geldschein in die Hand zu drücken, als sich zu bedanken. »Sehr freundlich, vielen Dank! Wenn Sie also heute Abend vorbeikommen könnten …?«

Was wollte er von Erik? Hatte er eingesehen, dass er die Hilfe der Polizei brauchte, um das Leben seiner Tochter zu retten? Aber Erik merkte, dass er den Kopf schüttelte. In diesem Fall hätte Hermes doch die italienische Polizei gerufen.

Oder glaubte er, dass Verena auf Sylt versteckt war und deshalb die deutschen Behörden zuständig waren? Nein, dann hätte er Erik nicht ausdrücklich als Privatmann zu sich gebeten.

Erik sah das beleuchtete Anwesen schon von Weitem. Es zeigte sich, präsentierte sich, was Richard Hermes vermutlich nicht recht war. Aber ein unbeleuchtetes Haus wäre natürlich zu unsicher gewesen, Licht schreckte Einbrecher am ehesten ab.

Nahe der Einmündung in das Grundstück nahm Erik das Gas weg und ließ den Wagen rollen. Am Fuß des Weinbergs, auf dem Richard Hermes wohnte, gab es keine Beleuchtung. Die Grundstückseinfahrt würde nur schwer zu erkennen sein, die Beleuchtung begann an der ersten Kurve, hinter der die Auffahrt direkt aufs Eingangstor zuführte. Das hölzerne Schild mit der Aufschrift »Luna Nera« würde in der Dunkelheit vermutlich nicht zu erkennen sein.

Erik stockte, als er den Lieferwagen sah, der am Straßenrand stand, nach rechts geneigt, mit zwei Rädern im Straßengraben. Ein Unfall? Eine Autopanne? Er bremste leicht, während er auf den Wagen zufuhr, dann entdeckte er einen Schriftzug am Heck des Fahrzeugs, der ihm bekannt vorkam. Er blendete kurz auf, erfasste mit den Scheinwerfern die Buchstaben und wusste, was sie bedeuteten, ohne sie entziffert zu haben. »Spedition Guido Capella«! Wie kam der Wagen hierhin? Er sah verlassen aus, als hätte der Fahrer sich zu Fuß aufgemacht, um Hilfe zu holen. Also tatsächlich eine Autopanne?

Er bremste, stieg aus und sah sich um. Ehe er die Autotür ins Schloss warf und auf den Lieferwagen seines Schwagers zuging, strich er sich lange nachdenklich den Schnauzer glatt. Irgendetwas kam ihm komisch vor. Dass niemand mehr hinter dem Steuer saß, konnte er erkennen, trotzdem hatte er das merkwürdige Gefühl, nicht allein zu sein.

Er warf einen Blick durch die Seitenscheibe und stellte

fest, dass die Tür nicht verschlossen war. Erik spähte ins Wageninnere, und seine Überraschung war noch größer, als er sah, dass der Zündschlüssel steckte. Oberhalb der Böschung meinte er etwas rascheln zu hören. Er lauschte angestrengt, gab es dann aber auf. Vermutlich ein Tier.

Er bewegte den Zündschlüssel zwischen seinen Händen hin und her, dann entschloss er sich, Guido anzurufen. Sein Schwager meldete sich nach dem dritten Klingeln, im Hintergrund waren laute Kinderstimmen zu hören, der Fernseher brüllte gegen sie an. »Was sagst du?«, schrie Guido in den Hörer. »Mein Lieferwagen? In der Nähe von Monticchiello? Impossibile!«

Erik versicherte ihm, dass ein Irrtum ausgeschlossen war. Daraufhin entschloss sich Guido nachzusehen, ob in seiner Spedition alles in Ordnung war. Erik hörte seine Schritte auf der Treppe, dann das Zuschlagen der Haustür. »Bei mir hat einer eingebrochen? Dann bring ich den Mann von der Sicherheitsfirma um«, keuchte er, während er in ein Auto stieg, obwohl seine Spedition nur wenige Hundert Meter entfernt war. »Die haben Zahlenschlösser eingebaut, weil ... molto sicuro.«

Der Motor heulte auf, mit durchdrehenden Rädern fuhr Guido an. Als er wenig später vor dem Tor seiner Spedition ankam, quietschten die Bremsen, und Erik hörte, wie die Autotür ins Schloss fiel.

»Tutto bene! Tor ist chiuso. Zu!«, meldete Guido am anderen Ende der Leitung. »Un attimo! Ich schau nach in ufficio!«

Es dauerte nicht lange, da hörte Erik ihn wieder: »Tutto bene!« Guido schnaufte hörbar, als hätte er sich körperlich überanstrengt. Aber dann glaubte Erik doch eher, dass es seine Erschütterung war, die ihm den Atem nahm. »Keiner eingebrochen. Mit Zahlenkombination reingekommen!«

»Wer kennt sie?«

»Allora ...« Guido musste sehr lange nachdenken, dann

verriet er Erik, wer da alles infrage kam. Sandra natürlich und Guidos Stellvertreter. Aber vielleicht auch Guidos Töchter, Sandras beste Freundin, Guidos Schwiegervater, seine Geschwister … Und wenn jeder von denen nur einem einzigen Menschen anvertraut hatte, mit welchen Zahlen Guido Capella seinen Fuhrpark sicherte … Guido verschlug es angesichts dieser Multiplikation den Atem.

Erik versuchte ihn zu beruhigen. »Mach dir keine Sorgen, dem Wagen ist nichts geschehen. Ich bringe die Schlüssel mit, dann kannst du ihn morgen abholen lassen.«

Guido antwortete nicht, sondern fragte: »Wer war das?«

Erik wollte eine lapidare Antwort geben, dann spürte er plötzlich, wie der Schreck seine Kehle hinabfuhr und sich in seinem Magen ausbreitete. »Weißt du, wo Felix ist?«

»Felice? Eh … no! Ich glaube, er wollte mit einem seiner Cousins Musik hören. Oder televisione? Jedenfalls ist Felice im Centro storico. Salvatore wohnt im Haus neben dem Campanile. Da ist Felice. Da Salvatore!«

Erik antwortete nicht. Er hatte keine Ahnung, wer Salvatore war, und begriff nur eins: Auch Guido hielt es für möglich, dass Felix den Zahlencode kannte, sich ein Auto vom Hof der Spedition geholt hatte und so lange damit herumgefahren war, bis es hier im Graben gelandet war. Nun fiel Erik auch wieder ein, wer Salvatore war: der sechzehnjährige Sohn von Lucias ältester Schwester. Hatte Felix sich von dem zu einer Spritztour überreden lassen?

Guido schien zu spüren, welche Gedanken Erik durch den Kopf gingen. »So was tut Felice niemals! Eine kleine Runde durchs Dorf, va bene! Vielleicht auch nach Città di Castello! Aber bis nach Montepulciano? No, no!«

Erik war dankbar, dass Guido nicht daran dachte, die Polizei zu rufen. Er würde bei der Sicherheitsfirma ordentlich auf den Putz hauen, mit Entzug des Sicherheitsauftrags drohen und zur Tagesordnung übergehen, nachdem er den Zahlencode geändert hatte. Die Kriminalität war in Panidomino nicht besonders ausgeprägt. Autodiebstahl hatte es dort noch nie gegeben.

Erik steckte das Handy weg. Dann erinnerte er sich an das Gefühl, das er vor wenigen Minuten gehabt hatte, das Gefühl, nicht allein zu sein.

»Felix?«, rief er leise. »Komm raus, wenn du hier bist.« Er lauschte, dann wiederholte er lauter: »Wenn du jetzt kommst, verspreche ich dir, dass wir die Sache in aller Ruhe klären!«

Aber um ihn herum blieb alles still, jetzt noch stiller als vorher. Nein, wenn Felix mit Salvatore eine Spritztour gemacht hatte, dann waren die beiden jetzt vermutlich damit beschäftigt, jemanden zu finden, der sie nach Panidomino zurückbrachte. Aber vielleicht war ja auch alles ganz anders.

Erik machte einen Schritt – und fühlte etwas Weiches unter seinen Schuhen. Er bückte sich und griff mit spitzen Fingern nach der Strickmütze, die vor dem Lieferwagen am Boden lag. Noch nie hatte er in Italien jemanden mit einer solchen Mütze gesehen. Außer …

Wieder starrte er die Böschung hinauf. Bewegte sich dort etwas? Nein, alles blieb still. So still, als hielte jemand die Luft an. Kopfschüttelnd trug Erik die Bommelmütze zu seinem Auto und warf sie hinter den Fahrersitz. Sollte ihm Fietje Tiensch in Panidomino ohne Bommelmütze begegnen, würde er ihm die Hölle heißmachen.

Er stieg wieder in sein Auto und bog in die Einfahrt zu Richard Hermes' Weingut ein. Als er sich dem großen Tor näherte, öffnete es sich wie von Geisterhand. Er wurde also erwartet, und die Überwachungskamera hatte seine Ankunft längst gemeldet. Kaum hielt er vor der Eingangstür, wurde sie geöffnet, und eine junge Frau trat heraus. »Herr Hermes erwartet Sie.«

Er folgte ihr durch eine große, düstere Halle, die so erhalten worden war, wie der Erbauer des Weingutes sie seinerzeit hatte haben wollen: dunkel, kühl, dem Sonnenlicht verschlossen, ohne elektrische Beleuchtung, nur durch Kerzenlicht erhellt.

Dann öffnete die junge Frau eine Flügeltür, und das Licht flutete Erik entgegen. Er betrat einen großen Raum mit hellen Wänden, hellen Möbeln, hellen Sofas und Sesseln. Goldgelbe Gardinen umrahmten die Fenster, unzählige Kissen in verschiedenen Gelbtönen lagen auf den Sofas, flauschige weiße Teppiche bedeckten den Boden. Richard Hermes hatte aus den winzigen Fenstern, die früher nur wenig Sonne hereingelassen hatten, riesige Terrassentüren gemacht. Große Markisen überschatteten die Sitzgruppe, die vor dem Wohnraum aufgestellt war, und sorgten dafür, dass tagsüber die Sonne nicht eindrang.

Richard Hermes stand an einem kleinen Barwagen und goss sich gerade einen Drink ein. Nun kam er Erik entgegen, um ihn zu begrüßen. »Danke, dass Sie gekommen sind.« Er wies auf einen ausladenden Sessel, der so gemütlich aussah, dass Erik ein Stuhl lieber gewesen wäre. Aber er ließ sich ohne Widerstand nieder und nickte, als ihm ein Sherry angeboten wurde.

»Worum geht es?«, fragte er, als Hermes sich ihm gegenüber setzte. Er trug eine helle Leinenhose und ein in Brauntönen gestreiftes Polohemd, dazu braune Slipper. Seine Kleidung war bequem, aber teuer, und die Uhr an seinem Handgelenk hatte vermutlich ein Vermögen gekostet.

Er hob sein Glas, prostete Erik zu, und erst, als er ausgetrunken hatte, antwortete er: »Um meine Tochter. Ich mache mir große Sorgen um sie …«

Es gab vier Meinungen, vier Schuldige, vier unterschiedliche Vorwürfe und Verdächtigungen. Nein … eigentlich nur drei. Denn Fietje war immer noch stumm, sprach nur, wenn er gefragt wurde, und äußerte sich dann auch nur vage und nichtssagend. Immer wieder griff er nach seinem Kopf, auf dem jahrelang seine Bommelmütze gesessen hatte. Dass er in dieser Nacht darauf verzichten musste, schien für diesen Moment sein größtes Problem zu sein.

Während die anderen drei überlegten, wie sie nach Hause kommen sollten, sagte er plötzlich, als wollte er trotz der fehlenden Bommelmütze all seinen Mut zusammennehmen: »Ich muss erst das Geld in den Briefkasten stecken.«

Aber damit hatte er alle drei gegen sich. Tove wollte sich auf gar keinen Fall dem Haus weiter nähern. »Nicht, wenn da drin ein Bulle zu Besuch ist!«

Auch Mamma Carlotta vertröstete Fietje auf später: »Wenn mein Schwiegersohn uns erwischt! Was soll ich dann sagen?«

Und Marina hatte plötzlich von Anfang an gewusst, dass diese Unternehmung schrecklich enden musste, und wollte mit der ganzen Angelegenheit nichts mehr zu tun haben. »Wenn ihr es zu einem späteren Zeitpunkt noch mal versuchen wollt, bitte! Aber ohne mich!« Sie sah Fietje so streng an, dass der prompt um einige Zentimeter schrumpfte. »Sie können es ja allein probieren. Wenn Sie erwischt werden ... wir sind dann weg.«

Davon wollte Fietje nichts hören. Er brauchte Unterstützung, allein fehlte ihm der Mut. »Ich tu ja nichts Verbotenes. Im Gegenteil!«, versuchte er es noch einmal.

»Dann kannst du auch hingehen und klingeln!«, brummte Tove. »Der Hermes wird dir sicherlich seinen besten Cognac anbieten, wenn er die halbe Million zurückbekommt.«

»Ja, warum eigentlich nicht?«, fragte Marina.

Fietje sah sie traurig an. »Weil ich nicht möchte, dass das Andenken meines Vaters beschmutzt wird. Wenn ich erklären müsste, woher ich das Geld habe ...« Er unterbrach sich, weil seine Stimme zu kippen drohte.

Mamma Carlotta half ihm: »... dann werden Sie zugeben müssen, dass Ihr Vater es Ihnen hinterlassen hat. Und dann wissen alle, wie er an das viele Geld gekommen ist und warum er es so gut versteckt hat.«

»Weil er ein Killer ist«, bestätigte Tove roh.

Fietje zuckte zusammen, Tove parierte Mamma Carlottas strafenden Blick ungerührt. »Ist doch wahr ...«

Sie trotteten die Straße hinab, Marina fing schon nach kurzer Zeit an zu schnaufen, und Tove schimpfte: »Wir hätten den Wagen aufbrechen und ihn dann kurzschließen sollen ... ich kenne mich aus.«

»Das kommt nicht infrage«, sagte Mamma Carlotta. »Am besten wäre es übrigens gewesen, Sie hätten den Schlüssel nicht stecken lassen. Dadurch sind wir überhaupt in diesen Schlamassel geraten.«

»Konnte ich ahnen, dass Ihr Schwiegersohn hier auftaucht?«, verteidigte Tove sich. Dann fuhr er Fietje an: »Und dass du deine blöde Mütze fallen lässt! Wenn der Hauptkommissar die erkennt, sind wir geliefert.«

»Bommelmützen gibt es viele«, rechtfertigte Fietje sich.

»Nicht in Italien«, konterte Tove. »Hier ist es zu warm für Bommelmützen. Ich habe dir gleich gesagt, du sollst sie auf Sylt lassen.«

Sie gingen die Landstraße Richtung Monticchiello. Dort würden sie vielleicht Hilfe finden, wenn auch Marina sich strikt weigerte, bei ihrer Tochter anzuklopfen und sie zu bitten, sie nach Panidomino zurückzufahren. »Wie sollte ich ihr das erklären?«

Trotzdem gingen sie weiter auf die Lichtreihe zu, die in der Ferne zu erkennen war. Sie markierte den steilen Weg, der zu dem Tor hinaufführte, durch das man in den historischen Kern Monticchiellos gelangte.

»Den Weg hoch zum Tor bin ich noch nie zu Fuß gegangen«, stöhnte Marina, deren Schritte immer langsamer wurden. »Der ist so steil!«

»Vielleicht müssen wir gar nicht bis in den Centro storico«, tröstete Mamma Carlotta. »Unterhalb des Berges gibt es auch Häuser. Da ist sogar eine neue Feriensiedlung entstanden. Dort finden wir jemanden, der uns hilft.«

»Was soll das für eine Hilfe sein?«, fragte Tove gereizt. »Glauben Sie, jemand fährt uns die hundert Kilometer nach Panidomino? So blöd ist keiner.«

Mamma Carlotta hätte ihm gerne erklärt, dass die Menschen in ihrer Heimat hilfsbereiter waren, als Tove sich vorstellen konnte, aber sie schluckte die Entgegnung dann doch herunter. Nein, das war eine Gefälligkeit, die man wohl von niemandem erwarten konnte. »Vielleicht finden wir dort ein Taxi?«, fragte sie vorsichtig.

»Wenn Fietje bezahlt, soll's mir recht sein!«, gab Tove zurück. »Kohle genug hat er ja.«

Fietje schwieg, und Mamma Carlotta meinte: »Aber auch dafür müssen wir nach Monticchiello.« Sie warf Fietje einen vorwurfsvollen Blick zu. »Wie konnten Sie auch Ihr Handy in der Pension vergessen!«

Wieder griff Fietje sich an den Kopf, statt zu antworten. Er war mit der Situation völlig überfordert. Sein gescheiterter Plan, mit dem er seinem toten Vater helfen wollte, dazu das fremde Land, die fehlende Mütze ... Fietje fühlte sich noch verlorener als sonst.

Mamma Carlotta war die Erste, die das Motorengeräusch vernahm. Sie blieb stehen und lauschte, bevor sie den anderen ein Zeichen machte, damit sie ebenfalls ruhig waren. Schließlich war sie sicher: »Da kommt ein Auto!«

Marina begriff als Erste. »Autostopp?«

Carlotta sah dem Geräusch gespannt entgegen. Es wuchs heran, kräftig und dröhnend. Ein Pkw war es nicht, der ihnen entgegenkam. Als sie die Lichter sehen konnten, wurde es allen klar: Ein Lkw kam den Weg entlang, nun war auch das Klappern seiner Ladung zu hören. Der Fahrer schaltete herunter, um die Steigung zu bewältigen, der Motor dröhnte.

Mamma Carlotta machte einen Schritt auf die Fahrbahn und begann zu winken. Der Lkw-Fahrer musste sie bemerkt haben, denn er nahm das Gas weg und fuhr langsamer. Es war ein schmutziger Lastwagen, der Steine geladen hatte und dazu einige Baumaschinen, die von einer Baustelle zur anderen transportiert werden sollten. Die Bremsen zischten, als er zum Halten kam.

Der Beifahrer ließ die Seitenscheibe herunter. »Che c'è?«

Mamma Carlotta erzählte ihm eine Geschichte, die außer ihr niemand verstand. Selbst Marina starrte ihre Freundin verständnislos an, und auch der Lkw-Fahrer und sein Beifahrer schienen nicht zu begreifen, was ihnen da aufgetischt wurde. Doch sie zogen betretene Gesichter, anscheinend war das Drama, das Mamma Carlotta auf die Schnelle erfunden hatte, beeindruckend. Und damit sie endlich aufhörte zu reden und davon absah, weitere Erklärungen abzugeben, die die beiden Bauarbeiter nur noch weiter verstört hätten, sagten sie nur: »Ihr könnt mitfahren.« Dass die vier aufgrund widriger Umstände auf der Straße gelandet waren, hatten die beiden offenbar begriffen. »Wir fahren nach Montepulciano! Ist das eure Strecke?«

Mamma Carlotta jubelte und zwang die anderen zu einem dankbaren Lächeln, indem sie mehrmals wiederholte: »Von da aus wird's schon irgendwie weitergehen!«

Die anderen drei waren weit weniger begeistert, sahen aber schließlich ein, dass man nehmen musste, was man bekommen konnte. Der Beifahrer stieg aus, schob seinen Sitz nach vorne und wies mit einladender Geste auf den Zwischenraum, der sich dahinter auftat. »Prego, Signore!« Dann grinste er Tove und Fietje an. »Ihr beiden Halunken passt da nicht mehr rein!«, was Mamma Carlotta hastig übersetzte: »Es tut ihm sehr leid, aber für Sie ist kein Platz mehr.«

Grinsend zeigte der Beifahrer auf die Ladefläche des Lkws. »Entweder dort – oder ihr bleibt auf der Straße stehen!«, was Mamma Carlotta übersetzte mit: »Eigentlich ist es ja verboten, aber weil Sie dem Mann so sympathisch sind, dürfen Sie ausnahmsweise dort oben mitfahren.«

Richard Hermes fiel es schwer, seine Sorgen in Worte zu fassen. Er zögerte, rettete sich zunächst in Gemeinplätze, stand auf, machte ein paar Schritte, setzte sich dann wieder und sah ein, dass die Tatsachen auf den Tisch mussten.

»Wie gesagt ... ich spreche Sie als Privatmann an«, erinnerte er. »Allerdings als ein Privatmann, der von solchen Dingen mehr versteht als jeder andere.«

Erik merkte, dass Ungeduld in ihm aufstieg. Er betrachtete Richard Hermes' großflächiges Gesicht, den kantigen Schädel, die Pranken, die das Glas hielten. Der Mann gehörte nicht zu denen, die ihre Gefühle nach außen kehrten. Aber dass er wirklich litt, davon war Erik mittlerweile überzeugt.

Er beugte sich vor und sah ihn eindringlich an. »Die Sache bleibt unter uns. Sie können sich auf mich verlassen.«

Hermes nickte. »Das glaube ich Ihnen.«

Wieder rang er nach Worten, und Erik half ihm: »Sie sagen, es geht um Ihre Tochter. Sie machen sich Sorgen. Heißt das, Sie sind jetzt bereit, über die Entführung zu reden?«

Richard Hermes nickte.

»Warum nicht gleich? Und warum wollen Sie immer noch nicht mit der Polizei zusammenarbeiten?«

»Weil ich ihr nicht traue«, entfuhr es Hermes. »Jedenfalls nicht der italienischen.«

Erik spürte ein Vibrieren in sich. Wie immer, wenn er glaubte, dass er auf der richtigen Spur war. »Wann wurde Ihre Tochter entführt?«, fragte er sanft.

Hermes zuckte die Schultern. »Ich weiß es nicht. Vielleicht gestern?«

Erik glaubte, nicht richtig gehört zu haben. »Ihre Tochter ist doch schon seit Längerem verschwunden.«

»Nein! Eben nicht!« Hermes stand wieder auf, ging zum Barwagen und knallte ärgerlich sein Glas darauf. »Verena war durchgebrannt! Abgehauen!« Er sah Erik wachsam an, dann fragte er: »Sie wussten es doch! Oder haben Sie es etwa nicht geglaubt?« Als Erik verwundert den Kopf schüttelte, stieß er ein wütendes Lachen aus. »Sie war tatsächlich durchgebrannt«, betonte er. »Aber mittlerweile hat sich die Sache geändert. Jetzt ist sie wirklich entführt worden.« Er goss sich einen weiteren Sherry ein, während Erik ihn schweigend ansah. »Was ich Manuel di Vago gesagt hatte, war nur ... ein Ablenkungsmanöver. Aber er wusste es nicht.«

»Jetzt noch mal ganz von vorn«, bat Erik und lehnte sich zurück.

»Die Einzelheiten brauchen Sie nicht zu wissen.« Hermes setzte sich wieder, sah aber so aus, als könnte er jeden Moment erneut aufspringen.

»Wenn ich Ihnen helfen soll«, sagte Erik ruhig, »dann möchte ich auch die Einzelheiten erfahren. Alle!«

Hermes verdrehte die Augen, dann gab er sich geschlagen. »Sie wissen, dass Verena mit Luigi di Vago verlobt ist?«

Erik nickte.

»Ich bin mit ihrer Wahl sehr einverstanden. Luigi ist ein feiner Kerl. Und einen Adligen hatten wir noch nie in der Familie.«

»Hat sich Ihre Tochter deswegen mit ihm verlobt? Wollte sie die Frau eines Adligen werden?«

»Nein, Verena wollte ihn heiraten, weil sie ihn liebte!«

»Und Luigi di Vago? Wollte er auch aus Liebe heiraten? Oder war er mehr an Ihrem Geld interessiert?«

Hermes' Gesicht verschloss sich. Diese Frage war ihm anscheinend nicht neu. »Ich bin sicher, dass er Verena liebt.«

»Trotzdem ist sie durchgebrannt?«

»Eine Kurzschlussreaktion! Etwas anderes kann ich mir nicht vorstellen. Irgendein dahergelaufener Kerl, der sie verrückt gemacht hat. Wahrscheinlich Torschlusspanik! Hochzeitsblues!«

»Wie heißt er?«

»Das hat sie mir natürlich nicht verraten. Jedenfalls ist das keiner, den ich mir als Schwiegersohn wünsche. Sonst hätte sie ihn mir ja vorstellen können! Nein, irgendein Habenichts! Von einem Tag auf den anderen war sie weg, nur einen Brief hat sie mir hinterlassen.«

»Aber Sie wollten das nicht akzeptieren. Sie dachten, sie kriegt sich schon wieder ein, und dann ist sie froh, wenn ihr Verlobter nichts von ihrem Seitensprung weiß.«

Richard Hermes warf Erik einen Blick zu, dann nickte er.

»Sie haben den di Vagos weisgemacht, Verena sei entführt worden …«

»Um Zeit zu gewinnen! Und ich habe ihnen erzählt, dass ich einen Privatdetektiv hinterherschicke, damit er das Lösegeld übergibt. Sie kennen Franco Neuhaus. Der hat für die di Vagos auch schon gearbeitet. In Wirklichkeit sollte Franco aber die halbe Million diesem jungen Mann geben, damit er sich von Verena trennt.«

»Woher wussten Sie, wo Ihre Tochter war?«

Die Antwort war Richard Hermes nicht angenehm: »Franco hat sich Verenas Computer angesehen. Es hat nicht lange gedauert, da hatte er rausgefunden, dass sie ein Hotel in Venedig gebucht hat.«

»Und er ist ihr nachgefahren?«

»Richtig, aber dann hat sie sich nach Sylt abgesetzt. Weiß der Himmel, warum!«

Erik fuhr hoch. »Sie ist nach Sylt gefahren? Mit diesem … jungen Mann?«

»Franco hatte zufällig mitbekommen, dass sie ihre Koffer packte. Er hat den Portier des Hotels geschmiert, und schon wusste er, was ihr nächstes Ziel war. Er hat dasselbe Flugzeug genommen wie die beiden.«

»Über München?«

Hermes nickte schweigend, und Erik schloss sich seinem Schweigen an. Was für ein merkwürdiger Zufall! Schließlich riss er sich zusammen. »Was ist dann passiert?«

»Wenn ich das wüsste! Franco hat sich plötzlich nicht

mehr gemeldet, und von Verena habe ich auch nichts gehört. Bis ... vor ein paar Stunden.«

Richard Hermes griff zu einem dicken Wälzer, der auf dem Tisch lag. »Sturz der Titanen« von Ken Follett. In dem Buch befand sich ein Briefumschlag. Richard Hermes nahm ihn und zog ein Blatt heraus, das er Erik mit zitternden Händen reichte.

Die Schrift war jung, rund und sehr weich, sie hatte große Bögen, auf den Umlauten und auf dem I saßen keine Punkte, sondern Kreise. *Zahl endlich die halbe Million! Sonst bin ich tot! Übergabe morgen Abend, 21 Uhr ... Das ist deine und meine letzte Chance!* Dann folgte eine genaue Beschreibung, wo Richard Hermes das Lösegeld hinterlegen sollte, aber darum kümmerte Erik sich nicht.

Er ließ den Brief sinken. »Endlich? Hat es schon mehrere Aufforderungen gegeben, denen Sie nicht nachgekommen sind?«

Hermes schüttelte den Kopf. »Nein, dies ist der erste Brief, den ich bekommen habe.«

Erik betrachtete ihn misstrauisch. »Wie ist er Ihnen zugestellt worden?«

»Er lag heute Morgen im Briefkasten. Ohne Briefmarke.«

»Jemand hat ihn also persönlich eingeworfen.«

Richard Hermes nickte. »Niemandem ist ein Fremder aufgefallen. Das wollen Sie mich doch fragen, oder?«

Erik betrachtete den Brief von allen Seiten. »Sind Sie sicher, dass Ihre Tochter ihn geschrieben hat?«

»Ganz sicher! Das ist Verenas Schrift.«

»Und wie kann ich Ihnen nun helfen?«

Die Antwort kam wie aus der Pistole geschossen. »Ich möchte, dass Sie die halbe Million überbringen. Ich schaffe das nicht.« Hermes' Gesicht verschloss sich, seine Augen wurden eng, er kniff die Lippen so fest zusammen, dass sie nicht mehr zu sehen waren. »Wenn ich den Kerl erwische, der meine Tochter entführt hat, bringe ich ihn um. Deswegen ... « Er sah Erik bittend an. »Tun Sie das für mich? Sie sind der Profi.«

Erik nickte. »Haben Sie eine Vorstellung, wer Ihre Tochter entführt haben könnte?«

Richard Hermes schüttelte den Kopf. »Die Frage habe ich mir tausendmal gestellt. Ich habe keine Ahnung. Irgendein Krimineller, der weiß, dass bei mir was zu holen ist, nehme ich an.«

»Haben Sie zwischendurch was von Verena gehört? Ich meine, nachdem sie ... durchgebrannt ist.«

»Nein, nichts.«

»Sie wissen also nicht, wo und wann sie entführt wurde? Auf Sylt oder ...«

Hermes unterbrach ihn heftig: »... in Rom oder in Timbuktu! Ich war der Meinung, sie turtelt irgendwo mit dem Kerl rum, der sie nur ausnutzen will.«

»Und Sie haben wirklich keine Ahnung, wer der Mann sein könnte, mit dem Ihre Tochter durchgebrannt ist?«

»Nicht die geringste.«

Erik erhob sich, ging zum Fenster und sah hinaus. Zumindest tat er so. Ein alter Trick, um zu beobachten, was sich in seinem Rücken tat. Das Fenster spiegelte Richard Hermes' Bild, der zusammengesunken auf dem Sofa saß und seine Füße anstarrte. Als er aufblickte, drehte Erik sich zurück.

»Können Sie mir ein Bild von Ihrer Tochter geben?«

Prompt war es mit der Verzweiflung vorbei, die Richard Hermes' Haltung noch kurz vorher ausgedrückt hatte. »Ein Foto bekommen Sie nicht«, sagte er kalt. »Ich habe Sie als Privatmann hergebeten. Schon vergessen?«

»Was hat das eine mit dem anderen zu tun?«, fragte Erik verblüfft.

»Ich habe Sie nur gebeten, das Lösegeld zu überbringen, weil ich glaube, dass Sie als Polizeibeamter keinen Fehler machen werden. Ich wüsste keinen anderen, dem ich das zutraue. Mir selbst am allerwenigsten.«

»Sie können sich auf mich verlassen. Aber …«

»Kein Aber! Es ist nicht Ihre Aufgabe, den Entführer meiner Tochter festzunehmen. Und ich erteile Ihnen auch nicht den Auftrag, meine Tochter zu befreien! Verstanden? Ich kann mir denken, dass es Ihnen lieber wäre, sich den Kerl zu schnappen und dann meine Tochter auf eigene Faust zu suchen. Aber das kommt nicht infrage! Also noch mal: Sie sollen nicht den Entführungsfall klären, sondern nur das Lösegeld überbringen! Sind Sie dazu bereit?«

Erik fühlte plötzlich Widerwillen in sich aufsteigen, dennoch nickte er.

Die beiden Lkw-Fahrer waren wirklich nett. Besonders, als Mamma Carlotta eine Gemeinsamkeit entdeckte, die die beiden Männer genauso erfreute wie sie selbst. Giovanni und Stefano waren im vergangenen Herbst an dem Bau beteiligt gewesen, der direkt neben Guidos Werkstatt errichtet worden war. Daran, dass Mamma Carlotta die Bauarbeiter mit Antipasti und Eistee versorgt hatte, konnten sich die beiden gut erinnern. Und so war im Nu eine herzliche Freundschaft entstanden. Darüber vergaß Mamma Carlotta sogar gelegentlich die beiden, die sich hinter ihr an eine Zementmischmaschine klammerten und die nachlässig aufgeschichteten Ziegelsteine festhielten. Das hatten Giovanni und Stefano noch zur Bedingung gemacht, bevor Tove und Fietje auf die Ladefläche klettern durften.

Einmal hatte Mamma Carlotta sich umgeblickt und gesehen, dass Fietjes Haare, die bisher immer unter der Bommelmütze versteckt gewesen waren, im Wind wehten. Sie ahnte, wie sehr er seine Kopfbedeckung vermisste, und sah sich von da an nicht mehr um, damit sie nicht von Fietjes Unglück angesteckt wurde. Dabei tat er ihr wirklich leid. Er hatte schließlich nicht nur seine geliebte Bommelmütze verloren, sondern auch die Chance, seinen Vater von dem Verdacht reinzuwaschen, ein Mörder zu sein.

Als Marina, die sich an diesem Abend mehr bewegt hatte als sonst in einer ganzen Woche, erschöpft eingeschlafen war, wurde es richtig lustig in der Fahrerkabine. Giovanni zog sogar eine Grappaflasche aus seiner Jacke und ließ sie kreisen. Mamma Carlotta hoffte inständig, dass Tove und Fietje genug damit zu tun hatten, sich selbst und die Ziegelsteine auf der Ladefläche zu halten, und davon nichts mitbekamen.

Giovanni und Stefano fuhren sie auf einen großen Parkplatz in der Nähe der Autobahn, wo sich weitere Mitfahrgelegenheiten bieten würden, und dann, nach einem langen und herzlichen Abschied, zu der Baustelle, wo am nächsten Morgen die Zementmischmaschine und die Ziegelsteine gebraucht wurden.

Mamma Carlotta war die Einzige, die ihnen nachwinkte. Marina stand schlaftrunken neben ihr, vollauf damit beschäftigt, auf den Beinen zu bleiben, und Tove schimpfte, weil ihm nicht verborgen geblieben war, dass in der Fahrerkabine Schnaps getrunken worden war und er nichts abbekommen hatte. Und Fietje war so voller Gram und Kummer, dass Mamma Carlotta ihn am liebsten in ihre Arme gezogen hätte.

Dann zeigte sie auf einen großen Reisebus, der in einer Ecke des Rastplatzes stand. Die Insassen hatten sich in das Toilettenhäuschen begeben, nur wenige waren auf ihren Sitzen geblieben.

»Schlitzaugen?«, sagte Tove. »Mit denen will ich nichts zu tun haben.«

»Das ist ja … razzismo!«, schimpfte Mamma Carlotta. »Sie sollten sich schämen!«

Es stellte sich heraus, dass die japanische Reisegruppe auch mit Tove Griess nichts zu tun haben wollte, denn diejenigen, die in den Bus zurückkehrten, sahen ihn alle ängstlich an, und einige wählten sogar eine andere Tür, um sich nicht an ihm vorbeidrücken zu müssen, der immer, wenn er schlechter Laune war, aussah, als hätte er die Absicht, dem Nächstbesten den Hals umzudrehen.

Der Busfahrer war kein Japaner, sondern Italiener und deswegen weniger ängstlich, was bärbeißige Europäer anging, die von asiatischer Höflichkeit noch nichts gehört hatten. Er beachtete Tove einfach nicht, sondern hörte sich lächelnd an, dass Mamma Carlotta seinen Bus besonders schön, modern und sauber fand und der Meinung war, dass ein solcher Bus von einem besonders pflichtbewussten, freundlichen Fahrer geführt werden musste.

Natürlich durchschaute er Mamma Carlottas Manöver sofort, blieb aber zuvorkommend. »Sie wollen mitgenommen werden? Ich habe nur noch zwei Plätze frei.« Er schenkte Tove einen triumphierenden und Fietje einen herabwürdigenden Blick. Seine Einladung galt nur den beiden Frauen, so viel war klar.

Aber da hatte er nicht mit Carlottas Hartnäckigkeit und ihren Überredungskünsten gerechnet. Sämtliche Japaner saßen nun wieder auf ihren Plätzen und beobachteten interessiert, was sich vor der offenen Tür des Busses abspielte. Mamma Carlotta redete auf den Busfahrer ein, untermalte ihre Äußerungen mit Händen und Füßen und machte schließlich einen Scherz, über den der Busfahrer so herzhaft lachen musste, dass er nicht gleichzeitig das Eindringen von zwei unerwünschten Männern verhindern konnte.

Die Japaner rechneten fest damit, dass der Fahrer die Polizei rufen und dafür sorgen würde, dass der finster aussehende große Kerl und der kleine bärtige Mann mit dem viel zu warmen Strickpullover des Busses verwiesen wurden. Deshalb staunten sie nicht schlecht, als der Fahrer zwar versuchte, die beiden auf den Parkplatz zu winken, dann aber resigniert die Schultern hob.

Als die Türen sich schlossen, Mamma Carlotta sich mit Marina einen Platz gesucht und Tove und Fietje sich neben sie auf den Boden gesetzt hatten, senkte sich Stille über den

Bus und seine Insassen. Erst als sie auf den Trasimenosee zufuhren, war das erste Flüstern zu hören.

Dass der Bus bis Città di Castello fuhr, war ein großes Glück. Und da Tove sich bis dahin gut benommen und sogar dafür gesorgt hatte, dass sich seine Miene ein wenig glättete, wurden sie nicht nur vom Busfahrer gnädig entlassen, sondern auch von den Japanern mit einem vorsichtigen Lächeln bedacht.

Sie hielten auf einem Parkplatz vor den Toren der Altstadt, da die Japaner ein Hotel beziehen wollten, das sich in den Gassen des historischen Ortskerns befand, die für den Bus zu eng waren.

»Wir müssen in die Altstadt«, sagte Mamma Carlotta. »Dort finden wir sicherlich einen Taxistand.«

»Und wenn nicht?«, fragte Marina, die in ihrem Leben noch nie Taxi gefahren war und sich nicht vorstellen konnte, dass es eine so einfache Sache war, wie einem in den Fernsehfilmen weisgemacht wurde. »Was soll ich nur Ricardo sagen? Er wird schon auf mich warten!«

Mamma Carlotta wurde ärgerlich. So wie früher, als sie noch Kinder waren und Marina mit ihrer Angst vor Entdeckung ein Abenteuer verhindern wollte, auf das ihre Freundin brannte. »Das haben wir doch verabredet! Nach der Arbeit haben wir bei Benedetta Likör getrunken und dabei die Zeit vergessen.«

»So lange?«, fragte Marina mit zitternder Stimme.

Mamma Carlotta umging eine direkte Antwort. »Wir müssen eben sehen, dass wir so schnell wie möglich jemanden finden, der uns nach Panidomino bringt.« Sie zeigte auf eine Gruppe Jugendlicher, die sich auf dem Parkplatz getroffen hatten. Jeder hockte auf einem Motorroller und spielte mit dem Gaspedal.

Eriks erster Weg führte in das Kinderzimmer, das Felix sich mit einem seiner Cousins teilte. Er wusste gar nicht genau, bei wem sein Sohn einquartiert worden war, aber er kannte die Tür, öffnete sie so geräuschlos wie möglich und schlich erst zu dem einen Bett, in dem er jedoch einen Haarschopf ausmachte, der nicht zu Felix gehörte, und dann zu der Liege, die unter dem Fenster aufgestellt war. Dort lag sein Sohn in friedlichem Schlummer. Sein Gesicht war so weich und kindlich, dass von Erik die Sorge mit einem Schlag abfiel. Wie hatte er auf die Idee kommen können, dass Felix sich einfach einen Lieferwagen nahm und damit eine Strecke von hundert Kilometern bewältigte? Nein, das würde er niemals tun! Dass Guidos Firmengelände von jemandem geöffnet worden war, der die Zahlenkombination kannte, musste einen anderen Grund haben.

Beruhigt schloss er die Tür wieder und lauschte ins Haus. In Guidos Wohnzimmer lärmte der Fernsehapparat, in den Räumen seiner Schwiegermutter hingegen war alles still. Als er sich vergewissert hatte, dass ihr Wohnzimmer dunkel und leer war, entschloss er sich, Sandra zu fragen. Auf die Idee, in Mamma Carlottas Schlafzimmer nachzusehen, kam er gar nicht. Dass sie um diese Zeit schon schlief, war ausgeschlossen. Sie war immer die Letzte, die sich zu Bett begab, und die Erste, die am Morgen aufstand.

Sandra sah ihn so erstaunt an, als hätte sie vergessen, dass er zurzeit im Hause Capella wohnte. Und er merkte bald, dass Guido seiner Frau nichts von dem entführten Auto erzählt hatte. Wahrscheinlich hatte sie ihren Mann schon oft ermahnt, nicht so vertrauensselig zu sein und vorsichtiger mit dem Zahlencode umzugehen.

»Weißt du, wo Mamma Carlotta ist?«, fragte er und übersah Sandras einladende Geste. Da sie sich eine Casting-Show ansah, würde sie keinen großen Wert darauf legen, den Fernseher zugunsten einer Unterhaltung mit ihm abzustellen.

Tatsächlich nahm sie den Blick nicht vom Bildschirm, während sie antwortete: »Die ist heute Nachmittag zu Benedetta gegangen. Antipasti für die Silberhochzeit einlegen.«

Erik sah auf die Uhr, Mitternacht war nicht mehr weit. »So lange?«

Sandra lachte. »Wenn Benedetta ihren berüchtigten Likör aus dem Vorrat holt, kann das noch länger dauern.«

Erik verstand, wünschte ihr eine gute Nacht und zog sich ins Wohnzimmer seiner Schwiegermutter zurück. Sich schon auf dem Sofa schlafen zu legen, hatte keinen Sinn. Mamma Carlotta würde ihn aus dem Schlaf reißen, wenn sie heimkam. Er konnte also genauso gut auf sie warten.

Er holte sich eine Flasche Wasser aus der Küche, setzte sich in einen Sessel, griff nach der Fernbedienung des Fernsehers und zappte sich ohne jedes Interesse durch einige Programme. Dann stellte er den Fernseher wieder aus und legte die Fernbedienung zur Seite.

Plötzlich fielen ihm die vier Motorroller wieder ein, die er überholt hatte. Mit großem Lärm waren sie die Serpentinen nach Panidomino hochgeknattert und hatten dunkle Abgaswolken ausgestoßen. Auf dem Rücksitz des ersten Motorrollers hatte eine Frau mit wehendem Rock gesessen, der ihm irgendwie bekannt vorgekommen war, ein dunkler Stoff mit hellen Tupfen. Auf den folgenden beiden Motorrollern hatten sich zwei Männer ängstlich an die Fahrer geklammert, und das Schlusslicht hatte ein Roller gebildet, der sich eine sehr dicke Frau aufgeladen hatte.

Erik hätte beinahe angehalten und die vier Fahrer zur Rede gestellt, aber gerade noch rechtzeitig war ihm eingefallen, dass er sich als Privatmann in Italien aufhielt und es ihn nichts anging, dass man hierzulande die Helmpflicht nicht so ernst nahm und sich niemand darüber aufregte, wenn jemand in Badehose und Turnschuhen Motorrad fuhr.

Er stand auf und betrachtete ohne großes Interesse die Fotos, die Mamma Carlotta auf einem Regalbrett ausgestellt hatte. Sämtliche Enkelkinder kurz nach ihrer Geburt, nachdem sie laufen gelernt hatten und bei der Einschulung, alle ihre Kinder in vergleichbaren Lebenssituationen und natürlich sämtliche Verlobungs- und Hochzeitsfotos. Von Dino und Lucia gab es besonders große gerahmte Bilder.

Erik nahm das Foto von Lucia zur Hand, das sie in einem Alter zeigte, in dem er sie noch nicht gekannt hatte. Sechzehn oder siebzehn mochte sie gewesen sein, als diese Fotografie entstanden war. Diese lachenden dunklen Augen! Der herzförmige Mund! Der intelligente Blick! In jedem Winkel dieses Gesichtes erkannte er seine Kinder, Felix ganz besonders, der Lucia mehr ähnelte als Carolin.

Er stellte das Bild zurück, weil er Schritte vor dem Haus hörte. Als er aus dem Fenster sah, erkannte er seine Schwiegermutter, die auf die Eingangstür zukam. Tatsächlich trug sie ein dunkles Kleid mit einem getupften Rock. Sollte sie etwa ...? Aber Erik schüttelte den Gedanken ab, ehe er ihn zu Ende gedacht hatte. Unmöglich! Wie kam er nur auf so eine Idee?

Carlotta freute sich, als sie feststellte, dass er auf sie gewartet hatte. Und Erik wunderte sich, dass sie vollkommen nüchtern wirkte, obwohl Sandra ihm schreckliche Dinge von Benedettas Likör berichtet hatte, der offenbar schon öfter zu wüsten Ausschweifungen geführt hatte – mit Folgen, von denen noch Jahre später geredet wurde.

Doch Mamma Carlotta schwankte kein bisschen, und ihre Hände waren ganz ruhig, als sie sich ein Glas Wasser einschenkte. Eriks Vorschlag, noch gemeinsam ein Glas Rotwein zu trinken, lehnte sie merkwürdigerweise mit der Begründung ab, sie sei müde und wolle zu Bett gehen.

»Du? Müde?«, wunderte sich Erik. »Noch nie ist es vorgekommen, dass du vor mir schlafen gehen willst.«

»Ich bin schließlich nicht mehr die Jüngste.«

»Aber erst musst du mir noch erzählen, was es mit Fietje Tiensch auf sich hat. Wen hat er beerbt? Wie viel? Und wieso ist Tove Griess mit nach Italien gekommen?«

»Weil Signor Tiensch sich nicht getraut hat, so eine weite Reise allein anzutreten«, antwortete Mamma Carlotta und wehrte nicht ab, als Erik nun doch eine Rotweinflasche holte und ihnen beiden eingoss.

»Und wen hat er beerbt?«

»Jemanden, den ich nicht kenne. Den Namen habe ich vergessen.«

Erik sah sie erstaunt an. Bisher hatte er geglaubt, seine Schwiegermutter kenne jeden, der in Panidomino lebte.

»Er wohnte in Città di Castello«, verteidigte sich Mamma Carlotta, ehe Erik seine Verwunderung in Worte fassen konnte.

»Und warum hat Tiensch ein Zimmer in Panidomino genommen?«

»Weil der Anwalt, der die Formalitäten erledigt, in unserem Dorf wohnt. Und weil die Pensione Santoni billig ist.«

»Aha.« Das leuchtete Erik ein. Dass seine Schwiegermutter jedoch nicht über die Einzelheiten informiert war, wollte ihm nicht im Geringsten einleuchten. Mit Sicherheit hatte sie versucht, alles aus Fietje Tiensch herauszufragen, was sie wissen wollte. Dass ausgerechnet der energielose Sylter Strandwärter ihrer Neugier widerstanden hatte, konnte Erik nicht glauben. »Hat er dir etwas verraten, was ich nicht wissen soll?«

Mamma Carlotta tat empört. »Wie kommst du denn darauf? Außerdem würde ich mir nichts anhören, was ich nicht an dich weitergeben dürfte. Wenn du etwas für deine Arbeit erfahren musst, dann sage ich es dir natürlich. Da könnte Fietje Tiensch mich noch so lange bitten.«

Erik griff in seine Jackentasche und holte die Bommelmütze hervor, die er vor Guidos Lieferwagen gefunden hatte. Mit einer sehr nachdrücklichen Geste legte er sie auf den Tisch. »Kennst du die?«

Er sah, dass sich Schweißperlen auf Carlottas Stirn sammelten, aber das konnte auch daran liegen, dass es in diesem Zimmer sehr warm und stickig war. Mamma Carlotta hatte die Fenster geschlossen, damit die Mücken nicht ins Zimmer kamen.

»Nie gesehen«, antwortete sie, nachdem sie die Mütze einer gründlichen Betrachtung unterzogen hatte.

»Könnte die nicht Fietje Tiensch gehören?«

»Sì, sì, der hat immer so eine auf. Aber ob das wirklich seine ist …?« Sie sah Erik so arglos an, dass er den Verdacht nicht loswurde, ihre Harmlosigkeit sei nur gespielt. »Woher hast du die Mütze, Enrico? Gefunden? Willst du sie Herrn Tiensch zurückgeben? Das ist sehr nett von dir!«

Erik nickte, als ginge es ihm tatsächlich nur darum, dass der Strandwärter sein Eigentum zurückerhielt. Gerade wollte er die Mütze wieder wegstecken, da schlug Mamma Carlotta sich vor die Stirn. »Nun fällt es mir ein … Das könnte die Mütze von Signor Lodovini sein. Er arbeitet bei Guido als Fahrer. Und er lässt seine Mütze ständig irgendwo herumliegen, meistens in einem der Autos. Während der Fahrt nimmt er die Mütze ab, und später vergisst er, sie wieder aufzusetzen.«

Erik wurde nachdenklich. Das bedeutete, dass Signor Lodovini einen von Guidos Lieferwagen entführt, mit ihm zu Richard Hermes' Weingut gefahren und dort verschwunden war. Sehr seltsam! Er würde Guido danach fragen müssen.

Unauffällig steckte er die Mütze wieder weg und versuchte, ebenso unauffällig das Thema zu wechseln. »Hast du was von Tizio gehört? Und von Luana?«

Mamma Carlotta schien froh zu sein, dass er nicht mehr von Fietje Tiensch und der Bommelmütze redete. »Tizio hat heute Nachmittag einen Besuch bei Benedetta und Davide gemacht. Benedetta ist ganz aus dem Häuschen vor Freude, weil Tizio ihretwegen seine Europareise unterbrochen hat.«

Erik nickte grimmig. Der gute Tizio! Der arme Junge, der nichts dafür konnte, dass er schon so viel auf dem Kerbholz hatte! Am liebsten hätte er seiner Schwiegermutter verraten, was Sören recherchiert hatte. Aber vermutlich würde sie ihm einfach nicht glauben, wenn er ihr erzählte, dass Tizio wegen schwerer Körperverletzung, Einbruch und Diebstahl vorbestraft war.

»Und Luana?«, fragte er, ohne Mamma Carlotta anzusehen, die sofort merkte, wenn seine Fragen einen Hintergrund hatten, von dem sie nichts erfahren sollte. »Ist sie noch in München?«

Erik rechnete fest damit, dass seine Schwiegermutter die Schultern zucken würde, weil sie nichts von Luana gehört hatte. Er überlegte bereits, ob er der Staatsanwältin seinen Verdacht mitteilen sollte. Dass Luana Schwarz nämlich in Wirklichkeit Verena Hermes hieß. Der Verdacht war sehr vage, die Indizienlage mehr als dünn. Das V auf dem Kettchen, die Tatsache, dass Sören nichts über eine Luana Schwarz in Erfahrung gebracht hatte …

Aber Mamma Carlotta antwortete: »Sie ist in Perugia. Guido hat sie bei Tizio gesehen.«

Erik sah seine Schwiegermutter verblüfft an. Er hatte damit gerechnet, dass Luana nicht wieder aufgetaucht war. Jedenfalls nicht, so lange die Entführung von Verena Hermes nicht glücklich beendet worden war.

Dass Luana lange schwarze Haare besaß, während Sören ihm berichtet hatte, dass Verena Hermes die blonden Haare raspelkurz trug, fiel ihm erst später ein.

Mamma Carlotta war auf dem Weg von der Pizzeria Venezia zur Pensione Santoni. Sie hatte schon einen Teil ihrer täglichen Pflichten erledigt, hatte Frühstück für ein gutes Dutzend Familienangehörige gemacht, die größeren Enkelkinder zur Schule geschickt, die kleinen für den Kindergarten angezogen und sie ihren berufstätigen Eltern übergegeben, hatte abgewaschen und in sämtlichen Schlafzimmern des verwinkelten Hauses die Betten gemacht, die Hühner gefüttert und im Garten Wäsche aufgehängt. Bevor sie das Haus verließ, rief sie ihrer Schwiegertochter noch zu, dass sie sich jetzt auf den Weg zu Benedetta machen werde, um bei den Vorbereitungen der Silberhochzeit zu helfen. Dass man sie in der Pizzeria Venezia mit zwei Unbekannten sehen würde, war unwahrscheinlich. In der Familie Capella ging man nicht auswärts essen.

Nun aber war aus dem konspirativen Treffen nichts geworden, weil sie Fietje nicht angetroffen hatte. Nur Tove hatte in der Pizzeria Venezia gesessen, in der die geschäftstüchtige Rosamunda schon ab acht Uhr morgens ein Frühstücksbüfett anbot, und Mamma Carlotta erzählt, was es mit Fietje auf sich hatte.

»Der ist noch im Bett«, hatte Tove ohne jedes Mitgefühl erklärt. »Dem geht's nicht gut. Der hat sich die halbe Million unters Kopfkissen geschoben und ist sofort eingepennt. Aber anscheinend träumt es sich nicht gut auf so viel Geld. Jedenfalls war er heute Morgen wie gerädert. Nun will er sich erst mal ein gutes Versteck für die Kohle ausdenken und dann versuchen, eine neue Bommelmütze zu kaufen. Kann aber auch sein, dass er sich mit seinem nackten Schädel gar nicht auf die Straße traut und darauf wartet, dass wir ihm eine Bommelmütze in die Pension bringen.«

Nun war Mamma Carlotta in großer Sorge. Erstens weil sie nicht wusste, wie sie in Panidomino an eine Bommelmütze kommen sollte, und zweitens weil sie Angst hatte, dass Fietje in seiner Verzweiflung etwas Unüberlegtes tun würde. Auf Sylt sah für Fietje ein Tag wie der andere aus. Er erledigte seinen Dienst, verbrachte seine Freizeit in Käptens Kajüte und die Schlafenszeit in seinem Bett oder vor fremden Fenstern, hinter denen sich das Leben abspielte, zu dem Fietje nicht mehr gehörte. Jetzt war er weit von Sylt entfernt, hatte viel Geld in den Händen, musste mit der Tatsache fertig werden, dass sein Vater ein Mörder war, und ohne Bommelmütze auskommen. Und ganz sicher wurde er von der Frage gequält, wer seinen Vater umgebracht hatte. Er brauchte also Unterstützung. Sollte Fietje sie nicht in sein Zimmer lassen, dann würde sie wenigstens Signora Santoni bitten, ein Auge auf ihn zu haben.

Die Pension lag direkt neben dem Glockenturm, hinter dem es in die engen, dunklen, verwinkelten Gassen des Centro storico ging. Die Fassade der Pension lag morgens im Sonnenschein, nachmittags hingegen wanderte die Hitze auf die Rückseite des Gebäudes. Auf den ersten Blick wirkte es freundlicher als die dunklen Häuser der Altstadt, die sich in den Schatten duckten, aber den unbestreitbaren Vorteil hatten, dass es in ihnen immer kühl war. Die Balkone der Pensione Santoni dagegen waren meist menschenleer, weil die Hitze auf ihnen brütete. Höchstens in den späten Abendstunden ließ sich mal jemand dort blicken, der die Aussicht ins Tal genießen wollte.

Auf dem Weg fiel Mamma Carlotta ein, wie sie Fietje bei dem Problem helfen konnte, das für ihn vermutlich das drängendste war. So steuerte sie zunächst das Café Maccharino an, das direkt gegenüber lag. Die Nonna der Maccharinos hockte schon seit zwanzig Jahren, seit sie unter Arthrose in den Knien litt, von morgens bis abends auf einem niedrigen Stuhl neben der Eingangstür. Während dieser Zeit war das Café modernisiert und erweitert worden, und zu den beiden Tischchen, die früher vor dem Eingang gestanden hatten, waren viele hinzugekommen. Seitdem saß die alte Signora Maccharino allen Kellnern im Weg, aber sie war nicht bereit gewesen, ihren angestammten Platz aufzugeben und ihren Stuhl woanders hinrücken zu lassen. Man hatte ihr lediglich das Versprechen abringen können, die Beine anzuziehen, damit die Kellner nicht darüber stolperten. Aber das vergaß sie leider gelegentlich, wenn sie sich besonders intensiv mit ihrer Strick- oder Häkelarbeit befasste und die Maschen zählen musste, sodass es häufiger als in anderen Cafés vorkam, dass das Geschirr zu Bruch ging und das Bedienungspersonal im Krankenhaus von Città di Castello landete.

Mamma Carlotta wusste, dass in der Familie Maccharino

sämtliche Kissen gehäkelte Hüllen besaßen, vor allen Fenster Häkelgardinen hingen, die Enkelkinder ihre Buntstifte in handgestrickten Futteralen aufbewahrten und in der Theke des Cafés neben den Torten auch handgestrickte Socken angeboten wurden. Signora Maccharino würde ein Auftrag gefallen, mit dem sie nicht gleichgültiges Achselzucken oder sogar Augenrollen, sondern echte Freude erntete.

Sie hatte sich nicht geirrt. Signora Maccharino war begeistert und machte sich gleich über ihre Wollvorräte her, in denen es tatsächlich einen Rest von Dunkelblau gab. Jeden anderen Farbvorschlag hatte Mamma Carlotta zurückgewiesen, für Fietje Tiensch kam nur eine maritime Farbe infrage. Allenfalls würde er einen farbigen Rand akzeptieren, falls das Blau nicht reichte, oder einen Bommel, in dem das Marineblau ein paar bunte Tupfer erhielt. Aber da auch Mamma Carlotta über einen ansehnlichen Vorrat an Wollresten verfügte, würde sich vermutlich auch das umgehen lassen.

Hochzufrieden verabschiedeten sich die beiden Frauen voneinander, und Signora Maccharino sagte zu, die Bommelmütze vielleicht noch am selben Abend, spätestens aber am nächsten Morgen fertig zu haben. Während sie die Maschen aufnahm und zu einem Rund fügte, das in etwa dem Kopfumfang eines Sylter Strandwärters entsprach, wurde das Klappern ihrer Stricknadeln immer lebhafter, und ihre Beine ragten so weit in den Eingang, dass die gut aussehende Dame, die sich einen freien Tisch suchte, beinahe darüber gestolpert wäre, wenn Mamma Carlotta sie nicht mit einem »Attenzione!« gewarnt hätte.

Vittoria Zaragoza lachte, als sie wohlbehalten auf ihrem Stuhl saß. »Nett, dass wir uns hier wiedersehen! Da können wir ja gemeinsam einen Espresso trinken.«

Mamma Carlotta, die sich eigentlich immer freute, Bekanntschaften aufzufrischen, befiel in diesem Fall ein ungutes Gefühl. »Scusi, eigentlich habe ich keine Zeit.«

Aber Vittoria Zaragoza klopfte herausfordernd auf den Stuhl neben sich. »Ich muss mich doch dafür bedanken, dass Sie mich vor einer Bauchlandung bewahrt haben.«

Was sollte sie machen? Mamma Carlotta ließ sich neben der schönen Geschäftsführerin des Nebbia Costiera nieder. Während sie ihren Rock zurechtzupfte und den Stuhl an den Tisch heranrückte, schweifte ihr Blick verstohlen über Vittoria Zaragozas Gestalt. Was für eine schöne Frau! Alles an ihr war imposant, ihre Figur war schlanker, ihre Beine waren länger, ihre Augen größer, ihre Haare dicker und glänzender, ihre Lippen ausgeprägter, ihre Fingernägel länger und besser lackiert als bei anderen Frauen. Sogar ihre Tasche war größer. Während sie ihre Jacke nachlässig über eine Stuhllehne warf, achtete sie darauf, den Körperkontakt zu ihrer riesigen Tasche nie zu verlieren. Entweder lag eine Hand auf ihrem Henkel, oder sie sorgte dafür, dass die Tasche ihr Bein berührte.

Mamma Carlotta fiel ein, dass dies eine gute Gelegenheit war, das Gespräch auf Tizio zu bringen. Sie war noch gar nicht dazu gekommen, all seine Vorzüge ins rechte Licht zu rücken, wie man es grundsätzlich machen sollte, wenn man den Vorgesetzten eines Familienangehörigen vor sich hatte, da öffnete sich gegenüber in der Pensione Santoni eine Balkontür in der ersten Etage, und Fietje trat heraus. Mamma Carlotta blieb die Erzählung im Halse stecken. Der Sylter Strandwärter sah so unglücklich aus, so verloren und so heimatlos, dass das Mitleid ihr die Kehle zuschnürte.

Vittoria folgte ihrem Blick und lachte. »Was ist das denn für eine traurige Gestalt?« Als sie Mamma Carlottas vorwurfsvollem Blick begegnete, erschrak sie. »Oh, Sie kennen ihn?«

Mamma Carlotta nickte. »Ein Sylter.«

»Wie der typische Italientourist sieht der aber nicht aus.«

»Er ist kein Tourist, sondern wegen einer Familienangelegenheit hier. Ein Todesfall.«

Vittoria betrachtete sie erstaunt. »Wie kommt es, dass Sie jemanden so gut kennen, der von der Insel Sylt stammt?«

Möglich, dass sie ihre Frage schon Minuten später bereute. Denn dass sie eine derart ausführliche Antwort erhalten würde, hatte sie wohl nicht erwartet. Nun jedoch erfuhr sie von Carlottas Tochter, die einem Friesen auf die Insel in der eiskalten Nordsee gefolgt war, bekam zu hören, dass Lucia entgegen aller Befürchtungen dort glücklich geworden war und dass Carlotta auf Sylt zwei Enkelkinder hatte, die sie regelmäßig besuchte. Währenddessen trank Vittoria ihren Espresso aus, winkte nach der Bedienung und zahlte. Mamma Carlotta war erst bei den Sylter Nachbarn angekommen und hatte noch keine Gelegenheit gehabt, den attraktiven Beruf ihres Schwiegersohns zu erwähnen, da erhob sich Vittoria Zaragoza bereits und unterbrach die Erzählung, die noch längst nicht auf ihren Höhepunkt zusteuerte. »Tut mir leid, Signora, mein Chef erwartet mich. Ich muss mich verabschieden.«

Mamma Carlotta bedauerte es ganz außerordentlich und winkte der Geschäftsführerin nach. Beinahe hätte sie darüber nicht bemerkt, wie die Tür der Pensione Santoni aufging. Nicht anders als auf Sylt drückte sich Fietje durch den kaum geöffneten Spalt, heftete den Blick auf seine Füße und bewegte sich dicht an der Hauswand entlang. Am Tag zuvor noch war er der Sohn eines Grafen gewesen, jetzt war er wieder nur der Sylter Strandwärter, mit dem keiner etwas zu tun haben wollte. Und ohne Bommelmütze konnte er sich nicht einmal vor dieser Tatsache verstecken, wie er es auf Sylt gerne tat.

Mamma Carlotta winkte Signora Maccharino zu, bat sie noch einmal, sich mit dem Stricken zu beeilen, dann lief sie hinter Fietje her. »Signor Tiensch! Wo wollen Sie hin?«

Fietje drehte sich um und blinzelte gegen die Sonne. »Moin, Signora! Sind Sie meinetwegen hier?«

»Signor Griess hat gesagt, dass es Ihnen nicht gut geht.«

Mamma Carlotta nahm Fietjes Arm und zog ihn zum Café. Brav ließ er sich auf dem Stuhl nieder, den Mamma Carlotta heranrückte. Er wehrte sich nicht einmal dagegen, statt eines Birra alla spina einen Espresso vorgesetzt zu bekommen.

»Was ist los?«, fragte Mamma Carlotta, als die Serviererin sich entfernt hatte. »Warum sind Sie nicht in die Pizzeria Venezia gekommen?«

Fietje riss sich zusammen, ehe er antwortete: »Ich habe das Geld gut versteckt.«

Mamma Carlotta sah ihn kopfschüttelnd an. »Ist das vielleicht eine Antwort auf meine Frage?«

»Und jetzt gehe ich zu meinem Bruder«, ergänzte Fietje. »Ich habe keine Ahnung, ob er was von meiner Existenz weiß, aber ich finde, er sollte erfahren, dass es mich gibt. Außerdem möchte ich mehr von meinem Vater wissen. Und ich möchte sehen, wie und wo er gelebt hat.«

Das konnte Mamma Carlotta zwar gut verstehen, aber beunruhigt war sie trotzdem. »Sie werden Luigi doch nichts von dem Geld erzählen?«

Diese Frage schien Fietje sich schon selbst gestellt zu haben. Er schüttelte entschieden den Kopf. »Obwohl auch Luigi daran gelegen sein wird, dass unser Vater kein Mörder genannt wird. Aber ...« Fietje brauchte eine kurze Verschnaufpause, ehe er sich den nächsten Satz aufbürdete. »Ich will, dass derjenige das Geld zurückbekommt, dem es gehört.«

Mamma Carlotta griff nach seiner Hand und drückte sie mitfühlend. »Wir werden einen zweiten Versuch machen. Promesso!«

Fietje nickte, dann wollte er sich erheben, so lange er noch die Kraft in sich spürte, mit der er beschlossen hatte, zum Schloss der di Vagos zu gehen.

Aber Mamma Carlotta hielt ihn zurück. »Das ist jetzt ungünstig. Die Geschäftsführerin hat einen Termin bei Ihrem Bruder. Besser, Sie warten noch ein, zwei Stunden.«

Das gefiel Fietje überhaupt nicht. Aber er sah ein, dass der Moment, den er ausgesucht hatte, unter diesen Umständen wirklich nicht der richtige war. Kraftlos ließ er sich zurücksinken und hörte Mamma Carlotta bei ihren Überlegungen zu, wer ein Interesse daran gehabt haben könnte, Manuel di Vago umzubringen, und warum es Luigi nicht gelungen war, seinen Vater vom Mord an Franco Neuhaus abzuhalten. »Oder war er vielleicht aus einem anderen Grund auf Sylt?«

Fietje betrachtete lange die alte Signora Maccharino und ihre klappernden Stricknadeln, ohne zu ahnen, dass sie seinetwegen dieses Tempo vorlegte, bei dem sie unmöglich auch noch die Beine einziehen konnte. So ahnte er zum Glück auch nicht, dass ihn gewissermaßen eine Mitschuld traf, als der Kellner mit vorgerecktem Oberkörper und gefährlich schwankendem Tablett an ihrem Tisch vorbeischoss und die beiden Cappuccini, die sich darauf befanden, sich über die Motorhaube eines parkenden Autos ergossen. Leise sagte er: »Luigi kann mit der Entführung und dem Mord nichts zu tun haben. Sonst hätte *er* das viele Geld gehabt und nicht mein Vater.«

Erik konnte sich nicht erinnern, schon einmal derart nervös gewesen zu sein. Vielleicht am Tag vor seiner Hochzeit und als die Kinder zur Welt gekommen waren, aber sonst? Nein, im Dienst war Erik immer die Ruhe selbst, und gereizt war er nur, wenn seine Schwiegermutter zu viel redete oder von ihm verlangte, dass er sich an Verwandte erinnerte, die er alle Jubeljahre einmal sah.

Jetzt aber war er angespannt und in großer Sorge, dass die Lösegeldübergabe ähnlich ablaufen würde wie auf Sylt. Er wollte die Autofahrt nutzen, um in aller Ruhe die beiden Morde und den Entführungsfall zu überdenken, die ihm nach wie vor so verworren erschienen, dass er es nicht einmal zu irgendwelchen Mutmaßungen brachte. Warum war Franco Neuhaus im Süder Wung aufgetaucht? Hatte es sich bei dem Mann, der ihn beschattete, um Luigi di Vago gehandelt? Und warum war Fietje Tiensch vor ihm weggelaufen? Wer hatte Franco Neuhaus umgebracht? Seine Theorie, dass er den Entführer erkannt hatte, konnte er nun vergessen. Zu diesem Zeitpunkt war Verena Hermes noch gar nicht entführt worden, sondern mit ihrem Liebhaber auf der Flucht. Und warum musste Manuel di Vago sterben?

Erik stellte fest, dass er im Schneckentempo von Umbrien in die Toskana wechselte. Intensives Nachdenken und zügiges Autofahren vertrugen sich für ihn einfach nicht. Er atmete tief durch und trat aufs Gaspedal, damit der Fahrer hinter ihm endlich aufhörte, die Hupe zu betätigen.

Schließlich bog er auf einen winzigen Parkplatz ein, ließ die Autos, die hinter ihm eine Schlange gebildet hatten, vorüberbrausen und fuhr dann wieder auf die Straße. Wo mochte Verena versteckt gehalten werden? War sie in der Nähe? Würde sie an diesem Abend noch freikommen? Richard Hermes hatte ihm eingeschärft, sich nicht darum zu kümmern, aber Erik war zu sehr Polizist, um sich nicht für die komplette Lösung des Falls zu interessieren. Er würde sich an Hermes' Anweisungen halten und nach der Übergabe des Lösegelds so schnell wie möglich verschwinden, aber dass er die Angelegenheit anschließend vergessen würde, wie Hermes es forderte, war undenkbar.

Wer hatte gewusst, wo Verena sich mit ihrem Liebhaber aufhielt? Wer hatte sie gefunden? Und was war mit dem jungen Mann, mit dem sie durchgebrannt war? War der am Ende der Entführer? Oder war er beseitigt worden, ohne dass seine Leiche bisher aufgetaucht war?

Erik überlegte, ob er Sören von seiner Überlegung erzählen sollte, dass Luana in Wirklichkeit Verena Hermes heiße und Tizio der Kerl sei, mit dem sie durchgebrannt war. Aber da Luana nach Verena Hermes' Entführung gesehen worden war, kam diese Möglichkeit nicht in Betracht. Nein, sie wurde irgendwo gefangen gehalten. Und da Richard Hermes nicht wusste, mit wem sie durchgebrannt war, gab es keine Möglichkeit zu überprüfen, was mit dem Mann geschehen war, mit dem sie weggelaufen war. Oder hatte sie sich längst von ihm getrennt? Unterwegs gemerkt, dass er nicht der Richtige für sie war? Hatte Richard Hermes recht daran getan, den wahren Grund für ihr Verschwinden vor den di Vagos zu verschleiern? Weil Verena tatsächlich auf dem Wege gewesen war, zu Luigi zurückzukehren? Dann musste sie unterwegs ihrem Entführer in die Hände gefallen sein.

Als sein Handy klingelte, fuhr Erik an den Straßenrand. Er lächelte, als er Sörens Namen im Display sah und rief, statt sich zu melden: »Sören! Schön, Sie zu hören!«

Die Stimme seines Assistenten klang angestrengt. »Hoffentlich kommen Sie bald zurück, Chef. Ich halte das hier nicht mehr lange aus. Die Staatsanwältin macht mich wahnsinnig. Rückt die Ihnen eigentlich auch ständig auf die Bude? Ich meine ... ruft sie stündlich bei Ihnen an?«

»Nein, mich lässt sie in Ruhe.«

»Am liebsten hätte ich ihr heute von Verena Hermes' Entführung erzählt. Von der richtigen, meine ich. Nur, um endlich mal was melden zu können und nicht auf jede ihrer Fragen die gleiche Antwort zu geben.«

Erik war beunruhigt. »Aber Sie haben hoffentlich geschwiegen, oder? Richard Hermes macht Hackfleisch aus mir ...«

»Keine Sorge, Chef! Ich habe nichts gesagt. Aber ich habe eine Neuigkeit. Sieht so aus, als hätten wir die Tatwaffe!«

Erik war überrascht. »Das ist großartig! Wieso behaupten Sie, Sie hätten der Staatsanwältin nie was Neues zu verkünden?«

»Weil ich die Sache nicht auf meine Fahnen heften kann. Ich habe die Tatwaffe nicht gefunden, sie wurde mir gebracht. Also keine Meisterleistung von Kommissar Sören Kretschmer.«

»Und was ist die Tatwaffe?«, fragte Erik, stellte den Motor ab und lehnte sich zurück.

»Eine von diesen Stabtaschenlampen«, antwortete Sören. »Ein Bauer hat sie gefunden und zunächst mitgenommen. Dann ist ihm irgendwann das Blut aufgefallen, das an der Lampe klebt, und er hat sich an den Toten in der Scheune erinnert. Daraufhin hat er sich entschlossen, die Taschenlampe im Revier abzugeben, statt sie zu säubern und zu behalten.«

»Sehr löblich.«

»Vetterich hat alle Spuren sichergestellt«, fuhr Sören fort. »Die Fingerabdrücke unseres Bauern natürlich und zwei weitere. Vor allem eine Person hat die Taschenlampe sehr häufig in der Hand gehabt.« Wieder seufzte Sören. »Aber es gibt kein Vergleichsmaterial. Und solange wir keine Verdächtigen haben, bringen uns die Fingerabdrücke nicht weiter.«

»Sind Sie sicher, dass es sich um die Tatwaffe handelt?«

»Das Blut gehört Franco Neuhaus, so viel steht fest.«

»Da fällt mir ein, Sören ... Was ist eigentlich mit dem Franchiseunternehmer, mit dem Luigi di Vago zusammenarbeiten will? Haben Sie über den was herausgefunden?«

»Gestern war Sonntag, da konnte ich nichts machen. Und heute habe ich niemanden erreichen können, der in der Lage wäre, eine Auskunft zu geben. Morgen früh bin ich schlauer. Dann rufe ich Sie sofort an.«

Hinter Erik blitzten Scheinwerfer auf, kurz darauf fuhr ein Wagen mit halsbrecherischem Tempo an ihm vorbei. Erik hatte das Gefühl, als Teil des Straßenverkehrs, der sich vorwärtsbewegte, sicherer zu sein, und fuhr vorsichtig weiter. Schon bald klingelte das Handy erneut. Diesmal war Carolin am anderen Ende der Leitung. Ausgerechnet an diesem Abend war ihr eingefallen, dass ihr Vater versprochen hatte, in Italien etwas mit seinen Kindern zu unternehmen. »Wo bist du überhaupt? Du hast mir nicht mal gesagt, wohin du fahren willst.«

Damit hatte sie vollkommen recht. Erik war froh gewesen, dass seine Tochter mit ihren Arabesquen beschäftigt gewesen war und ihn nicht um Erklärungen gebeten hatte, als er das Haus verließ. Jetzt jedenfalls verlangte Carolin nach der Anwesenheit ihres Vaters, redete sogar von Vernachlässigung seiner Aufsichtspflicht, von der sie sonst nie was hören wollte, und zweifelte seine Vaterliebe an, wenn er nicht bereit sei, sofort zurückzukehren und mit ihr ins Kino zu gehen. Anscheinend waren all ihre Cousinen und Cousins auf einer Party, zu der sie nicht hatte mitgehen wollen. »Da kenne ich niemanden.«

Erik geriet ins Schwitzen. Als er aufgebrochen war, hatte er sich darüber gefreut, dass im Haus seiner Schwiegermutter so viele Leute wohnten, die überdies ständig Gäste ins Haus brachten, dass niemand einen Überblick hatte, wer gerade zu Hause war und wer nicht. Wenn er seiner Schwiegermutter glauben durfte, dann war sogar einmal der neue Pfarrer erschienen, um seinen Antrittsbesuch zu machen, und jeder hatte ihn für den Freund eines anderen gehalten, sodass sich niemand um ihn kümmerte, bis ihn schließlich jemand fragte, ob er der Schlagzeuger der Band sei, der einer von Lucias Neffen beitreten wollte. Daraufhin waren alle schuldbewusst zusammengelaufen und hatten sich später gegenseitig vorgeworfen, dem Pfarrer die Tür geöffnet, ihn in die Küche geführt und dann vergessen zu haben. Angeblich hatte die Familie Capella mehrere Sonntage in großer Besetzung dem Gottesdienst beiwohnen müssen, bis der Pfarrer endlich glauben konnte, dass es in ihrem Hause eigentlich wohlgeordnet zuging.

»Carolin, ich ... mache einen Besuch.«

»Wen besuchst du?«

»Einen Bekannten. Einen Deutschen, der in der Toskana ein Haus hat.« Das war zum Glück nicht einmal eine richtige Lüge.

»Warum hast du mich nicht mitgenommen?«

Erik führte ein Dutzend Gründe an, aber Carolin ließ kein einziges Argument gelten. »Wahrscheinlich triffst du dich mit einer Frau und willst es nicht zugeben«, maulte sie.

Nun musste Erik lachen. »Das ist nicht dein Ernst.«

Aber dann sagte er sich, dass es vielleicht von Vorteil war, einen kleinen Rest von Zweifel in Carolin zurückzulassen, der ihn davor bewahrte, ihr die Wahrheit sagen zu müssen. Nein, er durfte niemandem verraten, was er in dieser Nacht tun würde, das hatte er Richard Hermes versprechen müssen. Carolin war zwar verschwiegen, aber sie war noch zu jung, um ihr ein solches Geheimnis aufzubürden.

Als er Montepulciano hinter sich ließ, war seine Tochter so schwer beleidigt, dass sie nicht mehr mit ihm reden wollte, weshalb er das Telefongespräch endlich beenden und sich auf seine Aufgabe konzentrieren konnte. Und als die Lichter von Monticchiello in Sicht kamen, hatte Erik sich Carolins nörgelnde Stimme aus dem Ohr gewischt und ihre Vorhaltungen vergessen.

Hoffentlich hatte Richard Hermes inzwischen genaue Instruktionen erhalten, wo und wie die Lösegeldübergabe stattfinden sollte. Manche Entführer versuchten, die Angehörigen durch Warten zu zermürben und durch immer neue Anweisungen. Hermes hatte ganz recht daran getan, einen Profi hinzuzuziehen. Hoffentlich konnte die Lösegeldübergabe wirklich an diesem Abend stattfinden und zog sich nicht die ganze Nacht hin. Seine Tochter kam ihm wieder in den Sinn. Sollte er in den Morgenstunden oder gar erst am nächsten Tag nach Hause kommen, würde er seine liebe Mühe haben, sie von dem Verdacht abzubringen, dass er die Nacht mit einer Frau verbracht hatte.

Beim Anblick des Weinguts »Luna Nera« fiel Erik wieder der Satz ein, den Verena Hermes geschrieben hatte: Zahl endlich die halbe Million! Richard Hermes hatte zwar nichts davon wissen wollen, aber Erik ließ das Gefühl nicht los, dass die tatsächliche Entführung etwas mit der vorgeblichen zu tun hatte. Warum auch diesmal ausgerechnet eine halbe Million? Und warum »endlich«?

Erik beschlich die Angst davor, in etwas hineingezogen zu werden, wovon er die Spielregeln nicht einmal ansatzweise kannte.

Schon nach dem ersten fehlgeschlagenen Versuch hatte Mamma Carlotta damit begonnen, Fietje sein Vorhaben auszureden. Tove war sowieso auf ihrer Seite gewesen, der Fietjes Idee für total hirnverbrannt hielt. »Glaubst du wirklich, so ein Graf freut sich, wenn einer wie du ankommt und behauptet, sein Bruder zu sein?«

Mamma Carlotta hatte ihm ihren Ellbogen in die Seite gerammt, als Strafe dafür, dass er dem armen Fietje eine solche Beleidigung ins Gesicht schleuderte. Doch dieser sah auf seine Füße und bemerkte nichts von Toves Verächtlichkeit. Vielleicht war sie ihm auch egal. Dann jedoch stellte sich heraus, dass er mit seinem geplanten Besuch auch einen Zweck verfolgte, mit dem er sofort Toves Hochachtung erlangte. »Ich will ihn außerdem fragen, was er auf Sylt gemacht hat. Er soll mir sagen, dass er versucht hat, unseren Vater von dieser schrecklichen Tat abzuhalten.«

»Gute Idee!«, tönte Tove.

Von Mamma Carlottas Einwänden wollten beide nichts hören. »Er kennt Sie nicht, Fietje! Warum sollte er Ihnen ein Geheimnis anvertrauen? Wenn er seinem Vater nach Sylt gefolgt ist, dann weiß er, dass er der Sohn eines Mörders ist. Genau wie Sie! Er hätte es der Polizei mitgeteilt, wenn es ihm auf Gerechtigkeit angekommen wäre. Hat er aber nicht! Also will er genau wie Sie dafür sorgen, dass das Andenken seines Vaters nicht beschädigt wird. Und wenn er das will, wird er Ihnen genauso wenig verraten wie allen anderen.«

Aber Fietje wollte ihr nicht glauben. »Vielleicht weiß er, dass er einen Bruder hat. Dann wird er sich mir vielleicht anvertrauen. Womöglich ist er sogar froh, dass er einen nahen Verwandten hat, mit dem er reden kann.«

Als Fietje das erste Mal an die Eingangstür der di Vagos geklopft hatte, war ihm gesagt worden, Luigi di Vago habe Besuch. Beim zweiten Mal hatte es geheißen, Signor di Vago führe ein wichtiges Telefongespräch und wolle anschließend eine kleine Mahlzeit zu sich nehmen. Erst beim dritten Anlauf wurde Fietje ins Haus gelassen. Mamma Carlotta und Tove standen währenddessen auf dem unteren Stück des Weges, der zum Schloss hinaufführte, jeder hinter dem Stamm eines Olivenbaums verborgen, und beobachteten die Vorgänge am Eingang.

»Und wenn Luigi di Vago doch der Mörder ist?«, fragte Tove. »Dann bringt er Fietje auch um, weil der zu viel weiß.«

»Das wird er nicht wagen«, entgegnete Mamma Carlotta mit fester Stimme, weil Tove nichts von ihrer Angst bemerken sollte. »Außerdem kann er nicht der Mörder sein. Der bringt doch nicht den Entführer seiner Verlobten um! Damit hätte er sie auch auf dem Gewissen.«

»Und der Vater? Dem ist das egal, dass die zukünftige Schwiegertochter draufgeht?«

»Der war nur an der halben Million interessiert«, gab Mamma Carlotta zurück. »Und weil der alte di Vago das Geld besaß, kann auch nur er der Mörder sein. Wie oft eigentlich noch?«

Tove wollte noch einen weiteren Einwand vorbringen, da öffnete sich die Eingangstür, und Fietje trat wieder heraus.

»Jetzt schon?«, fragte Tove. »Viel kann er nicht erfahren haben.«

Das war vor ein paar Stunden gewesen, nun saßen sie vor dem Café Maccharino und sahen zu, wie die Dunkelheit sich über die Gassen der Altstadt senkte und wie auf dem Dach der Pensione Santoni noch ein paar Sonnenfunken aufblitzten. Mamma Carlotta warf von Zeit zu Zeit einen Blick zu Signora Maccharino, die gerade den Bommel für Fietjes

Mütze herstellte, und hoffte, dass Fietje es noch ein wenig im Café Maccharino aushielt, damit er nach dem Unglück, das ihm im Hause seines Bruders widerfahren war, noch etwas Glück erfahren durfte.

»Er hat mir nicht geglaubt«, sagte Fietje und konnte es einfach nicht fassen, dass Luigi di Vago ihn abgefertigt hatte wie einen Landstreicher, der um ein Almosen gebeten hatte. »Ich habe ihm von meiner Mutter erzählt, aber er hat mir gar nicht zugehört.« Erschöpft lehnte er sich zurück und winkte dem Kellner.

Der verstand sofort und brachte ein weiteres Birra alla spina, während Tove seinen Rotwein herunterkippte und sich in die Pizzeria Venezia verabschiedete, wo Rosamunda angeblich auf ihn wartete. »Mein Kartoffelsalat ist gut angekommen«, behauptete er und winkte schon ab, bevor Mamma Carlotta ihn erneut fragen konnte, warum er nicht auch auf Sylt den Kartoffelsalat selbst herstellte, statt ihn in großen Plastikeimern von einem Discounter zu beziehen. Als Unternehmer habe man für so was keine Zeit, hatte er ihr schon mehrmals erklärt, und Mitarbeiter könne er sich nicht leisten.

Gerade führte Mamma Carlotta einen weiteren Espresso an die Lippen, als Davide vorbeikam und an ihrem Tisch stehen blieb. Nach einem fragenden Blick auf Fietje hielt er Mamma Carlotta vor, dass seine Frau Benedetta bereits seit Stunden auf sie warte, weil Carlotta versprochen habe, heute das Gewürzöl für die Crostini zuzubereiten.

Mamma Carlotta erschrak zu Tode, als ihr einfiel, dass Davide recht hatte, und sicherte ihm wortreich zu, spätestens in einer halben Stunde vor der Tür zu stehen.

»Allora«, stöhnte sie, als Davide sich entfernt hatte. »Die Silberhochzeit hatte ich tatsächlich vollkommen vergessen.«

Ein Blick zu Signora Maccharino sagte ihr, dass es mit dem Versprechen, in einer halben Stunde in Benedettas Küche zu erscheinen, klappen könnte. Also lehnte sie sich entspannt zurück, trank ihren Espresso aus und lamentierte ausgiebig über das merkwürdige Verhalten Luigi di Vagos, der sich geweigert hatte, Fietje in seine Arme zu schließen und an sein Herz zu drücken. »Froh sollte er sein, dass er einen Bruder hat!«

Aber Fietje schüttelte den Kopf. »Er hat geglaubt, ich will ihm sein Erbe streitig machen.«

Mamma Carlotta brauchte sich nur Luigi di Vagos Eloquenz vorzustellen, seine Gewandtheit, seine Überzeugungskraft, und wusste, dass Fietje ihm nichts entgegenzusetzen gehabt hatte. Er war vermutlich davongeschlichen wie ein geprügelter Hund und hatte in Luigi die Überzeugung zurückgelassen, dass er tatsächlich nur ein Erbschleicher war.

Darüber ereiferte sie sich so lange, bis Fietje ein weiteres Bier getrunken hatte und Signora Maccharino sich endlich erhob und feierlich eine wunderschöne Bommelmütze an den Tisch trug, die Fietje haargenau passte. Mamma Carlotta betrachtete sie mit leuchtenden Augen, behauptete, diese Mütze sei viel schöner als die alte, und Fietje nickte zu allem, was sie sagte, überwältigt von dem wunderschönen Geschenk.

Mamma Carlotta bedachte Signora Maccharino mit überschwänglichem Dank, und Fietje zog währenddessen die Bommelmütze so tief wie möglich in die Stirn, stützte die Ellbogen auf und legte sein Gesicht in die Hände. Als Mamma Carlotta sich ihm wieder zuwandte und darauf hoffte, von Fietje das erste Lächeln dieses Tages zu bekommen, stellte sie fest, dass er weinte.

Erik war nach Montepulciano gefahren, dann, noch vor den Mauern der Stadt, in Richtung Chianciano Terme abgebogen. Das Waldgelände, in dem die Lösegeldübergabe stattfinden sollte, war niedrig, spärlich und hell, der Parkplatz, den Verena Hermes in ihrem Brief an ihren Vater beschrieben hatte, leicht zu finden.

Er war leer. Kein Auto stand dort, kein Mensch war zu sehen. Die Spaziergänger, die hier ihre Fahrzeuge abstellten, kehrten nach Sonnenuntergang zurück, der Parkplatz wurde bei Dunkelheit allenfalls von heimlichen Liebespärchen genutzt oder von Autofahrern, die ihre Blase erleichtern wollten.

Erik hatte, um den Entführer nicht zu verwirren, Richard Hermes' Wagen genommen, einen schweren Mercedes, mit dem er noch langsamer gefahren war, als es ohnehin seine Art war. Die technischen Raffinessen des Autos, das beeindruckende Cockpit, der Geruch des teuren Leders und dann noch der Geldkoffer auf dem Rücksitz ... das alles schüchterte ihn derart ein, dass er während der Fahrt öfter daran dachte, das Auto unversehrt zurückzubringen, als daran, wie die Lösegeldübergabe über die Bühne gehen würde.

Erik steuerte den Mercedes in die hinterste Ecke des Parkplatzes, direkt neben den Weg, der in den Wald führte. Zehn Minuten noch bis zur vereinbarten Zeit! Die wollte er in einem verschlossenen Wagen verbringen, in dem er sich sicher fühlte. Genau um 21:08 Uhr sollte er den Weg betreten und in den Wald hineingehen. Dort würde er eine SMS mit weiteren Anweisungen erhalten.

Erik holte Richard Hermes' Handy heraus und legte es auf den Beifahrersitz. Sein Blick ging ständig zwischen dem Weg, der noch schwach zu erkennen war, und dem Handy hin und her. Und immer wieder sah er auf die Uhr, die ebenfalls Hermes gehörte. Eine Funkuhr, die exakt die richtige Zeit anzeigte.

Hinter ihm rauschte der Verkehr vorbei, gelegentlich brach er ab, dann wurde die Stille schnell unerträglich. Erik war um jedes Auto dankbar, das ihn daran erinnerte, dass er nicht allein auf der Welt war, nicht ganz allein einem Entführer ausgeliefert, der vor keiner Gewalttat zurückschreckte.

Plötzlich fragte er sich, ob es richtig gewesen war, Richard Hermes' Bitte zu erfüllen. Zwar war auch er der Meinung, dass ein Polizeibeamter in einem solchen Entführungsfall mit der nötigen Kaltblütigkeit vorging, besser und besonnener reagieren würde als ein Vater, der nicht nur unerfahren, sondern darüber hinaus voller Angst um seine Tochter war. Emotionen waren der Sache nicht dienlich, konnten sie im äußersten Fall sogar zum Scheitern bringen. Allerdings wusste Erik nicht, wie der Entführer darauf reagieren würde, dass nicht Richard Hermes, sondern ein Fremder das Lösegeld überbrachte.

Die Zeit versickerte langsam, schrecklich langsam. Lieber Himmel, wie lang eine Minute sein konnte! Um fünf nach neun war Erik derart nervös, dass er sich zusammenreißen und durch regelmäßiges tiefes Durchatmen zur Ruhe zwingen musste. Er, dem die Ruhe Teil seines Wesens war! Aber dieses Warten auf eine Gefahr war zermürbend.

Die Uhr war gerade auf sechs nach neun gesprungen, da fuhr ein Wagen auffallend langsam am Parkplatz vorbei. So, als wollte der Fahrer überprüfen, ob Richard Hermes' Mercedes dort stand. Erik starrte in den Rückspiegel und spürte ein Summen im Kopf, ein Vibrieren im Körper und Hitze in sich aufsteigen.

Neun Uhr acht! Erik griff nach dem Handy und stieg aus. Er hielt es in der Hand, während er die hintere Wagentür öffnete und den Geldkoffer herausholte. Richard Hermes hatte zugestimmt, den Wagen unverschlossen stehen zu lassen, damit eine Flucht, wenn sie nötig sein sollte, durch nichts verzögert würde. Ohne Hast, aber auch ohne zu zögern, ging Erik auf den Waldweg zu. Schon nach wenigen Metern leuchtete das Display des Handys auf, und ein Zirpen meldete den Eingang einer SMS.

»Weitergehen bis zur Bank!«

Als Erik dort angekommen war, blieb er stehen und sah sich vorsichtig um. Er stellte den Koffer ab und wartete. Als nichts geschah, drehte er sich um und sah zurück. Der Parkplatz war von hier nicht zu erkennen, auch die Straße war nicht auszumachen. Nur, wenn ein Auto vorbeifuhr, stach das Scheinwerferlicht durchs Laub der Bäume.

Ein Lastwagen kam näher, ihm folgten mehrere Pkw, deren Fahrer anscheinend schon länger darauf warteten, den Laster endlich überholen zu dürfen. Motoren heulten auf, und zwei, drei Autos fuhren vorbei. Der nächste stieg in die Bremsen, weil es anscheinend Gegenverkehr gab.

Vor dieser Geräuschkulisse glaubte Erik ein Rascheln zu hören. War ihm jemand gefolgt? Wurde er womöglich aus der Nähe beobachtet? Er tastete nach dem Griff des Koffers und hielt ihn fest. Seine Augen starrten in die Dunkelheit, das Handy in seiner linken Hand blieb finster.

Dann wieder ein Flackern, das Zirpen, und er sah die SMS auf dem Display: »Umdrehen! Mit dem Rücken zum Parkplatz!«

Erik gehorchte und drehte sich in den Wald hinein. Wieder ein Zirpen! »Weitergehen! Nur geradeaus gucken!«

Erik zögerte. Was war mit dem Koffer? Sollte der auf der Bank stehen bleiben? Er entschloss sich, ihn mitzunehmen. Dass er auf der Bank zurückbleiben sollte, damit der Entführer ihn holen konnte ... das war zu einfach.

Wieder hörte er das Knacken im Unterholz, diesmal achtloser, als käme es nicht mehr darauf an, unbemerkt zu bleiben. Erik zwang sich, nur die Augen zu bewegen, aber nicht den Kopf. Gleich würde etwas passieren, er spürte es. Ein Überfall? Würde man ihn von hinten angreifen und ihm den Koffer entreißen? Nein, das war viel zu gefährlich, dann würde er den Entführer erkennen. Es sei denn, er hatte sich unkenntlich gemacht ...

Erik sah trotz der Dunkelheit, dass er auf einen lichten Fleck zutrat. Der Weg stieß auf einen anderen, er musste wissen, ob er links oder rechts abbiegen sollte. Er ging weiter und stellte fest, dass er nun wie auf einem Präsentierteller dastand. Für diese Wege waren Bäume abgeholzt worden, auf einem Fleck von etwa vier Quadratmetern stand er unter freiem Himmel. Der Mond schien hell genug, er würde gut zu sehen sein. Spätestens jetzt würde der Entführer merken, dass nicht Richard Hermes, sondern ein anderer das Lösegeld überbrachte.

Erik steckte das Handy in seine Jackentasche und hielt den Koffer hoch. Als nichts geschah, nahm er ihn herunter und holte das Handy wieder hervor. Keine SMS! Was sollte er tun?

Er wartete und lauschte. Noch wagte er nicht, sich umzudrehen, sondern blickte weiter geradeaus, wie der Entführer es verlangt hatte. Auf der Straße war in diesem Augenblick alles ruhig, kein Auto kam vorbei. Dann aber näherte sich wieder eins, einer dieser Raser, die es in Italien besonders häufig gab. Der Motor dröhnte, ein weiteres Auto folgte mit gleicher Geschwindigkeit, dessen Motor war schrill, überdreht. Auch im Gegenverkehr rauschte es nun. Anscheinend versuchte der eine Wagen den anderen zu überholen, merkte, dass er es nicht schaffte, stieg in die Bremsen. Sie kreischten, wildes Hupen war die Antwort.

Diese Zeit hatte der Entführer genutzt. Das Knacken und Rascheln im Unterholz war nicht gut zu hören gewesen, aber gut genug. Die Schritte hatten sich entfernt, da war Erik ganz sicher. Er drehte sich um und spähte in die Finsternis. Aber nirgendwo sah er eine Bewegung, und die Schritte, das Rascheln und Knacken waren nun auch nicht mehr zu hören. Verzweifelt starrte er das Handy an. Warum kam keine Nachricht, wo blieben weitere Anweisungen?

War die Lösegeldübergabe etwa daran gescheitert, dass nicht Richard Hermes den Koffer in den Wald getragen hatte, sondern Erik? Wusste der Entführer am Ende, dass er Polizeibeamter war, und fühlte sich verraten? Erik brach der Schweiß aus. Dann würde Verena Hermes nicht freikommen, und dann war es womöglich falsch gewesen, auf Richard Hermes' Bitte eingegangen zu sein.

Die Gedanken rasten durch seinen Kopf. Wer aus Hermes'

Umfeld wusste, dass er Polizist war? Er konnte der Frage nicht folgen, denn nun hörte er in der Ferne eine Autotür ins Schloss fallen. Das Geräusch kam von der Straße. Entweder war ein weiteres Auto angekommen, oder der Entführer flüchtete.

Nun fiel die Sorge von Erik ab, und er begann zu laufen. So schnell er konnte! Obwohl der Koffer ihn behinderte, war er rasch am Ende des Weges angekommen. Der Parkplatz war leer! Nur Richard Hermes' Mercedes stand dort. In diesem Moment schlug irgendwo links am Straßenrand, hinter einem Busch verborgen, eine zweite Autotür zu. Ein Motor wurde gestartet.

Erik rannte weiter, über den Parkplatz, auf die Straße zu. In diesem Moment drehten die Reifen eines startenden Autos durch. Es schoss an ihm vorbei, schlingerte, hätte beinahe einen der Begrenzungspfähle erwischt, dann aber rasten die Scheinwerfer auf die nächste Kurve zu. Die Bremsen quietschten, das Auto verschwand, der Fahrer gab erneut Gas. Kurz darauf war alles ruhig.

Erik stand da wie erstarrt. Er hatte den Wagen erkannt und auch den Fahrer. Er glaubte sogar, dass er die Beifahrerin an ihren langen schwarzen Haaren identifiziert hatte.

Carolin war verzweifelt. Den Grad ihrer emotionalen Verwirrung konnte Mamma Carlotta daran erkennen, dass die rosa Ballettstrumpfhose schmuddelige Knie hatte und dass sie zu ihrem Trikot flache Sandalen statt Spitzenschuhe und die riesige Strickjacke ihrer Nonna trug. »Da steckt eine Frau hinter! Ganz sicher!«

»No, Carolina! Das würde er niemals tun! Und wann und wo hätte er sich verlieben sollen? Das hätten wir doch gemerkt!«

Aber Carolin wollte sich nicht trösten lassen. »Wie kannst du so was sagen? Du warst kaum zu Hause, seit wir in Panidomino sind, und Papa war auch ständig unterwegs.«

Mamma Carlotta verteidigte sich hastig mit den Vorbereitungen auf die Silberhochzeit und drehte schleunigst den Spieß um, eine bewährte Methode, um Anschuldigungen zu begegnen. »Woher willst du das wissen? Du warst ja immer mit diesen … diesen komischen Sprüngen beschäftigt.«

Nun war Carolin nicht nur verzweifelt, sondern auch beleidigt. »Du bist immer dagegen gewesen, dass ich Primaballerina werde.«

Das wollte Mamma Carlotta nicht auf sich sitzen lassen. »Ich habe Angst, dass du dir beim Spitzentanz und diesen schrecklichen Spagats wehtust. Und außerdem möchte ich nicht, dass du mit mir Französisch sprichst. Und das arrogante Gesicht, das du ziehst, wenn du Ballett tanzt, mag ich auch nicht. Aber sonst … sonst habe ich gar nichts dagegen.«

Doch Carolin reagierte so empfindlich wie Mamma Carlotta, wenn jemand ihre Antipasti kritisierte. »Ihr seid ja alle so gemein! Luana ist die Einzige, die mich versteht. Sie wird mir auch glauben, dass Papa eine heimliche Freundin hat.«

Mamma Carlotta wurde nervös. Dass Erik sich außerhalb des Blickfelds ihrer Argusaugen verliebt haben sollte, machte ihr schwer zu schaffen. Und nun sollte auch noch Luana die Einzige sein, die Carolins Vertrauen würdig war?

Und ihre Enkelin setzte sogar noch einen drauf: »Gut, dass Luana demnächst zur Familie gehört. Wenn sie erst mit Tizio verheiratet ist, kann ich jederzeit mit ihr trainieren.«

»Hast du vergessen, dass sie längst wieder in Italien ist? Aber hat sie sich bei dir gemeldet? He?« Mamma Carlotta spießte ihre Enkelin mit dem Zeigefinger auf. »No! Hat sie nicht. Und dass sie Tizio heiratet … das ist noch lange nicht raus.«

»Woher weißt du das?«

»Das spüre ich.«

»Und dass Papa keine Freundin hat, spürst du auch?«

Mamma Carlotta blieb die Antwort schuldig. Nein, das

spürte sie nicht. Nun war ihr auch klar, dass sie sich nicht ausreichend um Erik gekümmert hatte, dass sich vermutlich niemand um ihn gekümmert hatte, dass er womöglich aus Kummer darüber durch die Gegend gefahren war und sich der erstbesten Frau, die sich seiner annehmen wollte, an den Hals geworfen hatte.

»Madonna!«, flüsterte sie Carolin hinterher, die gekränkt das Zimmer verließ. Was, wenn nun auch Erik mit einer Frau daherkam, die genauso wenig zu ihm passte wie Luana zu Tizio? Mamma Carlotta spürte, wie das Schicksal ihrer Familie ihr aus den Händen glitt. Sie musste sich mehr um Erik und Carolin kümmern. Wenn da bloß nicht Fietje wäre, dem geholfen werden musste! Nun sollte sie außerdem noch verhindern, dass Erik sich verliebte?

Eine Weile lauschte sie auf die Stimmen aus den anderen Räumen, auf schlagende Türen, Radiomusik, Fernsehgeräusche, auf Kindergeschrei und Gelächter. Trotzdem fühlte sie sich allein. So allein wie immer, wenn sie Probleme hatte, die sie nicht teilen konnte. Über eine neue Liebe ihres Schwiegersohns wollte sie auf keinen Fall reden, und über Fietjes Probleme durfte sie nicht reden.

Sie seufzte auf … und erschrak. Etwas war an ihr Fenster geprasselt. Wie heftiger Regen hatte es sich angehört oder wie Sand, der gegen die Scheibe geworfen wurde. Erschrocken sprang sie auf, um hinauszuspähen. Aber da sich das Licht in der Scheibe spiegelte, konnte sie zunächst nichts erkennen. Schnell knipste sie die Lampe aus und lief zum Fenster zurück. Tatsächlich! Jemand stand auf dem Weg und sah zu ihr empor. Und als er erkannte, dass er entdeckt worden war, winkte er sie auf die Straße. Noch während sie zögerte, wurden seine Bewegungen dringlicher.

Mamma Carlotta ließ alle Bedenken fahren und gab ein Zeichen des Einverständnisses. Das Licht knipste sie wieder an, damit jeder, der am Haus vorbeiging, glaubte, sie sei daheim, und die übrigen Familienangehörigen der Ansicht waren, sie habe den Raum nur kurz verlassen. Dann huschte sie durch ihren Vorratsraum, der früher einmal zum Hühnerstall gehört hatte. Deswegen gab es dort eine kleine Tür und dahinter eine Stiege, die in den Garten führte.

Es ging auf Mitternacht zu, als Erik sich endlich auf den Heimweg machen konnte. Tief deprimiert und schuldbewusst. Richard Hermes war einem Zusammenbruch nahe gewesen, als er gehört hatte, dass die Lösegeldübergabe gescheitert war.

»Hätte ich mich bloß selber getraut!«, stöhnte er immer wieder. »Was wird jetzt aus Verena?« Und dann: »Hoffentlich weiß der Entführer nicht, dass Sie Polizist sind! Wie soll ich dem Kerl klarmachen, dass Sie als Privatmann in Italien sind? Dass die italienische Polizei von nichts weiß?«

Erik hätte ihm am liebsten geantwortet, dass er sich diese Fragen besser vorher gestellt hätte. »Der Entführer wird sich sicherlich wieder melden. Dann sehen wir weiter.«

Richard Hermes sah ihn nicht an, während er nickte. Erik war klar, dass die nächste Lösegeldübergabe, wenn es eine geben sollte, ohne ihn stattfinden würde. Er verbiss sich alle Vorhaltungen, weil das Schuldbewusstsein ihn drückte. Dass einer seiner Verwandten der Entführer war, durfte er Richard Hermes auf keinen Fall verraten. Jedenfalls jetzt noch nicht! Nicht, bevor er selbst entschieden hatte, wie er mit der Tatsache umgehen sollte, dass er Tizio am Steuer des flüchtenden Wagens erkannt hatte. Und Luana auf dem Beifahrersitz! Er dachte an seine Schwiegermutter und seufzte tief auf. Sie hatte recht gehabt. Luana war nicht die richtige Frau für Tizio. Anscheinend hatte er auf den rechten Weg zurückgefunden, war zu einem geschätzten Mitarbeiter im Restaurant Nebbia Costiera geworden und dann Luanas Verführung erlegen. Den unbezahlten Urlaub hatte er nicht beantragt, um eine Europareise zu unternehmen, sondern um in Ruhe eine Straftat zu planen und durchzuführen. Was hatte er vorgehabt mit der halben Million? Ein eigenes Restaurant vielleicht? Ein schönes Leben mit Luana, die Luxus gewöhnt war und die er nur halten konnte, wenn sie weiterhin bekam, was sie wollte?

Langsam, sehr langsam fuhr er auf Panidomino zu. Je intensiver er nachdachte, desto langsamer fuhr er. Was hatte Tizio mit dem Mann zu tun, der im Süder Wung sein Haus beobachtet hatte? Aus welchem Grund war Tizio wirklich auf Sylt aufgetaucht? Und warum war er nach Panidomino zurückgekehrt? Wegen der Silberhochzeit? Lächerlich!

Eins passte nicht zum anderen. Obwohl er davon ausgehen musste, dass Tizio der Täter war, konnte er sich nicht vorstellen, wie die Entführung vonstatten gegangen war. War Tizio erst auf die Idee gekommen, Verena Hermes zu entführen, als er in seinem Hause mitbekommen hatte, dass Franco Neuhaus bei der Übergabe des Lösegelds ermordet worden war? Dann musste er Verena Hermes kennen und wissen, wo sie sich aufhielt! War das möglich?

Hoffentlich folgte Richard Hermes seinem Rat und alarmierte nun die Polizei. Allmählich wurde Erik die Sache zu heiß. Wenn er auch als Privatmann in Italien war, er blieb dennoch ein Polizeibeamter, der Recht und Gesetz verpflichtet war. Es wäre an der Zeit, die italienischen Kollegen hinzuzuziehen. Aber Tizio ans Messer liefern? Er spürte, dass ihm Lucias Familie und vor allem seine Schwiegermutter näher waren, als er vorher angenommen hatte. Es gab nur eine Möglichkeit: Er musste Tizio dazu bringen, Verena unverzüglich freizulassen. Und wenn sie nicht mehr lebte? Dann musste er ihn dazu bringen, sich selbst zu stellen. Wenigstens diese Chance musste er ihm bieten, das war er der Familie schuldig.

Nun fiel ihm auch ein, wie er herausbekommen konnte, ob Tizio und Luana den römischen Privatdetektiv ermordet hatten. Gleich morgen früh würde er nach Perugia fahren. Er kannte die Adresse von Tizios Wohnung …

Mamma Carlotta hatte Fietje und Tove ans Ende des Gartens geführt, wo es ein kleines Tor in der Hecke gab, das in den Olivenhain des Nachbarn führte. So konnte seine Frau jederzeit zu einem Plausch in Mamma Carlottas Küche erscheinen, ohne den Umweg über die Straße nehmen zu müssen.

Nun saßen die drei zu Füßen eines Olivenbaums, starrten in die Dunkelheit und wiederholten hilflos die Fragen, die ohne Antwort geblieben waren, als könnte sich durch ständiges Wiederholen daran etwas ändern.

»Wer kann das gewesen sein?«

»Wer wusste, dass in dem Zimmer viel Geld versteckt war?«

»Hat sich jemand verplappert?«

Diese Unterstellung wies jeder der drei empört zurück. Als Tove die Frage allerdings zum fünften Mal stellte, wurde Mamma Carlotta von Unsicherheit beschlichen. »Nicht direkt, aber …«

Tove und Fietje merkten auf, als ihnen klar wurde, dass ein Beitrag kommen würde, den sie bisher noch nicht gedreht und gewendet und verworfen hatten.

»Allora, Fietje … Sie sind zu Luigi di Vago gegangen und haben ihm gesagt, dass Sie sein Bruder sind.«

»Aber er hat mir nicht geglaubt«, gab Fietje deprimiert zurück und zog seine neue Bommelmütze in die Stirn.

»Hat er vielleicht nur so getan?«

Während Fietje sie verständnislos ansah, ergänzte Tove: »Weil der nämlich keinen Bruder will! Dem müsste er was abgeben von dem tollen Schloss und den ganzen Antiquitäten.«

Fietjes Miene wurde noch verständnisloser. »Ich will doch gar nichts. Außerdem steht in meiner Geburtsurkunde: Vater unbekannt. Ich könnte gar nicht beweisen, dass Manuel di Vago mein Vater war.«

»Woher soll Luigi das wissen?«, fragte Tove zurück.

»Aber …« Fietje schob die Bommelmütze zurück und blickte ratlos über die Olivenbäume hinweg in den Himmel. »Was hat das damit zu tun, dass mir die halbe Million Euro aus dem Pensionszimmer gestohlen wurde?«

In ungewohnter Langsamkeit und mit sorgfältig gesetzten Worten begann Mamma Carlotta von ihrem Treffen mit Vittoria Zaragoza zu erzählen. »Ich konnte ja nicht ahnen, dass die Signora irgendwelche Zusammenhänge erkennt«, sagte sie schuldbewusst.

»Hä?«, machte Tove, und Fietje echote: »Hä?«

Weiterhin sehr bedächtig berichtete Mamma Carlotta davon, dass Fietje auf den Balkon seines Pensionszimmers getreten war und Vittoria Zaragoza gefragt hatte, ob Carlotta diesen Mann kenne. »Ich habe ihr erzählt, dass Sie Sylter sind«, berichtete sie. »Haben Sie Luigi auch erzählt, dass Sie von Sylt angereist sind?«

Fietje, der noch immer nicht verstand, was Mamma Carlotta ihm sagen wollte, nickte.

»Dann konnten sich die beiden denken, dass der Halbbruder von Luigi di Vago in der Pensione Santoni wohnt. Da ich erwähnt habe, dass Sie in einer Familienangelegenheit nach Panidomino gekommen sind, haben die beiden sich dann gedacht, dass Sie wegen Manuel di Vagos Tod hier erschienen sind. Und dass sie in Ihrem Zimmer die halbe Million finden! Luigi dachte womöglich, sein Vater hat Ihnen das Geld vererbt.«

Tove schüttelte sich, als wäre er nass geworden. »Sie meinen, Luigi di Vago wusste, dass sein Vater eine halbe Million kassiert hat?«

Mamma Carlotta nickte. »Er war auf Sylt. Er weiß, was sein Vater getan hat. Und als der ermordet wurde, hat sich Luigi auf die Suche nach dem Geld gemacht.«

»Dann muss er ihn umgebracht haben«, stieß Tove hervor. »Um an die Kohle zu kommen.«

Mamma Carlotta erschrak. So weit hatte sie noch nicht

gedacht. Und Fietje erst recht nicht. Das leise Wimmern, mit dem er sich zurücksinken ließ, sprach Bände. »Aber wie sollen wir das beweisen?«, fragte sie, während sie versuchte, trotz der Dunkelheit Fietjes Miene zu erkennen.

Sie erschrak, als ihr sein Gesicht entgegenfuhr. »Wir beweisen gar nichts«, sagte er streng.

»Der Typ hat aber deinen Alten abgemurkst!«, schimpfte Tove. »Und du willst ihn decken?«

Fietje schrumpfte wieder unter seiner Mütze zusammen. »Trotzdem«, flüsterte er nur und war nicht bereit, eine nähere Erklärung abzugeben.

Carlotta versuchte es mit Ablenkung. »Wieso redet Luigi di Vago mit seiner Geschäftsführerin über etwas derart Privates?«

Tove begann wieder zu brummen, und Fietje schwieg sich aus. So musste Mamma Carlotta sich die Frage selbst beantworten: »Sie war auf dem Weg ins Schloss, hat sie mir erzählt ...«

Tove lachte spöttisch. »Und da ist sie angekommen und hat von Fietje erzählt?«

»Oder umgekehrt«, überlegte Mamma Carlotta. »Luigi hat ihr erzählt, dass jemand bei ihm war, der ihm weismachen wollte, dass er sein Bruder ist. Ein Sylter. Und dann hat sie erwähnt, dass sie kurz vorher jemanden gesehen hat, der Sylter ist.«

»So oft kommen hier keine Leute hin, die auf Sylt leben«, meinte Fietje. »Da wusste er, wo ich wohne.«

Tove grinste so breit, dass es sogar bei Dunkelheit zu erkennen war. Anscheinend glaubte er, dass nun für alles eine Erklärung gefunden war.

Doch Mamma Carlotta schüttelte den Kopf. »So etwas Privates bespricht ein Chef nicht mit seiner Angestellten. Es sei denn, die beiden stehen sich näher, als es aussieht. Und viel näher, als es sein darf, wenn man anderweitig verlobt ist ...«

Ein Auto näherte sich auf der Straße, Bremsen quietschten, Türen schlugen, Schritte waren zu hören.

Mamma Carlotta erhob sich eilig. »Da ist jemand gekommen. Vielleicht mein Schwiegersohn. Ich muss ins Haus zurück.«

Fietje und Tove rappelten sich ebenfalls hoch und ließen sich erklären, wie sie vom Olivenhain auf die Straße kamen. »Morgen früh werde ich mit Signora Santoni reden«, versprach Mamma Carlotta noch. »Vielleicht hat sie jemanden gesehen. Dann haben wir Gewissheit.«

Was mit dieser Gewissheit dann geschehen würde, sagte sie nicht, weil sie keine Ahnung hatte, wie sie damit umgehen sollte, dass Luigi di Vago in die Pensione Santoni eingebrochen war. Fietjes Zimmer war auf den Kopf gestellt, die Kleidung aus den Schränken gerissen, die Schubladen kopfüber auf den Boden entleert und schließlich sogar die Matratzen aus dem Bett gehoben worden. Und darunter hatte der Dieb dann die halbe Million entdeckt.

Minuten später stand sie in ihrem Wohnzimmer. Sie hörte die Stimmen eines Mannes und einer Frau, die von Sandra begrüßt wurden, dann Carolins Stimme, die so lebhaft klang, als wäre ihr heute eingefallen, dass sie nicht friesisches, sondern auch italienisches Temperament geerbt hatte. Und nun wusste Mamma Carlotta, wer zu Besuch gekommen war: Tizio mit seiner Freundin Luana.

Als Erik am nächsten Morgen auf dem Sofa seiner Schwiegermutter erwachte, schien die Sonne bereits ins Zimmer. Mamma Carlotta klapperte in der Küche mit Geschirr, dann hörte er, dass eins der Kinder nach ihr rief, und kurz darauf ihre Schritte auf der Treppe. Er war allein. Aufatmend ließ er sich zurücksinken und schloss die Augen wieder. Es schien noch früh zu sein. Die Hähne krähten, die dreirädrigen Motorkarren machten sich in die Obstfelder auf.

Erik hörte die Stimme von Felix, der nach seinem Onkel

Guido rief, und aus dem Garten drang Musik herauf. Die Pizzicato-Polka! Anscheinend waren jemandem die Nerven durchgegangen, und Carolin war samt CD-Player aus dem Haus verbannt worden. Dass Luana ihr versprochen hatte, gleich nach dem Frühstück das Training fortzusetzen, das sie auf Sylt unterbrechen mussten, hatte Carolin derart beflügelt, dass sie wohl schon mit den Vorbereitungen begann und dafür sorgte, dass ihr Körper weich und geschmeidig war, wenn Luana dazukam.

Er war fassungslos gewesen, als er bei seiner Rückkehr Tizios Auto vor der Haustür gesehen hatte. Warum war er hergekommen? Was wollte er mitten in der Nacht?

Die Tatsache, dass Tizio seinen Verwandten zu nachtschlafender Zeit einen Besuch abstattete, hatte außer Erik niemanden verwundert. Er war herzlich begrüßt und hereingebeten worden, und jeder war begeistert, dass er seine neue Freundin der Familie präsentierte. Dass er ausgerechnet in der Stunde nach Mitternacht auf diese Idee gekommen war, spielte keine Rolle!

Erik war wachsam gewesen, hatte Tizio genau im Auge behalten und prompt die Frage in seinem Blick gesehen. Damit war klar, warum er gekommen war. Er wollte wissen, ob Erik ihn gesehen und erkannt hatte. Wahrscheinlich hatte er schon Plan B im Kopf für den Fall, dass Erik ihm mit Vorwürfen kommen und ihm auf den Kopf zusagen würde, dass er ein Entführer und vielleicht sogar ein Mörder war.

Aber Erik hatte sich nichts anmerken lassen, hatte Tizio freundlich, jedoch distanziert begrüßt und Luana höflich die Hand gereicht. Die beiden sahen aus wie ein Pärchen, das gerade aus dem Urlaub in einem Schickimickiort zurückkehrte. Braun gebrannt und gut erholt. Tizio trug ein weißes Hemd, von dem nur drei oder vier Knöpfe geschlossen waren, eine sehr enge Jeans mit einem auffälligen Gürtel, dessen Schließe untertellergroß war. Der Pony von Luanas schwarzen Haaren war noch immer so lang, dass er bis in ihre Augen wuchs.

Sie sah Erik nur kurz in die Augen und entzog ihm ihre Hand schnell wieder.

»Wo kommst du denn so spät her?« Tizio hatte gelacht, als könnte die Antwort auf diese Frage zu einem großen Spaß führen.

»Auch Leute in meinem Alter gehen am Abend mal auf die Piste«, hatte Erik erklärt. Auf keinen Fall sollte Tizio wissen, dass er ihn erkannt hatte. »Und ihr? Wo seid ihr gewesen? In einer Disco?«

»Du etwa, Erik?« Tizio hatte noch lauter gelacht und sich gefreut, dass endlich mehrere Verwandte einstimmten, die sich nicht vorstellen konnten, dass Erik den Abend in einer Disco verbrachte.

»Er hat sich mit einer Frau getroffen«, sagte Carolin, als sich die allgemeine Heiterkeit gelegt hatte.

Prompt hatten sich alle Gesichter zu Erik gewandt. Aus den Augen seiner Schwiegermutter war ihm die Hoffnung entgegengesprungen, dass Carolin sich geirrt hatte, in allen anderen sah er die Freude an einer Sensation.

»Ehrlich?« Tizio hatte als Erster reagiert, obwohl gerade er wissen musste, dass Erik sich nicht mit einer Frau getroffen hatte, sondern von Richard Hermes beauftragt worden war, eine halbe Million Lösegeld zu überbringen. »Das hätte ich dir gar nicht zugetraut, Erik!«

Gelächter breitete sich aus, die Fragen prasselten nur so auf Erik herab. »Wer ist sie? Wie hast du sie kennengelernt? Wann wirst du sie uns vorstellen? Wo wohnt sie?«

Nur die letzte Frage hatte Erik beantwortet: »In der Nähe von Montepulciano.«

Er warf Mamma Carlotta und Carolin einen entschuldigenden Blick zu, aber Carolin sah weg, und seine Schwiegermutter hatte damit zu tun, ihre Fassung zu wahren. Sobald die Morde und der Entführungsfall aufgeklärt waren, wollte er ihnen die Wahrheit sagen. Bis dahin war es besser, einen Grund zu haben, um jederzeit das Haus verlassen zu können und nicht erklären zu müssen, wohin er ging und wann er zurückkommen würde.

Zum Glück hatte sich das allgemeine Interesse bald von ihm abgewandt. Erik wäre gerne zu Bett gegangen, aber er riss sich zusammen. Diese Gelegenheit war einfach zu gut. Wenn er schon heute Abend zum Ziel kam, brauchte er morgen nicht nach Perugia zu fahren und sich eine Ausrede auszudenken, warum er Tizio besuchte. Er musste nur durchhalten. Warten, bis Tizio und Luana sich endlich verabschiedeten. Es konnte ja nicht mehr lange dauern.

Aber gerade in diesem Augenblick hatte Sandra gesagt: »Ihr könnt natürlich hier schlafen. Ich stelle euch zwei Sonnenliegen auf die Veranda.«

Tizio hatte sich überschwänglich bedankt, während Luana sich wie immer mit einem kleinen Lächeln revanchierte. Dann hatte sie sich an Erik gewandt und ihn zu seiner Überraschung gefragt: »Haben Sie den Mordfall auf Sylt eigentlich gelöst? Dieser römische Privatdetektiv ... wie hieß er noch gleich?«

»Franco Neuhaus«, gab Erik zurück und ließ sie nicht aus den Augen. »Mein Assistent sagt, der Mörder ist praktisch überführt.« Er wusste nicht genau, warum er das sagte, aber er hatte das Gefühl, dass es von Vorteil war, wenn Tizio und Luana falsch informiert waren. »Der Kerl weiß es noch nicht, aber sobald die Sylter Polizei die Beweise zusammen hat, wird er verhaftet. Das ist nur eine Sache von Tagen.«

Als Einziger hatte er den Blick bemerkt, den Tizio und Luana sich zuwarfen. Wenn die beiden etwas mit Franco Neuhaus' Tod zu tun hatten, mussten sie nun reagieren. Er vermutete, dass sie am nächsten Morgen nicht auf ihren Sonnenliegen zu finden sein würden, aber er war zuversichtlich, dass eine Fahndung nach den beiden schnell Erfolg haben würde.

Erik schreckte hoch, als er merkte, dass die Wohnzimmertür vorsichtig geöffnet wurde. Anscheinend war er während seiner Erinnerungen an den vorherigen Abend wieder eingeschlafen.

Seine Schwiegermutter blickte vorsichtig durch den Türspalt. »Bist du wach?«

Er stützte sich auf und lächelte, obwohl er gerne noch eine Weile seine Ruhe gehabt hätte. »Bin ich etwa der Letzte in diesem Haus, der noch schläft?«

Mamma Carlotta nickte. »Alle anderen sind schon aus dem Haus.«

»Tizio und Luana auch?« Hatte er es sich doch gedacht!

Aber er wurde eines Besseren belehrt: »Die natürlich nicht.« Mamma Carlotta zog die Mundwinkel herab. »Du kennst doch Luana. Bis in die Puppen schlafen und dann stundenlang das Badezimmer blockieren.« Missgelaunt ging sie in die Küche, ließ die Tür aber geöffnet. »Was findet Tizio nur an ihr?«

Sie beschäftigte sich eine Weile mit der Espressomaschine, dann erschien sie wieder vor seinem Sofa. »Stimmt das, Enrico? Hast du wirklich eine Frau kennengelernt?«

Die Sorge in ihrem Blick rührte ihn, dazu ihr Bemühen, sich jeden Vorwurf zu versagen und einzusehen, dass Lucia nicht vergessen wurde, wenn Erik sich neu verliebte. »Es ist nichts Ernstes«, antwortete er. »Mach dir keine Sorgen.«

Er erhob sich, als Mamma Carlotta in die Küche zurückging, und holte die beiden Gläser, die Tizio und Luana am Abend benutzt hatten, hervor. Zum Glück waren sie leicht zu unterscheiden. An Luanas Glas haftete am oberen Rand Lippenstift.

Erik gähnte bei dem Gedanken daran, wie lange er in der vergangenen Nacht hatte ausharren müssen, bis die beiden sich endlich auf die Veranda begeben hatten, um es sich dort auf den Sonnenliegen bequem zu machen. Und dann hatte es noch eine Weile gedauert, bis er endlich die Gelegenheit bekam, die Gläser unauffällig wegzutragen. Sandra hatte angefangen, den Tisch abzuräumen, er hatte ihr scheinheilig geholfen und dabei die beiden Gläser mit Tizios und Luanas Fingerabdrücken nicht aus den Augen gelassen. In einem unbeobachteten Moment war es ihm dann endlich gelungen, die Gläser in Mamma Carlottas Wohnung zu tragen, wo er sie zuunterst in seiner Reisetasche verstaut hatte.

Erik machte sich auf den Weg ins Bad. Er hatte damit gerechnet, dass Luana das Badezimmer im Erdgeschoss belagerte, und erschrak, als sie die Tür in dem Augenblick öffnete, in dem er nach der Klinke greifen wollte.

Sie trat auf den Flur, duftend, mit perfektem Make-up und wohlfrisiert. »Guten Morgen«, sagte sie, und Erik fühlte sich ausgesprochen unwohl in seinen weiten Boxershorts und dem ausgeleierten T-Shirt. Mit der rechten Hand fuhr er sich durch die Haare, mit der linken glättete er seinen Schnauzer, obwohl er wusste, dass das an seinem Gesamterscheinungsbild nichts änderte.

»Guten Morgen«, grüßte er zurück und ergänzte: »Geht's gleich zurück nach Perugia? Oder werden Sie zu Ihrem Vater in die Toskana fahren? In welchem Ort wohnt er überhaupt?«

Luana antwortete: »Wir bleiben heute noch hier. Ich habe Carolin versprochen, mit ihr zu trainieren.«

Sie drehte sich um und ging, und Erik merkte zu spät, dass sie die Frage nach ihrem Vater nicht beantwortet hatte.

Er beeilte sich mit seiner Morgentoilette und huschte dann aus dem Bad. Er musste unbedingt mit der Staatsanwältin reden, ohne dass jemand mithörte. Mamma Carlotta saß bestimmt mit Tizio und Luana am Frühstückstisch und wartete auf ihren Schwiegersohn, aber sie würde eben noch ein wenig länger warten müssen.

Hastig zog er sich an und steckte sein Handy in die Tasche seiner Bermudas. So leise wie möglich ging er in den Garten und verließ ihn durch das kleine Tor, das in den Olivenhain des Nachbarn führte. Dort fühlte er sich ungestört.

Kaum hatte er sich gemeldet, klang die Stimme der Staatsanwältin so herablassend, wie er es gewöhnt war. »Na? Machen Sie Urlaub? Oder denken Sie auch gelegentlich an Ihre Arbeit?«

Erik war empört. »Mir ist bewusst, dass ich hier nicht zu meinem Vergnügen bin.«

»Schön, Wolf! Sehr schön!«

Erik versuchte sich seinen Ärger nicht anmerken zu lassen. »Deswegen rufe ich an. Ich brauche die Genehmigung, einen Kurier zu schicken.«

»Von Italien nach Sylt? Sind Sie wahnsinnig?«

»Es geht um Fingerabdrücke. Kommissar Kretschmer hat welche auf der Tatwaffe gefunden, und ich habe zwei Tatverdächtige. Es ist mir gelungen, zwei Gläser verschwinden zu lassen, die ihre Fingerabdrücke tragen.«

»Aha!« Frau Dr. Speck war beeindruckt. »Was sind das für Tatverdächtige? Und wie stark verdächtig sind sie?«

Doch Erik überhörte ihre Frage einfach. »So ein Kurier ist teuer«, fuhr er fort. »Aber wenn ich heute noch einen auftreibe, der bereit ist, sofort loszufahren, werden die beiden Gläser morgen auf Sylt sein. Noch besser wäre es allerdings, der Kurier würde sie nur über die Grenze bringen. Wenn Vetterich seine Ergebnisse an die Kollegen in München schickt, können die Abdrücke noch heute verglichen werden. Ein Kurierdienst braucht für die Strecke von Città di Castello nach München acht Stunden. Heute Abend wissen wir also Bescheid.«

Er hatte mit fester Stimme gesprochen, die viel sicherer geklungen hatte, als er sich fühlte. Das war es wohl, was die Staatsanwältin überzeugte. »Gut, ich kümmere mich um alles.«

»Danke«, sagte Erik und hätte das Gespräch nun gerne beendet. Aber er hatte Pech. Die Staatsanwältin ließ sich nicht so schnell abwimmeln. »Und was ist mit dem anderen Mordfall?«

»Das ist ... schwierig. Weil es offiziell ein Todesfall ohne Fremdeinwirkung ist.«

»Und die Entführung?«

Erik seufzte. »Die Sache ist kompliziert. Der Vater bleibt dabei, dass seine Tochter nicht entführt wurde, sondern durchgebrannt ist.«

Auf keinen Fall wollte er zugeben, dass er sich bereit erklärt hatte, das Lösegeld zu überbringen, da er dann auch hätte verraten müssen, dass die Lösegeldübergabe gescheitert war. Und auf keinen Fall sollte die Staatsanwältin erfahren, dass sie gescheitert war, weil der Entführer mit ihm verwandt war, ihn erkannt und die Flucht ergriffen hatte. Das alles würde er erst gestehen, wenn die Beweislage so dicht war, dass es keinen Zweifel mehr an Tizios und Luanas Schuld gab.

Mamma Carlotta hatte sich auf den Weg gemacht, sobald Luana mit Carolins Balletttraining begonnen und Tizio es sich auf einer Bank im Garten bequem gemacht hatte. In der Pensione Santoni endete die Frühstückszeit um Punkt zehn Uhr, eine Minute nach zehn räumte Signora Santoni unerbittlich das Geschirr ab. Das war der Grund, warum man sie ebenso zuverlässig um halb elf im Supermercato antraf.

Signora Santoni hatte natürlich keine Ahnung, dass in ihren vier Wänden ein Vermögen versteckt gewesen war. Schließlich war ihr schwacher Kreislauf schon bei viel geringeren Erschütterungen zusammengebrochen. Als die Signora im letzten Sommer zufällig erfahren hatte, dass sie ahnungslos einen Mafioso beherbergt hatte, war sie ohnmächtig zusammengebrochen, und als ein Gast die scheußliche Madonna, die seit Jahren ihren Hauseingang zierte, hatte mitgehen lassen, musste sie sogar ins Krankenhaus eingeliefert werden. Der Gedanke an eine halbe Million Euro, selbst wenn sie mittlerweile nicht mehr da war, würde sie womöglich umbringen.

Mamma Carlotta entdeckte Signora Santoni vor dem Nudelregal und legte sich scheinheilig eine Packung Tagliatelle in den Einkaufskorb, obwohl sie den Nudelteig selbst zu kneten pflegte und nichts von diesen Nudeln hielt, die von der Fabrik in den Laden kamen. Im Nu hatte sie das Gespräch auf die beiden Pensionsgäste gebracht, die Signora Santoni zurzeit beherbergte, und auf den Abend zuvor, an dem jemand in Fietjes Zimmer eine halbe Million Euro gesucht und gefunden hatte. Mamma Carlotta versuchte, die Pensionswirtin herauszufordern, indem sie behauptete, man habe einen finster aussehenden Kerl durchs Dorf schleichen sehen. Der fahrende Messerschleifer habe es ihr erzählt, und ihre Freundin habe es bestätigt.

»Es ist doch hoffentlich nichts passiert?«, erkundigte sie sich mitfühlend. »Hat der Kerl sich etwa bei Ihnen blicken lassen?«

Aber Signora Santoni, die sich erst entsetzt ans Herz gegriffen und dann festgestellt hatte, dass es dafür keinen Grund gab, schüttelte den Kopf. Nein, sie hatte das Besteck gezählt, wie sie es jeden Morgen tat, bevor sie das Frühstück zubereitete, weil es leider immer wieder vorkam, dass das eine oder andere Besteckteil im Koffer eines Feriengastes verschwand. »Es hat nichts gefehlt.« Und ein finster aussehender Kerl sei ihr auch nicht zu Gesicht gekommen. »Nur Tizio war da, um mich zu begrüßen. Was für ein netter Junge, der extra wegen der Silberhochzeit seine Europareise unterbricht!«

Mamma Carlotta legte die Tagliatelle zurück. »Mir fällt gerade ein, dass ich heute Mittag doch lieber Risotto machen werde. Und vom Risottoreis habe ich noch genug im Haus.«

Sie verabschiedete sich mit vielen freundlichen Worten von Signora Santoni. Vor der Tür des Supermercato blieb sie eine Weile stehen und atmete tief durch. Tizio? Nein, völlig unmöglich! Tizio hatte nur das Talent, häufig am falschen Ort aufzutauchen und dann prompt mit irgendwelchen kriminellen Machenschaften in Verbindung gebracht zu werden. So oft schon war ihm das zum Verhängnis geworden! Gut, dass niemand etwas von dem Diebstahl wusste! Sonst würde es am Ende wieder heißen, Tizio hätte etwas damit zu tun! Wenn Luigi di Vago der Dieb war, würde es ihm leichtfallen, die Schuld auf Tizio abzuwälzen. Wer glaubte schon einem vorbestraften jungen Mann, wenn ein unbescholtener Graf das Gegenteil behauptete?

Mamma Carlotta warf einen Blick zurück und betrachtete das Haus von Signora Santoni. Wie mochte Luigi di Vago in Fietjes Zimmer gekommen sein, ohne Spuren zu hinterlassen und ohne gesehen zu werden? Aber sie brauchte nicht lange nachzudenken, denn ihr fiel ein, dass es auf der rückwärtigen Seite des Hauses einen Kellereingang gab. Wenn der nicht verschlossen war, konnte jeder ungesehen ins Haus kommen. Und wenn Signora Santoni nicht an dem kleinen Tischchen neben der Haustür saß, den sie ihre Rezeption nannte, war es leicht, sich einen der Zimmerschlüssel zu greifen, die Treppe hochzuschleichen und die Tür zum Balkonzimmer aufzuschließen.

Luigi di Vago? Mamma Carlotta schüttelte nachdenklich den Kopf. Eigentlich konnte sie sich ihn nicht als gemeinen Dieb vorstellen. Vor allem, da er so etwas gar nicht nötig hatte, wenn er demnächst der Ehemann einer reichen Frau sein würde. Wenn er aber Verena Hermes nicht heiraten wollte? Wenn er tatsächlich etwas mit Vittoria Zaragoza hatte, sie mehr liebte und auf die Ehe mit Verena verzichten wollte? Oder wenn er wusste, dass seine Verlobte nicht mehr am Leben war? Dann wollte er sich womöglich wenigstens die halbe Million sichern, wenn er schon nicht an das Vermögen ihres Vaters kam!

»Madonna!«, flüsterte Mamma Carlotta. War denn heutzutage nicht einmal auf einen vornehmen Adligen Verlass?

Gedankenvoll ging sie weiter. Nicht nach Hause zurück, sondern Richtung Schloss. Marina musste schon auf dem

Weg zur Arbeit sein. Vielleicht wusste sie etwas von einer Affäre zwischen Luigi di Vago und Vittoria Zaragoza?

Tatsächlich tauchte Marinas Gestalt zwischen den Rebstöcken auf. Anscheinend hatte ihr Sohn Pietro seinen Dienst als Pizzabäcker früh antreten müssen und war schon unterwegs nach Città di Castello. So musste Marina den Weg zu Fuß und nicht auf dem Rücksitz von Pietros Motorroller zurücklegen.

Sie schnaufte bereits, obwohl der Anstieg zum Schloss noch vor ihr lag. »Puh, ist das heiß heute!« Marina gefiel es, dass ihre Freundin sie begleiten wollte. Eine Plauderei lenkte von der Mühsal des Vorankommens ab. Aber als sie merkte, dass sie ausgehorcht werden sollte, wurde sie ärgerlich. »Ich rede nicht über meine Herrschaften.«

Doch Mamma Carlotta ließ sich nicht beirren. Sie wusste, dass sie Marina nur lange genug zusetzen musste, dann würde sie am Ende erfahren, was sie hören wollte. So war es schon gewesen, als sie noch Kinder waren. Marina war immer bemüht gewesen, ein Geheimnis zu bewahren, aber ihrer Freundin Carlotta war es jedes Mal gelungen, es aus ihr herauszufragen. »Ich will nur wissen, ob Luigi di Vago was mit seiner Geschäftsführerin hat.«

»Warum interessiert dich das?«

»So was interessiert mich immer! Und dich auch!«

Aber solange reine Neugier hinter Mamma Carlottas Fragen steckte, wollte Marina nichts sagen. Ihre Einstellung geriet erst ins Wanken, als Carlotta den moralischen Aspekt ins Spiel brachte. »Die arme Verena Hermes! Sie bereitet womöglich ihre Hochzeit vor und ahnt nicht, dass ihr Verlobter sich in eine andere verliebt hat.«

»Die hat sich lange nicht blicken lassen«, sagte Marina.

»Du meinst, sie hat sich vor lauter Gram und Kummer irgendwohin zurückgezogen?«

So hatte Marina es nicht gemeint, aber diese Möglichkeit gab ihr zu denken. »Du glaubst, sie weiß davon?«

»Eine Frau spürt so was. Vermutlich sitzt die Arme irgendwo und weint sich die Augen aus.« Carlotta warf Marina einen schnellen Blick zu und ergänzte vorwurfsvoll: »Und andere machen ihr Vorwürfe, weil sie sich lange nicht blicken lässt.«

»Du meinst, es ist falsch, darüber zu schweigen?«

»Assolutamente«, behauptete Mamma Carlotta und wusste, dass sie Marina einen Gefallen tat, weil diese nun darauf vertrauen durfte, dass es richtig war, auf Diskretion zu verzichten, wenn eine unschuldige junge Frau dadurch unglücklich wurde.

Aber dafür musste Marina stehen bleiben und verschnaufen. Über eine verbotene Affäre zu reden und sich gleichzeitig vorwärts zu bewegen, das war nicht ihre Sache. »Ich bin einmal dazugekommen, als die beiden sich küssten«, verriet sie. »Zwar sind sie auseinandergefahren, als ich die Tür öffnete, und sie glauben wahrscheinlich, ich hätte nichts gemerkt ...«

»Das hast du aber doch!«

Marina nickte. »Die Blicke, die sie sich ständig zuwerfen, sind mir auch nicht entgangen.«

»Und der alte di Vago?« Mamma Carlotta zog Marina auf eine Mauer und ließ sich neben ihr nieder. »Hat der was gemerkt?«

Marina nickte sorgenvoll. »Ich habe mal gehört, wie er zu seinem Sohn sagte, er bekäme es noch heraus. Irgendwann hätte er den Beweis, und dann könnte der Junior was erleben.«

Sörens Stimme klang aufgeregt. »Endlich kommen wir weiter!«

Erik saß noch immer zwischen zwei Olivenbäumen, sah keinen Menschen, hörte nur ein paar Stimmen aus der Ferne und genoss es, dass ihn momentan niemand forderte und bedrängte. Die Sonne auf seiner Haut, Insekten um ihn herum, der Duft des Grases, der leichte Wind in seinem Haar. Zwar fehlten ihm die Kühle seiner Insel, das Prickeln auf der Haut, wenn er am Meer war, das Geräusch der Brandung, die Schreie der Möwen, aber wenn er nicht unter Menschen sein musste, fühlte er sich auch in Italien wohl.

Er schloss die Augen und lehnte sich an einen Olivenbaumstamm. »Was haben Sie herausgefunden?«

Wenn Sören darauf gestoßen war, dass Tizio etwas mit der Entführung, mit dem Mord an Franco Neuhaus und womöglich auch mit dem Todesfall Manuel di Vago zu tun hatte, dann musste er sich damit abfinden. Er konnte und wollte nicht die Hand über Lucias Cousin halten, wenn er sich derart schuldig gemacht hatte.

»Luigi di Vago hat die Finger im Spiel«, sagte Sören zu seiner Überraschung. »Ich habe das Franchiseunternehmen gefunden, mit dem er Geschäfte machen will.«

Erik setzte sich aufrecht hin und öffnete die Augen. »Raus mit der Sprache!«

»Der Franchiseunternehmer sitzt auf Römö! Big Fish! Schon mal gehört? Das sind Fischrestaurants der einfachen Art. Fischfilets, Matjes, Aal und so weiter. Luigi di Vago hat die Absicht, aus dem Nebbia Costiera und dem Casa Toscana Fischrestaurants zu machen.«

»Und dafür braucht er so viel Geld?«

Sörens Stimme lachte. »Mindestens eine halbe Million!«

Eriks Gedanken rasten. Wie war das möglich? Warum hatte er Tizio und Luana gestern gesehen? Sie mussten mit der Entführung zu tun haben, nicht Luigi di Vago.

»Die Fährfahrt von Römö nach List dauert eine Stunde«, fuhr Sören fort. »Er kann also an dem Tag, an dem Franco Neuhaus ermordet wurde, durchaus auf Sylt gewesen sein.«

»Kann er? Oder war er wirklich?«

»Darüber wollte man mir leider keine Auskunft geben. Der Geschäftsführer von Big Fish ist Däne. Der hat mir nur verraten, dass er mit Luigi di Vago im Gespräch ist. Und da wir zurzeit mehr im Ausland als im Inland ermitteln …«

»... haben wir keine Handhabe«, ergänzte Erik.

»Leider habe ich auch keine einzige Verleihfirma auf Sylt gefunden, bei dem er sich ein Auto geliehen hat«, fuhr Sören fort, doch seine Stimme blieb trotzdem optimistisch. »Aber das kann er auch auf Römö gemacht haben, um keine Zeit zu verlieren. Dann ist er mit dem Auto auf die Fähre.«

»Sie meinen also ...«

»Er wusste von Richard Hermes, dass Franco Neuhaus auf Sylt war, um das Lösegeld zu übergeben. Und Luigi di Vago hat es ihm abgenommen. So kann er aus eigener Kraft zwei neue Restaurants aufbauen und ist nicht auf die Kohle vom Schwiegervater angewiesen.«

»Und deswegen begeht er einen Mord?«

»Er hat sich sicher gefühlt! Wer würde schon auf ihn kommen?«

»Sören ...« Erik erhob sich mühsam. »Verena Hermes ist nicht entführt worden, jedenfalls nicht zu dem Zeitpunkt, als Franco Neuhaus ermordet wurde. Mittlerweile wurde sie tatsächlich entführt. Ich habe versucht, das Lösegeld zu übergeben, aber leider vergeblich.«

Erik brauchte eine ganze Weile, bis er Sören auseinandergesetzt hatte, was geschehen war. Und nun musste er auch damit heraus, dass Tizio der Entführer war und Luana seine Komplizin. »Sie haben mich erkannt und sind geflüchtet. Aber ich konnte das Auto sehen und bin auch sicher, dass Tizio am Steuer gesessen hat und Luana neben ihm.«

Es blieb eine Weile still in der Leitung, dann fragte Sören: »Es stimmt also, dass Richard Hermes die Entführung nur vorgetäuscht hat? Damit er den di Vagos nicht verraten musste, dass Verena durchgebrannt ist? Franco Neuhaus war also wirklich unterwegs, um dem Mann, der Verena den Kopf verdreht hat, seinen Schneid abzukaufen? Mit einer halben Million?«

»Es hat auf Sylt keine Lösegeldübergabe gegeben.«

»Wie konnte Luigi di Vago dann erreichen, dass Franco Neuhaus sich mit ihm traf?«

Erik wusste darauf keine Antwort. »Warten Sie, Sören, bis der Kurier mit den beiden Gläsern eingetroffen ist. Wenn die Fingerabdrücke sich mit denen auf der Tatwaffe decken, dann können wir Luigi di Vago vergessen. Dann ist es ein Zufall, dass er auf Römö war, als Franco Neuhaus ermordet wurde.«

»Und dass er eine halbe Million hat, um in ein Franchiseunternehmen einzusteigen?«

»Das ist dann auch ein Zufall.«

»Das glauben Sie doch selbst nicht, Chef.«

Sören hatte recht, Erik glaubte es nicht. Aber er wollte warten, bis Vetterich die Fingerabdrücke verglichen hatte. »Ich kann ja sowieso nichts machen«, meinte er. »Ich bin als Privatmann hier. Nur die Augen offen halten kann ich, und das werde ich tun.«

Erik erhob sich und kehrte durch das Tor zurück in den Garten der Capellas. Plötzlich sah er jemanden auf der Straße am Zaun entlanggehen. Eine gebeugte Gestalt mit einer Bommelmütze auf dem Kopf. Er blieb stehen und starrte Fietje Tiensch hinterher. Also hatte er dem Strandwärter Unrecht getan. In Gedanken hatte Erik ihn schon mit dem Entführungsfall in Verbindung gebracht, aber anscheinend hatte Mamma Carlotta recht gehabt. Auch im sonnigen Italien gab es Männer, die warme Bommelmützen trugen, so wie Guidos Fahrer. Er konnte es sich sparen, Fietje Tiensch zu fragen, ob die Mütze, die er neben dem Lieferwagen gefunden hatte, sein Eigentum war.

Mamma Carlotta hatte das eingelegte Gemüse aus dem Vorrat geholt, das immer reichlich vorhanden war, und festgestellt, dass noch Ciabatta vom Vortag im Hause war, das – im Ofen aufgebacken – bei niemandem den Verdacht wecken würde, sie hätte keine Zeit zum Backen gehabt. Den Sugo für die Vorspeise hatte sie längst gekocht, den brauchte sie später nur warm zu machen, während sie die Nudeln kochte. Und die Calamari all'amalfitana konnte sie mit Brot servieren, dann verursachten sie weniger Arbeit. Das Tiramisù war längst in der Kühlung, also konnte sie sich auf den Weg in die Pizzeria Venezia machen, wo sie Tove und Fietje treffen wollte. Niemand würde sie zu Hause vermissen.

Rosamunda ließ den Rotwein stehen, den sie gerade eingießen wollte, und lief ihr entgegen. »Gerade war ein Gast da«, tuschelte sie Mamma Carlotta zu, »den ich länger nicht gesehen habe. Da fiel mir ein, dass ich ihn noch nicht nach der Familie Schwarz gefragt habe, die angeblich in der Toskana ein Weingut besitzt.«

Mamma Carlotta nickte eifrig. »Die Eltern von Luana Schwarz.«

Rosamunda schüttelte den Kopf. »Er sagt genau wie alle anderen, er hätte nie was von dieser Familie gehört. Du hast recht, mit Tizios Freundin stimmt was nicht. Michele hat schon einen Termin beim Notar gemacht. Unter diesen Umständen wollen wir Tizio die Pizzeria nicht mehr vermachen.«

Mamma Carlotta griff nach ihrem Arm. »Bitte nichts überstürzen! Der arme Junge wird vielleicht noch rechtzeitig merken, dass Luana nicht die Richtige für ihn ist. So lange solltet ihr noch warten.«

Rosamunda nickte beruhigt. »Also gut, wenn du meinst ...«

Mamma Carlotta machte einen Schritt auf die Yuccapalmen zu. »Sind meine Sylter Bekannten schon da?«

Rosamunda zog plötzlich ein betretenes Gesicht. »Er will schon wieder Kartoffelsalat machen.«

Mamma Carlotta wusste, wen sie meinte. »Aber du hast keine deutschen Gäste, die ihn essen wollen?«

»Italiener mögen ihn nicht. Und die deutsche Reisegruppe war auch nicht sonderlich begeistert ...«

Mamma Carlotta hatte vollstes Verständnis. Sie selbst hatte nur ein einziges Mal Kartoffelsalat probiert und sich geschworen, es nie wieder zu tun. »Du musst es ihm sagen.«

Nun sah Rosamunda noch unglücklicher aus. »Das mag ich ihm nicht antun. Kannst du nicht …?«

Mamma Carlotta nickte resolut. »Ich habe sowieso etwas für die beiden zu tun. Schick Tove Griess hinter die Yuccapalmen. Ich muss was mit ihm besprechen.«

Fietje Tiensch saß dort im Zustand tiefster Depression, vor sich ein Birra alla spina, das mit Sicherheit nicht das erste war. Er neigte sich so tief über sein Glas, dass außer seiner Bommelmütze nicht viel von ihm zu erkennen war.

»Sie müssen sich damit abfinden, dass Ihr Vater nicht der ist, für den Sie ihn gehalten haben«, versuchte Mamma Carlotta ihn zu trösten. »Und Ihr Bruder auch nicht.«

Fietje blickte auf. »Sie glauben also, Luigi hat mir das Geld gestohlen?«

Mamma Carlotta nickte mitleidig. »Aber ich habe eine Idee, wie wir es uns zurückholen können. Anschließend versuchen wir noch einmal, Richard Hermes das Geld zurückzubringen, und dann wird Ihr Gewissen leichter sein.«

Fietje schob die Mütze höher. »Wie soll das gehen?«

In diesem Moment schob sich Tove zwischen den Yuccapalmen hindurch. »Was höre ich da? Fietje will die halbe Million immer noch dem rechtmäßigen Besitzer zurückgeben? So ein Döskopp!«

Mamma Carlotta ließ sich dieses merkwürdige Wort nicht übersetzen. Dass es eine Beleidigung war, verstand sie auch so. »Ich habe mit meiner Freundin alles besprochen.« Dass Marina sich geweigert hatte, auf Carlottas Vorschlag einzugehen, unterschlug sie kurzerhand. Sie würde Marina schon überreden.

Und dann beugte sie sich weit über den Tisch und begann erst zu reden, als auch Fietje und Tove die Köpfe zusammensteckten. Als sie fertig war, schaute Tove sie an, als hielte er sie für übergeschnappt, und Fietje schüttelte nur kategorisch den Kopf.

»Da mache ich nicht mit«, sagte Tove. »Was weiß ich, wie komfortabel hier in Italien die Gefängniszellen sind?«

Fietje schlug sich auf Toves Seite. »Das dürfen wir nicht tun. Mein eigener Bruder!«

»Halbbruder«, korrigierte Mamma Carlotta, als würde dadurch die Angelegenheit entschieden einfacher. »Außerdem hat er mit Ihnen das Gleiche getan. Und das sogar aus purem Eigennutz! Also können wir es genauso machen. Im Namen von ... giustizia!«

Aber Fietje schüttelte noch immer den Kopf. »So was ist keine Gerechtigkeit.«

Mamma Carlotta redete noch lange auf die beiden ein und musste sich schließlich mit einem Teilerfolg zufriedengeben. »Sie stehen Schmiere? Va bene! Das ist ja auch schon was!«

Zufrieden kehrte Erik aus Città di Castello zurück. Es war einfach gewesen, einen Kurierdienst zu finden, und dort hatte es zwei Fahrer gegeben, die sofort starten konnten. Am Abend würden die Münchner Kollegen die Fingerabdrücke auf den Gläsern mit denen auf der Tatwaffe vergleichen können. Vetterich hatte zugesagt, die entsprechende Datei nach München zu schicken. Und wenn die Abdrücke übereinstimmten, dann ...

An dieser Stelle stockten Eriks Gedanken. Er mochte sich nicht vorstellen, was passieren würde, wenn Tizio und Luana unter den Augen der Familie verhaftet wurden. Zwar würde er ihnen nicht selbst die Handschellen anlegen, aber er würde dafür sorgen müssen, dass die Kollegen aus Città di Castello es erledigten, und das war beinahe genauso schlimm. Er würde ein Familienmitglied ins Gefängnis bringen! Und damit würde er selbst, der angeheiratete Verwandte, dem von Anfang an niemand getraut hatte, der Schurke in diesem Schauspiel sein.

Dass Tizio und Luana sich noch immer im Hause Capella aufhielten, gefiel ihm nicht. Wollten sie ihn aushorchen? Wollten sie unbedingt in Erfahrung bringen, warum er anstelle von Richard Hermes zur Lösegeldübergabe gekommen war? Sicherlich wollten sie auch wissen, ob sie von ihm erkannt worden waren. Andererseits ... warum flohen sie nicht, wenn sie befürchteten, dass er von Verena Hermes' Entführung wusste? Warum hatten sie keine Angst, dass er sofort die örtliche Polizei verständigte? Rechnete Tizio so fest damit, dass Erik nicht fähig war, einen Familienangehörigen ans Messer zu liefern?

Langsam fuhr er an Guidos Spedition vorbei. Auf dem Hof sah er einen Gabelstapler rangieren, hinter dessen Steuer Felix saß. Er kam nicht umhin, die Geschicklichkeit seines Sohnes zu bewundern.

Tizios Auto stand vor dem Haus, und Erik stellte seinen eigenen Wagen so dicht dahinter, dass Tizio länger würde rangieren müssen, ehe er auf die Straße einbiegen und Gas geben konnte. Dann ging er in den Garten. Tizio lag in der Sonne und bräunte seinen unverschämt attraktiven Körper, und Luana übte mit seiner Tochter die Attitudes. Carolin stand auf einem Bein und streckte das andere geknickt im Wechsel nach vorne und nach hinten. Erst, wenn ihr gestreckter Fuß den Stachelbeerbüschen sehr nahe kam, war Luana zufrieden. »Und vor und zurück! Vor und zurück!«

Mamma Carlotta war nicht zu sehen. Auch aus dem geöffneten Küchenfenster drangen keine Geräusche.

»Sie ist bei Tante Benedetta«, erklärte Tizio und erhob sich.

Luana unterbrach das Ballettraining, ohne auf Carolins beleidigte Miene zu achten. »Kaffee?« Sie schenkte Erik schon ein, ehe er sich entschieden hatte, ob er überhaupt Kaffee haben wollte, und Tizio setzte sich zu Erik an den Tisch, als fände er es unhöflich, sich zu sonnen, statt mit dem Mann seiner verstorbenen Cousine Konversation zu betreiben.

Erik lächelte, als Tizio ohne Umschweife auf seinen Beruf zu sprechen kam, und sein Lächeln vertiefte sich, als Luana ihn bat zu erzählen, wie weit das Kommissariat Westerland mit der Aufklärung des Mordes an Franco Neuhaus gekommen war. »Sie haben so einen spannenden Beruf, Herr Wolf!«

Sein Lächeln sollte Überheblichkeit ausdrücken, sollte den beiden sagen, dass er sie durchschaute, dass er sie auch schon auf Sylt durchschaut hatte. Sie sollten wissen, dass Erik nur die Beweiskette schließen musste, damit sie einen Fehler machten, der dann tatsächlich die Beweiskette schloss.

»Tut mir leid«, sagte er schließlich, »über die Ermittlungsergebnisse kann ich noch nicht reden. Nicht, bevor der mutmaßliche Mörder festgenommen worden ist.« Erik zögerte, dann ergänzte er: »Aber das ist nur eine Frage der Zeit.«

»Warum sind Sie hier?«, fragte Luana nun sehr direkt. »Werden Sie nicht auf Sylt gebraucht? Oder sind Sie etwa ... dienstlich in Italien?«

Erik zwang sich, weiter zu lächeln. »Ich bin selbstverständlich privat hier. Sie wissen doch, die Silberhochzeit ...«

»Aber wenn Sie nun in Italien einem Verbrechen auf die Spur kommen, was dann?«

»Dann würde ich die italienischen Kollegen bitten, sich darum zu kümmern.«

In diesem Augenblick kam ein Polizeiwagen die Straße herauf. Er fuhr so langsam, als suchte der Fahrer etwas. Kurz darauf erstarb das Motorgeräusch, Türen schlugen, Schritte bewegten sich aufs Haus zu.

Erik beobachtete Tizio und Luana genau. Er bemerkte den Blick, den sie sich zuwarfen, und ihre Nervosität.

Tizio stand schließlich auf und ging zum Gartenzaun. »Was will die Polizei hier?«, fragte er, als ginge es um den Besuch eines Nachbarn.

Erik antwortete nicht, strich nur seinen Schnauzer glatt und betrachtete seine nackten Knie unter den Bermudas, als freute er sich darauf, zu Hause wieder in seine geliebten Cordhosen steigen zu dürfen.

Die Stimmen der beiden Carabinieri waren nicht zu hören, Mamma Carlottas Redeschwall ließ nur hin und wieder ein »Sì!« oder »No!« hindurch. Dann fiel die Haustür ins Schloss.

Nun erhob sich auch Luana und stellte sich neben Tizio an den Zaun. Die beiden standen vermutlich nicht zufällig an einem Punkt, von dem aus sie leicht flüchten konnten. Tizio griff in seine Hosentasche, als wollte er sich vergewissern, dass dort sein Autoschlüssel steckte.

Erik sagte nichts, beobachtete die beiden nur. Auch Carolin hatte mit ihren Übungen aufgehört und sah fragend von einem zum anderen.

»Man könnte meinen«, sagte Erik in die Stille hinein, »ihr hättet Angst vor der Polizei.«

Tizio und Luana fuhren herum. »Wie kommst du darauf?«, rief Tizio.

Eriks Lächeln war regelrecht eingefroren. »War nur Spaß.«

Im selben Augenblick hörten sie Stimmen vor dem Haus, eine Wagentür öffnete sich, ein Lachen wehte in den Garten, freundliche Abschiedsworte.

Als der Polizeiwagen startete, kehrten Tizio und Luana zum Tisch zurück, und Mamma Carlotta erschien mit einem gerupften und ausgenommenen Huhn im Garten.

Schreiend floh Carolin ins Haus. »Igitt!«, und Luana sah so aus, als würde sie ihr gerne folgen.

Mamma Carlotta blickte ihrer Enkelin verständnislos hinterher, dann hielt sie das Huhn in die Höhe. »Das hat mir gerade der Carabiniere Nero gebracht«, berichtete sie strahlend. »Seine Mutter hatte mir versprochen, bei der nächsten Schlachtung an mich zu denken, weil ich für ihre Geburtstagsfeier drei Torten gebacken habe. Daraus könnte ich ein Pollo alla diavola machen!«

Mamma Carlotta öffnete das Küchenfenster sperrangelweit, damit sie die Unterhaltung weiterführen und gleichzeitig mit der Zubereitung des Mittagessens fortfahren konnte. »In einer halben Stunde kommen Guido und Sandra mit den Kindern, dann können wir mit den Antipasti beginnen. Francesca wird erst heute Abend kommen, Salvatore und Gianna ebenfalls, dafür wird einer von Guidos Fahrern mit uns essen.«

Sie reichte eine Tischdecke aus dem Fenster. »Wollen wir im Garten essen? Dann könntest du schon anfangen, den Tisch zu decken, Luana!«

Luana schreckte zusammen, nahm gehorsam die Decke in Empfang und breitete sie umständlich auf dem Tisch aus. Mamma Carlottas Blick sprach Bände, aber nur Erik bemerkte, dass Luana gerade mal wieder bewies, wie wenig ihren hausfraulichen Fähigkeiten zu trauen war.

»Der Carabiniere heißt genau wie Sie, Luana!«, kam es aus der Küche, ohne dass Mamma Carlotta zu sehen war. Kurz darauf erschien sie wieder am Fenster, reichte den Brotkorb heraus und stützte sich auf die Fensterbank, als richtete sie sich auf eine längere Unterhaltung ein. Erik sah ihr an der Nasenspitze an, dass sie etwas Bedeutungsschweres von sich geben wollte und etwas ähnlich Bedeutungsschweres hören wollte. »Ist das nicht spassoso?«

Luana schien kein Wort zu verstehen, man konnte sogar meinen, dass sie der italienischen Sprache plötzlich nicht mehr mächtig war.

»Nero!«, wiederholte Mamma Carlotta. »Das italienische Wort für schwarz! Wäre der Carabiniere ein Deutscher, hieße er Schwarz. Wären Sie Italienerin, hießen Sie Luana Nero! Capito?«

Nun endlich begriff Luana, was Mamma Carlotta meinte. »Ach so!«, rief sie erleichtert. »Ja, stimmt!« Sie strich so lange über die Tischdecke, bis Mamma Carlotta nicht mehr im Fenster zu sehen war, dann schob sie den Brotkorb in die Mitte.

Mamma Carlotta dachte laut darüber nach, ob der Name Schwarz eigentlich selten sei oder ob man ihn in Deutschland häufig zu hören bekam. »In Italien jedenfalls ist er so selten, dass ich ihn mir sofort merken würde, wenn ich ihn hören würde.«

Plötzlich war Erik sicher, dass seine Schwiegermutter mit der Erörterung des Namens ein Ziel verfolgte, von dem niemand etwas ahnte. Luana sah argwöhnisch zum Fenster hoch. »In Deutschland ist Schwarz ein ganz gewöhnlicher Name.«

»Hat Ihr Vater einen deutschen Vornamen?«, kam es mitsamt dem Klappern einiger Teller aus der Küche zurück.

»Natürlich! Er ist ja Deutscher!«

»Und Ihre Mutter?«

»Die hatte natürlich einen italienischen Vornamen.« Erik sah, dass Luana Mühe hatte, ihren Überdruss nicht zu erkennen zu geben. Anscheinend hätte sie gerne gefragt, was diese eintönigen Fragen zu bedeuten hatten.

»Wie heißen Ihre Eltern?« Mamma Carlotta erschien wieder am Fenster.

»Warum wollen Sie das wissen?«, fragte Luana entgeistert zurück.

Nun mischte sich Tizio ein, der wohl der Ansicht war, das Gespräch könne aus dem Ruder laufen. »Luana heißt wie ihre Mutter«, sagte er. »Nur ein Buchstabe ist eingefügt worden, damit es keine Verwechslungen gibt.«

Mamma Carlotta war mal wieder schneller als Erik. »Sie heißt Luna? Ein schöner Name. Luna wie der Mond ...«

»Ja, Luna Schwarz«, bestätigte Luana. »So hieß meine Mutter.«

Und ehe Erik darüber nachdenken konnte, warum Luana der Frage nach dem Vornamen ihres Vaters ausgewichen war, raste der Name Luna Schwarz durch seinen Kopf. Luna Schwarz oder, ins Italienische übertragen: Luna Nera! Schwarzer Mond ...

Carolin steckte die Nase durch die Küchentür, ehe sie es wagte, den Fuß über die Schwelle zu setzen. »Ist das tote Tier noch hier?«

»Das Huhn? Das ist im Kühlschrank!« Mamma Carlotta betrachtete ihre Enkelin kopfschüttelnd. »Du magst doch gerne gegrilltes Huhn.«

»Aber nicht, wenn ich es vorher gesehen habe. Als Leiche!«

»Was glaubst du, was passiert, ehe du Parmaschinken isst oder Pasta alla bolognese?«

Carolin schüttelte sich. »Ich glaube, ich werde Vegetarierin.«

Mamma Carlotta fand, dass Carolin Ablenkung nötig hatte. »Hilf mir beim Spülen, dann vergisst du das Huhn. Und morgen wird es dir schmecken.« Sie betrachtete Carolins rosa Trikot, die Trainingsschuhe, die streng zurückgesteckten Haare. »Oder musst du schon wieder mit Luana üben?«

Über Carolins Gesicht flog ein Schatten, sie sah mit einem Mal traurig und verletzt aus. »Die Ferien sind doof«, maulte sie. »Felix hat Spaß mit Onkel Guido, aber ich …«

»Du solltest endlich wieder was mit den anderen Mädchen unternehmen.« Am liebsten hätte Mamma Carlotta ihre Enkelin darauf aufmerksam gemacht, dass ihre Cousinen zwar anfänglich beeindruckt von Carolins Ballettkunst gewesen waren, sich bald aber von den ewig gleichen Pliés abgewandt und vor der nervtötenden Pizzicato-Polka die Ohren verschlossen hatten. Doch sie wusste, dass es nun auf Diplomatie ankam und auf sensiblen Umgang mit Carolins neuem Hobby, das sie selbst eine berufliche Perspektive nannte. »Reicht es nicht, wenn du gelegentlich dein Trikot anziehst, um zu trainieren? Musst du den ganzen Tag als Primaballerina durch die Gegend laufen?«

»Ich will nun mal Ballett machen. Und Luana sagt, wenn man etwas erreichen will, muss man hart trainieren.«

Mamma Carlotta warf das Besteck ins Spülwasser, dass es nur so spritzte. »Hat Luana etwas erreicht? Ist sie etwa eine Primaballerina? Verdient sie mit dem Tanzen einen einzigen Cent? He?«

Carolin rieb so lange an einem Teller herum, dass in Mamma Carlotta die Erwartung aufstieg, die Freundin ihres Neffen könnte sich Carolins Sympathien verscherzt haben. Ihr war jede Verbündete recht in der Abneigung gegen Luana.

Aber Carolin hatte schon den nächsten Grund gefunden, warum sie sich unverstanden, ungerecht behandelt und durch und durch unglücklich fühlte. »Und dann noch Papa! Er wollte was mit uns unternehmen, stattdessen macht er mit irgendeiner Frau rum.«

»Das ist nicht erwiesen, Carolina!«

»Und wo fährt er immer hin? Nie sagt er, wohin er geht und wann er zurückkommt. Wetten, dass er irgendwann über Nacht wegbleibt? Am nächsten Morgen bringt er sie dann zum Frühstücken mit. Und wir müssen uns an eine neue Mutter gewöhnen.«

Die letzten Worte waren Carolin nur schwer über die Lippen gekommen. Ihre Stimme zitterte, als wolle sie gleich anfangen zu weinen.

Mamma Carlotta musste ihre ganze Kraft aufbringen, um Carolin nicht zu zeigen, wie schwer es auch ihr fiel, eine andere Frau an dem Platz zu sehen, der einmal Lucia gehört hatte. »So weit ist es noch nicht, Carolina.« Energisch schüttelte sie die schweren Gedanken ab und wandte sich wieder dem Thema zu, das ihr dringlicher erschien. »Was ist nun mit Luana? Will sie nicht mehr mit dir üben?« Vorsichtshalber schloss sie das Küchenfenster, damit sie nicht belauscht werden konnten.

Carolin nahm sich den nächsten Teller vor. »Sie ist gar nicht meinetwegen hier«, klagte sie. »Sie tut nur so. Eigentlich wäre sie lieber mit Tizio auf Reisen. Oder zumindest mit ihm in Perugia. Ich habe selbst gehört, wie sie das zu ihm gesagt hat. Sie hätten längst weit weg sein wollen, stattdessen hingen sie bei der Familie rum. Erst auf Sylt, jetzt hier.«

Mamma Carlotta vergaß den Soßenrest in dem Topf, den sie gerade ins Spülbecken gestellt hatte. »Dann soll sie doch auf Reisen gehen! Wenn sie jemanden hat, der das bezahlt!«

Carolin zuckte unglücklich die Schultern. Aus ihren Haarspangen löste sich eine winzige Strähne, und es machte Mamma Carlotta froh, dass sie nicht sofort zurückgesteckt wurde. »Sie hat gesagt, sie hätte keine Lust mehr. Hier wäre es todlangweilig.«

Mamma Carlotta war tief beleidigt. »Habe ich also recht gehabt! Von Anfang an hat sie mir nicht gefallen.«

Carolin zog plötzlich die Spangen aus ihren Haaren und schüttelte dann den Kopf, damit sie locker auf die Schulter fielen. »Irgendwas passt ihr nicht. Aber sie müssten es noch einmal versuchen, hat sie gesagt. Vor dem 14. August.«

In Mamma Carlotta schrillten sämtliche Alarmglocken. Sie lief zum Wandkalender. »Noch drei Tage!«, flüsterte sie.

»Was ist am 14. August?«, fragte Carolin ängstlich.

»An diesem Tag findet auf einer schwedischen Insel die Königsrallye statt. Wie hieß sie noch gleich? Öland, glaube ich. Der schwedische König lädt jedes Jahr dazu ein.«

Carolin starrte ihre Nonna an. »Was hat Luana damit zu tun?«

»Ich weiß es nicht.« Mamma Carlotta griff nach Carolins Schultern und drückte ihre Enkelin auf einen Stuhl. Vorsichtshalber flüsterte sie. »Mit Luana stimmt was nicht. Ich habe selbst gehört, wie sie am Telefon gesagt hat, sie wolle es jemandem heimzahlen.«

»Und warum fragst du nicht Tizio?«

»Das habe ich getan. Aber er hat gesagt, ich soll nicht nachfragen, warum er mit Luana nach Sylt gekommen ist, und auch nicht, wohin sie fahren wollen.«

Carolin starrte ihre Großmutter erschrocken an. »Aber sie sind nach Panidomino gekommen.«

»Das war nicht geplant. Tizio hat eben eingesehen, dass eine Silberhochzeit wichtiger ist als eine Reise mit einer Frau, die nicht zu ihm passt.«

Carolin schien Zweifel zu haben. »Glaubst du das wirklich?«

»Ich habe gehört, wie Tizio zu Luana gesagt hat, sie hätten die Polizei zum Glück abgehängt. Und er wäre froh, wenn der 14. August endlich vorüber wäre.« Sie griff nach Carolins Hand. »Wir müssen ein Auge auf Luana haben.«

»Warum sagst du mir das erst jetzt, Nonna?«

»Du wolltest es vorher nicht hören.«

Carolin überlegte kurz, dann wusste sie, dass Mamma Carlotta recht hatte. »Was haben die beiden vor?«

Mamma Carlottas Flüstern war nun kaum zu vernehmen. »Vielleicht einen Anschlag auf die schwedische Königsfamilie?«

Carolin starrte sie ungläubig an. »Warum?«

Diese Frage konnte Mamma Carlotta nicht beantworten. Ihr fiel nicht einmal eine Vermutung ein, warum man der wunderbaren Königin Silvia etwas antun wollte. »Aber ich bin sicher, das Luana den Toten kennt, der auf Sylt gefunden wurde. Sie war sehr erschrocken, als sie seinen Namen hörte. Und weißt du noch, dass sie uns daraufhin dieses schreckliche bayerische Essen aufgetischt hat? Sie wollte mit deinem Vater reden und hören, wie der Stand seiner Ermittlungen ist.«

»Glaubst du etwa, dass Luana …?«

»Jedenfalls ist sic nicht ohne Grund auf Sylt geblieben, nachdem Tizio gemerkt hatte, dass man einer Silberhochzeit in der Familie nicht fernbleiben darf. Sie wollte mitbekommen, was dein Vater über den Mord herausfindet.« Großmutter und Enkelin starrten eine Weile das Muster der Tischdecke an, dann ergänzte Mamma Carlotta düster: »Und mit ihrem Namen stimmt auch was nicht. Rosamunda hat sich umgehört, und niemand kennt eine Familie Schwarz, die in der Toskana ein Weingut hat.«

»Die Toskana ist groß. Keiner kennt alle Leute, die dort wohnen.«

»Aber Rosamunda hat jeden gefragt, der sich in der Toskana auskennt. Und so viele wohlhabende Deutsche gibt es dort nicht, die sich ein Weingut leisten können.«

»Wer sagt, dass Luanas Vater wohlhabend ist?«

»Sieht man es ihr nicht an? Und jemand, der ein Weingut kaufen kann, hat viel Geld. Das ist doch sonnenklar! Und wenn jemand viel Geld hat, dann kennen ihn viele Leute. Aber eine Familie Schwarz ist überall unbekannt.«

»Glaubst du wirklich, sie ist eine ... Kriminelle?«

Mamma Carlotta nickte. »Und den armen Tizio hat sie verführt. Der gute Junge ist ja so labil. Der hat sich in was reinziehen lassen. Aber weißt du, was ich glaube? Er liebt sie schon gar nicht mehr. Ich habe nämlich ein Kettchen bei ihm gefunden. Da war ein V eingraviert. Capisci? Kein L! Ein V!«

»Du glaubst, Tizio hat längst eine andere?«

Mamma Carlotta griff tröstend nach Carolins Hand und drückte sie. Das Kind hatte ja noch so unrealistische Vorstellungen von der Liebe! Man durfte ihr nicht jede Illusion nehmen, sollte ihr aber auch nicht verheimlichen, dass Männer selten treu waren. »Er muss dieses Ding mit ihr durchziehen, was immer es ist. Danach wird er sie verlassen, certamente! Wer heiratet schon eine Frau, die so viel Geld für Kleidung, Schmuck und Kosmetik ausgibt und nichts von Hausarbeit versteht? Ein Millionär, okay. Aber nicht ein Kellner mit einem kleinen Gehalt. Nicht mal kochen kann sie. Die bayerische Küche ist ja noch schlimmer als die friesische!«

Carolin war derart verwirrt, dass sie darauf nichts zu antworten wusste. Mamma Carlotta konnte zusehen, wie die Bewunderung für Luana von ihr abfiel, wie sie urplötzlich jedes Échappé und jedes Plié mit anderen Augen sah. »Egal, was Luana Schreckliches plant«, raunte sie Carolin zu. »Wir müssen sehen, dass Tizio da rausgehalten wird.«

Ihr Gespräch wurde von Felix unterbrochen, der in die Küche stürmte und verkündete, dass er seinem Ziel, ein erfolgreicher Rennfahrer zu werden, ein gutes Stück näher gekommen sei. »Und Onkel Guido hat gesagt, heute darf ich mit dem Trecker in die Weinberge fahren!«

Erik folgte ihr so unauffällig wie möglich. Vorsichtshalber hatte er den Wagen genommen, weil er hoffte, dass er ihr am Steuer seines Autos nicht auffallen würde. Auf den Straßen war nicht mehr viel los, eine einzelne Person, die ihr nachging, hätte sie womöglich misstrauisch gemacht. Als er begriff, welche Richtung sie einschlug und welches Ziel sie verfolgte, war er abgebogen und auf einem anderen Weg Richtung Schloss gefahren. Dann hatte er den Wagen in einem Weg geparkt, den man von der Straße nicht einsehen konnte, war ausgestiegen und hatte, hinter einem Baum verborgen, gewartet. Er wusste, wohin sie ging. Und er glaubte sogar zu wissen, warum.

Den ganzen Tag hatte er sie im Auge behalten und beobachtet, wie sie versuchte, ihn auszuhorchen. Zwar durchschaute er die Zusammenhänge noch nicht, aber ihm war klar geworden, dass es um Rache ging. Sie wollte unbedingt wissen, was er durchschaute. Aber da hatte sie natürlich auf Granit gebissen. Seine Antworten waren unverbindlich geblieben, nichts hatte er verraten, was ihr hätte helfen können. Am Abend hatte sie noch immer nicht gewusst, warum er an Richard Hermes' Stelle das Lösegeld übergeben sollte.

Am Nachmittag hatte er Richard Hermes angerufen. »Gibt's was Neues?«

Aber Hermes' Stimme war so mutlos und gedrückt durch den Hörer gekommen, dass Erik gleich gewusst hatte: Verena Hermes war noch nicht wieder aufgetaucht.

»Keine Nachrichten von dem Entführer? Und Ihre Tochter hat sich auch nicht wieder gemeldet?«

»Was soll ich tun? Doch besser die Polizei verständigen?«

Aber diesmal hatte Erik ihm abgeraten. »Warten Sie noch ein, zwei Tage. Ich glaube, dann sehen Sie klarer.«

»Wissen Sie etwas? Ich hatte Ihnen verboten zu ermitteln.«

Darauf war Erik nicht eingegangen. »Sagen Sie, Herr Hermes … wie hieß eigentlich Ihre Frau?«

Am anderen Ende hatte verblüfftes Schweigen geherrscht. »Was soll die Frage?«

»Hieß sie Luna? Luana?«

»Luna!«, kam es wütend zurück. »Luana ist Verenas zweiter Name. Nein, eigentlich ihr erster. Ich wollte, dass unsere Tochter so hieß wie ihre Mutter. Nur mit einem weiteren Buchstaben, damit es keine Verwechslungen gab. Aber da wir damals noch in München lebten, hat sich dann doch der Name Verena durchgesetzt. Und dabei ist es geblieben.«

»Sie haben das Weingut also nach Ihrer verstorbenen Frau benannt?« Erik hatte kurz in das überraschte Schweigen gelauscht und dann nachgesetzt: »Sie war doch eine geborene Nera, oder? Luna Nera … schwarzer Mond …«

Nun war Richard Hermes wütend geworden. Unter anderen Umständen hätte er das Gespräch jetzt vermutlich beendet. Aber er spürte, dass Erik mehr wusste, als er zugeben wollte, und hatte Angst, sich den Zugang zu seinem Wissen zu versperren, wenn er jetzt etwas falsch machte. »Sie sagen mir auf der Stelle, was diese Fragen zu bedeuten haben!«

Erik jedoch war ganz ruhig geblieben. »Könnte Ihre Tochter erfahren haben, dass Sie den di Vagos etwas von einer Entführung erzählt haben? Vielleicht sollten Sie darüber mal nachdenken.«

Den Augenblick der Verblüffung hatte Erik genutzt, um das Gespräch zu beenden. Und als sein Handy kurz darauf zu läuten begann, hatte er es in seiner Jackentasche stecken lassen.

Die Dunkelheit hatte sich mittlerweile auf Panidomino herabgesenkt. Luana und Tizio hatten einen Blick des Einverständnisses gewechselt, ehe Luana ankündigte, einen Spaziergang unternehmen zu wollen. Sofort hatte Tizio den Vorschlag gemacht, mit Erik den neuen Rotwein zu verkosten, der am Morgen ins Haus geliefert worden war.

Erik war zum Schein darauf eingegangen, obwohl er sich insgeheim darüber ärgerte, mit welcher Selbstverständlichkeit Tizio die Gastfreundschaft der Capellas ausnutzte. Doch anscheinend war er daran gewöhnt. Er hatte hier nach Belieben ein- und ausgehen und sich jederzeit nehmen können, was er wollte.

Warum Luana und Tizio seine Gesellschaft suchten und so außergewöhnlich interessiert an seinem Beruf waren, das hatte Erik mittlerweile begriffen. Luana hatte es nicht gefallen, auf Sylt sein Gast zu sein, es gefiel ihr auch nicht, bei den Capellas zu Gast zu sein, aber Tizio hatte sie anscheinend davon überzeugt, dass sie in Eriks Nähe am besten aufgehoben waren. So hatten sie die Chance, etwas von dem mitzubekommen, was Verenas Vater plante. Wie schon auf Sylt fühlte sich Erik beobachtet und belauscht. Wenn sein Handy klingelte und er sich erhob, um in einem anderen Raum zu telefonieren, stieß er danach meistens auf Luana, die ganz zufällig im Nebenzimmer etwas zu erledigen hatte. Wenn er sich aufs Gartentor zubewegte, wurde er garantiert entweder von Luana oder von Tizio verfolgt und in ein Gespräch verwickelt. Und jede Gelegenheit nutzten die beiden, nach dem Mord auf Sylt zu fragen. Angeblich, weil es ja so wahnsinnig spannend sei zu erfahren, wie die Kriminalpolizei in einem solchen Fall ermittelte.

Nun wartete Tizio mit dem Rotwein also vergeblich auf ihn. Welchen Grund er ihm am nächsten Morgen auftischen würde, warum er urplötzlich verschwunden war, wusste er noch nicht. Das würde davon abhängen, welche Beobachtungen er an diesem Abend machte.

Erik konnte Luanas Gestalt vor den hellen Getreidefeldern gut genug erkennen, um ihr mit einem großen Sicherheitsabstand zu folgen. Dass sie zum Schloss di Vago ging, stand außer Frage. Nur was wollte sie dort?

Mittlerweile war sie am Rande des Schlossbesitzes angekommen. Dort blieb sie stehen und sah sich um. Sie war nicht weit von ihm entfernt, schien aber nicht damit zu rechnen, dass ihr jemand folgte. Erik beobachtete, wie sie die Wiese hochstieg, die an dem Zaun endete, der den engen Bereich des Schlosses umgab. Er verzichtete darauf, ihr auf dem Serpentinenweg zu folgen, das würde zu lange dauern. Er sah ein, dass er den kürzesten Weg nehmen musste, so schwer es ihm auch fiel. Er war weder sportlich noch besonders behände, aber trotzdem schaffte er es, den Abstand zwischen dem unteren und dem oberen Weg schnell zu überwinden. Vorstehende Felsnasen sorgten dafür, dass er sich festhalten konnte und seine Füße Halt fanden.

So stand er wesentlich schneller an dem Punkt, an dem er vorher noch Luana gesehen hatte. Sie war, ohne zu zögern, weiter die Wiese hinaufgestiegen.

Erik wagte es noch nicht, ihr zu folgen. Er blieb zurück und starrte hoch, nahm den Blick nicht von dem hellen Punkt, den ihr T-Shirt bildete, aus Angst, diesen Punkt nicht wiederzufinden, wenn er ihn einmal aus den Augen gelassen hatte. Dann plötzlich raschelte es im Gebüsch, und der helle Punkt war verschwunden.

Erik hielt den Atem an und lauschte. Nichts war zu hören, nur das Wispern der Büsche im Abendwind, das Zirpen der Grillen, das Summen der Insekten. In der Ferne bellte ein Hund, womöglich einer der Dobermänner, die den di Vagos gehörten. Aber das Bellen war weit entfernt, drang vermutlich aus dem Zwinger, in dem die Hunde gehalten wurden.

Erik machte sich ebenfalls an den Anstieg, nahm denselben Weg und stand kurz darauf vor dem Busch, in dem sie verschwunden war. Von Luana keine Spur! Er näherte sich vorsichtig, bog die Zweige auseinander, dann entdeckte er es: ein Loch im Zaun, das Luana anscheinend kannte. Nur ein paar schadhafte Stellen im Metallgeflecht, die sie auseinandergebogen hatte, gerade breit genug, um durchzuschlüpfen.

Er sah Luana am Rande der riesigen Rasenfläche entlangschleichen. Immer wieder hielt sie inne, lauschte, dann tastete sie sich Schritt für Schritt weiter voran. Was hatte sie vor?

Erik zauderte nun nicht mehr. Es war leichter als gedacht, die Lücke im Zaun so weit zu vergrößern, dass er hindurchpasste. Kaum hatte er den Rasen betreten, schlug der Hund wieder an, diesmal lauter, wütender, das Bellen eines zweiten Hundes fiel ein. Hatten die Dobermänner bemerkt, dass jemand eingedrungen war? Anscheinend reagierten sie auf ihn, den Fremden, während sie Luanas Erscheinen gelassen hingenommen hatten, weil sie ihnen vertraut war. Er musste aufpassen. Nicht zu nahe herangehen! Das Bellen der Hunde würde womöglich jemanden aus dem Haus locken, der nachsehen wollte, was im Garten vor sich ging. Es kam ihm sogar so vor, als sähe auch Luana sich unruhig um, als machte sie sich Gedanken, warum die Hunde so aufgeregt waren.

Aber dann schlich sie weiter, und kurz darauf wusste Erik, warum sie hier war. Sie wollte ins Wohnzimmer blicken, um Luigi zu beobachten. Hatte er Besuch? War Vittoria Zaragoza bei ihm? Dann wollte Luana vielleicht herausfinden, was zwischen den beiden vorging. Womöglich hatte sie sich schon oft gefragt, ob Luigi treu war, ob er seine Verlobte wirklich liebte oder sie nur heiraten wollte, weil sie die Tochter eines reichen Mannes war. Zwar hatte Verena Hermes sich inzwischen für einen anderen entschieden, aber sicherlich würde es ihre Lage verbessern und ihre Argumentation erleichtern, wenn sie ihrem Vater beweisen konnte, dass Luigi di Vago nur auf ihr Geld aus war.

Sie duckte sich, dabei verfingen sich ihre Haare in einem Busch. Ihre Frisur verrutschte, und Luana musste die schwarze Perücke wieder zurechtrücken. Dass sich darunter raspelkurze blonde Haare befanden, davon war Erik überzeugt. Kurz darauf war sie verschwunden.

Vermutlich hatte sie eine Stelle gefunden, von der aus sie einen guten Blick ins Wohnzimmer hatte. Und wenn Vittoria Zaragoza bei Luigi zu Besuch war, dann bekam Luana jetzt womöglich alles heraus, was sie wissen wollte. Luana Schwarz, Luana Nera, Luana Verena, Verena Hermes! Erik wusste gar nicht, wie er sie in Gedanken nennen sollte, nachdem sie für ihn so lange Luana Schwarz gewesen war. Dass sich eine solche Frau ausgerechnet in Tizio verliebt hatte, den unzuverlässigen Charmeur, den vorbestraften Frauenhelden! Ob er sie wirklich von ganzem Herzen und nur ihrer selbst willen liebte? Erik hatte erhebliche Zweifel.

Die Hunde beruhigten sich und hörten auf zu bellen. Nur die Gitter des Zwingers klirrten, als liefen sie noch immer unruhig hin und her. Vorsichtig wagte Erik sich ein paar Schritte weiter, dicht an den Büschen entlang, die am Zaun des Anwesens gepflanzt worden waren, um den Garten vor Blicken zu schützen. Dann glaubte er, den hellen Fleck wieder zu sehen.

Erik hockte sich ins Gras und überlegte, was er tun sollte. Hatte es Sinn, hier auszuharren und Luana zu beobachten, während sie ihrerseits Luigi di Vago beobachtete? Er versuchte sich einzureden, dass es besser wäre, ins Dorf zurückzugehen, aber er gestand sich bald ein, dass er es sich nur leicht machen wollte.

Nein, es ging nicht nur um eine Liebesgeschichte und um eine schwierige Vater-Tochter-Beziehung, es ging um Mord. Franco Neuhaus war erschlagen worden, und Manuel di Vago war vermutlich auch keines natürlichen Todes gestorben. Der Verdacht, dass Tizio und Luana ihre Finger im Spiel hatten, war noch längst nicht ausgeräumt. Wer wusste schon, was sich abgespielt hatte, als Franco Neuhaus eine halbe Million Euro geboten hatte, damit Tizio die Beziehung zu Luana beendete? Tizio war jähzornig, das wusste er nur zu genau.

Lediglich der Entführungsfall schien gelöst zu sein. Verena Hermes hatte erfahren, dass ihr Vater den di Vagos eine Entführung aufgetischt hatte, um zu erreichen, dass die Verlobte wieder in den Schoß der adligen Familie aufgenommen wurde, sobald ihr Vater dafür gesorgt hatte, dass der dahergelaufene junge Mann sich von ihr trennte. Dafür hatte sie sich gerächt, indem sie ihrem Vater weisgemacht hatte, nun sei sie tatsächlich entführt worden. Die Angst, die er um sie ausstand, sollte seine Strafe sein. Wäre Richard Hermes selbst zur Lösegeldübergabe gegangen, wäre sie ihm entgegengetreten, hätte ihm ins Gesicht gelacht und die halbe Million entweder zurückgewiesen oder als Mitgift eingeheimst.

Erik konnte sie gut verstehen. So etwas kam dabei heraus, wenn Eltern versuchten, ihre Kinder nach ihren eigenen Wünschen zu manipulieren. Nur wer hatte Franco Neuhaus umgebracht? Und wer hatte Manuel di Vago auf dem Gewissen? Und warum musste er sterben?

Erik merkte, dass Luana nun ihre Wachsamkeit aufgab. Sie wagte sich einige Schritte auf den weiten Rasen, damit sie besser sehen konnte, was sich im Wohnzimmer tat. Das erwies sich jedoch als Fehler. Die Hunde begannen zu rasen, ihr Gebell hallte herüber, die Hunde warfen sich wie besessen gegen die Gitter. Luana zog sich eilig zurück, und schon Sekunden später war sie im Gebüsch verschwunden.

In diesem Moment öffnete sich die Terrassentür, und Luigi trat heraus, gefolgt von Vittoria Zaragoza, die wie immer ihre große Tasche über der Schulter trug. Luigi schien etwas zu fragen, und Vittorias Antwort klang beunruhigt. Mit schnellen Schritten gingen die beiden auf den Hundezwinger zu.

Kurz darauf wurden sie von der Dunkelheit verschluckt. Die Hunde bellten immer noch, aber dann veränderte sich etwas, ihr Gebell wurde leiser und von aufgeregtem Winseln unterbrochen, schließlich erstarb es ganz. Erst zu spät begriff Erik, warum. Er erkannte es erst, als drei Dobermänner über den Rasen gelaufen kamen. Pfeilschnell und angriffslustig!

Entsetzt sah er sich um. Wohin? Ein paar hilflose Schritte machte er auf das Loch im Zaun zu, durch das er ins Grundstück eingedrungen war, merkte aber schnell, dass der Weg zu weit war. Er würde es nicht schaffen, sich schnell genug hindurchzuzwängen.

Von Luana war nichts mehr zu sehen, anscheinend kannte sie nicht nur dieses eine Schlupfloch, sondern noch andere Möglichkeiten, ungesehen das Gelände zu betreten und zu verlassen. Panisch sah Erik sich um. Wo konnte er sich in Sicherheit bringen? Ihm blieb keine Zeit zum Überlegen. Mit drei, vier Schritten war er bei einem Baum mit kurzem dickem Stamm und ausladenden, kräftigen Zweigen. Die unteren waren zum Glück mit einem weiten Schritt zu erklimmen, an den oberen zog er sich in die Höhe. Im Nu stand er auf dem zweiten, dann auf dem dritten Ast. In diesem Augenblick hatten die Hunde den Baum erreicht. Wütend stiegen sie am Stamm hoch und bellten, was das Zeug hielt. Die Stelle, wo Luana verschwunden war, ignorierten sie. Erik war für sie die Gefahr, nicht Luana! Wäre er bis jetzt unsicher gewesen, wer sich hinter dem Namen Luana und unter der schwarzen Perücke verbarg, hätte er es jetzt ganz sicher gewusst. Verena Hermes war den Hunden vertraut.

Das Laub des Baumes war dicht, trotzdem machte Erik sich keine Illusionen. Wenn Luigi und Vittoria herankommen würden, um zu sehen, warum die Hunde diesen Baum anbellten, mussten sie ihn entdecken. Die Frage nach einer halbwegs glaubhaften Begründung raste durch seinen Kopf. Verzweifelt hockte er auf seinem Ast, unter sich drei wütende Hunde, deren gebleckte Gebiss gut zu erkennen war, und starrte zur Terrasse hin, wo Luigi und Vittoria standen. Warum kamen sie nicht, um nachzusehen? Eriks Angst vor den Hunden war mittlerweile größer als die vor Entdeckung. Warum kamen sie nicht, um ihn zu retten?

Der Anführer der drei hörte auf zu bellen und verlegte sich auf unheilvolles Knurren. Prompt gaben auch die beiden anderen Ruhe. Der Erste ließ sich zu Füßen des Baumes nieder, ein anderer legte sich neben ihn, nur der Dritte umrundete noch den Stamm und blickte immer wieder zu Erik hoch, als wartete er darauf, dass er wie eine reife Frucht vom Baum fallen würde.

In einem Moment der Stille hörte er Luigi sagen: »Immer diese Eichhörnchen! Sie machen die Hunde verrückt.«

Und Vittoria antwortete: »Lass sie draußen. Wenn du zu Bett gehst, lässt du sie doch sowieso frei.«

Luigi legte den Arm um Vittorias Schultern und ging mit ihr ins Haus zurück. Erik starrte ihnen nach. Auf die erste Erleichterung folgte der große Schreck. Die Hunde wurden nachts freigelassen, um das Grundstück zu bewachen? Was sollte er tun? Er musste jemanden anrufen, der ihn befreite! Aber wen? Die Polizei in Città di Castello? Seine Schwiegermutter? Guido? Wer hatte die Möglichkeit, ihn aus dieser Lage zu befreien?

Er hatte noch keine Antwort auf diese Frage gefunden, da vibrierte sein Handy in der Innentasche seiner Jacke. Eine SMS! Den Klingelalarm hatte er ausgestellt, wie immer, wenn er jemanden verfolgte. Vorsichtig zog er das Handy heraus, ängstlich darauf bedacht, das Gleichgewicht nicht zu verlieren. Die SMS kam von Sören, und es schmerzte Erik, dass er seinen Assistenten nicht um Hilfe bitten konnte. Sören hätte einen Weg gefunden, da war er sicher. Aber Sören war weit weg …

»Hallo, Chef, habe versucht, Sie zu erreichen, aber Sie gehen nicht ran. Deshalb per SMS: Die Fingerabdrücke stimmen nicht überein. Schade. Ihre beiden Verdächtigen haben Franco Neuhaus nicht erschlagen. Die Suche geht also weiter. LG – Sören.«

Tizio und Luana waren unschuldig? Dieser Gedanke lenkte Erik zumindest für einen kurzen Moment ab. Dann stand wieder die Frage im Vordergrund, wer ihn befreien konnte. Schließlich kam er zu der Ansicht, dass nur seine Schwiegermutter es fertigbringen würde, ihn hier herauszuholen. Wie, das wusste er nicht, aber dass ihr etwas einfallen würde, darauf vertraute er fest.

Er hatte gerade angefangen, mit dem Daumen die Nummer einzutippen, da regte sich am Fuß des Stammes etwas. Einer der Hunde bewegte sich, vielleicht hatte ihn das Flackern des Displays nervös gemacht. Ein wütendes Knurren war zu hören, und Erik saß da wie erstarrt, war froh, als das Display erlosch, und wagte nicht mehr, sich zu bewegen. Der Hund stand auf, umrundete den Stamm, starrte in die Baumkrone. Erik brach der Schweiß aus.

Dann ein leises Bellen, furchterregender als das laute Gekläff. Wie eine Warnung hörte es sich an. Und plötzlich spürte Erik, wie der Zweig unter ihm nachgab, ein leises Knacken, dann das Geräusch morschen Holzes, der Zweig unter ihm bewegte sich. Entsetzt griff er nach dem Ast über sich, klammerte sich daran fest, suchte mit den Füßen nach einem neuen Halt. Er musste sich festklammern und gleichzeitig darauf achten, das Handy nicht zu verlieren. Doch es glitt ihm aus der Faust, er versuchte nachzugreifen, verlor dadurch erneut den Halt und musste schließlich das Handy verloren geben, wenn er selbst nicht neben den Hunden auf der Erde landen wollte.

Nun lag das Handy in einer Astgabel unter ihm und leuchtete zu ihm herauf. Vorsichtig streckte er seinen Arm aus, fühlte aber gleich wieder, dass etwas unter ihm nachgab, schrak zurück ... und musste zusehen, wie das Handy durch die winzige Bewegung des Baumstamms aus der Astgabel getragen wurde und zu Boden fiel. Die Hunde stürzten sich darauf, bellten erneut und behandelten das Handy so lange wie ein gefährliches Ding, bis das Display von selbst erlosch. Dann beruhigten sie sich und legten sich wieder ins Gras. Das Handy lag zwischen den Vorderpfoten des Anführers.

Carolin heulte. »Habe ich es dir nicht gesagt? Irgendwann wird er über Nacht wegbleiben. Wenn er die Tussi zum Frühstück mitbringt, schütte ich ihr Rizinus in den Kaffee!«

Mamma Carlotta war nicht weniger erschüttert, wenn sie auch im Gegensatz zu Carolin versuchte, sich ihre emotionale Aufwallung nicht anmerken zu lassen.

Wie immer war sie früh aufgestanden, noch vor ihren Kindern und Enkeln. An diesem Morgen hatte sie sich für das knallrote Kleid entschieden, das sie auf Sylt durchaus selbstbewusst getragen hatte. In Panidomino jedoch musste sie erst ihr schlechtes Gewissen überwinden. Keine Frau in ihrem Alter trug hier ein knallrotes Kleid, erst recht nicht, wenn sie verwitwet war. Auch Carlottas Freundin besaß nur Kleider in dunkelblau oder schwarz, und selbst die Kittel, die sie während der Arbeit anzog, waren so schmucklos, wie es in Panidomino angebracht erschien. Marina hatte die Hände über dem Kopf zusammengeschlagen, als Carlotta ihr unter dem Siegel der Verschwiegenheit anvertraut hatte, dass sie auf Sylt sogar eine Hose trug, weil sie beim Fahrradfahren so praktisch war. Aber Marina hatte sich nicht vorstellen können, wie der scharfe Wind nach den Röcken griff, und deshalb nicht einsehen wollen, dass eine Hose auch für eine italienische Mamma genau das richtige Kleidungsstück sein konnte.

An diesem Tag brauchte Mamma Carlotta Unterstützung. Und wenn es keine Hose sein durfte, weil das des Übermutes zu viel gewesen wäre, musste es eben ein knallrotes Kleid sein. Etwas, was ihr Mut machte und sie stärkte für das, was sie vorhatte.

Aber konnte sie unter den neuen Umständen überhaupt bei ihrem Plan bleiben? Jetzt, wo etwas so Ungeheuerliches geschehen war? Musste sie nicht für ihre Enkelkinder da sein?

Sie strich Carolin übers Haar und fühlte sich so hilflos wie schon lange nicht mehr. »Wir müssen abwarten«, sagte sie. »Vielleicht erklärt er es uns, wenn er zurückkommt.«

Carolin sprang auf. »Der braucht mir gar nichts zu erklären. Einfach über Nacht wegbleiben! Ohne vorher was zu sagen! Er hat es nicht mal für nötig gehalten, uns zu erklären, wer diese Frau ist!«

Felix kam schlaftrunken herein. »Von was für einer Frau redest du?«

»Von der, bei der Papa heute Nacht gepennt hat.«

Der coole Rennfahrer verwandelte sich vor Mamma Carlottas Augen in einen hilflosen kleinen Jungen. »Das glaube ich nicht.«

Diese Idee gefiel Mamma Carlotta. »Du hast recht, Felice! Es ist noch nichts erwiesen.«

Sandra kam in die Küche, um sich einen Espresso zu holen, bevor sie zur Arbeit aufbrach. »Was ist noch nicht erwiesen?«, fragte sie in deutscher Sprache, die sie leidlich beherrschte.

Carolin schluchzte ihr entgegen, dass ihr Vater sich im Bett irgendeiner blöden Tussi rumdrückte, dann mutmaßte Felix, dass sein Erzeuger nicht bei Trost sei, und anschließend waren sich die beiden einig, dass sie sich unter diesen Umständen wieder in ihre Betten zurückziehen wollten. »Falls Papa mit dieser Frau hier antanzt – wir sind nicht da!«

Sandra sah ihre Schwiegermutter fragend an, als Felix und Carolin die Küche verlassen hatten. »Enrico und eine andere Frau? Stimmt das wirklich?«

Mamma Carlotta nickte unglücklich. »Sieht ganz so aus.« Dann schilderte sie Sandra ihr Erschrecken, als sie am frühen Morgen festgestellt hatte, dass das Sofa in ihrem Wohnzimmer leer gewesen war und die Bettwäsche noch immer zusammengefaltet am Fußende gelegen hatte.

»Da fällt mir auch ein, dass er, seit er hier ist, ständig allein unterwegs ist, ohne zu sagen, wohin er fährt und wo er war.«

Sandra war das gar nicht aufgefallen. Sie stürzte den Espresso herunter, dann war sie, wie so viele Italiener, mit dem Frühstücken fertig. »Vielleicht gibt es eine ganz andere Erklärung«, sagte sie im Hinausgehen. »Warte erst mal ab, bis er zurückkommt. Und versuch die Kinder bis dahin zu beruhigen.«

Mamma Carlotta antwortete nicht. Wie sollte sie sich Eriks Erklärung anhören, wenn sie gar nicht zu Hause war? Und wie die Kinder beruhigen, wenn sie etwas vorhatte, von dem niemand etwas wissen durfte? Was war höher zu veranschlagen, die Familie oder ein unglücklicher Sylter Freund? Natürlich stand la famiglia immer an erster Stelle, aber ein Freund mit einem so schweren Schicksal wie Fietje Tiensch durfte darüber nicht vergessen werden. Und wenn außerdem für Gerechtigkeit gesorgt werden musste ... durfte man dann nicht von der Familie erwarten, dass sie zurücksteckte? Einmal? Ausnahmsweise? Und nur für ein paar Stunden?

Sie nahm Lucias Bild zur Hand und blickte fragend in das Lächeln ihrer Tochter. »Was sagst du dazu, Piccola mia? Du weißt, dass Erik dich geliebt hat. Und du weißt auch, dass er dich nie vergessen wird. Aber darf er sich nicht neu verlieben?« Sie betrachtete ihre Tochter so lange, bis sie sicher war, dass Lucia ihrem Mann Glück wünschte. »Allerdings ... einfach über Nacht wegbleiben, das ist nicht in Ordnung, Lucia! Darüber werde ich noch ein Wörtchen mit ihm zu reden haben!«

Seine Glieder schmerzten, sein ganzer Körper war steif geworden. Er fror. Wenn ihm die Augen zuzufallen drohten, klammerte er sich so fest an den Zweig, dass ihm die Hände wehtaten. Nur nicht einschlafen! Das war der Gedanke, der ihn beherrschte, den er nicht aus seinem Kopf verbannen wollte, den er sich immer und immer wieder vorsagte, manchmal sogar so laut, dass einer der Hunde den Kopf hob und knurrte.

Die drei hatten sich während der Nacht nicht von der Stelle bewegt. Und Erik war nichts anderes übrig geblieben, als auf dem Ast hocken zu bleiben und dem Zeiger seiner Uhr dabei zuzusehen, wie er sich langsam, schrecklich langsam vorwärts bewegte. Die Minuten waren wie Stunden vergangen. Schon als im Schloss die ersten Lichter ausgingen, hatte er geglaubt, es nicht mehr aushalten zu können. Eine ganze Nacht bewegungslos dasitzen, ohne zu schlafen? Das würde er nicht schaffen. Aber wenn er einschlief, lief er Gefahr, vom Baum zu stürzen, und die Hunde würden über ihn herfallen. Er musste durchhalten! Durchhalten! Durchhalten!

Irgendwann war es finster um ihn herum geworden. Die Wolken hatten sich vor den Mond geschoben, der Himmel war schwarz geworden, auch kein Stern war zu sehen gewesen. Die Lichter im Schloss waren nun gänzlich erloschen, nur wenige kleine Lampen im Park brannten, und in den Häusern von Panidomino war es ebenfalls dunkel geworden. Ein paar Straßenlaternen konnte Erik erkennen, mehr nicht. Und ein Auto hatte er beobachten können, das vom Schlossgelände gefahren war. Vermutlich Vittoria Zaragoza! Luigi konnte es nicht wagen, seine Geliebte im Schloss übernachten zu lassen. Nicht, solange Verenas Leiche nicht gefunden war. Darauf wartete er vermutlich tagtäglich.

Das war der Moment gewesen, in dem er begriff, dass er etwas tun musste. Wenn sich sein Körper schon nicht bewegen konnte, dann wenigstens seine Gedanken. Sich ablenken! Sich beschäftigen! Gedanken gab es genug, die ihm durch den Kopf gingen, die geordnet werden mussten, die dabei helfen konnten, aus Unsicherheiten endlich Gewissheiten zu machen.

Tizio und Luana waren unschuldig! Nein, nicht Luana … er musste sich wohl daran gewöhnen, sie Verena zu nennen. Was wusste er von ihr? Sie hatte sich in Tizio verliebt und war mit ihm durchgebrannt. Ihr Vater aber, der ihre Verlobung mit Luigi retten wollte, hatte der Familie di Vago etwas von einer Entführung erzählt und Franco Neuhaus hinter seiner Tochter hergeschickt. Anscheinend war er ihnen nach Venedig gefolgt, der Stadt der Verliebten. Warum aber waren die beiden dann nach Sylt gekommen? Erik konnte es drehen und wenden, wie er wollte, er verstand es nicht.

Er starrte in die Finsternis, und irgendwann stellte er erleichtert fest, dass der Himmel allmählich an Schwärze verlor. Oder bildete er es sich nur ein? Er blickte wieder auf seine Uhr, was er sich gegen Mitternacht verboten hatte, weil durch das Verfolgen des Zeigers die Zeit nur noch langsamer verging. Es ging auf sechs zu! Er hatte sich nicht eingebildet, dass die Morgendämmerung heraufkroch, der Tag brach tatsächlich an!

Die Aussicht auf ein Ende dieser schrecklichen Nacht belebte ihn, obwohl ihm völlig unklar war, wie es weitergehen sollte, wenn der Morgen da war. Jemand würde die Hunde in den Zwinger sperren, dann würde dieser Jemand – wer immer es auch sein mochte – ihn auf dem Baum entdecken. Was dann?

Er schüttelte diesen Gedanken ab, starrte in den Himmel, der sich immer heller färbte, und dachte an Luigi di Vago, der sich ausgerechnet auf Römö mit einem Franchisenehmer getroffen hatte, während seine Verlobte sich mit ihrem Liebhaber auf Sylt aufhielt. Hatte Luigi davon gewusst? Nein, unmöglich! Er war ja in dem Glauben gewesen, Verena sei entführt worden.

Aber vielleicht hatte er den Privatdetektiv gekannt, der die halbe Million überbringen sollte? Vielleicht hatte Richard Hermes dessen Namen genannt? Dann hatte Luigi sich als besorgter Verlobter des Opfers vielleicht mit ihm in Verbindung gesetzt, um zu hören, ob Verena endlich befreit worden war. Aber warum sollte er sich dann mit Franco Neuhaus getroffen haben? In der Einsamkeit des Morsumer Kliffs? Erik schüttelte den Kopf.

Unter dem Baum regten sich die Hunde, einer erhob sich, streckte seine Glieder, gähnte mit weit aufgerissenem Maul. In Erik stieg die Hoffnung auf, die Hunde hätten ihn mittlerweile vergessen.

Wenn Luigi der Mörder von Franco Neuhaus war, dann hatte er billigend in Kauf genommen, dass Verena in ihrem Gefängnis vergeblich auf Befreiung wartete. War das logisch? Brachte er den Goldesel um, der seine Zukunft retten konnte? Als Erik ihn mit seiner Geschäftsführerin belauscht hatte, war die Rede davon gewesen, dass Verena tot sein musste. Wenn er Vittoria Zaragoza heiraten wollte, dann war ihm die halbe Million vermutlich gerade recht gekommen, mit der er sich in das Franchiseunternehmen Big Fish einkaufen konnte. Aber sie hatten auch davon gesprochen, dass sie vergeblich nach etwas gesucht hatten.

Und plötzlich fiel Erik etwas ein: Franco Neuhaus hatte im Süder Wung nicht sein Haus beobachtet, nein, sein Interesse hatte Verena Hermes gegolten! Ihr war er gefolgt, um eine Möglichkeit zu finden, sich mit ihr und Tizio in Verbindung zu setzen. Er kannte ihre Adresse, hatte sie notiert und dann nach einer Möglichkeit gesucht, Richard Hermes' Auftrag auszuführen! Er war mit den beiden von München nach Hamburg geflogen, und natürlich hatte er sie von da an beschattet. Erik erinnerte sich, dass Verena nach Hause gekommen war, gerade als er den Mann auf der anderen Straßenseite entdeckt hatte. Dann musste der elegante Mann im dunklen Anzug also Luigi di Vago gewesen sein. Der hatte Franco Neuhaus anscheinend gekannt und war ihm gefolgt, um einen guten Augenblick abzupassen, ihn um die halbe Million zu bringen. In dessen Taschen hatte Luigi zwar nur die Hotelkarte gefunden, aber im Hotelzimmer hatte er dann alle Zeit der Welt gehabt, um das Geld zu suchen und zu finden. So musste es gewesen sein! Und was er mit seiner Geliebten im Schloss suchte, hatte womöglich mit diesem Fall gar nichts zu tun.

Ein goldener Punkt erschien hinter den Bäumen. Die Sonne! Schon konnte Erik die Umrisse des Schlosses gut erkennen. Bald würde es vorbei sein. Bald würden die Hunde in den Zwinger gesperrt werden, und er konnte von diesem schrecklichen Baum herabsteigen. Bald! Die Sehnsucht nach dem Sofa im Wohnzimmer seiner Schwiegermutter wurde übermächtig. Vielleicht würde er nur bis zu seinem Auto laufen, sich einfach auf den Sitz fallen lassen und erst mal ein paar Stunden schlafen. Da aber fiel ihm ein, dass man ihn vermissen würde. Nein, er musste so schnell wie möglich nach Hause. Vorausgesetzt, derjenige, der ihn von den Hunden befreite, war bereit, ihn gehen zu lassen, ohne die Polizei zu verständigen.

Erik schloss die Augen und versetzte sich mit aller Kraft zu jenem Sonntagmorgen zurück, an dem er den Gartenzaun gestrichen hatte. Wenn Franco Neuhaus es auf Verena Hermes abgesehen hatte, war sie dann auch von dem Mann im eleganten dunklen Anzug gesehen worden? Von ihrem Verlobten? Nein, da war er sich sicher. Als Luigi auftauchte, war Verena längst im Garten verschwunden. Und ihm war es nur um Franco Neuhaus gegangen. Anscheinend hatte er eine Gelegenheit gesucht, mit ihm allein zu sein.

Und Fietje Tiensch? Warum war der vor Luigi di Vago geflüchtet? Darauf fiel Erik keine Antwort ein. Andererseits war Tiensch in Panidomino aufgetaucht. Wegen einer Erbschaftsangelegenheit! Hing das am Ende mit den di Vagos zusammen?

Und was war mit Manuel di Vago? Warum hatte Luigi auch seinen Vater umgebracht? Vielleicht, weil der seinem Sohn auf die Schliche gekommen war! Der Alte hatte, genau wie Richard Hermes, verhindern wollen, dass die Verlobung seines Sohnes gelöst wurde. Und deshalb musste er sterben. Er war unbequem geworden, und ihn mit ein paar Nüssen ins Jenseits zu befördern, war einfach gewesen. Ein Sohn, der seinen Vater kaltblütig umbrachte? Diese Erkenntnis gefiel Erik nicht, aber er musste sich auch eingestehen, dass dieser Fall nicht der erste Vatermord war, mit dem er zu tun hatte.

Erik schloss die Augen und genoss die Sonne auf seiner Haut. Der Mord an Manuel di Vago würde schwer nachzuweisen sein, aber was den Mord an Franco Neuhaus anging, durfte es keine Schwierigkeiten geben. Er musste sich nur Luigis Fingerabdrücke verschaffen. Die würden sich mit denen auf der Tatwaffe decken. Und dann war er überführt. Und irgendwo im Schloss würden sich die fünfhunderttausend Euro finden! Oder auf der Bank oder in einem Schließfach! Luigi ging womöglich sorglos damit um, weil er nicht daran dachte, dass man ihm auf die Schliche kommen konnte. Die italienische Polizei hatte ja sowohl die Entführung als auch den Tod Manuel di Vagos zu den Akten gelegt. Luigi durfte sich sicher fühlen.

Nun wagte Erik sogar, sich ein wenig zurückzulehnen, was er während der ganzen Nacht nicht riskiert hatte. Aber es konnte nicht mehr lange dauern, bis er von seinem Elend befreit wurde. Mittlerweile war es ihm egal, was passieren würde, wenn man ihn auf diesem Baum fand. Er wollte nur noch, dass es vorbei war!

Als die ersten Geräusche aus dem Dorf heraufklangen, wurde er unruhig. Im Schloss herrschte nach wie vor Stille. Dabei hatte er doch Luigi di Vago am Abend noch gesehen! War er ein Langschläfer?

Erik merkte, dass er spöttisch grinste. Luigi würde nicht so friedlich schlafen, wenn er wüsste, dass seine Verlobte sich gestern Gewissheit verschafft hatte. Sie wusste nun, dass er sie betrog. Wann würde sie endlich die Maske fallen lassen? Er musste dafür sorgen, dass sie ihrem Vater die Wahrheit sagte. Richard Hermes hatte sich sicherlich falsch verhalten, als er seine Tochter in seinem Sinne manipulieren wollte, aber dass sie ihn in dem Glauben ließ, sie sei entführt worden und befände sich in Lebensgefahr, war eine zu harte Strafe. Er würde mit ihr reden. Und wenn sie nicht bereit war, ihren Vater zu erlösen, dann würde er es tun.

Nach einer Stunde wurde er unruhig. Was war los? Warum bewegte sich nichts im Hause? Kein Fenster öffnete sich, alle Terrassentüren blieben geschlossen. Und warum pfiff niemand die Hunde zurück? Die drei Dobermänner waren mittlerweile aufgewacht und streunten über die Rasenfläche. Allerdings blieben sie dem Baum so nah, dass ein Fluchtversuch nach wie vor zu riskant gewesen wäre.

Aber dann sah er eine Gestalt, die er kannte. Dick und behäbig war sie und bewegte sich mühsam die Serpentinen hoch. Er begann zuerst leise, dann lauter zu rufen: »Marina!« Ihr Nachname fiel ihm nicht ein, aber das war ihm in diesem Moment unwichtig. »Signora! Hier bin ich!«

Marina blieb stehen und sah sich um. Als sie niemanden entdeckte, schüttelte sie den Kopf und ging weiter.

Aber Erik ließ nicht locker. »Marina! Hier oben!«

Endlich war sie an der Stelle des Zauns angekommen, an der Erik durch das Loch geschlüpft war. Und endlich, endlich hob sie den Kopf. Die Tasche fiel ihr aus den Händen, als sie Erik auf dem Ast sitzen sah. »Signor Wolf! Was machen Sie da?«

Die Antwort ergab sich von selbst, als die drei Hunde zum Zaun liefen und aufgeregt daran herumschnupperten. Aber sie bellten nicht und knurrten Marina auch nicht an. Sie schienen die Köchin zu kennen.

»Können Sie mir die Hunde vom Hals schaffen? Dann erkläre ich Ihnen alles.«

Marina nickte und setzte aufgeregt ihren Weg fort. Für ihre Verhältnisse vermutlich in einem gewagten Tempo, aber Erik stöhnte heimlich: »Schneller, ich kann nicht mehr!«

Es dauerte lange, schrecklich lange, bis sie das Schlossgelände umrundet hatte und schließlich in der Ferne zu erkennen war, wie sie die Zypressenallee aufs Haus zuschritt. Die Hunde stürmten los, rasten auf Marina zu, dass Erik der Atem stockte, aber dann blieben sie schwanzwedelnd vor ihr stehen. Sie lockte die drei zum Zwinger und sperrte sie ein. Alles war ganz einfach gewesen.

Erik stieg vom Baum herab und stellte erleichtert fest, dass sein Handy die Hundeattacke schadlos überstanden hatte. Er fragte sich, ob er sich mit seiner Angst vielleicht lächerlich gemacht hatte. Aber Marina beruhigte ihn, als sie bei ihm ankam. »Gut, dass Sie kein Risiko eingegangen sind! Mit einem Fremden gehen sie nicht gerade freundlich um.« Dann wollte sie wissen, wie Erik in das Gelände eingedrungen war, und vor allem, warum.

Eine Begründung hatte Erik sich überlegt, während er auf Marina gewartet hatte. Gut war sie nicht, er konnte nur hoffen, dass sie ihm glaubte. Von einem Spaziergang erzählte er ihr, der ihn zufällig in den Schlossgarten geführt habe, von einer Bank, auf der er eingenickt sein musste, von der Zeit, die er vergessen hatte ... »Und plötzlich waren die Hunde da, und ich musste mich vor ihnen in Sicherheit bringen. Ich habe die ganze Nacht kein Auge zugetan.«

Er hoffte, dass sie ihm diese Geschichte abnahm. Und tatsächlich sah sie ihn so mitleidig an, als könnte sie sich nicht vorstellen, dass ein deutscher Kriminalhauptkommissar ihr etwas auftischte, was von vorne bis hinten erlogen war. »Da können Sie wohl einen Espresso gebrauchen, oder?«

Erik hätte sie vor lauter Dankbarkeit umarmen können. »Das wäre wunderbar, Signora!« Dabei dachte er weniger an den Kaffee, obwohl er ihm sicherlich guttun würde, sondern vielmehr an die Möglichkeit, ins Haus zu gelangen.

Aber während er Marina über die weite Rasenfläche folgte, bereute er prompt, auf ihr Angebot eingegangen zu sein. Wenn Luigi di Vago in diesem Augenblick aus einem der Fenster blickte, würde er ihn sehen. Wie sollte er ihm seine Anwesenheit hier erklären?

Doch kaum hatte er diesen schrecklichen Gedanken zu Ende gedacht, sagte Marina: »Signor di Vago ist um diese Zeit schon unterwegs. Sonst würde ich es nicht wagen, einen Fremden mit in die Küche zu nehmen.« Sie blieb stehen, weil ihr anscheinend erst jetzt ein Gedanke gekommen war, der sie unruhig machte. »Komisch, eigentlich sperrt er morgens die Hunde wieder in den Zwinger. Ob er das vergessen hat?«

»Ich glaube, er schläft noch«, sagte Erik, obwohl er sich damit vielleicht um den Genuss des Espressos und die Gelegenheit brachte, an Luigi di Vagos Fingerabdrücke zu kommen.

Aber Marina konnte das nicht glauben. Sie setzte ihren Weg fort, während sie sagte: »Signor di Vago ist immer als Erster auf den Beinen. Um diese Zeit ist er längst auf dem Weg ins Restaurant. Er frühstückt jeden Morgen im Casa Toscana. Und dann bereitet er dort alles für das Mittagsgeschäft vor. Er muss beim Personal sparen.« Marina rieb Daumen und Zeigefinger aneinander. »Das Geld ist knapp. Ich kann nur hoffen, dass ich nicht auch irgendwann die Kündigung bekomme, weil er keine Köchin mehr braucht.«

Erik war froh, als sie die Tür erreicht hatten, die in die Küche führte. Konnte es sein, dass er nicht mitbekommen hatte, wie Luigi di Vagos Auto über die Einfahrt gerollt war? Aber er merkte, dass er zu müde war, um sich darüber Gedanken zu machen. Vielleicht gab es ja noch einen anderen Weg, um das Schlossgelände zu verlassen.

Mamma Carlotta sah immer wieder auf die Uhr. In einer Stunde würden Fietje und Tove vor dem Haus stehen und auf sie warten. Felix war zwar mittlerweile mit Guido in die Weinberge gefahren, aber Carolin hatte sich nicht wieder blicken lassen. Konnte sie das Kind mit seiner Verzweiflung allein lassen? Warum war Luana ausgerechnet an diesem

Morgen nicht da? Mit Freuden hätte Mamma Carlotta sich die Pizzicato-Polka angehört und sogar geschwiegen, wenn Carolin sich im Spagat geübt hätte. Aber nein, ausgerechnet an diesem Morgen hatte Luana ihren Freund dazu gebracht, nach Perugia zu fahren.

Sie benahm sich wirklich verdächtig! Am Abend zuvor war sie sogar allein aus dem Haus gegangen und erst bei Dunkelheit zurückgekehrt. Und mit keiner Silbe hatte sie verraten, wo sie gewesen war. Unglaublich, wie tolerant Tizio mit ihr umging! Wenn sie da an ihren Dino dachte! Der hatte immer wissen wollen, wo seine Frau sich aufhielt, und war der Ansicht gewesen, dass dies das gute Recht eines jeden Ehemannes war. Sogar seine Pflicht!

Aber Luana machte einfach, was sie wollte! »Scandaloso!«, murmelte Mamma Carlotta vor sich hin.

»Was ist skandalös?«, hörte sie Carolins Stimme hinter sich.

Mamma Carlotta, die selten um Ausreden verlegen war, geriet ins Stottern. »Ich dachte nur gerade …«

»An Papa?«

Nun fiel Mamma Carlotta ein, dass auch Erik zurzeit machte, was er wollte. »Scandaloso«, wiederholte sie.

Carolin schien die Bettruhe zum Nachdenken genutzt zu haben. »Weißt du was, Nonna? Ich kümmere mich einfach nicht darum. Soll er doch machen, was er will! Mit Papa rede ich kein Wort mehr. Erst wenn er mir sagt, wo er letzte Nacht war und wie die Tussi heißt, mit der er zusammen war.«

»Die Signora, meinst du.«

»Vielleicht auch eine Signorina? Papa ist schon über vierzig, aber vielleicht hat er sich trotzdem in ein junges Mädchen verliebt.«

Mamma Carlotta wurde schwindelig. Junges Mädchen? Enrico? »Lass uns abwarten, Carolina. Vielleicht klärt sich alles auf, wenn er zurückkommt.«

Carolin reckte ihren Oberkörper, als wollte sie ein Plié machen. »Der kann mich mal. Was er zu erzählen hat, höre ich mir nicht einmal an.«

Erst jetzt fiel Mamma Carlotta auf, dass Carolin nicht ihre Trainingskleidung trug, sondern Jeans und ein T-Shirt. »Ich gehe ins Dorf«, sagte sie. »Im Eiscafé ist immer was los.«

Mamma Carlotta bestätigte ihre Enkelin in ihrem Vorhaben, und das so lautstark und eifrig, dass Carolin prompt misstrauisch wurde. »Man könnte meinen, du wolltest mich loswerden.«

»Wie kommst du darauf, Carolina? Niemals! Es ist nur ... ich könnte sowieso nicht bei dir bleiben, weil ...«

»Ich weiß, die Silberhochzeit!«

Carolin wartete nicht auf eine Bestätigung, sondern drehte sich um und verließ die Wohnung ihrer Nonna. Ihre Schritte waren auf der Treppe zu hören, dann schlug die Haustür ins Schloss. Kurz darauf sah Mamma Carlotta sie draußen vorbeilaufen. Nur wenige Augenblicke, bevor Tove und Fietje am anderen Ende der Straße um die Hausecke bogen ...

Es war leichter als gedacht. Während Marina sich an der Espressomaschine zu schaffen machte, bat Erik darum, die Gästetoilette benutzen zu dürfen.

Marina nickte zur Küchentür. »Da raus, den Gang entlang und dann die letzte Tür links.«

Erik bedankte sich und trat in den Gang, der aus dem Küchentrakt führte. Geräuschvoll öffnete er die Tür der Gästetoilette, dann drückte er sie ebenso geräuschvoll wieder ins Schloss, ohne jedoch den kleinen Raum betreten zu haben. Auf Zehenspitzen lief er bis in die Diele und lauschte. War jemand im Haus? Eine Putzfrau, die mit der Arbeit begonnen hatte?

Aber er hörte nichts, deswegen wagte er sich weiter. Die große Flügeltür musste ins Wohnzimmer führen. Vorsichtig bewegte er die Klinke und war erleichtert, dass sie nur ein ganz klein wenig quietschte. Marina würde dieses Geräusch in der Küche nicht hören.

Nervös sah er sich um. Gab es hier etwas, was Luigi di Vago gehörte? Nur ihm? Etwas, was niemals ein anderer anfasste? Er betrachtete den großen Couchtisch, auf dem es einige Fingerabdrücke gab, die ihm jedoch nichts nützten. Abdrücke auf den Scheiben der Terrassentüren waren ebenso nutzlos. Dann jedoch entdeckte er zwei weiche weiße Sessel, die vor dem Kamin standen. Und dazwischen ein kleines Tischchen, auf dem zwei Gläser abgestellt waren. Welches mochte Luigi di Vago gehören?

Erik betrachtete sie aufmerksam, dann entdeckte er an dem einen Glas einen Lippenstiftabdruck. Er zog sein Taschentuch aus der Hosentasche, schlug das andere darin ein, ohne es mit den Fingern zu berühren, und steckte es vorsichtig weg. Nun musste er nur dafür sorgen, dass Marina die merkwürdige Ausbeulung seiner Hosentasche nicht bemerkte, dann konnte er gleich zum Kurierdienst von Città di Castello fahren und das Glas nach München schicken. Am Abend würde er beweisen können, dass Luigi di Vago einen Mord begangen hatte.

Seine Müdigkeit war plötzlich wie weggeblasen. Keinen Augenblick würde er warten! Bis Città di Castello war es nicht weit, den verlorenen Schlaf der vergangenen Nacht konnte er später nachholen. Vielleicht würde er auf dem Rückweg sogar die Staatsanwältin anrufen und ihr sagen, dass der Mordfall Franco Neuhaus aufgeklärt war und der Entführungsfall Verena Hermes sich in Luft aufgelöst hatte.

Blieb nur noch Manuel di Vagos Tod. Aber da anzunehmen war, dass Luigi di Vago seinen Vater ebenfalls auf dem Gewissen hatte, würde es nur eine Sache der geschickten Vernehmung sein, bis er auch diesen Mord zugab. Anscheinend hatte sein Vater herausgefunden, dass Luigi das Leben seiner Verlobten aufs Spiel gesetzt hatte, indem er das vermeintliche Lösegeld gestohlen und den Lösegeldüberbringer umgebracht hatte. Das war sein Todesurteil gewesen.

Erik kehrte in die Küche zurück, wo Marina ihm fragend entgegensah. Offenbar war er länger weg gewesen, als zu erwarten gewesen war. »Die lange Nacht auf dem Baum«, erklärte er und merkte in diesem Moment, dass es wirklich sinnvoll gewesen wäre, die Gästetoilette aufzusuchen. Aber nun war es zu spät, er durfte Marina nicht misstrauisch machen und musste sich zusammenreißen.

Vorsichtig ließ er sich am Tisch nieder, darauf bedacht, das Glas in seiner Hosentasche zu schützen und sich mit keinem verdächtigen Geräusch zu verraten, indem das Glas an die Tischkante oder ein Tischbein stieß. Er ließ die rechte Hand über dem Glas, während er mit der linken die Espressotasse zum Mund führte. »Grazie mille«, seufzte er. »Der Kaffee tut gut.«

Auch Marina seufzte. »Früher ist der alte Graf gelegentlich in die Küche gekommen und hat sich von mir einen Espresso kochen lassen. Dann haben wir uns ein bisschen unterhalten. Das wird mir fehlen.«

Erik nickte verständnisvoll. »Gut, dass der junge Signor di Vago Sie nicht für den Tod seines Vaters verantwortlich macht.«

Marina zuckte mit den Schultern. »Andernfalls hätte es eine Untersuchung gegeben. Aber das hätte mir nichts ausgemacht. Ich habe ein reines Gewissen.«

Erik starrte die Warze auf ihrem Kinn an und das lange Haar, das daraus spross. Eine Untersuchung! Indem Luigi seine Köchin von jedem Verdacht freisprach, hatte er in Wirklichkeit verhindert, dass durch eine polizeiliche Untersuchung seine eigene Schuld ans Tageslicht kommen könnte. Er hatte Nüsse ins Essen gegeben und dann dafür gesorgt, dass die Medizin, die sein Vater während eines Allergieschocks dringend benötigte, nicht zur Hand war. So musste es gewesen sein!

Erik leerte seine Tasse und erhob sich, immer noch die Hand auf dem Glas in seiner Hosentasche. »Nun wird's Zeit für mich. Meine Schwiegermutter wird mich schon vermissen.«

»Non c'è problema!«, antwortete Marina. »Ich erkläre Carlotta, dass Sie wegen der Hunde nicht nach Hause kommen konnten.« Plötzlich sah sie erschrocken aus. So, als hätte sie etwas verraten, was geheim bleiben sollte. Und nur sichtlich ungern, weil es nicht mehr zu vermeiden war, ergänzte sie: »Sie will gleich auf einen Espresso vorbeikommen.«

Tove schimpfte ununterbrochen, was auch damit zu tun haben mochte, dass er sich über die körperliche Anstrengung ärgerte. Schon bei der ersten Serpentine schwitzte er stark und beschwerte sich von da an nicht nur über Fietje und seine dösige Ehrlichkeit, sondern über die italienische Sonne gleich mit und anschließend über den Geiz von Fietje, der es nicht für nötig befunden hatte, für diesen Weg ein Taxi zu bestellen. »Das sind Werbungskosten! Die hättest du von der halben Million abziehen können.«

Fietje antwortete nicht, aber Mamma Carlotta versuchte noch einmal, Tove zu erklären, worauf es Fietje ankam, nämlich darauf, dass Richard Hermes sein Geld zurückerhielt, aber auch darauf, dass er erfuhr, was sein Bruder für ein Mensch war. »Es geht vor allem um la famiglia.«

Aber davon wollte Tove nichts wissen. »Fietje hat einen Knall! Und Sie auch, Signora! Ich weiß wirklich nicht, warum ich da überhaupt mitmache!«

Schließlich hatten sie die letzte Kehre genommen, und Mamma Carlotta warf einen Blick zu dem Zaun, der das Grundstück einschloss. »Hier gibt es irgendwo ein Loch, ich habe den Gärtner manchmal durchschlüpfen sehen, wenn er keine Lust hatte, bis zum Eingang zu gehen.« Sie betrachtete Tove, der nicht nur muskulöse Arme und ein breites Kreuz hatte, sondern auch einen runden Bauch, der sich über seinen Gürtel wölbte. »Aber da passen wir nicht durch.«

Tove blieb stehen. »Dann sollte ich vielleicht hier Schmiere stehen?«

Aber Mamma Carlotta durchschaute ihn. »Sie haben nur keine Lust, bis zur Einfahrt zu laufen. Es geht darum, dass Marina und ich rechtzeitig gewarnt werden, wenn jemand zu Besuch kommt oder wenn Luigi di Vago früher zurückkehren sollte.« Sie sah Tove an. »Haben Sie an Ihr Handy gedacht?«

Tove klopfte auf seine Hosentasche und nickte.

»Und Sie haben die Nummer vom Schloss gespeichert?«

Wieder nickte Tove. »Passen Sie auf, dass die Köchin das Telefon bei sich hat.«

»Naturalmente!«

Fietje Tiensch hatte noch kein einziges Wort von sich gegeben. Er trottete mit gesenktem Kopf hinter den beiden her, griff nur manchmal an seine Mütze, als wollte er sich vergewissern, dass der dicke Bommel noch da war. Dann zog er sie weit ins Gesicht, um sich vor der Welt zu verstecken, und schob sie kurz darauf wieder bis zum Haaransatz, weil er zu schwitzen begann.

Als sie am Anfang der Zypressenallee angekommen waren, blieben sie stehen. Mamma Carlotta wies auf ein dichtes Gebüsch. »Da können Sie sich verstecken. Und sobald ein Auto in die Allee einbiegt, rufen Sie an.«

Tove verschwand auf der Stelle. Er war heilfroh, dass das Laufen in der Hitze ein Ende hatte. Fietje folgte ihm zögernd. »Passen Sie auf, Signora!«

Mamma Carlotta nickte, dann machte sie sich auf den Weg zum Eingangstor. Zwei-, dreimal drehte sie sich um, weil sie kontrollieren wollte, ob Tove und Fietje zu sehen waren, aber das Gebüsch sah so aus wie immer.

Marina wartete schon auf sie. »Endlich! Ich bin so aufgeregt.« Sie zog das schnurlose Telefon aus der Kitteltasche, das normalerweise in der Diele in der Basisstation stand. »Sind deine Freunde auf dem Posten?«

Mamma Carlotta nickte, fand aber, die Angelegenheit eile nicht so wahnsinnig, dass man vorher keinen Espresso mehr zu sich nehmen könne. »Wir müssen bei Kräften sein!«

Das sah Marina ein. »Obwohl zu viel Koffein nervös machen kann«, wandte sie ein. »Ich habe vor einer halben Stunde noch Espresso mit deinem Schwiegersohn getrunken.«

Mamma Carlotta ging in Gedanken ihre Schwiegersöhne durch, doch keiner kam dafür infrage, mit ihrer Freundin Marina in der Schlossküche Espresso getrunken zu haben. »Wen meinst du?«, fragte sie schließlich.

Marina stellte ihr eine dampfende Tasse hin. »Lucias Mann! Signor Wolf!«

Nur selten konnte Marina den Umstand genießen, ihre Freundin Carlotta derart verblüfft zu haben, dass es ihr die Sprache verschlug. Also schwelgte sie ausgiebig darin und schmückte die Erzählung, wie sie den Sylter Kriminalhauptkommissar auf einem Baum angetroffen hatte, nach Kräften aus. Und dass Carlotta sie kein einziges Mal unterbrach, zeigte ihr, wie konsterniert ihre Freundin war. Nun empfand Marina sogar Mitleid mit ihr. »Es war richtig, was er getan hat. Die Hunde sind gefährlich, wenn sie einen Fremden vor sich haben.«

Endlich fand Mamma Carlotta ihre Sprache wieder. »Hat er dir erklärt, was er hier zu suchen hatte?«

Marina gab die Geschichte wieder, die Erik ihr vorgesetzt hatte, schien aber, während sie erzählte, selbst zu merken, dass seine Erklärungen sich wie faule Ausreden anhörten. »Du glaubst ihm nicht?«, fragte sie am Ende unsicher.

Mamma Carlotta schüttelte schwer atmend den Kopf. »Gibt es im Schloss eine junge Frau, die nicht verheiratet ist? Ein Dienstmädchen, eine Putzfrau?«

Marina schüttelte den Kopf. »Du meinst ...?« Da sie eine

hohe Meinung von der Obrigkeit hatte, sprach sie den Satz nicht zu Ende. Ein deutscher Kriminalhauptkommissar, der einem italienischen Dienstmädchen nachstieg? Das überstieg ihre Phantasie. »Die Kolleginnen, die das Haus in Ordnung halten, sind beide verheiratet und über fünfzig«, sagte sie hilflos.

Mamma Carlotta brach der Schweiß aus. Mit beiden Händen griff sie nach dem Ausschnitt ihres roten Kleides, zog den Stoff vom Körper ab und wedelte sich damit Luft zu.

»Du hättest besser einen Baumwollkittel angezogen«, tadelte Marina und betrachtete sie missbilligend.

Aber Mamma Carlotta nahm ihren Einwurf nicht zur Kenntnis. Vittoria Zaragoza! Das war die einzige Erklärung! Anscheinend hatte sie sich getäuscht, als sie glaubte, Luigi di Vago hätte ein Verhältnis mit seiner Geschäftsführerin. Erik war es, der sich in Vittoria verliebt hatte! Und er besaß sogar die Tollkühnheit, sie im Schloss zu besuchen, wenn Luigi nicht zu Hause war.

»Ist Vittoria Zaragoza eigentlich häufiger hier?«, fragte sie und hoffte, dass Marina den Sinn ihrer Frage nicht verstand.

Und sie hatte Glück. »Ja, wenn es was zu besprechen gibt, treffen die beiden sich immer hier im Schloss. Ich habe mal gehört, dass Signora Zaragoza sagte: Im Restaurant haben die Wände Ohren.« Nun wurde Marinas Blick ängstlich. »Du meinst, sie könnte plötzlich hereinschneien? Aber du hast doch gesagt, deine beiden Sylter Freunde passen auf ...«

»Das tun sie auch«, entgegnete Mamma Carlotta schnell und atmete tief durch, damit Marina nichts von ihrer Fassungslosigkeit bemerkte. Vittoria Zaragoza, eine Frau, die es an Schönheit und Temperament mit der jungen Sophia Loren aufnehmen konnte! Und ihr friesischer Schwiegersohn, der nie lauthals lachte, der ungern redete und der aus lauter Bequemlichkeit auf interessante Erlebnisse verzichtete! Für Vittoria Zaragoza kletterte er sogar auf einen Baum?

»Geht's dir nicht gut?«, fragte Marina besorgt.

»Doch, doch«, gab Mamma Carlotta hastig zurück.

Plötzlich fiel ihr das Kettchen ein, das sie im Hause ihres Schwiegersohnes gefunden hatte. Ein Kettchen mit einem eingravierten V! War das Kettchen gar nicht aus Tizios, sondern aus Eriks Hose gefallen? Kannte er Vittoria schon länger? Hatte er bereits bei seinem letzten Besuch ihre Bekanntschaft gemacht und sich in sie verliebt? Dieser Gedanke war so entsetzlich, dass sie die Augen schließen musste, um nicht zuzusehen, wie sich die Küche zu drehen begann. Das Allerschlimmste war, dass das alles unter ihren Augen geschehen sein musste, ohne dass sie es bemerkt hatte! Ausgerechnet Carlotta Capella, die jeder heimlichen Liebesgeschichte immer am schnellsten auf die Sprünge kam, die als Erste bemerkt hatte, dass der junge Klavierlehrer sich in die Frau des Postboten verliebt hatte, und die sofort durchschaut hatte, von wem die unverheiratete Lehrerin schwanger war ... ausgerechnet sie hatte nichts davon mitbekommen, dass Erik ein Verhältnis mit einer Italienerin eingegangen war! Madonna! Wurde sie etwa alt?

Mühsam riss sie sich zusammen. »Ich bin nur ein bisschen aufgeregt. Wenn ich daran denke, dass wir bald eine halbe Million Euro in Händen halten werden ... Wir müssen gut aufpassen, damit wir sie nicht verlieren.«

Marinas Blick wurde prompt ängstlich. »Du meinst, wir sollten es doch nicht wagen?«

Aber davon wollte Mamma Carlotta nichts hören. »Ich habe es versprochen. Wir müssen das Geld zurückholen. Es wäre mir allerdings lieb, Marina, wenn du darüber schweigen könntest, dass du meinen Schwiegersohn auf dem Baum entdeckt hast. Ich finde das ein bisschen ... peinlich.«

Marina hatte vollstes Verständnis, sie konnte nachempfinden, was in ihrer Freundin vorging. Bisher hatte sie großen Respekt vor dem Sylter Kriminalhauptkommissar gehabt, doch diese Hochachtung hatte einen ziemlichen Knacks bekommen, als sie Erik auf dem Ast hatte sitzen sehen. »Von mir erfährt keiner ein Wort.«

Mamma Carlotta war beruhigt und erhob sich. »Avanti! Wir wollen die Sache hinter uns bringen.«

Marina wuchtete sich ebenfalls hoch. »Und wenn wir das viele Geld nicht in Luigi di Vagos Zimmer finden? Wenn es irgendwo anders versteckt ist?«

»Dann können wir nichts machen. Aber versuchen werden wir es.«

Die Fahrt nach Città di Castello war ihm noch leichtgefallen, aber jetzt, auf dem Rückweg, fiel die Müdigkeit über ihn her wie ein hungriger Wolf. Mühsam riss er die Augen auf, versuchte, sich von dem schwankenden Bild vor seinen Augen nicht verwirren zu lassen, und fuhr vorsichtshalber noch langsamer als sonst. Die zornigen Autofahrer in seinem Rücken mussten ihm egal sein! Hauptsache, er kam heil zurück nach Panidomino.

Und immer wieder musste er sich sagen, dass er mit seinen Ermittlungen praktisch am Ziel war. Am Abend würde er den Beweis in Händen halten! Die Fahrer des Kurierdienstes hatten versprochen, sich unverzüglich auf den Weg zu machen. Die Staatsanwältin würde sich wundern, wie schnell er dem Geheimnis auf die Spur gekommen war! Dieser Triumph hielt ihn wach, während er vorsichtig eine Kehre nach der anderen nahm und feststellte, dass die Serpentinen seiner Aufmerksamkeit sogar guttaten. Auf einer langen, eintönigen Strecke wäre er vielleicht eingenickt.

Hoffentlich war seine Schwiegermutter schon zu ihrer Freundin aufgebrochen! Wenn Felix bei seinem Onkel war und Carolin sich mit dem Balletttraining beschäftigte, würde es ihm vielleicht sogar gelingen, ungesehen ins Haus zu kommen und sich schlafen zu legen, ohne Fragen beantworten zu müssen. Und wenn er ganz großes Glück hatte, war am Morgen niemandem aufgefallen, dass er nachts nicht nach Hause gekommen war. Da Mamma Carlotta ihr Wohnzimmer nur gelegentlich benutzte, standen die Chancen, dass er ohne Erklärungen davonkommen würde, nicht schlecht.

Erik war guter Hoffnung, sich still und heimlich aufs Sofa legen zu können und mindestens bis mittags unbehelligt zu bleiben. Den Anruf bei der Staatsanwältin hatte er verschoben und sich nur zu einem kurzen Gespräch mit Sören in der Lage gesehen. Bei ihm brauchte er nicht jedes Wort auf die Goldwaage zu legen, während er sich für ein Gespräch mit der Staatsanwältin ausgeruht fühlen musste. Sören hatte es sogar geschafft, nur ganz kurz und fast unhörbar zu lachen, als er hörte, wo sein Chef die Nacht verbracht hatte.

Als Erik vor dem Haus hielt, schloss er zufrieden die Augen. Gott sei Dank, er war angekommen! Er lehnte sich zurück und hielt die Augen eine Weile geschlossen. Aber erschrocken riss er sie gleich wieder auf. Bloß nicht einschlafen! Nicht im Auto! Jetzt musste er nur noch aussteigen, aufs Haus zugehen, sich am Treppengeländer hochziehen und aufs Sofa werfen. Die Bettwäsche, die dort bereitlag, würde ihn nicht interessieren, vielleicht würde er sich nicht einmal die Schuhe ausziehen.

Er öffnete die Tür und lauschte ins Haus hinein. Ein Radio plärrte irgendwo, eine männliche Stimme schrie in ein Telefonino, aber das alles war weit entfernt. Carolin und Felix schienen nicht zu Hause zu sein, die Wohnung seiner Schwiegermutter war leer. Der Anblick des gemütlichen Sofas machte Erik glücklich. Nach einem kurzen Besuch im Bad schaffte er es nur noch, die Schuhe abzustreifen, dann ließ er sich hintenüber sinken und war im selben Moment eingeschlafen.

Mamma Carlotta folgte ihrer Freundin, und mit jedem Schritt fiel die Empörung mehr und mehr von ihr ab. Nun kam es auf etwas anderes an, Eriks Fehltritt musste für eine Weile in den Hintergrund treten. Es galt, sich auf die Suche nach einer halben Million Euro zu konzentrieren. Luigi di Vago hatte sich bestimmt ein gutes Versteck ausgesucht, also würde es nicht leicht sein, das Geld zu finden. Und er durfte auf keinen Fall den Verdacht bekommen, dass jemand in seiner Abwesenheit sein Zimmer betreten hatte.

Vielleicht aber fühlte er sich ja dermaßen sicher, dass er es nicht für nötig gehalten hatte, das Geld zu verstecken? Womöglich lag es in einer Schublade oder in einem Umschlag, weil er nicht damit rechnete, dass jemand danach suchte?

Als Marina die Tür öffnete, die in die Privaträume der Schlossbesitzer führte, streifte Mamma Carlotta jeden Gedanken an ihren Schwiegersohn ab. Die Freundin drehte sich noch einmal zu ihr um und fragte: »Meinst du wirklich, dass wir es riskieren sollen?«

Mamma Carlotta nickte, um sich selbst Mut zu machen, dann schob sie Marina zur Seite. »Lass mich vorgehen. Wenn uns jemand erwischt, werde ich behaupten, du hättest mich hindern wollen. Versprochen! Ich nehme die ganze Schuld auf mich.«

Marina sah ihre Freundin kopfschüttelnd an. »Warum tust du das, Carlotta?«

Aber Mamma Carlotta winkte nur ab und ging auf die Tür zu, auf die ihre Freundin zeigte. Sie lauschte ins Haus hinein, dann legte sie das Ohr an die Tür, ehe sie zur Klinke griff. Es gab ein knarzendes Geräusch, als sie heruntergedrückt wurde. Aber die Tür ließ sich nicht öffnen, sie war verschlossen.

Marina sah ratlos aus. »Er schließt sonst nie ab.«

»Wahrscheinlich, weil er sonst nie so viel Geld dahinter aufbewahrt. Das ist der Bewcis, dass die halbe Million in diesem Zimmer versteckt ist.«

»Ich verstehe das nicht«, jammerte Marina. »Außer den Bädern und den Toilettenräumen wird kein Zimmer verschlossen. Es gibt nicht mal Zimmerschlüssel, nur den Generalschlüssel.«

»Hast du einen?«

Marina zögerte. »Kurz vor seinem Tod hat der alte Graf mir einen der Generalschlüssel anvertraut. Es gibt insgesamt drei: zwei für die beiden Grafen und den dritten zur Sicherheit.«

»Hol ihn!«

Aber Marina zögerte immer noch. »Das ist zu gefährlich. In ein offenes Zimmer einzudringen, ist schon schlimm. Aber in ein verschlossenes ...?«

Schließlich ließ sie sich aber doch überreden, den Generalschlüssel zu holen, den sie in der Küche aufbewahrte. Er drehte sich im Schloss, als sei es kurz zuvor geölt worden. Dann öffnete sich die Tür.

»Avanti!«, sagte Mamma Carlotta und betrat den Raum.

Marina huschte hinterher und drückte die Tür ins Schloss. »Ich schließe hinter uns ab. Sicher ist sicher.«

Mamma Carlotta sah sich um. Luigi di Vagos Schlafzimmer war groß, wie alle Räume des Schlosses. Die hohen Fenster hätten viel Licht hereingelassen, wenn die Vorhänge nicht geschlossen gewesen wären. Aber sie waren lichtdurchlässig genug, um auf die Deckenlampe verzichten zu können. Das breite Bett stand der Tür gegenüber, die dunkelrote Satin-Bettwäsche glänzte, das Bett war sorgfältig gemacht worden. Ein zusammengefalteter Pyjama lag auf dem Kopfkissen. Es sah so aus, als hätte Luigi di Vago in dieser Nacht woanders geschlafen.

»Hat er nach dem Aufstehen selbst das Bett gemacht?«, fragte Carlotta flüsternd.

Marina hielt das für ausgeschlossen. »Das hat er noch nie getan. Merkwürdig ...«

Links und rechts neben dem Bett gab es zierliche weiße Nachttische mit geschwungenen Beinen, auf der gegenüberliegenden Seite stand ein mehrtüriger Schrank und unter dem Fenster eine Kommode mit tiefen Schubladen, auf denen blitzende Messingknöpfe prangten.

»Wo fangen wir an? Mit dem Schrank?«

Marina zog sich zur Tür zurück, als wollte sie demonstrieren, dass sie selbst sich an der Suche nicht beteiligen wollte. »Ich verstecke das, was keiner sehen soll, immer in meinem Nachttisch.«

»Also gut.« Mamma Carlotta begann mit dem linken Nachttisch, der direkt neben der Tür stand, die ins Bad führte. In der oberen Schublade fand sie einige Bücher, die sie alle sorgfältig durchblätterte und erst zurücklegte, als sie sicher war, dass zwischen den Seiten kein Geld versteckt war. In den beiden unteren Schubladen gab es Krimskrams, einige Medikamente, ein paar Prospekte von Istanbul und eine hölzerne Kiste, die mehrere Armbanduhren enthielt. »Fehlanzeige!«

Sie schob die Schubladen wieder zu, da fiel ihr Blick auf die Badezimmertür, die leicht geöffnet war. Und plötzlich stach ihr ein unangenehmer Geruch in die Nase. Etwas Fremdes, eine Ausdünstung, die ihr wie Fäulnis vorkam. Vorsichtig schob sie die Tür etwas weiter auf ... und da sah sie es. Ein Schuh! Ein schwarzer, auf Hochglanz polierter Schuh, darüber ein schwarzer Strumpf, der Saum eines schwarzen Hosenbeins, das in die Höhe gerutscht war.

»Da liegt jemand«, flüsterte sie.

Marina gab einen erstickten Schrei von sich, machte aber keine Anstalten, sich von der Tür fortzubewegen. Und als ihre Freundin sie fragend ansah, schüttelte sie heftig den Kopf.

Mamma Carlotta hatte nicht weniger Angst als Marina. Deswegen versetzte sie der Tür nur mit dem rechten Zeigefinger einen kleinen Stoß, damit sie weiter aufschwang. Dann aber gab es kein Halten mehr. Sie machte einen mutigen Schritt in den Raum hinein – und stand vor der Leiche eines Mannes. Von seinem Gesicht war kaum etwas zu erkennen, derart blutbesudelt war es. Anscheinend war er mit einem marmornen Kerzenständer niedergeschlagen worden.

Der lag, ebenso blutbesudelt, neben seinem Kopf. Und obwohl Carlotta das Gesicht nicht erkennen konnte, war sie überzeugt, dass es sich um Luigi di Vago handelte.

Erik wusste, dass er nur kurz geschlafen hatte, höchstens zwei oder drei Stunden, aber er wusste auch, dass er nicht wieder einschlafen würde, nachdem er von der Säge des Nachbarn wach geworden war. Und da er sich so frisch fühlte, als hätte er einen langen, tiefen Schlaf hinter sich, stand er auf und beschloss, den Tag nicht mit Schlafen zu vertun, sondern lieber am Abend besonders früh zu Bett zu gehen. Am nächsten Morgen würde er dann ausgeruht aufwachen, mit den Ergebnissen des Fingerabdruckvergleichs zur hiesigen Polizei gehen und sich daran erfreuen, dass er zwei Morde und einen Entführungsfall gelöst hatte. Ein paar Tage Urlaub würden ihm guttun, Ausflüge mit seinen Kindern, Spaziergänge ... er würde dann sogar bereit sein, mit seiner Schwiegermutter sämtliche Verwandten zu besuchen, die außerhalb von Panidomino lebten.

Im Haus war es nach wie vor ruhig. Mamma Carlotta war, während er schlief, nicht nach Hause gekommen, in der Küche stand alles an seinem Platz. Und von Felix und Carolin war auch nichts zu sehen. Erik strich über seine Bermudas, glättete mit den Händen das Haar und seinen Schnauzer. Anschließend machte er sich daran, von einer Etage in die andere zu wandern, mal über diese Stiege, mal durch jene Zwischentür, bis er schließlich auf Carlottas jüngste Schwiegertochter stieß, die gerade ihr Baby wickelte. Über den Verbleib seiner Kinder konnte sie ihm jedoch keine Auskunft geben. Sie mutmaßte, dass Felix sich bei seinem Onkel aufhielt, Carolin mit ihren Cousinen im Eiscafé saß und Mamma Carlotta wieder mit den Vorbereitungen der Silberhochzeit beschäftigt war. Sie sprach sehr langsam mit ihm, weil sie wusste, dass Eriks Italienischkenntnisse nicht die besten waren, und dazu sehr laut, als könnte er den Sinn einer unbekannten Vokabel besser verstehen, wenn sie ihm ins Gesicht geschrien wurde.

»Wo ist Tizio?«, fragte er.

Ein Schulterzucken war die Antwort und ein Kopfnicken in Richtung Veranda, wo immer noch die beiden Liegen standen, auf denen Tizio mit seiner Freundin übernachtet hatte. Anscheinend war alles so stehen geblieben, weil Tizio jederzeit wieder hier auftauchen und sich entschließen konnte, mal wieder in Panidomino zu übernachten.

Das Baby war frisch gewickelt, Erik kitzelte ihm pflichtschuldig den Bauch, freute sich zusammen mit der Mutter an dem glucksenden Lachen und ging dann zurück ins Wohnzimmer seiner Schwiegermutter. Dort holte er sein Handy heraus, wo Tizios Telefonnummer eingespeichert war. Es wurde Zeit, dass Verena sich bei ihrem Vater meldete. Die Voraussetzungen, dass der alte Hermes den beiden jungen Leuten seinen Segen gab, waren denkbar gut, wenn er erfuhr, dass Luigi di Vago nicht der honorige Graf war, sondern ein quasi überführter Mörder.

Tizio meldete sich schon nach dem ersten Klingeln. Und als er Eriks Stimme hörte, gab er sich über die Maßen erfreut. Die Idee, sich zu treffen, fand er angeblich großartig, und dass Erik auf diesen Gedanken gekommen war, weil er Tizios Anwesenheit in Panidomino schmerzlich vermisste, stand für ihn außer Frage. Sein Vorschlag, gemeinsam im Nebbia Costiera zu Mittag zu essen, gefiel Erik. »Ob Luana auch mitkommen möchte?«

»Sie wird sich freuen«, behauptete Tizio. »Zurzeit ist sie beim Friseur.«

»Wegen ihrer blonden oder der schwarzen Haare?«

Am anderen Ende blieb es eine Weile still. Als Tizio dann wieder sprach, war seine Stimme ruhig und sogar ein wenig abweisend: »Wie hast du es herausgefunden?«

»Ich weiß, ihr habt mich in dem Waldgelände erkannt. Was ihr nicht wisst: ich euch auch.«

»Aha! Und nun?«

»Darüber sollten wir bei einer guten Pasta reden. Ich habe euch einiges zu erzählen, was vor allem Luana ... ich meine, Verena interessieren wird.«

Nach dem Telefonat ging er zu einem Spiegel und stellte fest, dass er sich umziehen musste. In seinem Koffer gab es noch eine helle Baumwollhose, die seine Schwiegermutter vor der Abreise gewaschen und gebügelt hatte. Erfreut stellte er fest, dass sie sogar daran gedacht hatte, sein braunes Hemd einzupacken. Zehn Minuten später sah er so passabel aus, dass seine müden, rotgeränderten Augen kaum auffielen. Er war zuversichtlich, dass er die Fahrt nach Perugia ohne jeden Sekundenschlaf überstehen würde.

Während er sein Auto aufschloss, überlegte er, ob er bei Benedetta und Davide vorbeifahren sollte, um Mamma Carlotta über seine Fahrt nach Perugia zu informieren. Sie wusste immer gerne Bescheid über die Pläne ihrer Angehörigen und legte großen Wert darauf, sie zu kommentieren, ihnen beizupflichten oder notfalls wieder auszureden. Aber dann fiel ihm ein, dass er die Adresse des Silberpaares nicht kannte und dass er im Centro storico sowieso keinen Parkplatz finden würde.

Carlotta rannte den Gang hinunter und durchquerte so schnell sie konnte die Halle des Schlosses. Dass Marina Schwierigkeiten hatte, ihr zu folgen, nahm sie nicht zur Kenntnis. Die Angst trieb sie aus dem Haus, die Angst vor dem Toten, die Angst vor dem Mörder. Sie riss die Eingangstür auf, stürzte hinaus ... und blieb endlich stehen. Die frische Luft linderte ihre Angst augenblicklich, der Anblick der schönen Landschaft mäßigte sie, die Bauern, die in großer Entfernung auf den Feldern ernteten, zeigten ihr, dass sie nicht allein war. Schwer atmend blieb sie stehen und wartete, bis Marina keuchend neben ihr erschien.

»Was sollen wir tun, Carlotta?«

»Die Polizei holen! Was sonst?«

»Und wenn ich gefragt werde, warum ich in das Schlafzimmer meines Chefs gegangen bin?«

»Das ist doch jetzt egal.«

Das fand Marina augenscheinlich nicht. Es war ihr anzusehen, dass sie intensiv darüber nachdachte, wie ihr Name aus dieser Angelegenheit herauszuhalten war. »Als der alte Graf gestorben war, haben die Carabinieri mich ziemlich schief angesehen. Wetten, dass sie sich Gedanken machen, ob ich mit dem nächsten Tod auch was zu tun habe?« Marinas Doppelkinn zitterte, Mamma Carlotta sah, dass eine Schweißperle in ihren herabhängenden Mundwinkel sickerte. »Diesmal ist keiner da, der mich verteidigt.«

»Dann werde ich behaupten, ich allein hätte ihn gefunden.«

»Und wie willst du an den Generalschlüssel gekommen sein?«

»Den habe ich dir gestohlen.«

»Der alte Graf hatte mir eingeschärft, ihn so gut zu verstecken, dass niemand ihn an sich nehmen kann.«

Mamma Carlotta wurde nervös. »Das ist doch jetzt alles völlig unwichtig, Marina! Wir müssen die Polizei verständigen.« Sie blickte auf Marinas Hände. »Wo ist das Telefon?«

Marina war genauso erstaunt wie ihre Freundin, dass ihre Hände leer waren. Dann fiel es ihr ein. »Ich habe das Telefon fallen lassen, als ich Luigi gesehen habe.«

»Wir müssen es holen.«

Marina wich zurück. »Da gehe ich nicht noch einmal rein.«

»Gibt es kein anderes Telefon im Haus?«

»Im Arbeitszimmer. Aber die beiden Grafen haben immer gesagt, dort habe niemand was zu suchen. Außer der Putzfrau, die dort einmal in der Woche sauber macht.«

»Die beiden Grafen sind tot.«

»Ich gehe da trotzdem nicht rein.«

Mamma Carlotta stöhnte auf. »Du bist ein schrecklicher Angsthase, Marina!« Dann fiel ihr ein, dass es im Gebüsch am Ende der Allee zwei Männer gab, die ein Handy bei sich hatten. Aufgeregt griff sie nach Marinas Arm. »Komm, ich weiß, wie wir an ein Telefonino kommen.«

Sie wollte gerade loslaufen, da sah sie ein Auto in die Allee einbiegen, einen unauffälligen Kleinwagen, den sie noch nie gesehen hatte. »Wer mag das sein?«

»Signora Zaragoza«, antwortete Marina.

Mamma Carlotta sah sie zornig an. »Fietje und Tove werden nun denken, sie müssen uns warnen. Aber du hast ja das Telefon neben der Leiche vergessen. Die werden sich Sorgen machen, wenn wir nicht abheben.«

»Dann lauf los«, drängte Marina. »Damit die beiden Bescheid wissen ...«

Aber Mamma Carlotta brachte sie mit einer Handbewegung zum Schweigen. »Signora Zaragoza braucht nicht zu wissen, dass in dem Gebüsch da hinten zwei Männer hocken.« In diesem Augenblick fiel ihr ein, dass die Geschäftsführerin des Nebbia Costiera Fietje Tiensch schon einmal gesehen hatte. Auf dem Balkon der Pensione Santoni. Und kurz darauf war die halbe Million aus Fietjes Zimmer verschwunden. Welche Rolle spielte Vittoria Zaragoza bei der ganzen Geschichte? Und warum musste sich Erik ausgerechnet in diese Frau verlieben?

Sie warteten, bis der Wagen neben ihnen hielt und Vittoria Zaragoza ausgestiegen war. Ihre riesige Tasche hängte sie sich sorgfältig über die Schulter, sah erstaunt von einer zur anderen und fragte dann: »Ist was passiert? Sie sehen so ... echauffiert aus.«

Mamma Carlotta stieß aufgeregt hervor: »Haben Sie ein Handy dabei? Wir müssen die Polizei verständigen.«

Vittoria sah sie verständnislos an. »Also ist wirklich was passiert?«

»Luigi di Vago! Er liegt tot in seinem Badezimmer.«

Vittorias Augen verengten sich, sie schien Mamma Carlotta nicht zu glauben. »Woher wissen Sie das? Was hatten Sie in seinem Badezimmer zu suchen?«

Diese Frage wollte Mamma Carlotta nicht beantworten. »Das erkläre ich Ihnen später. Erst mal die Polizei!«

Vittoria Zaragoza strich sich mit einer Geste die Haare zurück, die Mamma Carlotta unter anderen Umständen bewundert hätte. Die gleiche Grandezza wie Sophia Loren! »Ich sehe mir die Sache erst mal an, bevor ich noch blinden Alarm auslöse.« Sie sah sich um, ehe sie fragte: »Haben Sie noch jemanden ... aufgeschreckt?«

Diesmal war es Marina, die antwortete: »Ich bin heute Morgen die Einzige, die im Schloss arbeitet. Der Junior hat einige entlassen.«

Vittoria Zaragoza schob Marina ins Haus zurück und winkte Mamma Carlotta, damit sie ebenfalls wieder eintrat. »Warten Sie in der Halle!«

Sie drückte ihre große Tasche fest an den Oberkörper, als sie auf die Tür zuging, die in die Privaträume der di Vagos führte. Mamma Carlotta hörte, wie sie Luigis Zimmertür öffnete. Es dauerte nicht lange, und sie fiel wieder ins Schloss. Vittoria trat in die Halle zurück. Sie hielt die Hand vors Gesicht und schluchzte. »Es stimmt wirklich. Das ist ja schrecklich!« Nun wandte sie sich ab, da sie sich anscheinend ihrer Tränen schämte.

Mamma Carlotta machte einen Schritt auf sie zu. »Bitte! Wir müssen die Polizei verständigen.«

Vittoria nickte, dann holte sie ein Taschentuch hervor und trocknete ihre Augen. »Ja, ich erledige das sofort.«

»Wenn Sie meinen Schwiegersohn ebenfalls anrufen wollen ... nur zu. Ich weiß Bescheid.« Mamma Carlotta sonnte sich in Vittorias Entgeisterung, und ihre Zufriedenheit hätte nicht wesentlich ausgeprägter sein können, wenn das, was sie jetzt behauptete, den Tatsachen entsprochen hätte: »Mein Schwiegersohn vertraut mir alles an. Ich weiß, wo er die letzte Nacht verbracht hat. Selbstverständlich hat er es mir verraten. Wir sind eine glückliche Familie. Da erzählt man sich alles.«

Vittoria hatte ihr Erstaunen noch nicht im Griff. »Wer ist Ihr Schwiegersohn?«

»Das wissen Sie nicht? Kriminalhauptkommissar Erik Wolf! Er ist Ihnen letzte Nacht nachgestiegen. Das weiß ich.«

Vittorias Kinnlade sackte herab, nun hatte sie einen Teil ihrer Schönheit verloren. »Sie meinen, er ist hinter mir her?«

»Wenn Sie es so nennen wollen ...«

»Und das wissen Sie?«

»Ich sage Ihnen doch ... in unserer Familie gibt es keine Geheimnisse.«

Vittoria hatte sich nun gefangen. »Ich rufe die Polizei.«

Sie brauchte eine Weile, bis sie ihre große Tasche durchwühlt hatte. Bevor sie das Handy zutage förderte, kamen Heftpflaster, ein kleiner Regenschirm, eine Strumpfhose, Nagellack, Lippenstift, ein Notizbuch, mehrere Packungen Papiertaschentücher, ihre Geldbörse, eine Haarbürste, Haarspray und eine Kneifzange zum Vorschein. Dann endlich hielt sie ihr Telefonino in Händen.

Während sie wählte, zischte Marina ihrer Freundin zu: »Woher weißt du, warum dein Schwiegersohn in der letzten Nacht auf dem Baum gegessen hat?«

»Das erkläre ich dir später«, flüsterte Mamma Carlotta zurück.

Das Telefongespräch dauerte nicht lange. Vittoria Zaragoza steckte ihr Handy wieder in die Tasche und lächelte leicht. »Die Polizei kommt sofort. Wir sollen in der Zwischenzeit nichts anrühren und uns zur Verfügung halten.«

Mamma Carlotta nickte. Das hatte sie erwartet. Schließlich wusste sie, wie man sich zu verhalten hatte, wenn ein Mord geschehen war. Sie war schließlich die Schwiegermutter eines Kriminalbeamten!

»Am besten, wir gehen in die Küche«, schlug Vittoria Zaragoza vor und wandte sich leutselig an Marina: »Sind Sie so nett, uns einen Espresso zu kochen?«

Marina nickte erleichtert und ging den beiden voran. Endlich hatte sie wieder etwas zu tun, womit sie sich auskannte! Vittoria Zaragoza entschuldigte sich kurz und verschwand in der Gästetoilette, aber dort hielt sie sich nicht lange auf. Schon als Marina die Tassen auf den Tisch stellte, erschien sie in der Küche.

Wieder öffnete sie ihre riesige Tasche und wühlte darin herum. Diesmal zog sie ein Fläschchen heraus, das sie Marina und Carlotta hinhielt. »Ein kleiner Schuss in den Espresso! Das tut gut nach einer solchen Aufregung.«

»Grappa?«

»So was Ähnliches.«

Dass Vittoria selbst ihre Tasse nicht anrührte, merkte Mamma Carlotta erst, als sie schon einen kräftigen Schluck Espresso getrunken hatte. Sie wollte etwas dazu sagen, fand es aber von einem Augenblick auf den nächsten nicht mehr wichtig.

»Das war aber ein bisschen viel Alkohol«, sagte sie und versuchte, Vittoria streng anzusehen.

Sie lächelte. »Anscheinend sind Sie nichts gewöhnt.«

Das traf für Marina durchaus zu, Mamma Carlotta aber gönnte sich nach dem Essen gern einen Grappa und ließ sich durchaus auch mal einen Rotwein einschenken. Warum ihr dieser Caffè coretto so schnell zu Kopf stieg, war ihr ein Rätsel.

Marina schien es ähnlich zu gehen. Während Vittoria unverbindlich plauderte, hatte sie bereits Schwierigkeiten, die Augen offen zu halten, und hielt sich an der Tischkante fest, um nicht vom Stuhl zu sinken. »Ich glaube, ich bin betrunken«, lallte sie.

Nun kam Mamma Carlotta der schreckliche Verdacht, dass etwas nicht stimmte. Sie wollte etwas sagen, kam aber nicht mehr dazu, weil ihr plötzlich die Zunge schwer wurde und ihr Körper nicht mehr gehorchen wollte. Die Idee, Fietje und Tove zu verständigen, schoss noch durch ihren Kopf, aber sie in die Tat umzusetzen, war ihr unmöglich.

Luana war ihm plötzlich viel sympathischer. Trotzdem fiel es ihm immer noch schwer, sie mit ihrem richtigen Namen anzusprechen. Aber da sie nun ganz anders aussah und er die Möglichkeit hatte, sie neu kennenzulernen, war er zuversichtlich, die unzugängliche Luana bald zu vergessen und sich mit der blonden, kurzhaarigen Verena anzufreunden.

»Natürlich hätte ich es auch anders anfangen können«, sagte sie leise. »Ich war feige, ich weiß. Aber glauben Sie mir ... es ging mir vor allem darum, meinem Vater die Reise nach Öland nicht kaputt zu machen.«

Sie saßen im Nebbia Costiera. Erik hatte sich Spinatgnocchi mit Ricotta bestellt, Tizio gönnte sich Kalbsmedaillons, die in einer Blätterteighülle serviert wurden, Verena begnügte sich mit einem Salatteller. Die Kellnerin hatte nicht viel zu tun, denn es waren nur zwei weitere Tische besetzt, und so kümmerte sie sich besonders freundlich und aufmerksam um den Tisch, an dem ihr Kollege saß.

»Es war mit meinem Vater nicht zu reden«, sprach Verena mit leiser Stimme weiter. »Wie vernagelt war er! Dass ich einen Adligen heiraten wollte, war sein größtes Glück. Er hat gar nicht gemerkt, dass Luigi und ich schon lange nicht mehr glücklich miteinander waren.«

»Glauben Sie, dass er Sie nur wegen Ihres Geldes heiraten wollte?«, fragte Erik.

Verena nickte. »Anfänglich habe ich natürlich an seine Liebe geglaubt. Später habe ich gemerkt, dass ich auch nicht ehrlich zu ihm war. Ich habe mir eingebildet, Luigi zu lieben, um meinen Vater nicht zu enttäuschen.«

Erik betrachtete sie eingehend. Die hohe Stirn, die schön geschwungenen Brauen, die großen Augen ... all das war unter ihren langen schwarzen Ponyfransen unsichtbar gewesen. Mit der Perücke hatte sie introvertiert und zugeknöpft gewirkt, jetzt war ihr Gesicht offen und freundlich, ihr Lächeln hatte die Scheu verloren. Wieder trug sie auffälligen Modeschmuck, ein T-Shirt, das den teuren Designer verriet, dazu weiße Jeans und Sandalen mit schwindelerregenden Absätzen. Der attraktive Tizio passte gut zu ihr, trotzdem fragte Erik sich, ob sie nicht wieder an jemanden geraten war, der das Geld ihres Vaters und ihre schöne Fassade liebte.

»Papa war so stolz, als wir die Einladung vom schwedischen Königshof erhielten. Luigi und ich waren ja offiziell verlobt, so war ich diesmal auch eingeladen und mein Vater ebenfalls.« Sie stocherte in ihrem Salat herum, dann legte sie die Gabel beiseite. »Warum er so glücklich über diese Einladung war, habe ich erst später erfahren.«

Erik ließ es sich schmecken, während Verena von Richard Hermes' erster großer Liebe erzählte. Sie hieß Barbara und hatte ihn verlassen, als sie einen schwedischen Grafen kennenlernte, einen entfernten Verwandten von König Carl Gustaf, den sie später heiratete. Das war für Richard Hermes der Antrieb gewesen, etwas zu erreichen, viel Geld zu verdienen und ein erfolgreicher Mann zu werden. Zu einem Adelstitel konnte er es zwar nicht bringen, aber wenigstens wollte er Barbara zeigen, dass auch jemand wie er, der aus kleinen Verhältnissen stammte, eine Menge erreichen konnte.

Während seiner Ehe hatte er Barbara dann vielleicht vergessen, aber als Witwer war die Erinnerung an sie zurückgekehrt. Und seit er wusste, dass sie auch verwitwet war, hatte er wohl häufig an sie gedacht.

»Und dann die Möglichkeit, durch meine Heirat mit Luigi demnächst ebenfalls zum Adel zu gehören!« Verena schüttelte lächelnd den Kopf, als spräche sie über einen kleinen Jungen, der sich in den Kopf gesetzt hatte, Lokomotivführer zu werden. »Ich habe es nicht fertiggebracht, ihm zu gestehen, dass ich mich in Tizio verliebt habe und Luigi nicht mehr heiraten will.« Mit einem zärtlichen Blick zu Tizio fügte sie hinzu: »Jedenfalls nicht vor dem 14. August. Papa musste die Chance haben, Barbara bei der Königsrallye wiederzusehen. Andererseits ...« Nun wirkte sie sehr nachdenklich. »Ich wollte auf keinen Fall mit Luigi nach Öland fahren. Dann hätten mich alle als seine Verlobte gekannt, es hätte Fotos in der Presse gegeben. Wenn ich dann die Verlobung gelöst hätte, wäre das für Luigi noch schlimmer gewesen.«

Verena hatte ihrem Vater einen Brief hinterlassen, ehe sie sich mit Tizio nach Venedig aufmachte. Luigi war zu dieser Zeit auf Geschäftsreise, und sie überließ es Richard Hermes, ihrem Verlobten den Abschiedsbrief zu geben, den sie geschrieben hatte, oder damit zu warten, bis die Königsrallye vorbei war. »Ich hatte einen Riesenkrach mit Luigi, bevor er losfuhr. Ich konnte nicht erwarten, dass er mich anrief. Luigi ist ein Macho, der erwartet, dass die Frau zu Kreuze kriecht. Wenn er nichts von mir hörte, würde er denken, dass ich noch schmolle. Mein Vater durfte also entscheiden, ob er nach Öland fährt, um seine Barbara wiederzusehen, und Luigi erst danach meinen Abschiedsbrief gibt ...«

»... oder ob er auf die Reise verzichtet«, ergänzte Tizio.

»Auf die dritte Variante wäre ich niemals gekommen«, sagte Verena bitter. »Dass er den di Vagos erzählt, ich wäre entführt worden.«

»Woher wussten Sie das?«, erkundigte sich Erik.

»Von Matteo und Inga«, antwortete Tizio. »Matteo ist ein Freund von mir, er arbeitet bei den di Vagos als Gärtner. Er hat zufällig ein Gespräch gehört, in dem es um Verenas Entführung ging. Und natürlich hat er uns sofort davon erzählt.«

»Inga ist meine beste Freundin«, fügte Verena an. »Wir waren zusammen in der Schweiz im Internat. Sie ist häufig in der Toskana, manchmal wohnt sie wochenlang bei uns. Immer, wenn sie kein Engagement hat.«

»Eine Balletttänzerin?«, vermutete Erik.

Verena nickte. »Wir haben früher zusammen Unterricht genommen. Zuerst habe ich auch von einer Karriere als Tänzerin geträumt, aber dann habe ich gemerkt, wie schwer das alles ist.« Sie seufzte. »Vielleicht mache ich mich mit Tizio zusammen selbstständig. Ein Restaurant oder so ...« Sie griff nach seiner Hand und drückte sie zärtlich. »Wir beiden zusammen schaffen das.« Aber dann verdüsterte sich ihre Miene wieder. »Vorausgesetzt, mein Vater ist einverstanden und gibt uns das Geld.«

Erik hielt Richard Hermes für einen guten Geschäftsmann und vermutete, dass er nicht einverstanden sein würde. Aber das ging ihn nichts an.

Verena schien die gleichen Gedanken zu haben. »Das wird schwierig«, meinte sie. »Man sieht ja, was er von Tizio hält, wenn er glaubt, dass er ihn mit einer halben Million bestechen kann. Er hält ihn für einen Mitgiftjäger, obwohl er ihn nicht einmal kennt.«

Erik fand Richard Hermes' Vermutungen durchaus nachvollziehbar, äußerte sich aber auch dazu nicht. »Warum sind Sie nach Sylt gekommen?«

Verena schob den Salatteller beiseite und bestellte sich einen Milchkaffee. »Wir wussten ja von Matteo, dass mein Vater diese Entführung erfunden hatte. Und vor unserem Hotel in Venedig stand eines Abends ein Mann, der unser Fenster beobachtete. Wir dachten, das ist die Polizei, deshalb sind wir abgehauen.«

»Sie haben angenommen, Ihr Vater wäre so weit gegangen, die falsche Entführung sogar anzuzeigen?«

»Hätte ja sein können. Dann wäre Tizio erst mal ins Gefängnis gewandert. Von dem Plan, ihn mit einer halben Million zu ködern, wusste ich noch nichts. Matteo hatte zu diesem Zeitpunkt noch nicht viel in Erfahrung gebracht. Später habe ich von Inga gehört, dass mein Vater einen Privatdetektiv eingeschaltet hatte. Der hat sich meinen Computer angesehen, und schon wusste er, welches venezianische Hotel ich im Internet gebucht hatte. Der war es, der uns in Venedig beobachtet hat.«

Tizio schob sich sein letztes Kalbsmedaillon in den Mund und griff zur Serviette. »Wir hatten Angst, dass ich verhaftet werde. Und da dachte ich, am besten, wir begeben uns in deine Nähe. Im Hause eines Polizisten würde uns nichts passieren.«

»Aber vorsichtshalber habe ich meinen Namen geändert und mein Äußeres auch.« Verena lächelte entschuldigend. »Sehr wohl habe ich mich nicht gefühlt, dass ich Sie belügen musste.«

»Das hat man gemerkt«, bestätigte Erik.

»Dass ich gelogen habe?«

»Dass Sie sich nicht wohlgefühlt haben. Was haben Sie gedacht, als Franco Neuhaus tot aufgefunden wurde?«

Verena wartete, bis ihr der Milchkaffee serviert worden war, ehe sie antwortete: »Es war schrecklich. Ich hatte diesen Namen schon mal gehört. Ich wusste, dass er gelegentlich für meinen Vater arbeitete. Und ich hatte schreckliche Angst, dass Papa was mit dem Mord zu tun hatte.«

Erik legte seine Gabel zurück, weil er sich auf das konzentrieren wollte, was er Verena nun sagen musste. »Wussten Sie, wo Luigis Geschäftsreise hinging?«

Verena schüttelte den Kopf. »Wie gesagt, wir hatten einen Riesenkrach. Ich hatte das Gefühl, dass er was mit seiner Geschäftsführerin angefangen hat, er hat es bestritten ...«

»Aber nun wissen Sie es?« Erik lächelte, um Verena zu zeigen, dass er ihr Geheimnis kannte. »Ich habe beobachtet, wie Sie gestern in das Schlossgelände eingedrungen sind.«

Verena nickte bitter. »Gestern wurde mir nur noch der Beweis geliefert. Na ja ... jedenfalls haben wir uns damals nur gestritten und nicht über Luigis Geschäftsreise geredet.«

»Sie ging nach Römö«, sagte Erik.

Tizios Gabel fiel auf den Teller. »Dann war er ja ganz in unserer Nähe!«

Verenas Stimme zitterte: »Sie meinen ... er hat Franco Neuhaus umgebracht?«

Erik bewegte den Kopf kaum merklich auf und ab, als wäre diese kleine Bewegung weniger schrecklich als ein kräftiges Nicken. »Ich habe im Schloss ein Glas mit seinen Fingerabdrücken mitgehen lassen. Es ist unterwegs nach München. Noch heute Abend werde ich erfahren, ob sie mit den Abdrücken auf der Tatwaffe identisch sind.«

Verena starrte ihn noch immer konsterniert an. »Aber ... er dachte doch, ich sei entführt worden.«

Erik wusste, welche Gedanken ihr durch den Kopf gingen. »Anscheinend war ihm das Geld wichtiger als Ihr Leben.«

»Wenn er Verena geheiratet hätte, wäre er viel reicher gewesen«, warf Tizio ein.

»Aber er hätte Vittoria Zaragoza nicht heiraten können. Und das Schloss seines Vaters war ihm anscheinend nichts wert.«

Die nächsten Worte blieben Erik im Halse stecken. Denn plötzlich wurde es dunkel im Nebbia Costiera. Erst nach einer Weile, als sich die Augen an die Dunkelheit gewöhnt hatten, schälten sich die Konturen von Möbeln und Menschen heraus. Dunkelgraues Dämmerlicht herrschte um sie herum, ängstliche Stimmen kamen von den anderen Tischen, die Kellnerin rief etwas Ermutigendes, was Erik nicht verstand.

Tizio holte sein Feuerzeug aus der Hosentasche und ließ ein Flämmchen aufleuchten. Lachend rief er in den Raum: »Das passiert hier alle paar Tage. Keine Sorge, gleich wird's wieder hell.« Und leise, sodass nur Verena und Erik es hören konnten, fügte er an: »Die Leitungen sind allesamt marode. Der Laden braucht dringend eine neue Elektroinstallation.«

Die Kellnerin erschien mit einer Kerze und zündete sie an, sodass es einen hellen Punkt im Raum gab, der den Gästen die Angst nahm. »Ich kümmere mich um die Sicherungen«, rief sie und verschwand.

»Wo ist eigentlich Signora Zaragoza?«, fragte Erik.

Tizios Stimme klang gleichgültig. »Meine Kollegin sagt, sie ist zum Schloss gefahren. Angeblich ist Luigi di Vago nicht im Casa Toscana aufgetaucht. Sie wollte nach ihm sehen.«

Erik beugte sich über seinen Teller, fasste die letzten Gnocchi genau ins Auge und aß zu Ende. An den anderen Tischen wurde ebenfalls zögernd weiter gegessen.

»Madonna, das dauert!«, stöhnte Tizio.

Die Kellnerin erschien wieder hinter der Theke. »Ich finde keine Taschenlampe.«

Tizio stand auf und ging zu ihr. Erik beobachtete, wie er eine Schublade aufzog und darin herumwühlte. Schließlich förderte er eine Taschenlampe zutage, die aus einer Spielzeugkiste zu stammen schien. Die Kellnerin war trotzdem zufrieden, als sie merkte, dass sie funktionstüchtig war, und machte sich erneut auf zu den Sicherungskästen.

Tizio kam an den Tisch zurück. »Wenn Vittoria da wäre, hätten wir längst eine richtige Taschenlampe. So eine!«, sagte er und zeigte mit beiden Händen eine Lampe von vierzig bis fünfzig Zentimetern. »Vittoria mit ihrer großen Tasche! Was die da alles drin hat! Aber ihre Stabtaschenlampe haben wir hier echt schon oft gebrauchen können.«

Erik starrte ihn an, was Tizio wegen der Dunkelheit jedoch nicht auffiel. »Was sagst du da? Stabtaschenlampe?«

Das Licht ging an, die Kellnerin erschien freudestrahlend hinter der Theke. »Na also, geht auch ohne Vittorias Stabtaschenlampe. Die hätten wir gestern schon gebrauchen können, aber sie hat das Ding irgendwo verloren …«

Marina war vom Stuhl gesunken und lag nun seltsam gekrümmt am Boden. Ihre Augen waren geschlossen, und sie atmete schwer. Mamma Carlotta sah die Gestalt ihrer Freundin wie durch einen Nebel. Oder herrschte wirklich Nebel in der Küche? Vielleicht auch … Rauch? Ja, es roch merkwürdig. Feuer! Madonna, es brannte! Aber sie konnte sich nicht bewegen, war unfähig, sich vom Stuhl zu erheben oder zu schreien. Immer wieder fielen ihr die Augen zu, und wenn es ihr gelang, sie wieder aufzureißen, sah sie doch nur verschwommene Umrisse. Und reagieren konnte sie auf nichts. Nicht einmal weglaufen!

Was war geschehen? Vittoria Zaragoza hatte ihr keinen Grappa in den Espresso getan, sondern etwas anderes, was sie betäubte, außer Gefecht setzte. Nur warum? Mamma Carlotta starrte in den Nebel, spürte, dass ihr Körper auf dem Stuhl schwankte, dass ihr Kopf vornüber zu fallen drohte, wollte der entsetzlichen Müdigkeit schon nachgeben ... da erschien Vittoria Zaragoza in der Küche. Sie stieß Marina mit der Fußspitze an und nickte zufrieden, als sie sich nicht rührte. Dann blieb sie vor Mamma Carlotta stehen und betrachtete sie prüfend.

»Was wehren Sie sich gegen die K.-o.-Tropfen? Schlafen Sie doch einfach ein. Dann merken Sie nichts von dem, was gleich passiert.« Sie schüttelte den Kopf und schnalzte missbilligend. »Wie kann man auch mit offenem Feuer hantieren? Die alten Holzböden, die schnell entflammbaren Vorhänge ... aber so was kommt eben vor, wenn zwei alte Freundinnen tratschen und darüber nicht richtig aufpassen.«

Sie nahm die Espressotassen und ging damit zur Spüle, um sie auszuwaschen. Während sie sie abtrocknete, blickte sie Mamma Carlotta abfällig an.

»Sie sind selber schuld. Eigentlich war ich nur gekommen, um so zu tun, als hätte ich Luigi gefunden. Aber Sie haben mir ja zum Glück verraten, dass Ihr Schwiegersohn schon hinter mir her ist. Da darf ich nichts mehr dem Zufall überlassen.« Sie setzte ein böses Grinsen auf und stellte die Tassen in den Schrank zurück.

»Keine Sorge, die halbe Million habe ich in Sicherheit gebracht. Was sich dieser römische Privatdetektiv gedacht hat, ist mir heute noch schleierhaft. Luigi hat so getan, als wäre er der Entführer, damit der Typ ihm das Geld gibt. Am Telefon ist er darauf eingegangen, aber als wir an der Scheune ankamen, hat er Luigi nur frech ins Gesicht gelacht. Es gebe überhaupt keine Entführung! Und wenn Luigi nicht wolle, dass Richard Hermes und die Familie di Vago erfahren, dass er das Lösegeld abfischen wollte und ihm Verenas Leben völlig egal sei, dann müsse er dafür zahlen.« Sie stieß ein Lachen aus, das Mamma Carlotta eine Gänsehaut über den Rücken jagte. »Luigi, der Idiot, war sogar bereit, darauf einzugehen! Aber nicht mit mir! Gut, dass ich mitgekommen war. Und zum Glück kenne ich mich auf Sylt aus. Während meiner Ausbildung habe ich mal im Restaurant Morsum-Kliff gekellnert.« Sie lachte hässlich. »Ich habe mir gleich gedacht, dass Luigi, der Schwächling, mit der Situation nicht klarkommt. Und dann habe ich kurzen Prozess gemacht.« Sie nahm eine imaginäre Waffe zur Hand und tat so, als schlüge sie zu. Mamma Carlotta schloss entsetzt die Augen.

»Eigentlich müsste ich Ihnen ja dankbar sein. Sie haben mir, ohne es zu merken, den Tipp gegeben, wo die halbe Million geblieben war. Luigis Vater, der alte Idiot, hatte sie gefunden und gut versteckt! Bei seinem illegalen Sohn! Was für eine verrückte Idee! Anscheinend hatte er schon länger den Verdacht, dass sein hoffnungsvoller Sprössling nicht mehr die reiche Verena heiraten will, sondern seine Geschäftsführerin. Tja, und bei der Suche nach Beweisen ist er auf das sogenannte Lösegeld gestoßen. Mein Gott, war der Alte empört, dass Luigi dem Entführer die Kohle abgenommen hatte und bereit war, Verena verrecken zu lassen. Der musste weg! Das ging nicht anders!«

Wieder stieß sie Marina mit der Fußspitze in die Seite und lachte böse, als sie sich nicht rührte. »Zum Glück hat ja jeder angenommen, dass die Köchin zu dämlich war, die Notfallmedizin zu finden. Luigi hat trotzdem ein Riesentheater gemacht. Er ist wirklich zum Sicherheitsrisiko geworden.«

Vittoria Zaragoza sah sich in der Küche um, als wollte sie kontrollieren, dass alles an seinem Platz war. »Ich mache mich jetzt aus dem Staub, meine Liebe. Warten Sie nicht auf die Polizei! Ich habe nur so getan, als würde ich sie alarmieren. Pech für Sie, dass Sie noch bei Bewusstsein sind, aber keine Sorge! Sie werden nicht bei lebendigem Leibe verbrennen. Vorher kommt der Rauch. Und so eine Rauchvergiftung ist allemal gnädiger.«

Sie ging zur Tür und sah sich noch einmal um. Von ihrer Schönheit war nichts mehr zu sehen, der Hass hatte ihr Gesicht zu einer Fratze verzerrt. »Gute Reise! Vielleicht landen Sie ja im Himmel!«

Mamma Carlotta starrte auf die geschlossene Küchentür, dann roch sie das Feuer, hörte ein Knistern und das Fauchen einer Flamme. Vittoria Zaragoza hatte vermutlich in Luigis Zimmer das Feuer gelegt, damit seine Leiche zuerst verbrannte. Wie lange würde es dauern, bis es auf die Küche übergriff?

Mamma Carlotta unternahm einen verzweifelten Versuch aufzustehen, aber die winzige Bewegung, die sie zustande brachte, sorgte lediglich dafür, dass sie vom Stuhl fiel und neben Marina auf dem Boden lag. Dort schwanden ihr die Sinne …

Von Erik war jegliche Müdigkeit abgefallen. Als Sören zurückrief, fühlte er sich sogar so aufgeweckt wie schon lange nicht mehr. »Sie haben recht, Chef! Der Franchisenehmer hat mir bestätigt, dass Luigi di Vago mit seiner Geschäftsführerin angereist ist.«

»Also wird sie ihn auch begleitet haben, als er nach Sylt übersetzte«, antwortete Erik.

»Und was bedeutet das nun?« Sören hatte noch Schwierigkeiten, die veränderte Situation zu beurteilen.

»Dass Luigi di Vago nicht der Mörder ist. Der Vergleich der Fingerabdrücke wird negativ sein. Ich melde mich später noch mal.«

Tizio und Verena starrten ihn an, ohne zu verstehen, warum er plötzlich so aufgeregt war. »Was ist los?«, fragte Tizio.

»Hast du die Handynummer von Vittoria Zaragoza?«, wollte Erik wissen. Als Tizio nickte, bat er ihn: »Ruf sie an! Frag, wo sie ist. Aber so, dass sie keinen Verdacht schöpft.«

Tizio zog sein Handy aus der Tasche und holte die Handynummer seiner Chefin aus dem Speicher. Während er auf das Freizeichen lauschte, sagte er: »Sie hat mir übrigens mal erzählt, dass sie eine Sommersaison in einem Restaurant auf Sylt gearbeitet hat.« Dann nahm er das Handy wieder vom Ohr. »Sie meldet sich nicht.«

»Dann versuch's mit Luigi di Vagos Nummer«, bat Erik.

Aber auch Luigi meldete sich nicht.

»Da stimmt was nicht«, flüsterte Erik. »Nur was?« Er dachte nach, dann fiel ihm ein, was in einem Fall wie diesem eigentlich naheliegend war. »Vielleicht weiß meine Schwiegermutter was. Die hat ihre Augen und Ohren überall.«

Er wählte die Nummer des Hauses Capella, erreichte dort aber nur Guido, der ihm erzählen wollte, wie geschickt Felix mit dem Trecker durch die Weinberge kutschiert war. Doch Erik unterbrach ihn: »Wo steckt deine Mutter?«

»Ich nehme an, bei Benedetta«, meinte Guido. »Manchmal hilft sie auch in der Pizzeria Venezia aus …«

»Kannst du für mich dort anrufen, Guido? Ich habe weder die eine noch die andere Telefonnummer.«

Es dauerte nicht lange, und Guido rief zurück. »Benedetta ist schwer beleidigt. Mamma Carlotta ist nicht bei ihr erschienen, obwohl sie es versprochen hatte. Und Rosamunda weiß auch nicht …« Guido stockte, schwieg eine Weile, und Erik konnte im Hintergrund das Jaulen von Sirenen hören.

Dann erklangen die Schritte von Guido, der anscheinend

vors Haus trat. Stimmengewirr drang durch den Hörer, als wären noch andere Anwohner auf die Straße gelaufen. »Mein Gott«, hörte er die Stimme seines Schwagers. »Jemand sagt, das Schloss brennt.«

In diesem Moment fiel Erik ein, was Marina zu ihm gesagt hatte. Mamma Carlotta wollte ins Schloss gehen, um mit ihrer Freundin einen Espresso zu trinken …

Die Ruhe, die ihn überfiel, war eiskalt. Er spürte, dass Verena und Tizio ihn fragend ansahen, aber er erwiderte ihren Blick nicht. Er holte einen Geldschein hervor und legte ihn auf den Tisch. »Tizio, kannst du fahren? Und zu Verena sagte er: »Sie gehen bitte zu Ihrem Vater und erklären ihm alles.«

Erst als er aufgestanden war, wagte Tizio zu fragen: »Was ist passiert?«

Aber Erik antwortete nicht, sondern ging auf den Ausgang zu. Tizio rief der Kellnerin etwas zu, drückte kurz Verenas Hand, ehe er hinter Erik herlief und nach dem Autoschlüssel griff, der ihm hingehalten wurde.

Erst als er startete, sagte Erik: »Das Schloss brennt.«

Das Gellen des Martinshorns drang wie ein Messer in ihr Bewusstsein, scharf und schmerzhaft. Ein Geruch quälte sie, von dem sie wusste, dass er Gefahr bedeutete, beißender Rauch, der das Atmen schwer machte. Und dann die Hände, die an ihr zerrten, die sie rüttelten, die nicht von ihr abließen! Sie hätte so gerne darum gebeten, sie in Ruhe zu lassen, aber es war unmöglich. Sie brachte kein Wort heraus, schaffte es nicht einmal, die Augen zu öffnen, obwohl sie merkte, dass in diesem Moment nichts wichtiger war. Sie musste reagieren, damit die Stimmen endlich aufhörten zu rufen. Sie taten in den Ohren weh, diese Stimmen, sie bedrängten, sie peinigten sie. Immer wieder: »Signora! Wachen Sie auf!«

Dann eine schwache Stimme: »Was ist los? Wo bin ich?«

Marina! Die Gegenwart ihrer Freundin half ihrem Bewusstsein auf die Beine. Sie zog Carlotta in die Wirklichkeit, löste sie aus dem bleiernen Schlaf, stieß sie über die Schwelle ihrer Innenwelt nach draußen. Nun konnte sie die Augen öffnen und sah Toves besorgtes Gesicht. »Signora! Endlich!«

Auch Fietje kniete vor ihr. »Wir dachten schon, Sie wachen überhaupt nicht mehr auf!«

Unter ihren Handflächen fühlte sie kühles Gras, nun nahm sie auch den Schatten des großen Baumes wahr, unter dem sie lag. Und dann endlich erinnerte sie sich daran, dass es die Küche gewesen war, in der das Unglaubliche geschehen war. Wie war sie in den Garten gekommen? Und was war mit Vittoria Zaragoza? Sie hatte sie umbringen wollen. Marina und Carlotta waren Mitwisserinnen geworden, die beseitigt werden mussten. Die schöne Vittoria Zaragoza, eine Mörderin!

Als sie versuchte, sich aufzurichten, spürte sie den Rauch in der Kehle und begann zu husten. Nun begriff sie auch, wie sie in den Garten gekommen war. Tove Griess und Fietje Tiensch hatten in ihrem Versteck früh genug erkannt, was sich im Schloss tat. Sie mussten in die Küche eingedrungen sein.

Die Dankbarkeit schlug ihr wie die Hitze aus einem Backofen entgegen, wenn sie die Tür öffnete, um nach den gratinierten Cannelloni zu sehen. Mit zusammengebissenen Zähnen versuchte sie aufzustehen.

»Vorsicht, Signora!«, warnte Fietjes Stimme, und seine Hände drückten sie sanft zurück. »Lassen Sie sich Zeit. Hier kann Ihnen nichts passieren.«

»Polizei und Feuerwehr sind schon unterwegs«, ergänzte Tove, hob den Zeigefinger wie ein Schullehrer, damit sie aufmerkte und den Sirenenlärm zur Kenntnis nahm, der durchs Tal jagte und die Serpentinen zum Schloss heraufkam.

»Wir gehen jetzt besser«, meinte Fietje und erhob sich.

Sie konnte nur seine Hosenbeine sehen, Toves Füße stellten sich daneben.

»Fietje will nicht, dass ihn jemand fragt, warum er hier ist«, erklärte Tove. »Dann müsste er nämlich alles erklären …«

Mamma Carlotta nickte und schloss die Augen wieder. Sie hörte das Rascheln der Schritte im Gras und wartete darauf, dass Marina etwas zu ihr sagte. Aber die blieb stumm. Lediglich ein regelmäßiges Schnaufen bewies, dass Marina noch neben ihr lag. Das Wimmern der Martinshörner wurde unerträglich, anscheinend bewegte es sich nun die Zypressenallee herauf. Kurz darauf quietschten Bremsen, Türen schlugen, Männerstimmen waren zu hören, die scharfe Befehle riefen, dann Schritte, das Klirren von Metall und bald ein Zischen, ein Rauschen …

Die Rauchsäule war schon von Weitem zu erkennen. Tizio ignorierte Geschwindigkeitsbeschränkungen und Überholverbote, kümmerte sich nicht um empörte Verkehrsteilnehmer und reagierte auf alles, was ihn aufhalten wollte, mit der Hupe, die Menschen und Tiere von der Straße jagte. Als er durch Panidomino raste, nahm er die Hand gar nicht mehr von der Hupe herunter. Die Einwohner des Dorfs traten erschrocken zurück, und die, die sich in Richtung Schloss aufgemacht hatten, um dem Geschehen näher zu kommen, sprangen in den Straßengraben oder aufs Feld, als sich der Wagen näherte.

Niemand protestierte. Das Auto mit dem deutschen Kennzeichen gehörte Lucias Mann, und der war Polizist, das wusste jeder. Also würde es wohl seine Richtigkeit haben, dass er zu dem brennenden Schloss raste, in dem womöglich außer den Carabinieri auch ein deutscher Polizeibeamter nach dem Rechten sehen musste.

Schon als sie die Serpentinen mit quietschenden Reifen nahmen, konnte Erik die Feuerwehrwagen sehen, und als sie in die Zypressenallee einbogen, war das ganze Ausmaß der Katastrophe zu erkennen. Die Flammen waren bereits gelöscht worden, nur dichter Qualm stieg noch aus dem Dach und wehte aus den Fenstern. Einige der Schlossangestellten, die von Luigi di Vago entlassen worden waren, hatten sich solidarisch erklärt und halfen dabei, die Wertsachen aus dem Haus zu schaffen.

Erik sprang aus dem Wagen, kaum dass er zum Stehen gekommen war, und rannte auf den Einsatzleiter der Feuerwehr zu. Tizio folgte ihm und übersetzte, was Erik in seiner Aufregung nur in deutscher Sprache herausbrachte: »Meine Schwiegermutter! Sie ist da drin!«

Der Feuerwehrmann hielt ihn zurück, weil er wohl den Eindruck hatte, dass Erik in das brennende Haus laufen wollte. Auch Tizio griff vorsichtshalber nach Eriks Arm. »Er sagt, Guido hätte auch schon nach ihr gefragt. Er muss hier irgendwo sein.«

Dann wandte Tizio sich an den nächsten Feuerwehrmann, redete mit ihm, gestikulierte sehr ernst und sprach so schnell, dass Erik nichts von dem verstehen konnte, was er sagte. Als er sich umdrehte, mochte er Erik nicht ins Gesicht sehen. »Sie haben gerade eine Leiche gefunden.«

Erik schlug die Hände vors Gesicht und wandte sich ab. »Ist sie schon identifiziert?«, flüsterte er und erwartete, dass Tizio ihn verstand.

Er spürte dessen Hand auf seiner Schulter. »Warum sollte es ausgerechnet Tante Carlotta sein, Enrico? Sie wird geflüchtet sein, als sie den Brand bemerkt hat.«

»Und warum ist sie dann nirgendwo zu sehen? Meine Schwiegermutter ist niemand, der einfach wegläuft. Sie hätte das ganze Familiensilber gerettet, wenn sie den Brand rechtzeitig bemerkt hätte.« Erik sah sich um und wusste doch, dass es unnötig war. Unter all den Feuerwehrmännern hätte er Mamma Carlotta sofort erkannt. »Und wo ist ihre Freundin?«

Er sah, dass die Sorge in Tizios Gesicht sich vertiefte. »Du bist sicher, dass Vittoria das Feuer gelegt hat?«

Erik nickte. »Um irgendetwas zu vertuschen.«

»Aber warum sollte sie das Risiko eingehen, dass zwei unschuldige Frauen dabei umkommen?«

»Einer eiskalten Mörderin ist so etwas völlig egal.«

»Und Luigi di Vago?«

»Vielleicht stecken die beiden unter einer Decke oder ...« Erik merkte, dass er unfähig war, etwas anderes in seine Gedanken zu lassen als seine schreckliche Angst.

Als er sah, dass die Leiche aus dem Haus getragen wurde, hätte er schreien können. Er war erfüllt von Kälte, trotz der Sonne, die auf ihn herabbrannte, trotz der Hitze, die vom Schloss herüberwehte. Alles in ihm war kalt, so wie damals, als er erfahren hatte, dass Lucia einem Verkehrsunfall zum Opfer gefallen war. Er starrte auf die Feuerwehrmänner, die sich über die Leiche beugten, sah das Kopfschütteln des einen und die resignierte Geste des anderen. Zwei der Männer richteten sich auf und drehten sich weg, ein anderer wischte sich übers Gesicht, dann machten sie mit der Arbeit weiter. Die Leiche wurde weggetragen, ohne dass Erik fähig gewesen wäre zu folgen.

Stattdessen wandte er sich ab und ging in den Garten hinein, weg von der Hektik der Feuerwehrleute, hinein in den Bereich des Schlossgeländes, in dem es ruhig und friedlich geblieben war. Er ging zu dem Baum, auf dem er die letzte Nacht verbracht hatte, und sah hoch in die Krone, als gäbe es dort eine Antwort auf seine Fragen. Dass sich ihm jemand näherte, bemerkte er nicht. Als er an der Schulter berührt wurde, drehte er sich nur unwillig um. Beinahe hätte er die Hand ungehalten abgeschüttelt, weil er keinen billigen Trost hören wollte.

Aber dann hörte er die Stimme: »Enrico?« Leise, sehr leise, sogar schleppend und als käme sie mit letzter Kraft. »Enrico.«

Erik fuhr herum und starrte seiner Schwiegermutter ins Gesicht, die ihn aus glasigen Augen ansah und Mühe hatte, sich auf den Beinen zu halten. Er wollte etwas sagen, öffnete den Mund, brachte aber nichts heraus. Dass Mamma Carlotta ebenfalls stumm blieb und so aussah, als wollte sie jeden Moment zu Boden sinken, war mindestens genauso überwältigend wie ihr plötzliches Erscheinen. Aber darauf kam es nicht an.

Erik streckte seine Arme aus und zog seine Schwiegermutter an sich. Es war das erste Mal in seinem Leben. Schon oft hatte er sich von ihr ans Herz zerren lassen müssen, sich immer gewehrt und sich ihrer Nähe so bald wie möglich wieder entzogen. Diesmal aber schloss er die Arme fest um ihren weichen Körper, drückte ihren Kopf an seine Brust und legte sein Gesicht auf ihr Haar.

Die Pizzeria Venezia platzte aus allen Nähten. Benedetta und Davide hatten das halbe Dorf zu einem Umtrunk geladen, der sich der kirchlichen Zeremonie anschloss, mit der ihre Ehe ein zweites Mal gesegnet worden war. Danach sollte den Verwandten in der Wohnung der beiden ein Essen vorgesetzt werden, zu dem Nachbarn und Familienangehörige beigesteuert hatten.

Rosamunda konnte sich nicht genug darüber aufregen. »Wie kann man nur so geizig sein! Wir hätten ihnen einen Sonderpreis gemacht!«

Aber Mamma Carlotta erinnerte ihre Schwägerin daran, dass der Empfang schon viel mehr eingebracht hatte, als der Preis für die zwei Gläser Prosecco pro Person, die Benedetta und Davide bestellt hatten. Denn Mamma Carlotta und Marina waren gefeiert worden, beinahe noch euphorischer als das Jubelpaar, und den Champagner, der floss, bezahlte der Bürgermeister.

Zum Glück sagten die Enkelkinder des Jubelpaares gerade ein Gedicht auf, dem niemand genauer zuhören musste. Es reichte, wenn am Ende frenetisch applaudiert und »Bravo!« gerufen wurde. Das Gedicht war lang, Carlotta und Rosamunda hatten ausreichend Gelegenheit, sich darüber zu empören, dass Benedetta behauptet hatte, Carlottas Hilfe bei den Vorbereitungen sei nicht der Rede wert gewesen, ständig habe sie was Besseres zu tun gehabt. »Unerhört!« Da waren sich die beiden einig.

Auch in der Beurteilung von Verenas Verhalten waren die beiden der gleichen Meinung. Sie hatte dafür gesorgt, dass Tizio seine Familie belog! Ihm war derart der Kopf verdreht worden, dass er nun eine Frau heiraten wollte, die zu einem Grafen passte, aber nicht zu einem Kellner, mochte er auch noch so attraktiv sein! Eine Frau, die ihn zum Lügen und Betrügen angehalten hatte und deren Vater sich unterstand, einen italienischen Grafen mit untadeligem Ruf hinters Licht zu führen!

»Und dann besitzt sie noch die Unverfrorenheit, nicht zur Silberhochzeit zu erscheinen!«, stöhnte Rosamunda. »Obwohl die beiden doch deswegen ihre Europareise unterbrochen haben.«

Mamma Carlotta wies ihre Schwägerin darauf hin, dass sie nun aber alles durcheinanderbrachte. Was jedoch blieb, war die Tatsache, dass Tizio und Verena nicht in die Kirche gekommen und auch zum Umtrunk nicht erschienen waren.

»Unglaublich!«

»Die hält sich für was Besseres. So eine Silberhochzeit auf dem Dorf ist ihr nicht schick genug.«

Das schrecklich lange Gedicht mit den vielen schlecht gereimten Versen, die einen Überblick über die fünfundzwanzigjährige Ehe gegeben hatten, war endlich überstanden, und Mamma Carlotta und Rosamunda fielen in die Beifallsstürme ein, die die Enkelkinder belohnten.

Danach trat Carolin zu ihrer Nonna, die sofort merkte, dass ihre Enkelin mit den Tränen kämpfte. »Was ist los, Carolina?«

»Eigentlich wollte ich jetzt mit Luana …«

»Verena!«

»... mit Verena ein Pas de deux aufführen. Aber sie ist nicht da.«

Als Mamma Carlotta erneut darauf hinweisen konnte, dass Verena nicht zur Familie passte und nicht die richtige Frau für Tizio war, und noch während Rosamunda ihr beipflichtete und preisgab, dass Tizio unter diesen Umständen die Pizzeria niemals erben würde ... öffnete sich die Tür. Tizio füllte für Augenblicke den ganzen Türrahmen aus, so attraktiv sah er aus, so auffällig war er gekleidet, so groß war das Geschenk, das er in Händen hielt.

Als Verena nach ihm den Raum betrat, verlor er auf der Stelle jede Aufmerksamkeit. Einige Männer pfiffen sogar durch die Zähne, und der Onkel der Silberbraut vergaß vor Aufregung zu schlucken, als er Verenas bauchfreies Top sah, und sabberte sich das Oberhemd voll. In sämtlichen weiblichen Angehörigen der Familie Capella bildete sich jedoch sofort die Meinung, dass eine solche Bekleidung für eine Frau, deren Verlobter durch schreckliche Umstände sein Leben verloren hatte, auf keinen Fall angemessen war.

Erik grinste, als er auf seine Schwiegermutter zutrat. »Schau nicht so griesgrämig. Sie sieht doch toll aus! Ich kann Tizio verstehen!«

Mamma Carlotta und Rosamunda waren empört, nur Carolin lächelte, die sehr stolz auf ihren Vater war, seit er Vittoria Zaragoza überführt hatte und seit sie ihm glaubte, dass er wirklich keine Freundin hatte.

Erst als Mamma Carlotta den Grund für die Verspätung von Tizio und Verena erfuhr, wurde ihr Herz wieder weiter und ihr Gefühl überschäumend. Eine Liebesgeschichte! Noch dazu eine, die sich in Adelskreisen abspielte! Wer konnte da widerstehen?

Und als sie später auf den Centro storico zugingen, wo Benedetta und Davide wohnten, tuschelte Tizio ihr zu: »Stell dir vor, Tante Carlotta, die Jugendfreundin von Verenas Vater, Gräfin Barbara, hatte erfahren, dass Richard Hermes zur Königsrallye erwartet wurde. Aber leider ist ja nichts aus der Reise geworden. Wegen Luigis di Vagos Ermordung ...«

»Madonna!«, flüsterte Mamma Carlotta pflichtschuldig.

»Die Gräfin ist heute bei ihm aufgetaucht. Sie hatte sich auf das Wiedersehen gefreut und wollte es sich nun nicht mehr nehmen lassen. Der alte Hermes ist außer sich vor Glück, und ich habe die Gelegenheit genutzt, bei ihm um Verenas Hand anzuhalten. Er hat eine Doppelhochzeit vorgeschlagen.«

Mamma Carlotta zögerte nur kurz, dann behauptete sie, genauso glücklich wie Tizio zu sein und sich schon auf die Hochzeit zu freuen. Den Seufzer, den sie ihm nachschickte, bekam nur Erik mit. Sie gingen gerade an der Pensione Santoni vorbei, als er sagte: »Du hast mir immer noch nicht erzählt, wen Fietje Tiensch beerbt hat.«

Auch hier zögerte Mamma Carlotta nur kurz. Fietje hatte sie vor zwei Stunden, als er sich mit Tove zum Bahnhof aufgemacht hatte, noch einmal gebeten, niemandem von seiner Abstammung zu erzählen. »Ich will das alles vergessen, Signora. Mein Vater und mein Bruder sind ermordet worden, das Schloss meiner Ahnen ist in Flammen aufgegangen. Ich bin froh über die Erbstücke, die mich immer an meine Mutter erinnern werden, mehr will ich nicht.«

»Der alte Roberto Stoppani war Fietjes Vater«, behauptete sie, ohne rot zu werden. Erik kannte nur wenige Einwohner Panidominos, er würde nie erfahren, dass es im Dorf niemanden mit diesem Namen gab. »Er hat Signor Tiensch ein bisschen Bargeld hinterlassen. Nicht viel, aber für einen Strandwärter wie ihn ein ganz schöner Batzen.«

»Was für ein Zufall, dass dieser Roberto ausgerechnet in Panidomino wohnte«, murmelte Erik, aber sein Interesse verlor sich bereits. Die Ereignisse der letzten Tage hatten Fietje Tiensch und dessen Erscheinen im Heimatdorf seiner Schwiegermutter in den Hintergrund rücken lassen. »Was bin ich froh, dass du bei dem Brand nicht zu Schaden gekommen bist!«, seufzte er. »Und du kannst dich wirklich nicht erinnern, wer dich aus dem Schloss geholt hat?«

Mamma Carlotta schüttelte den Kopf, und Erik nickte zustimmend. »Ja, das ist oft so bei diesen K.-o.-Tropfen. Hinterher wissen die Betroffenen von nichts.«

Eriks Handy klingelte, als sie gerade vor dem Haus des Silberhochzeitspaares ankamen. Erik entdeckte Sörens Namen im Display und gab seiner Schwiegermutter ein Zeichen, dass er später folgen werde. Dann schlenderte er die Gasse weiter hinab, die auf eine Kapelle zuführte, und ließ sich auf den breiten Stufen davor nieder.

»Sie ist gerade festgenommen worden«, rief Sören statt einer Begrüßung in den Hörer. »Sie wollte nach Deutschland. An der Grenze nach Österreich hat man sie erwischt. Alle alleinreisenden Frauen werden ja seit Tagen kontrolliert, und dem Grenzer ist dann ihre riesige Tasche aufgefallen. Die K.-o.-Tropfen waren noch drin.«

Erik lehnte sich zurück und sah in den Himmel. »Endlich!«

Dann schwieg er, und auch Sören sagte nichts. Das gehörte zu dem, was Erik an seinem Assistenten schätzte: dass sie zusammen schweigen konnten. Erik lauschte auf die Geräusche, die neben Sörens Atmen durch den Hörer drangen. Er verbrachte die Mittagspause anscheinend am Strand, Erik hörte die Brandung, das Schreien der Möwen und wurde von einer unbändigen Sehnsucht befallen.

»Heute Morgen hat's wieder Küstennebel gegeben«, sagte Sören auf einmal. »Man konnte von der Insel aus zusehen, wie er sich aufgelöst hat. Ein schönes Bild.«

Küstennebel! Erik dachte an Steffen Ellebrecht. Er schloss die Augen, stand wieder auf dem Bahnsteig, hörte den Schuss ... Dann riss er sich zusammen. »Ich bleibe noch ein paar Tage, Sören. Ich habe den Kindern versprochen, mit ihnen nach Assisi zu fahren.«

Er hörte Sören leise lachen. »Die Staatsanwältin ist zurzeit Wachs in Ihren Händen«, sagte er. »Vittoria Zaragoza hat direkt nach ihrer Festnahme nicht nur den Mord an Luigi di Vago gestanden, sondern auch den Mord an seinem Vater. Und Sie wissen ja, der wäre schwer nachzuweisen gewesen. Ein paar Tage Urlaub sind garantiert kein Problem.«

Wieder trat die kurze Stille ein, die sie nicht trennte, sondern verband. Und wieder hörte Erik den Schrei einer Möwe und dann das Auslaufen der Brandung.

»Vielleicht ist Küstennebel gar kein schlechtes Omen«, sagte er, stand auf und dehnte seinen Körper, um ihn aufnahmefähig zu machen für Antipasti, Crostini, Bruschette, Pappa al pomodoro und Pasta, für Cotoletta, Vitello und Bistecca, für Tiramisù, Panna cotta und Profiteroles, Chianti, Espresso und diese schrecklichen Liköre, von denen seine Schwiegermutter nie genug bekommen konnte …

Danksagung

Mein Dank geht an …
… die Polizeibeamten in meiner Familie, meinen Sohn Jan und meine Schwiegertochter Britta, denen ich jederzeit mit Fragen kommen konnte.
… meine Freundin Gisela Tinnermann, die als Erste dieses Manuskript gelesen und mir viele wertvolle Anregungen gegeben hat.
… die Familie Köck-Perugini in Chianciano, in deren Haus ich wohnen durfte, während ich mich auf die Suche nach Mamma Carlottas Dorf in Umbrien machte.

Gisa Pauly

Die Tote am Watt

Ein Sylt-Krimi. 352 Seiten. Piper Taschenbuch

Ein furchtbarer Mord auf der Ferieninsel Sylt! Eine vermögende Witwe wird erdrosselt aufgefunden. Eigentlich müsste der Täter per DNA-Analyse schnell zu überführen sein, weshalb Hauptkommissar Erik Wolf auf eine rasche Lösung hofft. Mamma Carlotta jedoch, seine italienische Schwiegermutter, die derzeit zu Besuch ist, hält wenig von solchen modernen Ermittlungsmethoden. Viel lieber verlässt sie sich auf ihre weibliche Intuition. Mit italienischem Charme und zum Schreck der Beamten mischt sie sich in die Ermittlungen ein. Dabei bringt sie sich selbst in Lebensgefahr …

Atmosphärisch, spannend und humorvoll erzählt Gisa Pauly von Mamma Carlottas erstem Fall, bei dem das italienische Temperament mit dem norddeutschen mehr als einmal zusammenprallt.

05/2079/02/L

Gisa Pauly

Gestrandet

Ein Sylt-Krimi. 368 Seiten. Piper Taschenbuch

Kommissar Erik Wolf steht vor einem Rätsel: Warum wurde Magdalena Feddersen so gewaltsam umgebracht? Zumal der Hauptverdächtige Mathis Feddersen, der Neffe der Toten, ein perfektes Alibi hat. Zu allem Überfluss findet sich am nächsten Tag im versiegelten Haus des Opfers eine weitere Leiche. Mamma Carlotta, Eriks italienische Schwiegermutter, die wieder einmal auf der norddeutschen Ferieninsel zu Besuch ist, mischt sich unverzüglich in die Ermittlungen ein – schließlich handelt es sich bei der zweiten Toten um ihre nette Reisebekanntschaft aus dem Flugzeug … In Gisa Paulys humorvollem Sylt-Krimi treffen zwei Temperamente aufeinander, die unterschiedlicher nicht sein könnten.

05/2440/02/R

Gisa Pauly

Tod im Dünengras

Ein Sylt-Krimi. 320 Seiten.
Piper Taschenbuch

Erik Wolfs Strandspaziergang mit Mamma Carlotta, seiner italienischen Schwiegermutter, ist ganz beschaulich – bis der Kriminalhauptkommissar in den Sylter Dünen einen Toten entdeckt. Das nächste Mordopfer lässt nicht lange auf sich warten: Utta Ingwersen liegt tot in ihrer Boutique. Erik findet heraus, dass sich deren Mann kurz zuvor eine Auseinandersetzung mit einem italienischen Schutzgelderpresser geliefert hat. Wenig später wird der Mafioso selbst erschlagen aufgefunden. Der allerdings kommt Mamma Carlotta merkwürdig bekannt vor. Sie mischt sich in die Ermittlungen ein – unterstützt von der italienischen Tante des Toten, die zum Entsetzen von Erik ebenso viel und laut redet wie seine Schwiegermutter …

05/2441/01/L

Gisa Pauly

Flammen im Sand

Ein Sylt-Krimi. 320 Seiten.
Piper Taschenbuch

Als bei Bauarbeiten auf Sylt ein Skelett gefunden wird, tappt Hauptkommissar Erik Wolf im Dunkeln: Wer ist die Tote, die vor fünf Jahren ermordet wurde? Seine umtriebige italienische Schwiegermutter hat schnell einen Verdacht, wer das Mordopfer sein könnte, doch gründet ihre Vermutung weniger auf Beweisen, sondern mehr auf ihrer Intuition. Dann, einen Tag vor dem traditionellen Biikebrennen, verschwindet erneut eine Frau. Mamma Carlotta ist entsetzt, denn sie kennt die Vermisste gut. Während des großen Volksfestes macht sie dann einen schrecklichen Fund …

05/2490/01/R

Nicola Förg

Tod auf der Piste

Ein Alpen-Krimi. 240 Seiten. Piper Taschenbuch

Die Garmischer Kommissarin Irmi Mangold, die gerne mit der Motorsäge ins Holz fährt und auch mal im Stall ihres Bruders mithilft, und ihre junge Kollegin Kathi Reindl, alleinerziehende Mutter mit chronisch schlechtem Gewissen, haben diesmal eine besonders harte Nuss zu knacken. Kurz vor Ende der Skisaison – im Tal ist längst Frühjahr – wird auf der Kandahar-Piste ein Toter gefunden, ermordet per Kopfschuss. Das Merkwürdige daran: Der Mann trägt ein altmodisches Skioutfit mit einer WM-Startnummer von 1978. Weshalb musste er sterben? Und was hat es nur mit der seltsamen Montur auf sich? Ausgerechnet beim Dirndlkauf stößt Irmi auf eine heiße Spur …

05/2409/01/L

Martina Kempff

Einkehr zum tödlichen Frieden

Ein Eifel-Krimi. 288 Seiten. Piper Taschenbuch

Bis in die hinterste Eifel muss Großstädterin Katja Klein reisen, um endlich ihren Bruder kennenzulernen. Schließlich findet sie ihn – erschlagen in einer Blutlache. Wie soll sie beweisen, dass sie dem Mann noch nie zuvor begegnet ist? Furchtlos beginnt die Journalistin selbst zu ermitteln und taucht so immer tiefer in die Abgründe ihrer unbekannten Familiengeschichte ein.

»Die gekonnte Mischung aus Dramatik, Witz und Authentizität überzeugt und macht schon jetzt neugierig auf die nächste ›Einkehr‹.«

Saarbrücker Zeitung

05/2521/01/R

Gerwens & Schröger

Stille Post in Kleinöd

Ein Niederbayern-Krimi.
336 Seiten. Piper Taschenbuch

»Ja Bluatsakrament«, flucht Joseph Langrieger, als er in seiner Odelgrube einen Toten entdeckt. Das Ganze gibt der Polizei im niederbayerischen Kleinöd Rätsel auf. Ein Fall für die Kripo, entscheidet Polizeiobermeister Adolf Schmiedinger, und Kriminalkommissarin Franziska Hausmann muß in ihrem ersten Mord auf dem Land ermitteln. Dabei stellt sich bald heraus, daß der Täter aus Kleinöd stammen muß. Und tatsächlich lauern hinter der scheinbar tadellosen Fassade des hübschen Dorfes jede Menge dunkle Geheimnisse, zerrüttete Ehen, Betrug und Erpressung …
Spannend und humorvoll beschreibt das Autorenduo Gerwens & Schröger eine nur auf den ersten Blick idyllische Welt.

05/2204/03/L

Volker Klüpfel, Michael Kobr

Milchgeld

Kluftingers großer Fall. 320 Seiten.
Piper Taschenbuch

Ein Mord in Kommissar Kluftingers beschaulichem Allgäuer Heimatort Altusried – jäh verdirbt diese Nachricht sein gemütliches Kässpatzen-Essen. Ein Lebensmittel-Chemiker des örtlichen Milchwerks ist stranguliert worden. Mit eigenwilligen Ermittlungsmethoden riskiert der liebenswert-kantige Kommissar einen Blick hinter die Fassade der Allgäuer Postkartenidylle – und entdeckt einen scheinbar vergessenen Verrat, dunkle Machenschaften und einen handfesten Skandal.

»›Milchgeld‹ ist ein Volltreffer, weil er Mentalität in Reinform verkörpert.«
Süddeutsche Zeitung

05/1899/03/R

PIPER

Heinrich Steinfest
Die Haischwimmerin

Kriminalroman. 352 Seiten. Gebunden

Meisterpolizistin Lilli Steinbeck hat eine Vergangenheit namens Ivo. Eine traurige Vergangenheit, der sie ihre Klingonennase verdankt. Jahre später bekommt diese Vergangenheit plötzlich Gegenwart eingehaucht, als Ivo durch einen rätselhaften Auftrag aus seinem beschaulichen, aber lillilosen Leben als Baumheiler in der württembergischen Provinz gerissen wird. Er soll für ein Pharmaunternehmen einen Baum aus der sibirischen Tundra holen. Als Helfer stellt man ihm den rotbemützten Knaben Spirou zur Seite, der nicht nur zufällig so heißt wie eine sehr bekannte belgische Comicfigur … Ihr Auftrag führt Ivo und Spirou in eine unterirdische Verbrecherrepublik – und vielleicht brauchte es genau diesen Umweg auf der Suche nach dem Wunderbaum, damit Ivo Lilli noch einmal begegnen könnte.

01/1980/01/R